Heinrich Drimmel

Vom Umsturz zum Bürgerkrieg

Heinrich Drimmel

Vom Umsturz zum Bürgerkrieg

Österreich 1918–1927

Amalthea

Das Umschlagbild ist die Reproduktion eines am 15. Juli 1927 nachmittags gemachten Fotos. Es zeigt den Brand des bereits geplünderten Justizpalastes. Mit der Brandstiftung wollten Demonstranten auf einen Freispruch eines Schwurgerichts aufmerksam machen, den sie als Ausdruck einer verbrecherischen Klassenjustiz betrachteten. Rechts im Bild das Parlamentsgebäude, das gegen Anschläge verteidigt werden konnte.

Den Angehörigen meiner Generation, die einmal im Kampf um Österreich ihr Letztes gegeben haben

2. Auflage 1992

Schutzumschlag: Wolf Bachmann unter Verwendung eines Fotos des Bildarchivs des Österreichischen Instituts für Zeitgeschichte
Satz: Fotosatz Völkl, Germering bei München
Druck und Binden: Wiener Verlag, Himberg bei Wien
Printed in Austria 1992
ISBN 3-85002-206-4

Inhalt

Revolutionsmaschinerie Modell 1917/18

»Wie es dem Schmied nicht gegeben ist, mit bloßen Händen glühendes Eisen anzufassen, so kann das Proletariat nicht mit bloßen Händen die Macht ergreifen: es braucht eine für diese Aufgabe geeignete Organisation.
In der Verknüpfung von Massenaufstand und Verschwörung, der Unterordnung der Verschwörung unter den Aufstand, der Organisierung des Aufstands durch die Verschwörung, besteht jenes komplizierte und verantwortungsvolle Gebiet der revolutionären Politik, das Marx und Engels »die Kunst des Aufstandes« nannten. Sie setzt voraus eine richtige Gesamtführung der Massen, eine elastische Orientierung in den sich verändernden Bedingungen, einen durchdachten Angriffsplan, Vorsicht bei der technischen Vorbereitung und Kühnheit zum Zuschlagen.«

Leo Trotzki, Geschichte der russischen Revolution, Berlin 1960, Seite 625.

1918 – Die Kinderzeit

Der 23. September 1918 war mein erster Schultag. Ich erinnere mich noch des Tages im Sommer vorher, an dem meine Mutter mit mir zum Einschreiben ging und ich zum ersten Mal das traditionsreiche Gebäude der fünfklassigen, öffentlichen, allgemeinen Volksschule in der Grüngasse des fünften Wiener Gemeindebezirkes besuchte. Seit damals hatte ich den amtsüblichen Geruch in der Nase, der noch lange nach dem Untergang der Monarchie auch Blinde und Taube wissen ließ, daß sie sich in einem Amtslokal befanden: Sauberkeit auf Kosten der Geruchsnerven. Das kam vor allem von dem Öl, mit dem die Böden eingelassen waren. Nachher merkte ich, daß in allen diesen Gebäuden ein nichtschmutzender Anstrich von Türen und Wänden eine Düsternis verbreitete, die mich aber in Jugendtagen noch weniger störte. Es gehörte eben zum Ambiente, wie man später sagte.
Die Schule, meine Schule, war Trägerin einer gewissen Tradition. Sie ersetzte die sogenannte Taubenschule, die sich einmal schräg gegenüber dem Sterbehaus Schuberts befunden hatte. Der christlichsoziale Wiener Bürgermeister Karl Lueger und sein politisch gleichgesinnter Magistratsdirektor und Nachfolger Richard Weiskirchner haben sie ebenso besucht wie der erste sozialdemokratische Bürgermeister der Stadt, Jakob Reumann. Weiskirchners Vater war Reumanns Lehrer gewesen; in meine erste Schulzeit fiel die letzte Amtszeit seines Sohnes Richard. Karl Seitz, dessen Tätigkeit als Lehrer in der Ära Lueger mit einem großen Eklat endete, hat an dieser Schule unterrichtet. Daß ich einmal ein Vizebürgermeister dieser Stadt sein sollte, daran habe ich erst gegen Ende meiner öffentlichen Tätigkeit gedacht.
Mir ist die Szene des ersten Schultages noch gut in Erinnerung. Wir, die Taferlklassler, also die Anfänger in der Kunst des Schreibens, die sich noch der Schiefertafel und des Griffels bedienten, saßen in den Bänken. Unsere Mütter standen in langer Reihe an der den Fenstern gegenüberliegenden Wand. Da erkannte ich zum ersten Mal so richtig, wie alt und ärmlich meine Mutter im

Vergleich zu den Müttern meiner Klassenkameraden aussah: Sie war vierzig Jahre alt, war abgehärmt und kränkelte. Sie hatte Hungerödeme. Die zweite Klasse habe ich nur einige Monate besucht, weil man mich wegen der häufigen Spitalsaufenthalte der Mutter und der Abwesenheit des Vaters (den die Bereitschaftsdienste jener Tage kaum aus der Uniform kommen ließen) bald da, bald dort in Pflege gab. Zuletzt kam ich nach Holland, und meine Klassenlehrerin konnte nur »probeweise« meinen Aufstieg in die nächsthöhere Klasse bescheinigen. Ich entging der Probe.
Eigentlich hätte der Unterricht, wie in jedem Jahr und wie im Vordruck des Zeugnisses festgehalten, schon eine Woche früher, am 16. September, beginnen sollen. Aber das ging nicht. Denn während des Sommers war die Schule Ubikation jener Marschkompanie, die täglich nach dem Marschsignal der Infanterie durch unsere Gasse zur Übung ausmarschierte.
Wir Buben aus der Umgebung erlebten zwar nicht das tägliche Schauspiel der Ablösung der Burghauptwache, das, wie ich später erfuhr, in der Zeit vor dem Krieg die Neugierigen, vor allem auch die Schusterbuben und die Kapplbuam, also halbfertige Pülcher, angezogen hat, die dann mitmarschierten. Ich bin zweimal mitmarschiert, als Marschkompanien einwaggoniert wurden. Das eine Mal bis zum Matzleinsdorfer Frachtenbahnhof, das andere Mal bis zum Westbahnhof. Beide Male geriet ich in die Hände eines Wachmannes, der für meine Verbringung in die elterliche Wohnung sorgte. Es waren dies aber nicht meine ersten Begegnungen mit dem Geschehen, das später unter der Bezeichnung »Erster Weltkrieg« in die Geschichte eingegangen ist.
Das Wien vor 1918 war der Ort der Zentralbahnhöfe der in alle Richtungen der Windrose von hier ausgehenden Bahnlinien: Die Nordbahn führte einmal quer durch die weiten Gebiete im Norden und im Nordosten der Monarchie, über sie verkehrte der Luxuszug Cannes–St. Petersburg; heute erreicht sie bereits nahe von Lundenburg die tschechoslowakische Grenze und einen schwer gesicherten Grenzzaun, aufgerichtet von unserem mißtrauischen Nachbarn. Es gab Blitzzüge, mit denen Theaterfreunde aus Krakau nach Wien und nach der Vorstellung heimfuhren.

Podwoloczyska war ein legendenumwobener Grenzbahnhof, weit im Osten, wo damals die unendliche Weite Rußlands angefangen hat. Längst ist der Kopfbahnhof der Nordwestbahn zerstört, jener Bahn, die nach Prag und zum Anschluß an die Süd-Norddeutsche Eisenbahn führte. Die Haltestelle an der Kreuzung bei Sigmundsherberg hatte im Kriegsfall gesamtstrategische Bedeutung. Heute sperrt besagter Grenzzaun unseres Nachbarn im Norden recht nahe bei Wien den Bahnverlauf. Längst gibt es das historische Gebäude des Franz-Josefs-Bahnhofes in Wien nicht mehr, und der Bahnhof in Prag heißt Wilson-Bahnhof oder Gott weiß wie jetzt in der ČSSR. Und der Ostbahnhof wurde im letzten Krieg zerstört. Einer der berühmtesten Züge Europas, der Orient-Expreß, verließ Wien von diesem Bahnhof aus, um seine Passagiere bis Istanbul zu befördern. Der alte Westbahnhof ist zerstört, die erst kürzlich wieder aufgestellte Statue der Kaiserin Elisabeth erinnert an die ursprüngliche Namensgebung. Noch durchzieht die Westbahn das in Ost-West-Ausdehnung unzerstückelte Land. Der Südbahnhof, ehemals Kopfbahnhof für die Züge in die Nobelgegenden der Monarchie und in den Adriaraum, ist nicht mehr. Nur die plumpe Nachbildung eines Löwen, des Wappentieres der Stadt Venedig, deren erste Brückenverbindung mit dem Festland die Österreicher geschaffen haben, erinnert an das, was nicht mehr ist, weil es nicht länger sein sollte.
Meine Eltern waren die einzigen in Wien ansässigen Verwandten jener zahlreichen Onkeln und Vettern, die im Krieg in Ost und West, in Nord und Süd im Feld waren und die uns besuchten, wenn sie in ihre Dörfer auf Urlaub fuhren. Noch ehe sie mir ihre Mitbringsel von der Front brachten, hatte ich die erste in meiner eigenen Erinnerung haftengebliebene Begegnung mit dem Krieg: Ich war vier Jahre und vier Monate alt, das Alter ließe sich auf den Tag genau bestimmen. Es ist wohl der Tag nach der Eroberung der österreichischen Festung Przemyśl durch die Russen gewesen. Also der 23. März 1915. Ich erinnere mich, als wäre es gestern gewesen, wie mein Vater die Zeitung aufschlug und in einem ungewohnt ernsten Tonfall vorlas:
»Przemyśl in Ehren gefallen.«

In Ehren, was hieß: weil die Besatzung am Verhungern war. Die Art, in der mein Vater das Ereignis vortrug, bei dem ein Vetter in russische Kriegsgefangenschaft geriet, aus der er erst 1922 heimkehrte, machte einen unauslöschlichen Eindruck auf mich. Ich ahmte die Vorlesung nach. Mehrmals. Es erregte zuletzt Heiterkeit, einen kleinen Buben in der Gestik der Trauer zu sehen, und es sprach sich herum im Haus. Ich mußte den Frauen, deren Männer eingerückt waren, nachmachen, was mein Vater getan hat. Zuletzt der gütigen Hausfrau. Sie gab mir eine Silberkrone. Und zum ersten Mal erblickte ich so das Interieur ihrer Wohnung, das ihr Vater, einer der Tischlermeister, die in der Gründerzeit reiche Fabrikanten wurden, erzeugt hat.

Aus dem Feld brachte man mir Dinge, die ich immer wieder mit geheimer Scheu zur Hand nahm und betrachtete: Achselklappen der russischen Infanterie, auf denen Ziffern zu sehen waren. Es waren die ersten Ziffern, die ich lesen konnte, noch ehe ich Rechnen lernte. Die Achselklappen hatten verschiedenfarbige Einfassungen, deren Bedeutung ich vergessen habe. Im Dorf meiner Großmutter arbeitete ein russischer Kriegsgefangener. Er saß mit am Eßtisch und wurde nicht etwa als Untermensch verachtet. Aus Serbien brachte einer eines der Schwerter, wie ich sie später in den Schilderungen Karl Mays in ihrer Furchtbarkeit näher kennenlernte. Von der Südwestfront kamen jene Sterne, wie sie die Italiener, alle, am Kragen trugen. Schau'n aus wie lauter G'freite, sagte man mir. Und der Onkel, der in Friedenszeiten als Werkmeister in Leobersdorf arbeitete, erzählte von seinen Fahrten quer durch Europa und wo er mit einer 30,5-Mörserbatterie überall hingekommen war. Von ihm stammte die besondere Achtung vor den »Deutschen«.

Ohne es zu wissen, bekam ich so einen weiten Horizont, der mir ersetzte, was die Beengtheiten der elterlichen Wohnung nicht bieten konnten.

Selbst diese Wohnung wurde ein Kriegserlebnis. Es gab oft im Winter Tage, da konnte der Eisenofen im Zimmer nicht geheizt werden. Kohle gab es zuletzt immer seltener. Unsere Mutter mußte sich stundenlang um Petroleum anstellen, zeitweise gab es überhaupt keines im Haushalt. Dann entfiel die Beleuchtung auch in jenen Abendstunden, in denen sonst die Petroleumlampe ihr mildes Licht verbreitete. Elektrisches Licht und Leuchtgas blieben mir lange fremd. Unsere Generation wurde erst viel später gewahr, wie groß der Heroismus der Frauen und Mütter gewesen ist. Die Tochter einer Nachbarin sah in ihrer Uniform als Tramwayschaffnerin respektgebietend aus.

Nachrichten, daß der oder jener meiner Bekannten und Geber von Mitbringseln gefallen oder verwundet worden war, hielt man von uns Kindern fern. Das Elend bei Nachbarn, deren Vater oder Sohn nicht mehr heimkam, empfanden wir schon mit.

An jenem 23. September 1918 wußte ich natürlich noch nicht, daß wenige Tage zuvor unser junger Kaiser jene Friedensnote »An alle . . .« verschickt hatte, die ihm der Deutsche Kaiser übel vermerkt hat. *Deutsch*, das repräsentierte für uns der Sohn eines Geschäftsinhabers im Haus, der in der Uniform des deutschen Heeres mit der Pickelhaube sehr eindrucksvoll aussah. Ach, es war ja damals im September 1918 schon alles entschieden, und ob jene Marschkompanie, die man im Sommer in unserem Schulgebäude aufgestellt hatte, je an die Front kam, möchte ich, schon ihretwegen, bezweifeln. Im Klassenzimmer hingen an der Wand hinter dem Tisch des Lehrers das Kreuz und das Bild des jungen Kaisers. Mein erster Schultag wird wohl einer jener gewesen sein, an denen die Alliierten das österreichische Friedensangebot ablehnten. Und Clemenceau ausrief: »Auf, zum fleckenlosen Sieg!«

Unter meinen Spielsachen im hölzernen Militärkoffer des Vaters, meiner Spielkiste, lagen noch einige Ansichtskarten aus der ersten Kriegszeit, die den Sieg der Unsrigen feierten oder versprachen ...

Am 15. Dezember 1918 bekam ich mein erstes Schulzeugnis. Es bescheinigt, daß ich vier halbe Schultage versäumt habe und dies für entschuldigt galt. Nur für Betragen und Fleiß war mir ziffernmäßig bescheinigt worden, wie ich es gehalten habe: jeweils mit der Ziffer eins. In den Fächern Lesen, Schreiben und Unterrichtssprache füllte das Wort »gut« die drei Spalten aus. Religion war im ersten Quartal noch nicht benotet.

Mein unvergessener Lehrer Franz Aimeth hatte eine Schrift, mit der er zu unserer Zeit im Fach Schönschreiben die allerbeste Note bekommen hätte. Aber auch die Schrift meines Vaters, der für alle vier Quartale jeweils bestätigte, daß er meinen Lernerfolg zur Kenntnis genommen hat, nahm sich neben der meines Lehrers durchaus respektabel aus. Obwohl mein Vater wie auch meine Mutter vor hundert Jahren »nur« eine jener Landschulen im Dorf besucht haben, in denen ein Lehrer in einem Klassenraum allen Schulkindern des Dorfes in allen Schulstufen nicht bloß Lesen, Schreiben und Rechnen beibringen mußte.
Wann das Kreuz aus unserem Klassenzimmer entfernt wurde, weiß ich nicht. Später wurde wegen dieser Verfügung der neuen Schulbehörde viel gestritten, und meine Mutter, sonst nicht aufmüpfig der Obrigkeit gegenüber, hat sich, wenn sie vermeinte, ich hörte nicht zu, scharf gegen die Entfernung dieses Symbols ausgesprochen. Im Elternhaus blieben das Kreuz und das Bild des Kaisers – hier war es noch das des alten Kaisers, dem mein Vater aufrichtig ergeben gedient hatte – bis zuletzt da.
Noch ein Ereignis aus dem Achtzehnerjahr blieb mir in Erinnerung. Eine Zeitlang trugen die Sicherheitswachleute auch in der Republik die Pickelhaube. Vorne am Helm waren, wie ich es nannte, verschlungene Zeichen angebracht. In meiner Kindheit wußte ich noch nicht, daß es die sogenannten Initialen des Kaisers waren. Die des alten Kaisers, denn im Krieg gab es anderes zu tun, als derlei durch Neues zu ersetzen, nachdem der alte Kaiser gestorben war. An jenem gewissen Tag also sah ich, wie die Mutter die Initialen mit einem Stück roten Tuches, das sie davor festmachte, verdeckte. Über die Mitte des Tuches nähte sie einen weißen Streifen. Das Rot an beiden Rändern überwog bei weitem das Weiß in der Mitte.
So ist es geschehen. Und so geschah es nicht nur im winzigen Umkreis des Drimmel Heinrich, Schüler der ersten Klasse besagter Volksschule. Und er geriet in einen riesigen Wirbelsturm, von dem in diesem Buch erzählt wird.

Die Bolschewiken kommen ...

Rußland 1917

Am Ende des Kriegsjahres 1916 war die Stellung Rußlands an der Front gegen die äußeren Feinde wieder einigermaßen gefestigt. Der russische Soldat hatte, wie in allen Kriegen, seine Widerstandskraft, vor allem auch die Bewährung in oft aussichtslosen Situationen bewiesen. 1914 hatten die Armeen des Zaren die Österreicher-Ungarn in Galizien und in der Bukowina überrannt. Im Dezember 1914 kamen sie bis nahe an Krakau heran. Sie überschritten die Karpaten, standen schon Ende November 1914 in Homonna, am Rand der Ungarischen Tiefebene, in Munkacz und in Máramarossziget an der Theiß. Alles, was die deutsche Oberste Heeresleitung aufbieten mußte, um dem Bundesgenossen eiligst zu Hilfe zu kommen und dabei auch zwei wuchtige Vorstöße der Russen in Ostpreußen zurückzuschlagen, geriet zum Vorteil Frankreichs. Je bedrohlicher die Lage der Mittelmächte im Osten wurde, desto günstiger gestaltete sich jene der Ententemächte im Westen.
In buchstabengetreuer Erfüllung der mit Frankreich eingegangenen Bündnisverpflichtungen haben die Armeen des Zaren sich für die Sache der Westmächte aufgeopfert. Alle Verluste, die solche Erfolge kosteten, bedeuteten den endgültigen Ausfall des Kerns der militärischen Kraft Rußlands. Nie mehr sollten die Armeen des Zaren ein Offizierskorps haben wie jenes, das sich im ersten Angriff auf die Mittelmächte aufrieb; niemals wieder jene in langen Friedensjahren ausgebildeten Unteroffiziere, jene Feldwebel, wie Solschenyzin in seinem Werk »August 1914« einen beschreibt; nie mehr jene verläßlichen Mannschaften, die in Massakern dezimiert wurden und zu Hunderttausenden in Gefangen-

schaft gerieten. Aber selbst der nach der Niederlage bei Gorlice-Tarnów im Mai 1915 begonnene Rückzug, der die russische Front in der Tiefe bis zu 300 Kilometer zurückwarf, hat die Armeen des Zaren noch nicht ins Mark getroffen.

Im Gegenteil. Im Sommer 1916, während Deutsche, Franzosen und Briten in sinnlosen Materialschlachten und Frontalangriffen vor Verdun und an der Somme verbluteten, taten die Armeen des Zaren nochmals, was ihr Oberster Kriegsherr seinen »Hohen Verbündeten« schuldig zu sein glaubte. Sie griffen an, und zwar auf breiter Front in Russisch-Polen. Die Offensive der russischen Südwestfront unter General Brussilow – er wird zuletzt den Bolschewiken als Vorsitzender ihres Militärrates dienen – war an sich nur als Begleitmanöver des gegen Wilna gerichteten Hauptschlages gedacht. Aber die Brussilow-Offensive wurde ein historischer Begriff. Sie geriet zum bisher größten Sieg der Armee des Zaren in einer Feldschlacht.

Die Österreicher-Ungarn verloren 474000 Mann, allein 265000 Mann gingen in russische Gefangenschaft. Noch einmal ging Ostgalizien verloren, ergossen sich Ströme flüchtender Ostjuden in die Haupt- und Residenzstadt Wien; Massenzuwanderer, deren Zahl sich noch erhöhte, als der Angriff der Russen in der Bukowina die Front der Österreicher-Ungarn bis auf die Höhen der Karpaten zurückwarf.

Deutsche Truppen mußten in die zerrüttete Front des Bundesgenossen jene »Korsettstangen« einziehen, die vor allem dort notwendig wurden, wo slawischer Ersatz, zumal Reserveoffiziere, auch die Kampfkraft solcher Regimenter der k.u.k. Armee zersetzte, die bisher im Durchschnitt eher gut an der Front gegen die Russen gestanden hatten. Die wachsende Abhängigkeit des k.u.k. Armeeoberkommandos von der deutschen Obersten Heeresleitung, in der die große Zeit Hindenburgs angebrochen war, blieb unvermeidlich. Slawische Exilpolitiker nutzten diesen Umstand in der Propaganda gegen Österreich-Ungarn, indem es etwa hieß, die Donaumonarchie sei eine von den Deutschen ausgehaltene Dirne geworden. Für den Zaren Nikolaus II. waren und blieben die Österreicher-Ungarn ein Feind, den er und große Teile seines

Volkes verachteten. Den Deutschen galt jedoch der Haß des Zaren und seiner deutschblütigen Gemahlin. Denn die Deutschen hatten 1916 einen scheinbar möglichen Endsieg Rußlands über die Österreicher verhindert. Noch bei seiner Abdankung im März 1917 hat der Zar seine Truppen aufgerufen, diesen Feind bis zum Endsieg zu bekämpfen und jenem Regime, das seine Abdankung herbeigeführt hat, mit allen Kräften beizustehen.
Rußland verlor 1916/17 den Krieg an der Heimatfront. Der Winter auf 1917 war in den meisten kriegführenden Ländern ein Hungerwinter. Den Deutschen blieb er als sogenannter Kohlrübenwinter in übelster Erinnerung. In Österreich, nicht so in Ungarn, war es jener Winter, in dem die sogenannten Wruken die ausbleibenden Erdäpfelrationen ersetzen mußten, und das für Wochen und Monate. Nur wenige wußten, was aus Agentenberichten hervorging, daß nämlich in Rußland die Bevölkerung in den Städten Hunger litt. Es schien unglaublich zu sein, daß im größten Agrarland des Kontinents, das vor 1914 mit seinen Getreideexporten seine Industrialisierung finanzieren konnte, gehungert wurde. Und doch war es so: Die vor 1914 erfolgreich fortschreitende Industrialisierung Rußlands produzierte zwar nicht die von Karl Marx prophezeite »industrielle Reservearmee der Arbeitslosen«, dafür aber unter den unablässigen Einflüssen von Agitation und Propaganda der Linken jene Armee im Untergrund, die im März 1917 losschlug. Und zwar in St. Petersburg, seit Herbst 1914 Petrograd. Drei Millionen Industriearbeiter haben im Riesenreich des Zaren einer Revolution zum Durchbruch verholfen, während fast 150 Millionen, in der übergroßen Zahl Bauern, noch gar nicht verstanden, was sie sich von den in der Februarrevolution 1917 siegreichen Liberalen, nachher von der »Großen Sozialistischen Oktoberrevolution« der Bolschewiken erwarten durften.
Fast durchgängig wird nur das Versagen des zaristischen Regimes für den Ende des Winters 1917 in Petrograd entstandenen Aufstand verantwortlich gemacht. In diesem Ballungszentrum war die 1914 vorhandene, fast religiöse Begeisterung beim Auszug des Zarenheeres einer trostlosen Niedergeschlagenheit gewichen. Nicht bloß die im Krieg gegen die Mittelmächte erlittenen Rück-

schläge, die schweren Opfer an Toten, Verwundeten und Gefangenen machten die Menschen mutlos und dann aggressiv, sondern vor allem der Hunger. Wer konnte im Agrarland Rußland verstehen, daß dieses nicht in der Lage war, die Bevölkerung in den Ballungsräumen einigermaßen zu ernähren? Wer war verantwortlich für den Zusammenbruch der Lebensmittelversorgung in der Hauptstadt Petrograd?
Erstaunlich genug, traf die wahre Verantwortung für das Versagen dieses Sektors der inneren Verwaltung weniger die vom Zaren eingesetzte und nur ihm verantwortliche Regierung als vielmehr eine Art Selbstverwaltung des Verbandes der sogenannten Semstwos und des Städtebundes. Die Semstwos waren Teil der Reformen des sogenannten Zar-Befreiers, des 1881 von Nihilisten ermordeten Zaren Alexander II., des Großvaters von Nikolaus II. Auf unterster Ebene handelte es sich um den Zusammenschluß gewählter Vertreter des Adels, der Stadtbevölkerung und der Bauern. Darüber gab es eine aus Deputierten bestehende Versammlung auf der Ebene der Gouvernements. Der Wunsch, auch einen *allrussischen* Zusammenschluß zu erreichen, ging erst nach Kriegsausbruch in Erfüllung. Es war nicht zu übersehen, daß hinter diesem Wunsch zugleich das Machtstreben von Teilen des Adels und des Großbürgertums stand; also von *Wirtschaftsliberalen,* welche die Zeit günstig fanden, um eine Teilnahme an der Machtausübung zu erreichen. Denn jenes Parlament, das es in der Hauptstadt nach der Generalprobe der Revolution im Jahr 1905 gab, nahm schließlich dem Zaren nichts von seiner Macht als Alleinherrscher. Allerdings auch nichts von der gefährlichen Alleinverantwortung, die in Zeiten der Not den Zaren mit furchtbarer Gewalt treffen sollte.
1914 besorgte der Verband der Semstwos und der Städte zuerst die Aushilfe mit medizinischem Material, mit Wäsche und Bekleidung. Bei letzterer Produktion wurden vor allem die Frauen der an der Front befindlichen Familienerhalter eingesetzt. Die Devise des Hofes war Wohltätigkeit, und in dieser Hinsicht war die Zarin nicht nur mit ihrem Dienst in Lazaretten ein Vorbild; sie war auch Präsidentin eines Obersten Rates, der sich nicht nur der verwun-

deten und kranken Soldaten annahm, sondern auch der Hinterbliebenen der Gefallenen. Was immer diese Hilfeleistungen den Bedürftigen schuldig blieben, schuldig bleiben mußten, war ein Versagen, das man letztlich der ohnedies verhaßten »Deutschen«, also der Zarin, anlastete.

Auch das Parlament, die zum vierten Mal seit ihrer Errichtung nach den Unruhen von 1905 gewählte Duma, stellte aus seinen Reihen ein »Provisorisches Komitee«. Der geneigte Leser wird eingeladen, den Wandel in der Bedeutung des Wortes *provisorisch* fortan zu verfolgen. Vorsitzender dieses Komitees war der vom Zaren mäßig geschätzte Präsident der Duma, der reiche Großgrundbesitzer bürgerlicher Herkunft Rodzianko, ein *Liberaler.* Wo immer solche Selbsthilfeaktionen in Kriegszeiten in Erscheinung traten, entstand in ihrem Umkreis der Eindruck, als würden sie nicht bloß bereit sein zu helfen, sondern anfangen, der tatsächlich oft inkompetenten Bürokratie der Regierung des Zaren die Geschäfte aus der Hand zu nehmen. Ein am Vorabend einer Revolution ganz alltäglicher Vorgang.

Derlei Absichten wurden durch die Medien, jene der Regierung ausgenommen, unterstützt. Als im Mai 1915 ein Oberst der Armee des Zaren des Verrats beschuldigt, angeblich überführt und daher hingerichtet wurde, hatte auch das Zarenreich einen »Fall Redl«; wie jener, der 1913 die k.u.k. Armee in den Augen derer, welche die öffentliche Meinung in der Monarchie machten, bloßgestellt hat. Besagter russischer Oberst wurde aber nur das Opfer eines Konflikts, der 1912 zwischen dem General Suchomlinow und dem Macher der Februarrevolution 1917, dem Liberalen Gutschkow, ausgetragen wurde. Die beiden Herren trafen sich im Duell. Der 1915 hingerichtete unglückliche Oberst war leider ein Parteigänger des Verlierers, des *Generals.* Man kann sich vorstellen, was derlei Zusammenhänge in Kriegszeiten der Presse für Stoff zu Anklagen gegen das herrschende System lieferten.

Nach den schweren Niederlagen der Heere des Zaren im Jahr 1915 entließ der Zar den bisherigen Oberkommandierenden seiner Fronttruppen, Großfürst Nikolai Nikolajewitsch, um, sehr zu seinem späteren Unheil, dessen Posten selbst zu übernehmen.

An der Front, im Hauptquartier, war der Zar ohnedies bloßer Figurant, sein Chef des Generalstabs, Alexejew, führte faktisch das Kommando. Es wäre gut gewesen, wenn Nikolaus II. um diese Zeit seinen Posten in der Heimat ausgeübt hätte, aber leider war er oft viele Wochen nicht in seiner Hauptstadt. Seine seelisch kranke Gemahlin übte unter dem Einfluß des sogenannten Gottesmannes und Wundermannes Rasputin eine Art Nebenregime aus, dessen fatalen Charakter die nach der Revolution veröffentlichte Korrespondenz des Zaren mit seiner Frau enthüllte.

Schon im Mai 1915, unter dem unmittelbaren Eindruck der schweren Verluste an Menschen und Material als Folge der in Westgalizien begonnenen Serie von Niederlagen, traten Vertreter der Industrie und des Handels, *gediegene Altliberale,* hervor. Sie wollten alle Anstrengungen zur Versorgung der kämpfenden Truppe intensivieren, also die Kriegsindustrie mit einer besser koordinierten Aktion leistungsfähiger machen. Noch war Rußland fast zur Gänze auf die eigene Produktion angewiesen. Zwar arbeiteten unzählige Kriegsgefangene an der Fertigstellung der sogenannten Murmanskbahn (die Opfer an Menschenleben wurden nie gezählt), aber die 1451 Kilometer lange Bahnstrecke wurde erst fertig ausgebaut, als in Rußland schon die Revolution gesiegt hatte. Die fortan von den westlichen Verbündeten und den USA in verstärktem Ausmaß über das Nordmeer gelieferten Nachschubgüter kamen der in der Februarrevolution 1917 entstandenen »Provisorischen Regierung« und ihren Kriegsanstrengungen zugute. Immerhin blieb bis dahin das Zentralkomitee (!) der Kriegsindustrie tätig, Gutschkow wurde dessen Vorsitzender, und so bekam das Netz der von der Basis ausgehenden Selbstverwaltung unter der Anleitung liberaler Politiker immer mehr Dichte und Effizienz.

Diese Neuerung war mit einer für Rußland sensationellen Tatsache verbunden, nämlich mit der Kooptierung von Vertretern der Industriearbeiterschaft in das Komitee. In jeder Fabrik mit mehr als 500 Beschäftigten sollte ein Delegierter der Arbeiter gewählt werden; insgesamt zehn Arbeiter wurden auf dem Weg einer indirekten Wahl ins Zentralkomitee der Kriegsindustrie abgeordnet.

Lenin und seine Bolschewiken opponierten heftigst gegen diese Teilnahme von Arbeitervertretern am Krieg der Kapitalisten. Aber die Menschewiken in Petrograd sahen in dieser Delegierung von Arbeitern die Möglichkeit, mit ihren politischen Absichten zu Rande zu kommen.

Die im Exil im Jahr 1903 erfolgte Spaltung der »Sozialdemokratischen Arbeiterpartei Rußlands« in Bolschewiken und Menschewiken trat damit auch in der Heimat offen zutage. Zumal nach Kriegsausbruch die bolschewistischen Abgeordneten ihre Sitze in der Duma verloren und nach Sibirien geschickt wurden, während die Menschewiken jede Möglichkeit einer Betätigung in Freiheit nutzen wollten und wilde Demonstrationen, wie Lenin sie forderte, ablehnten.

Und: Während unter den Exilpolitikern die Bolschewiken (von russisch bolsinstwo, »Mehrheit«) zu Zeiten eine Mehrheit für sich in Anspruch nehmen konnten, die Mehrheit in einer selbst ausgewählten Führung der Sozialdemokratischen Partei besaßen, war es in der Heimat so, daß die Menschewiken (von russisch mensinstwo, »Minderheit«) eine erdrückende Mehrheit zu ihren Parteigängern rechnen konnten. Solche Mehrheitsverhältnisse sind beim Gang einer erfolgreichen Revolution nicht entscheidend. Letztlich ist es fast immer eine Minorität, die siegt, nicht nur weil sie vorgibt, das ganze Volk zu vertreten, sondern auch weil sie zugleich jene Verschwörung in sich hat, die es braucht, um in der Stunde des Sieges die Macht an sich zu reißen. In diesem Sinne sind die vielgenannten bolschewistischen Methoden nicht einfach Anwendung von Mord und Massenvernichtung, wie es das Bürgertum zu lange sah, sondern die Technik der Partei Lenins, mit einer Minderheit das Gesetz der parlamentarischen Demokratie abzuschaffen und eine Diktatur aufzurichten.

Ehe es im Herbst 1917 in Rußland dazu kam, machte die Opposition der Liberalen und ihrer Verbündeten unter den Linksintellektuellen in allen Parteien und in den Redaktionen Schritt für Schritt den Weg zur Erreichung eines Zieles, das anfangs umstritten war. Nämlich zur Ablösung des Absolutismus des Zarenregimes durch eine konstitutionelle Regierung, wie man sie in London zu sehen glaubte. Im Juni 1915, als die Katastrophe an der Front dem Volk nicht länger verschwiegen werden konnte, verlangten die Liberalen in der Duma die Berufung einer Regierung, die »das Vertrauen des Volkes besitzt«. Darauf ging der Zar nicht ein. Vielmehr entledigte er sich einiger seiner Minister. So schlug auch die Stunde für den Kriegsminister Suchomlinow; er wurde durch General Poliwanow ersetzt, von dem es hieß, er sei ein Freund des liberalen Gutschkow. Und es wurde auch der Minister des Innern ersetzt: Ein Fürst, der an seine Stelle trat, schien trotz seiner adeligen Herkunft den Erwartungen der Liberalen fortan besser zu entsprechen.

Zugleich entstand die Mechanik des Zentralkomitees der Semstwo- und Städtevertreter auf allrussischer Basis, mit der abgekürzten Bezeichnung Semgor. Damit sollte zwischen der Regierung und den Fabriken eine neue Instanz geschaffen werden. Angeblich zur besseren Befriedigung des Kriegsmittelbedarfs, in Wirklichkeit als legale Basis für das Hervortreten einer Instanz, die sich neben der Regierung des Zaren breitmachte. Indem sich das Komitee eigene Fabriken schuf, sicherte es sich Stützpunkte für eine Änderung, die vielen *Liberalen* schon unabwendbar zu sein schien. Die Beseitigung des Zarismus.

Auch die Duma holte sich ihre Früchte aus der Katastrophe von 1915. Aus ihren Reihen entstand ein Rat für Nationalverteidigung, in dem die Präsidenten der Duma und des Reichsrates vertreten waren wie auch die Ressortministerien und das Zentralkomitee für Kriegsindustrie. Dem späten Nachfahren wird es so vorkommen, als wäre damals in Rußland zuviel koordiniert und organisiert worden, aber zuwenig produziert. Mag sein, daß dem so war. Am Vorabend der Revolution konnte für deren Macher das Netz der von ihnen geschaffenen Instanzen, das sie der Regierung des Zaren sowie deren Exekutive überwarfen, um darüber Macht und Kontrolle zu bekommen, gar nicht dicht genug sein. Und während dieses Netz gewoben wurde, stand die öffentliche Meinung bereits unter dem Einfluß der *hidden persuaders*, der geheimen Verführer (wie man später in den USA sagte), die nicht mehr aufhörten, für alle Mißlichkeiten und Niederlagen an der

Front und in der Heimat die Regierung des Zaren, den Hof und letztlich immer mehr Nikolaus II. allein verantwortlich zu machen.

Die Tatsache, daß dieses Netz andererseits keinen genügenden Fang aus den reichen Erträgen der Latifundien der Großgrundbesitzer zwecks Ernährung der Bevölkerung in den Industriezentren machte, wurde unter Verschluß gehalten. Der Hinweis darauf wäre ja der Elite des schon im Kampf um die Macht befindlichen Wirtschaftsliberalismus schädlich geworden. Und doch waren es die Weber besagten Netzes, die über die Güterverteilung, die Preisgestaltung und den Gütertransport entschieden. Letzterer lag, was die Lebensmittelbeschaffung für die Industriezentren betraf, total darnieder. Nicht einmal die Erträge der vermehrten Produktion an Waffen und Munition konnten rechtzeitig an die Front abgehen. Die Agitatoren und Propagandisten der Linken, die sich mehr und mehr unter der kämpfenden Truppe hervorwagten, konnten die Dinge so hinstellen, als ließe Väterchen Zar seine Soldaten hungern, als gäbe er ihnen keine Gewehre, keine Munition und keine Geschütze ...

Da überall die freie Rede freier wurde, konnte die Duma nicht stillsein. Ihre Feindseligkeit gegenüber der Regierung des Zaren wurde immer heftiger, je mehr sichtbar wurde, daß der Einfluß des unseligen Rasputin auf die Zarin so weit ging, daß der fragliche Wundertäter imstande war, einen Minister zu stürzen, einen Mann seiner Clique zum Minister zu machen. Der Zar fügte sich den entsprechenden Pressionen seiner Gemahlin. Die ohnehin schon allgemein verhaßte Deutsche, die im Verdacht stand, Rußland an ihre deutschen Verwandten, die sie in Wirklichkeit ehrlich haßte, zu verraten, übte auf Nikolaus in Briefen, die sie ihm ins Feld schickte, einen Terror aus, der jedem unglaublich ist, der den Text dieser Briefe nicht kennt. Dabei war die Zarin nicht nur um das Regime ihres Gemahls besorgt, dem sie eine feste und harte Hand (die Nikolaus nie hatte) abverlangte, sondern zugleich um die Hilfen seitens des Wundermannes Rasputin. Rasputin hatte der Zarenfamilie eingeredet, er allein sei imstande, den Thronfolger, einen Bluter, vor einem frühen Tod zu bewahren. Dazu kam

seine Prophezeiung, seinem Tod würde der Untergang des Zarismus unmittelbar folgen. So weit war es 1916.
Ende Dezember 1916 wurde Rasputin von Attentätern umgebracht, die mit der Beseitigung dieses Scheusals Rußland und seinen Zaren zu retten glaubten. Doch die Täter kannten die Meinungsbildung im guten Volk und die Qualität der aus dem Untergrund immer dichter hervorquellenden Propaganda schlecht. Ergebnis war, daß das gute Volk vermeinte, Rasputin, der Mann aus dem Volk, sei von einer Bande von Adeligen umgebracht worden, weil diese ihm die Nähe zum Thron neideten. Aber auch viele Liberale lehnten Methoden des individuellen Terrors grundsätzlich ab, mochte er von unten oder von oben kommen.
Schon im September 1915 hatte sich in der Duma ein sogenannter Fortschrittlicher Block gebildet. Sein Ziel war die Berufung einer Regierung, die das Interesse der Allgemeinheit im Auge hatte. Schon diese Wendung, wonach es nicht mehr des Vertrauens des Zaren, sondern jenes der Öffentlichkeit für das Regieren des Landes bedürfte, versetzte die Zarin in blinden Zorn. Nikolaus II. quittierte derlei mit Verachtung. Im übrigen gingen einige Wünsche der Duma schon viel weiter. Sie betrafen zum Beispiel die Abschaffung des Dualismus in der inneren Verwaltung, wo die Zivilverwaltung und die vom Militär ausgeübte einander das Leben schwer machten, des Dualismus, der ein Greuel in den Augen aller Progressiven war. Es war jedenfalls ein Irrtum, wenn Männer in der Duma vermeinten, der Zar müsse doch zum Wohl des Landes für derlei zu gewinnen sein. Aber Nikolaus II. lehnte den Vorschlag binnen einer Woche ab. Um die Situation zu beruhigen und sich lästiger Ratgeber zu entledigen, wechselte der Zar in der Folgezeit einige Minister aus, die liberalen Vorschlägen zugänglich waren. Diese ersetzte er nicht durch Konservative, sondern durch erklärte Reaktionäre, Speichellecker bei Hof und Typen, die Garantie zu bieten schienen, daß alles beim alten blieb. Goremkyn, Ministerpräsident des Jahres 1916, wurde durch den aus der inneren Verwaltung kommenden Stürmer ersetzt. Stürmer, der entgegen der Wahrheit um seines Namens willen als Helfershelfer der Deutschen hingestellt wurde, brachte seine frü-

heren Konflikte mit den Semstwo-Verbänden ins Kabinett mit. Einmal wollte der Zar eine Geste der Versöhnung machen. Er sprach vor der Duma. Sein Kommen, sonst nicht die Regel, wurde mit großem Beifall begrüßt. Man erhoffte sich Erklärungen, die eine Wende ankündigten. Aber Nikolaus II. redete viel und sagte nichts, was die Stunde erfordert hätte. Beim Gehen folgten ihm Gähnen und Enttäuschung. Nikolaus II. sollte nie mehr die Duma betreten. Mehr und mehr genoß er die Abgeschiedenheit in seinem Hauptquartier an der Front. Zuweilen lebte er dort zusammen mit seinem kranken Sohn, der mit dem Herrscher in einem bescheiden eingerichteten Zimmer schlief. Wer es nicht glaubte, mußte es, wenn er wollte, jetzt erkennen: Der Zar war in erster Linie Familienvater, und zwar ein guter. Erst in zweiter Linie war er Landesvater, hierzu aber wenig geeignet, so daß die Lenkung der Staatsgeschäfte auf einem Zickzackkurs ein Unglück für ihn, das Reich und das ganze Volk wurde. Die Duma schickte er heim. Jetzt bewährte sich die Schaffung des Duma-Komitees für Hilfsmaßnahmen, das man nicht gut auflösen konnte. Gutschkow, jetzt schon erklärter Gegner des Zaren, hatte als Vorsitzender dieses Komitees das Vehikel, das er brauchte, um erfolgreich »Politik im kleinen Komitee« zu betreiben. Die Konfrontation der Person des Alleinherrschers mit Männern wie Gutschkow erschien und erscheint in der Literatur, je nach Anschauung und Herkunft des Autors, oft so, daß der liberale Gutschkow als ein wahrer Bösewicht, der Zar aber und sein Regime als Opfer solcher Intriganten hingestellt wurden. Und umgekehrt. Die Wahrheit ist, daß in der Endzeit des Zarismus Männer der Tat nicht nur im Untergrund Erfolge erzielten. Es gab genug Konservative, denen die Reaktion verhaßt war, und Liberale, die nicht willens waren, sich um jeden Preis mit der Linken zu verbünden. Um so ein Mann der Tat zu sein, bedurfte es aber schon vielen Mutes und Charakters, vor allem auch der notwendigen Durchschlagskraft gegenüber dem recht eigenwilligen Herrscherpaar und dessen Einflüsterer. Solche Männer hätten den Gang der Weltgeschichte nicht mehr geändert; wohl aber dem russischen Volk die bis dato währenden Methoden des größten

Holocausts der Weltgeschichte erspart. Jenen, bei dem Millionen angebliche oder tatsächliche Klassenfeinde ausgerottet worden sind.
Die kriegsbedingte Steigerung der Industrieproduktion hatte auch ein Anwachsen der Masse und des Einflusses der Arbeiterschaft zur Folge. Letztere machte noch immer eine Mini-Minorität in der Gesamtbevölkerung des Reiches aus. Die Volkskultur war keine proletarische Kultur. Das Dorf, Urkeim jeder bisherigen Kultur, wurde durch die Einberufungen dermaßen entvölkert, daß es gegen den Umsturz, wie ihn die Linke vortrug, keinen Widerstand mehr leistete. Ein Drittel der damaligen arbeitsfähigen bäuerlichen Bevölkerung war zum Militärdienst eingezogen; diese Menschen, der Herkunft nach Bauern, werden in der Revolution ihrerseits in die Ballungszentren strömen und zusammen mit den Arbeiterräten ihre Bauernräte in den Sowjet schikken, der 1917 die Duma, zuletzt jede Regierung unter Kontrolle nehmen wird.
Zum Schwindel einer Zeitwende gehörte die sogenannte Sozialrevolutionäre Partei, die sich auf dem flachen Land dem bäuerlichen Volk anbiederte. In der Innenpolitik spielte sie eine verhängnisvolle Rolle, bis sie Lenin und seiner Partei zum Opfer fiel.
Die böseste Hinterlassenschaft des Jahres 1916 war jedoch der Mangel an Lebensmitteln in den Städten. Ursache dessen war schon das Anwachsen der dortigen Bevölkerung. Dazu kam ein katastrophaler Ausfall an Transportmitteln, der das Herbeischaffen von Nahrungsmitteln aus Versorgungsgebieten fast unterbunden hat. Und – ein Verhängnis: Die Ernte von 1916 war eine schlechte. Maßnahmen der Regierung zur Regelung der Preise für Grundnahrungsmittel, der Kampf gegen den Schwarzhandel, gegen die Hamsterer, gegen Schleichhändler und der den Bauern auferlegte Ablieferungszwang erwiesen sich, wie in der Regel, als unzureichend. Versackten in der aufkommenden allgemeinen Unordnung im Land.
Der erwähnte Dualismus in der Verwaltung, hier Regierung, dort das Netz der diversen Verbände und Komitees, führte zu Schwierigkeiten; und das allein schon deswegen, weil die Bürokratie der

amtierenden Regierung mit Mißtrauen auf das blickte, was in den Verbänden und Komitees vor sich ging; und weil es sich ergab, daß Fürst Lwow, der zur Galionsfigur im System der Nebenregierungen wurde, eine gewisse Popularität gewann, Regierung samt Bürokratie aber in argen Mißkredit gerieten. Jetzt glaubte der Zar einen guten Griff zu tun, indem er den Duma-Abgeordneten Protopopow zum Innenminister machte, hoffend, dieser würde in der Lage sein, hinter der einigermaßen stabilisierten Kriegsfront die Vorgänge im Hinterland besser unter Kontrolle zu bringen. Protopopow besaß das Vertrauen der Westmächte. Eine Fahrt nach London und Paris war als Goodwilltour gemeint. Die Propaganda der Bolschewiken streute aber erfolgreich das falsche Gerücht aus, er sei nicht in Frankreich und England gewesen, sondern – in Schweden, um dort mit den Deutschen zu konspirieren. Nachher hieß es, dieser Verdacht hätte Protopopow die Sympathie der Liberalen und der liberal-konservativen Oktobristen gekostet. Die Wahrheit ist, daß Gutschkow eifersüchtig auf seine Führungsposition bedacht war und unter keinen Umständen als Ministerpräsidenten den Parlamentarier Protopopow akzeptierte, der sich vom Zaren ernennen ließ – ohne daß die Parteipolitiker vorher befragt wurden. Das Gerücht, Protopopow sei eine Kreatur Rasputins, kam hinzu.
Auch das gehört zur Politik, nämlich daß jeder, der eine gewisse Politik macht, die Politik, zu der ein anderer berufen ist, mit Mißtrauen und Haß, jedenfalls mit unversöhnlicher Gegnerschaft quittiert. Daß zuletzt Nikolaus doch den erwähnten Stürmer entließ und an seiner Statt den als übles Subjekt und Reaktionär mißliebig gemachten Protopopow berief, brachte das Faß des Unmuts der Politiker zum Überlaufen. Nun hatte der Selbstherrscher zu oft Ministerpräsidenten und Minister in rascher Folge ausgewechselt. Aber stets hatte er die Gelegenheit versäumt, Männer zu berufen, die willens waren, zusammen mit der Duma den Weg zu einer Demokratisierung zu gehen. Die Folge war, daß Nikolaus II. bei seiner Abdankung im März 1917 buchstäblich allein auf steiler Höhe stand, schon wankend und zum Sturz fertiggemacht.

Die Opposition gegen sein Regime griff auf die Großfürsten über. Sie mußten befürchten, daß der Sturz des Zarismus das Ende ihrer mit unermeßlichen Privilegien ausgestatteten Existenz sein würde. Ehrliche Verwandte warnten den Zaren, verscherzten sich aber so sein Vertrauen oder sahen nur noch einen wie betäubt zuhörenden Herrscher vor sich. Andere liebäugelten mit Liberalen und Linksintellektuellen, die sie bei Tische hatten, und berieten, ob man nicht wieder einmal den Zaren absetzen sollte, wie das schon geschehen war; man dachte ja nicht gerade an einen Zarenmord. Andere wollten die Zarin in ein Kloster verschicken. Insgesamt führten derlei Konspirationen des hohen Adels und derer, die sich günstiger Geschäftsverbindungen mit diesen Kreisen erfreuten, zu nichts. Die einander kreuzenden und überschneidenden Aktivitäten derer bei Hof waren nichts wert; mochten einzelne loyal, andere kalt berechnend und ohne Rücksicht auf das Herrscherpaar herumkurbeln.

Tragisch war, daß die bewährten oder doch brauchbaren Armeeführer ihrem Obersten Kriegsherrn gegenüber nicht loyal waren. Das galt für den Chef des Generalstabs Alexejew, für die meisten Front-, also Armeegruppenführer und nicht zuletzt für den unseligen General Kornilow, der später gegen die Provisorische Regierung zu putschen versuchte. Ganz und gar keine Stütze fand der Zar in der Person des Siegers in der Brussilow-Offensive.

Ein wenig verallgemeinernd kann man sagen, daß die Februarrevolution im Rußland von 1917 Erfolg hatte, weil die Spitzen der Generalität nicht mehr mit dem Zaren gingen und die Mannschaften in der Endkrise größtenteils gemeinsame Sache mit den Aufrührern machten. Das änderte freilich nichts an der Richtigkeit der Behauptung Lenins, der nach dem Gelingen seiner »Großen Sozialistischen Oktoberrevolution« zynisch bemerkte: »Hätte es 1917 in Petrograd nur ein paar tausend Leute gegeben, die wirklich gewußt hätten, was sie wollten, so hätten wir niemals die Gewalt in Rußland übernehmen können.«

Tatsächlich hatte es mehr als ein paar tausend Leute gegeben, die vieles geopfert hätten, um einen Sieg der Kommunisten zu verhindern. Schon die Februarrevolution der Liberalen wäre gescheitert, hätte es konservative Politiker gegeben, die in der Lage und mutig genug gewesen wären, dem Volk zu sagen, wessen sie willens seien. Immer muß es in derlei Krisen Meinungskneter geben. Denn das gute Volk ist wie ein Weib; es geht in Umsturzzeiten mit dem starken Mann.

Am Vorabend der russischen Revolution von 1917, im Jänner dieses Jahres, vergnügte sich die mondäne Welt der Hauptstadt wie lange nicht. Menschen dieses Kreises, die lebend davonkamen, erinnerten sich bis zum Tod einer »rasenden Vergnügungssucht«, welche die Hauptstadt überfallen hatte. Empfänge bei den Botschaftern der Verbündeten wechselten mit sogenannten Wohltätigkeitsveranstaltungen ab. So erlebte die Tochter des früheren Ministerpräsidenten Witte einen, wie sie später schrieb, unvergeßlichen Abend zugunsten der Kriegsinvaliden. In den bisherigen Kriegszeiten hatten die eleganten Damen eine dem Ernst der Zeit entsprechende Kleidung gewählt. An jenem Abend aber »rieselte es von Perlen und Diamanten«. Die Spitzen des Militärs und des Zivils erschienen in ihren Galauniformen, übersät mit Orden. Aber die Augen der weiblichen Jugend haben den Offizieren gehört, die eine schmucke Extrauniform nach dem Schnitt der Felduniform trugen. Der Stoff erbsengrün-grau, lackiertes Lederzeug, Tanzsporen, alles letzte Produkte jener Meister ihres Faches, die seit der Vorväter Zeiten erstklassige Arbeit aus erstklassigem Material anzufertigen gewohnt waren. Noch einmal klangen nach der Zarenhymne die Hymnen der »Hohen Verbündeten« auf. Nur wenige werden beim Aufrauschen der Marseillaise geahnt haben, daß dieser Marsch demnächst mit unterlegtem Text schaurig in ihren Ohren klingen sollte.

Ja, die »Hohen Alliierten« hatten, entgegen den Warnungen ihrer Vertreter in Petrograd, nochmals ihre Sache auf die Treue des Zaren abgestellt. Man war nach Petrograd gekommen, und der Zar durfte in einem Manifest ankündigen, daß nunmehr seine »Hohen Verbündeten« den uralten Anspruch der Zaren auf Konstantinopel und die dortigen Meerengen anerkannt hätten. Am 1. März 1917 reiste der Zar aus Petrograd ab. Er sollte seine Hauptstadt nie mehr als Herrscher betreten.

Eine Woche zuvor sind die Arbeiter der »Putilow-Werke« in einen Streik getreten. Derlei war längst, auch in Kriegszeiten, eine Alltäglichkeit, und die Arbeiter der Putilow-Werke waren bekannt für ihre Übung darin und ihre beständige Neigung dazu. Für den 8. März war von der Zweiten Internationalen, oder Teilen derselben, ein Aufruf zu einem internationalen Frauentag ergangen. Die Frauen der Hauptstadt gingen gerne demonstrieren; wenngleich im Moment der Hunger und die Not ihrer Kinder ihnen mehr Sorgen bereitete als der Krieg. Zwei Tage später glückte es den Machern, einen Generalstreik unter der Arbeiterschaft der Hauptstadt anzuzetteln. Nichts schien besorgniserregend oder außergewöhnlich zu sein. So manche frühere Regierung war mit derlei Situationen fertig geworden. Die in einzelnen Fabriken stattfindenden Wahlen von Arbeiterräten schienen nicht das Schlimmste zu sein. Für die Regierung war es schlimmer, daß General Chabalow, dem man eine starke und feste Hand zutraute, in Wirklichkeit feig und willensschwach war. An sich standen ihm 3500 mit Faustfeuerwaffen versehene Polizisten zur Verfügung und dazu die Ersatzformationen der berühmten russischen Garderegimenter. Insgesamt etwa 120 000 Mann. Erst im Kampf stellte sich heraus, daß besagte Gardeformationen nichts anderes waren als Haufen schlecht ausgebildeter Bauern unter der Anführung von Reserveoffizieren, die nicht willens waren, ihr Leben für den Zaren hinzugeben. Weder an der Front noch in der Heimat. Jene, die ihrem Offizierseid treu blieben, sahen bösen Zeiten entgegen. Um jene streunenden Horden von Soldaten und Zivilisten, die längst nichtstuend und frierend den kalten Winter, die Zarin und alles verfluchten, was ihr Elend auszumachen schien, bildeten sich Haufen von Demonstranten. Was plötzlich geschah, ist in eine Legende verkleidet worden.
Als sich die Demonstranten einer Sotnie Kosaken gegenübersahen, die einen Kordon bildeten, soll ein kleines Mädchen auf den Kommandanten der Einheit zugegangen sein. Der Offizier beugte sich zu dem Kind hinunter und nahm ein Blumengeschenk in Empfang. Die weiche Tour der Revolution gelang. Die Kosaken fraternisierten mit der Menge. Das war ein wirklich umstürzendes

Ereignis, wenigstens nach einer gutgeschriebenen Legende der Revolutionsgeschichte.
Tags darauf bekam es die Menge mit Infanterie zu tun. Diese schoß in die Menge. Es floß das Blut, das nach einem alten Spruch bei jeder Revolution fließen muß. Denn jede Revolution braucht ihre Märtyrer, und die Beisetzung ihrer Opfer wird zur furchtbaren Drohung für die eventuell noch vorhandenen Gegner.
Am 11. März stellte die eher klein geratene Minorität der Petrograder Bolschewiken die Forderung auf, eine »Provisorische Revolutionsregierung« zu bilden. An eben diesem Tag erreichte den Zaren in seinem Hauptquartier ein Telegramm des Duma-Präsidenten Rodzianko. Wieder kam man dem Zaren mit der oft gehörten Forderung, es müßte eine neue Regierung her: Der Zar sollte eine Person, die das Vertrauen des Volkes besitzt, mit der Regierungsbildung betrauen. Wer war die Persönlichkeit, die in einem Moment wie diesem das Vertrauen des Volkes besaß, da doch das gute Volk bereits mindestens einem Dutzend Parteiparolen nachlief?
In dieser Hinsicht hatte Nikolaus recht, wenn er das Telegramm mit der unwilligen Bemerkung quittierte: »Wieder eine Dummheit von dem dicken Rodzianko.« Dies anstatt den letzten Satz im Telegramm zu beachten, wo davon die Rede war, es möge Gott verhüten, daß in einem solchen Augenblick die Verantwortung den Monarchen trifft. Statt sich aber zu degagieren, befahl der Zar dem Petrograder Stadtkommandanten, den Ausschreitungen ein sofortiges Ende zu bereiten. Das sollte genügen.
Aber der Stadtkommandant hatte keine Gewalt mehr in Händen, um dem, was in den Augen des Zaren nur eine Ausschreitung war, ein Ende zu bereiten. Am 12. März geschah es, daß das gegen die Demonstranten eingesetzte wolhynische Regiment sich weigerte, gegen die Demonstranten eingesetzt zu werden. Der Regimentskommandant wußte, woran er war; er erschoß sich vor der Front seines Regiments. Die Männer verließen die Einteilung, stießen in Rudeln zu den Demonstranten. Der Übergang regulärer Truppen zu Aufrührern ist in jeder Revolution der Moment des Sieges.
In Petrograd ging es nach dem uralten Schema einer Revolution

weiter: Man öffnete die Gefängnisse, und Verbrecher wie politisch Verfolgte wurden frei. Jetzt bekam die ungegliederte, schlecht geführte Masse Unterführer. Dann zündete man das Justizgebäude an. Und weiter zog die Menge, zum Taurischen Palais, wo die Duma tagte. Der Zar hatte mit 12. März die Duma aufgelöst. Aber die Mitglieder der Duma weigerten sich, dem Erlaß des Zaren Folge zu leisten. Vielmehr setzten sie nach dem Operationsplan für eine Revolution aus ihren Reihen einen »Provisorischen Ausschuß« ein. Zwölf Mitglieder dieses Ausschusses und das Exekutivkomitee eines in einem anderen Saal des Palais sich bildenden Sowjets der Arbeiter (bald auch der Bauern und Soldaten) bildeten ein dualistisches System. Man war unter einem Dach, im übrigen aber hinsichtlich des Fortgangs des Geschehens uneinig. Der Rechtsanwalt Kerenski schaffte es, in der Duma und im Sowjet Rang und Ansehen zu erlangen.

Die Nachricht, daß auch andere Einheiten der Garde dem Beispiel des wolhynischen Regiments gefolgt seien, selbst das seit den Tagen Peters des Großen erstrangige Preobranzenski-Regiment, elektrisierte die Bewegung. Der Ministerpräsident Protopopow wandte sich an den Bruder des Zaren mit der Bitte, seine Demission und die des gesamten zaristischen Kabinetts dem Zaren zu unterbreiten. Großfürst Michail Alexandrowitsch erreichte nur den Generalstabschef Alexejew am Telefon, und dieser notierte sich den Rat des Großfürsten: Es gäbe unter den Umständen, die in der Hauptstadt herrschten, keinen anderen Ausweg (besser wäre Flucht gewesen), als das Kabinett zu entlassen und einen Mann zu berufen, der nicht nur das Vertrauen des Zaren, sondern auch die allgemeine Achtung genieße. Die allgemeine Achtung, da war sie wieder, diese dem Zaren so mißliebige Formel. Und: Wer konnte in dem momentanen Wirrwarr die allgemeine Achtung eruieren, wer sie dem Zaren formulieren? Es war im Grunde dieselbe Frage, die 1903 der französische Sozialist Charles Péguy bei der Abfassung des ersten Programms der Sozialdemokratischen Arbeiterpartei Rußlands nicht nur aus bloßer Neugierde gestellt hatte: »Ich möchte gerne wissen, wer in Wirklichkeit jene Personen sein werden, die die Diktatur des Proletariats ausüben werden.«

Als ob er jene gefährliche Anonymität geahnt hätte, die Nikolaus II. hinter der Formel »allgemeine Achtung« vermutete und die in diesem Falle ebenso berechtigt war wie die von Péguy vierzehn Jahre früher gestellte Frage nach den Personen, die die Diktatur des Proletariats ausüben würden. Für die Österreicher wurde letztere Frage in dem Moment aktuell, als Otto Bauer, einer der die Revolution in Rußland 1917 vor Ort erlebt hat, im Jahr 1926 für den Fall gewisser Gegebenheiten den Gegnern eine *Diktatur des Proletariats* androhte.

Der Zar vermied im Moment jede Entscheidung par distance. Den Vorschlag des Bruders, eine Regierung unter dem Fürsten Lwow, die aus der Duma hervorgegangen war, auch seinerseits zu bestätigen, schob er auf. Vielmehr entschloß er sich, selbst nach der Hauptstadt zu reisen, um am Ort des momentanen Geschehens Entscheidungen zu treffen. In der Nacht zum 16. März bestieg Nikolaus II. seinen Sonderzug. Es wäre gut gewesen, sich jener Einheit zu bedienen, die aus Rittern des St.-Georgs-Ordens gebildet werden sollte, nachdem die Truppen der Garde in der Hauptstadt versagt hatten. Aber der Zar dachte nicht an Gewaltanwendung, es blieb bei der Begleitung durch die um die Person des Zaren diensthabenden Hofchargen. Uniformierte waren darunter, keine Soldaten. Der Zar ging ohne sichtbare Anzeichen innerer Erregung zu Bett.

In der Dämmerung des nächsten Tages wurde der fest schlafende Zar geweckt. So wie Ludwig XVI. am letzten Tag seiner Freiheit von seiner Gemahlin geweckt werden mußte, weil die Sturmglokken und das Geheul derer, die das Königsschloß in Paris erobern wollten, es nicht vermochten, geschah es dem letzten Zaren von Rußland. Man meldete der Majestät, die Strecke sei von Militär gesperrt; zwei Kompanien, mit zwei Feldgeschützen und MGs. Also kein imponierender Gegner für eine kampfgewohnte Truppe. Immerhin ging es um den Thron.

Aber der Zar dachte gar nicht an derlei, ordnete an, die Station mit der nächsten Telegrafenverbindung anzufahren. So hielt der Zug in Dno, auf Deutsch *Abgrund.* Der Zug wurde nach Pskow umgeleitet, weil sich dort angeblich der Duma-Präsident Rozianko mit dem Herrscher treffen wollte. Die Begegnung fand nicht statt. Nikolaus II. ging einen weiteren Schritt zurück. Er nahm die in der Hauptstadt vollzogene Nominierung eines dem Parlament verantwortlichen Ministerpräsidenten zur Kenntnis. Der Zar verzichtete auf sein Ernennungsrecht, die Revolution verließ damit endgültig die bisherige legale Basis. Wer aber drückte jene sogenannte allgemeine Meinung aus, die das allgemeine Vertrauen in die neue Regierung setzen sollte? Es waren Bewaffnete, die sich als Delegierte von Fronteinheiten ausgaben und die im Taurischen Palais ihren Terror ausübten; sie haben allerdings einstimmig die Abdankung des Zaren verlangt.

Die Soldaten im Taurischen Palais, dem Sitz der Duma und des Sowjets, sowie die obersten Generäle der Fronttruppen haben dem Zaren jede Grundlage seines weiteren Wirkens entzogen. So wie im Taurischen Palais die Gewehre sprachen, sprachen von den Hauptquartieren der fünf Frontabschnitte deren Kommandeure. Sie versicherten dem Generalstabschef einstimmig, daß die Abdankung von Nikolaus II. unerläßlich sei. Am Vormittag des 16. März meldete sich General Ruzski in Begleitung zweier Adjutanten beim Zaren und schilderte die somit für den Monarchen ausweglose Lage. Wie immer es in den nächsten Stunden um den Zaren bestellt war, eines ist gewiß, nämlich daß er einen Bürgerkrieg nicht wollte. General Ruzski, der vom Zaren schon die Ausfertigung einer Abdankungsurkunde besaß, hielt diese zurück. Er wollte das Ergebnis einer entscheidenden Unterredung des Zaren mit einer aus Petrograd angekündigten Abordnung der Duma abwarten. Das war Gutschkows große Stunde und ein unseliger Moment im Leben seines Kollegen Schulgin. Der Zar empfing die Abgeordneten im Beratungszimmer seines Salonzuges. Gutschkow redete des langen und breiten auf den Zaren ein, um ihn von der unabweisbaren Notwendigkeit, selbst abzudanken, zu überzeugen. So würde, nach Gutschkows Vorbringen, nach dem Verzicht des Zaren die Herrschaft auf den regierungsunfähigen Thronfolger übergehen; für letzteren sollte der (in Staatsgeschäften ganz unbewanderte) Bruder des Zaren, Michail Alexandrowitsch, die Regentschaft führen. Das, so Gutschkow, würde wenigstens die monarchische Staatsform retten. Mit Michail Alexandrowitsch würde man, so wohl auch Gutschkow insgeheim, schon fertig werden ...

Der Zar entschied nicht als Herrscher, sondern als Vater:

»Mein letzter Entschluß, auf den Thron zu verzichten, ist schon gefaßt. Ich will meinen Sohn bei mir behalten. Ich danke in seinem Namen zugunsten des Großfürsten Michail ab.«

Dann klang in die Stille des Abteils:

»Ich hoffe, Sie werden die Gefühle eines Vaters verstehen.«

Es dauerte noch, bis die Urkunde auf drei Vordrucken, wie sie beim Abfertigen von Telegrammen verwendet wurden, ausgefertigt war. Wie viele seiner Schicksalsgenossen fand der Zar in dieser Stunde jene stoische Ruhe, die keinen Einblick in sein Inneres gestattete. Geweint hat in dieser Stunde nur Schulgin.

Als in Petrograd die Nachricht von der Abdankung des Zaren eintraf, wurde der Generalstreik abgebrochen. Dafür schufen die Bolschewiken eine »Militärische Kommission«, die ihnen im Oktober/November des Jahres bei der Machtergreifung sehr zu Hilfe kommen sollte. Tags darauf richteten sie an das Proletariat aller kriegführenden Länder einen Aufruf für den Frieden. Duma und Sowjet schufen ein Kontaktkomitee zur Koordinierung gewisser gemeinsamer Bestrebungen. Es sollte sich als eine Fußangel für die Duma erweisen.

Wo aber war der Zar?

Bei seinem Eintreffen in Zarskoje Selo empfing ihn General Kornilow und eröffnete dem Zaren, daß er und seine Familie, »um die Sicherheit zu garantieren«, sich gewissen Einschränkungen unterziehen müßten. Die Wachmannschaft bezeigte dem gewesenen Obersten Kriegsherrn ihre Verachtung dadurch, daß sie das Waschen und Rasieren einstellte, daß sie mit kotigen Schuhen die Einrichtung besudelte und sich nur unwillig den Befehlen ihres Kommandanten, eines Obersten, der ein alter Kämpfer der Sozialrevolutionären Partei war, unterwarf. Nicht das war jedoch Gegenstand der Betroffenheit für den Zaren. Es war als Verachtung für den früheren *Zaren* gedacht, aber der *Vater* spürte dabei nichts.

Die Provisorische Regierung, bestückt mit Vertretern des Großgrundbesitzes, hatte andere Sorgen, als sich um den Zaren zu kümmern. Die Bauern fingen an, sich des Herrenlandes zu bemächtigen, und das konnten die Männer um den Fürsten Lwow nicht hinnehmen. Im Gouvernement Twer stellten sie derlei gewaltsam ab. Im übrigen sprachen sich die Fabrikanten unter den Regierungsmitgliedern mit den Arbeiterräten gut, und man einigte sich auf die Einführung des Achtstundentages. Die Sozialrevolutionäre, an sich auf die Bevölkerung auf dem flachen Land gestützt, belehrten die Bauern, daß sie sich das begehrte Land nicht einfach selbst aneignen dürften. Die Bauern sollten noch mehr Überraschungen erleben und zuletzt unter den Bolschewiken als landwirtschaftliche Arbeiter in die Kolchosen und Sowchosen einrücken, mit weniger Landbesitz, als ihnen die Reform des Zaren Alexander II. eingebracht hatte. Dafür durften sie glauben, sie seien Besitzer des ganzes Landes ...

Am 1. April kam endlich der Führer der Sozialdemokraten und Gegenspieler Ceretelli, zuletzt zur Zwangsarbeit nach Sibirien verschickt, in der Hauptstadt an. Noch rechtzeitig, um an der Feier zur Bestattung der Opfer der Revolution teilzunehmen. Die Bestattung der Märtyrer einer Revolution gehört zum eindrucksvollen Ritual jeder Revolution; sie verpflichtet die Kampfgefährten der Opfer und erschreckt deren Gegner.

Nun war die Zeit gekommen, anstatt der noch in der Zarenzeit gewählten Duma eine *Konstituierende Versammlung* zu wählen. Als Datum dafür wurde der 7. November 1917 festgesetzt. Man erwartete sich von der Wahl die Bestätigung des jetzigen Regimes ...

Aber da geschah es: Am 16. April 1917 kam auf dem Finnischen Bahnhof in Petrograd Lenin an. Seine Genossen hatten einen Empfang vorbereitet, der Lenin bewog, vom Fleck weg die Offiziellen, die zur Begrüßung erschienen waren, beiseite zu lassen und den Massen zuzustreben. Ein Panzerauto stand bereit, eine rollende Rednertribüne, die Lenin benutzte, um sogleich dem Volk mitzuteilen, daß fortan die Uhren im Land anders gehen

würden, als sie in der Februarrevolution gestellt worden waren. Zwei Tage später rückten Matrosen in die Stadt ein, die künftige Elite im Kampf um die Fortführung der Revolution, die das amtierende Regime so gern als abgeschlossen betrachtet hätte.
Aber das erlebte der k.u.k. Leutnant Otto Bauer, seit 1914 in russischer Kriegsgefangenschaft, nicht mehr. Am 1. September 1917 wird er schon in Wien sein und nach den in Rußland gewonnenen Erfahrungen seinen Genossen in der SDAP das einblasen, was es brauchte, um auch die letzten Reste des 1914 bezeigten »Sozialchauvinismus« zu beseitigen.

Leutnant Otto Bauer

Lehrjahre in Rußland 1914–1917

Seine Familie stammte von oben. Oben, das war für die Wiener vor 1918 nicht etwa das Erzherzogtum Österreich ob der Enns und seine Hauptstadt Linz. Auf Linz reimt sich gar zu gut das Wort Provinz, und manche Bühnendichter der Zeit des Biedermeiers konnten es sich nicht verkneifen, diesen Reim in einem Couplet zur Geltung zu bringen. Später sagte man ungeniert: Linz an der Tramway. Das hat sich nach 1918 und erst recht nach 1945 gründlich geändert. Während sich die frühere Haupt- und Residenzstadt Wien anschickte, sich gesundzuschrumpfen, entstand in Linz ein Zentrum der Industrialisierung und des Fortschritts, wie es kein zweites in der Republik Österreich gibt. Herren von Adel aus dem Land ob der Enns waren allerdings in den Zeiten der Religionskriege und des Aufruhrs der Standesherren gegen den Landesherrn ungemein rührig. Sie und die Bauern des Landes verstanden es durchaus, einen Aufstand zu erzeugen, daß zuweilen den Habsburgern die Haare zu Berge standen. In der Republik entwickelte sich in Oberösterreich in der Politik ein Klima, das nach 1945 vorbildlich wurde: Toleranz, Ordnung in der Gesprächssituation und Bereitschaft bei Rechts und Links zur Einigung im Sachlichen.

Das aber war nicht der Hintergrund der Persönlichkeit Otto Bauers. Sein Vater war oben in Böhmen einer der jüdischen Unternehmer, deren Unternehmungsgeist seit den Tagen des guten Kaisers Franz entscheidend dazu beigetragen hatte, daß die Kronländer Böhmen und Mähren zum eigentlichen Wurzelboden der Großindustrie der Monarchie wurden.

Aber die Gesundheit des Vaters war wohl zu schwach, um den

Erfordernissen eines Konkurrenzkampfes, wie er in der Zeit des Wirtschaftsliberalismus eine Selbstverständlichkeit war, standzuhalten. Die Familie zog nach Wien, hier wurde Otto Bauer 1881 geboren. Just in dem Jahr, in dem Georg von Schönerer im Verein mit Victor Adler und einer Generation von Burschenschaftern, die dann um 1918 zu politischer Bedeutung gekommen sind, das sogenannte *Linzer Programm* für die Deutschnationalen in Österreich verfaßt haben. Dieser Zusammenhalt des werdenden Antisemiten Schönerer mit dem Juden Adler ging in den Kindertagen Bauers zu Ende. Schönerer setzte 1885 die Arisierung des Linzer Programms durch. Adler schwenkte endgültig nach links ab, hat aber immer betont, daß es Schönerer war, der ihm die Methoden einer freisinnigen und fortschrittlichen Politik beibrachte. Schönerer kam zur buchstäblichen Erfüllung seines Programms: Durch Reinheit zur Einheit. Nach einer totalen Reinigung seiner Anhängerschaft war es zum Schluß nur noch ein Wahlkreis oben in Böhmen, der ihn ein letztes Mal in das Abgeordnetenhaus des Reichsrates am Franzensring zu Wien entsandte.

Bauer blieb der Aura, die oben herrschte, verhaftet. Das Gymnasialstudium begann er in Reichenberg, einem Mittelpunkt des Deutschtums im Nationalitätenstreit im alten Österreich. Der Vater Bauers brauchte zuweilen den Aufenthalt im milden Klima Südtirols, und so lernte Bauer die Schönheit des Landes in den Bergen kennen. Ihr blieb er zeitlebens verbunden. Weniger interessierte ihn der oft krasse Antiklerikalismus, den landfremde Individuen, wie man an Ort sagte, ins heilige Land Tirol brachten. So ein Eisenbahner, dem das geistige Klima Tirols gar nicht zusagte und der sich herausnahm, die wohl ärgste Schmähung des Landes zu verfassen. Jenes Büchlein mit dem Titel »Fern von Europa«, heute eine Rarität bei Bibliophilen, denn der Landtag schritt gegen das Pamphlet mit allem Nachdruck ein, ein Volkssturm erhob sich, und die Abneigung gegen Landfremde, vor allem gegen Wiener, verstärkte sich. »Weana Jud« war wohl die schmählichste Bezeichnung für einen Bewohner der fernen Haupt- und Residenzstadt.

Nichts davon blieb an Bauer haften. Er bezog die Juridische Fa-

kultät der Universität Wien. Just in der Zeit, als in der sozialdemokratischen Wiener Volksbuchhandlung seine Arbeit »Die Nationalitätenfrage und der Sozialismus« erschien, sanktionierte Kaiser Franz Joseph I. das Gesetz über die Einführung eines allgemeinen, gleichen, geheimen und direkten Wahlrechts, womit er das Privilegienwahlrecht der liberalen Ära im Grunde beseitigte. Das Wahlrecht von 1907 war nicht allgemein, denn es kam der weiblichen Bevölkerung noch nicht zugute; es war nicht gleich, weil schon darin jene gewollte Ungleichheit steckte, die unter dem Staatskanzler Karl Renner nach 1918 aus guten Gründen perfektioniert wurde; aber es war geheim und direkt und wirkte damit dem Kantönligeist, der vielfach im Nationalitätenstreit steckte, entgegen. Jedenfalls war dieses Wahlrecht von 1907 bei weitem fortschrittlicher als jene Rechtsvorschriften, die es in puncto Wahl in den Mutterländern der Demokratie, in Großbritannien und in den USA, zum Teil gab. Vom Ungeist des von den Magyaren zu ihrem Vorteil geschaffenen Wahlrechts im ungarischen Nationalitätenstaat der Zeit vor 1918 gar nicht zu reden.
1914 war die Universität Wien neben der in Berlin die im deutschen Sprachraum bedeutendste. Aber schon war die Zahl der Hörer aus slawischen Gebietsteilen der Monarchie größer als jene der Deutsch-Österreicher, wie Karl Renner seine Landsleute gerne nannte. Vergeblich hatte Karl Lueger in seinen letzten Jahren seine Anhänger zum Sturm auf die vom national-freisinnigen Geist beherrschten Hochschulen aufgerufen. Bis 1938 herrschte dieser vom Doktor Lueger bekämpfte Geist noch immer in den meisten Professorenkollegien. Als Bauer studierte, konnten Koryphäen mancher Hochschulen ungeniert sagen, daß man einem Habilitationsbewerber klerikaler Herkunft und Anschauung nicht die Lehrbefugnis, geschweige denn eine Lehrkanzel geben könne, weil ihm der Begriff einer »voraussetzungslosen Wissenschaft« fehle.
Erste Vorhuten des CV in Österreich genossen zu Bauers Zeit beim sogenannten Samstagbummel an der Wiener Universität die fatale Solidarität der Antiklerikalen aller Richtungen. Das war einer der wenigen Anlässe, bei dem zionistische Waffenstudenten

mit ihren deutsch-völkischen Kommilitonen gemeinsame Sache machten, wenn es gegen »waffenscheue klerikale Feiglinge« ging. So ein waffenscheuer Feigling verlor nach den Vorstellungen des Kaisers sofort die Eignung zum Reserveoffizier, wenn er, zum Duell gefordert, in Befolgung der Vorschriften des katholischen Kirchenrechts die Satisfaktion mit der Waffe verweigerte. Bauer behielt nicht nur die Satisfaktionsfähigkeit – die freilich von antisemitisch eingestellten deutsch-freisinnigen Kommilitonen Juden verweigert wurde – dank der Einstellung des Obersten Kriegsherrn. Franz Joseph I. liebte nicht alle Äußerungen des Judentums, aber er war ein entschiedener Gegner jeder Form des Antisemitismus in seinem Reich. Österreich, weniger Ungarn, war eine Zuflucht für Juden, die im zaristischen Rußland Serien von Pogromen erlebten.

Auch diese Facette der Innenpolitik, mit der man sich zwei Generationen später in der Zweiten Republik Österreich mit Vorliebe beschäftigt, war für Bauer ohne Belang. Und er blieb bis zu seinem Tod in der Emigration in Frankreich 1938 seinem mosaischen Väterglauben treu. Darin hielt er es anders als seine Genossen in der deutschen Sozialdemokratischen Arbeiterpartei, die ihren Klassenhaß mit einem militanten Antiklerikalismus stärkten; so daß sich der spätere Bundespräsident Theodor Körner erinnern konnte, daß er und noch ein Genosse die einzigen im ehemaligen Abgeordnetenklub waren, die 1934 noch nicht aus der katholischen Kirche ausgetreten waren. Körner vermied den Austritt aus einem Grund, der ihm Ehre macht: Er tat es seiner Mutter wegen nicht.

Der sogenannte Kommunalsozialismus des christlichsozialen Bürgermeisters Lueger war nicht der Fall für Bauer. Ihm klebte der Klerikalismus der Klein- und Spießbürger an, und ein Antisemitismus, den man bald den Sozialismus des »dummen Kerls« nannte. Adolf Hitler hat später seine Hochschätzung für den »größten deutschen Bürgermeister«, so nannte er den Doktor Lueger, erheblich eingeschränkt, als er erkannte, daß dessen Antisemitismus keine wahre Substanz hatte. Daß Doktor Lueger überhaupt kein Ideologe, sondern ein brillanter Pragmatiker der

Kommunalpolitik im beginnenden 20. Jahrhundert war, hat man erst lange nach seinem Tod auch im eigenen Lager zur Kenntnis genommen, als Wien längst an die Sozialdemokratische Arbeiterpartei Österreichs – SDAPÖ -- verloren war.
Das Abgeordnetenhaus am Wiener Franzensring bot dem jungen Sekretär der Fraktion der deutschen Sozialdemokraten, wozu Karl Renner und Karl Seitz den jungen Bauer beriefen, keine Schulstube zur Erlernung der Methoden der parlamentarischen Demokratie. Die Radaumacher in den Vorhuten der nationalen und sozialen Revolution von 1918 waren eine Minorität im Wiener Abgeordnetenhaus. Ihre Methoden der sturen Opposition und Obstruktion unterstrichen sie mit primitiven Schlagzeuginstrumenten, die sie im jeweiligen Klublokal aufbewahrten, um sie im Kampf gegen den Feind im Haus oder auf der Regierungsbank dermaßen zu betätigen, daß ausländische Besucher vermeinten, sie seien beim Besuch eines Affenzirkus. Karl Renner hielt derlei für Kinderkrankheiten der Demokratie in Österreich. Bauer kam wohl sehr früh zu der Ansicht, daß es sich hier um Anzeichen der *Todeskrankheit der liberalen Ära* handelte. Oder, wie es Thomas Mann in seinem großen Roman »Der Zauberberg« diagnostizierte: die Tuberkulose des liberalen Bürgertums.
Bauers Fundamentierung seiner politischen Grundposition vollzog sich nicht nur im Zuge einer wachsenden Selbstgewißheit, die ihm in Verfolgung der von Marx hinterlassenen Ideen zum Wesenszug wurde. Er erlebte bis zum Tod das, was der deutsche Staatsrechtler Carl Schmitt nach 1918 als den Spannungsbogen im Politischen gemäß der Konfrontation in einem Freund-Feind-Verhältnis analysierte. Wobei der Freund nicht mehr als ein bloßer Nicht-Feind und der Feind des Feindes nicht etwa dadurch zum Freund wird. Im Wirrwarr der nach 1918 in Mittel- und Osteuropa ausbrechenden Parteiendemokratie nahm das Politische tatsächlich Züge an, die Schmitt recht gaben.
Dieses politische Klima einer unablässigen Kriegsbereitschaft der Parteien reizte den jungen Doktor Bauer dazu, mehr zu sein als der ideenreiche und tüchtige Sekretär der Parlamentsfraktion der deutschen SDAP.

Sehr früh rechnete er mit der Tatsache, daß die nach Nationalitäten gegliederten sozialdemokratischen Parteien im alten Österreich sich zwar eins waren im Klassenkampf und in einem militanten Antiklerikalismus, aber durchaus nicht eins in puncto ihrer Nationwerdung in einem eigenen Staat. Wobei in diesem Kreis *Nation* nicht das bedeutete, was die Nationalisten im alten Österreich darunter verstanden, sondern eher jene *cohésion politique*, als die sie in der Französischen Revolution von 1789 erfaßt wurde. Somit ein Zusammenhalt der Citoyens, der Staatsbürger. Für Bauer bald der Zusammenhalt in einer Ordnung, bei deren Schaffung Bauer zuletzt die Diktatur des Proletariats androhte, wenn sich der internationale Kapitalismus unterstehen sollte, dem gerechten Anspruch des Proletariats auf die Macht im Staate entgegenzutreten.
Nach seiner Heimkehr aus russischer Kriegsgefangenschaft im September 1917 dachte Bauer in puncto Demokratie zum Teil leninistisch. Innerparteilich sollte es eine Demokratie geben; dem Klassenfeind die Diktatur, wenn er nicht seine Macht fallen läßt. Daß Bauer im Zeitalter der Massenparteien nie richtig erkannt hat, daß er nicht einfach die Bütteln und Schergen des Kapitalismus gegen sich hatte, sondern Menschen, denen jede Form der im Anschluß an Marx entstehenden Bewegungen aus religiös-weltanschaulichen Gründen unannehmbar war, verstand er nicht. Derlei war für ihn eher die Herrschaft der Pfaffen über ein politisch unmündiges Volk und dergleichen mehr.
Noch lebte bis 1918 Engelbert Pernerstorfer, der einmal seinen Weg aus burschenschaftlichen Kreisen in die Betätigung auf dem Gebiet des für die Arbeiter entstehenden Bildungswesens gegangen war. Hierin, nicht als Einpeitscher von Massen, erlebte Bauer die Bedeutung des Bildungswesens für den Aufstieg der Arbeiterklasse. Zu seinem Schrifttum kam der Vortrag, die Rede, in der sich die unzerstörbare Diszipliniertheit seiner geistigen Existenz bewährte.
Seine intellektuelle Redlichkeit gestattete ihm nicht, jene Mimikry mitzumachen, die zuweilen Söhne aus gutem Haus betrieben, wenn sie als Aussteiger anfingen, aus verschiedenen Antrieben

unters Volk zu gehen. Etwa die Narodniki im zaristischen Rußland, die in die Kluft eines Arbeiters oder eines Bauern schlüpften, wenn sie diese Kreise glauben machen wollten, sie seien nichts anderes als ihre Zuhörer. Bauer hat eine Würdigung des großen alten Mannes der Sozialdemokratie in Deutschland, des seinerzeitigen Drechslergehilfen und Wanderburschen August Bebel, benützt, um in dieser Hinsicht jedes täuschende Zwielicht zu beseitigen, indem er vor 1914 schrieb:
»Bebel fehlt viel in dem, was Marx, Engels, Lasalle, Liebknecht, was Jaurès, Guesde, Kautsky, Adler und Vandervelde adelt (!). Aber eines hat er voraus: Selbst ein Arbeiter, ist er der Seele des Proletariats stets näher gewesen als sie. Des Arbeiters Schicksal hat er selbst erfahren ... so fühlte er wie die Arbeiter selbst.«
Diese intellektuelle Redlichkeit veranlaßte Bauer auch, im Monatsheft Juni 1911 der sozialdemokratischen Zeitschrift »Der Kampf« ohne Scheu zuzugeben, daß es ein *christlicher Sozialismus* im alten Österreich gewesen ist, der zum ersten Mal große Massen in das politische Leben geführt hat. Denn vorher hätten nur vornehme Edelleute, reiche Bürger und ehrgeizige Doktoren, insgesamt eine schmale Schicht in der Gesamtbevölkerung, Politik betrieben. Die ersten Vertreter eines christlichen Sozialismus, wie man damals die christlich motivierte Soziallehre in der Zeit des Liberalismus zuweilen nannte, haben nach der Ansicht Bauers den Glauben in den Kapitalismus erschüttert ... Was für eine Frühdiagnose der Krise, in die die Partei des Doktor Lueger nach dessen Tod, vor allem nach 1918, geriet!
Bauers Grundverhältnis zum Prinzip der Wahrhaftigkeit in der Politik brachte ihm manche herbe Kritik von jenen Parteifreunden ein, die aus taktischen Gründen im politischen Tageskampf nicht ohne weiteres bereit waren, am Gegner auch nur ein gutes Haar zu lassen. Andererseits entstand so die seltsame Begegnung Bauers mit Ignaz Seipel, die er dem toten Feind im Nachruf in der »Arbeiter-Zeitung« nicht bestätigte. Vielen Zeitgenossen von damals war es einfach unverständlich, daß Seipel und Bauer, die wohl selten das gleiche dachten, unter sich durchaus Ordnung im Gespräch hielten – weil sie gelernt hatten, in gleicher Weise zu

denken. Die Logik ist nun tatsächlich ein Element im Politischen, dessen sich nur wenige bedienen können oder wollen.
Bauer wuchs in der Endkrise der Monarchie zu dem heran, worin er sich nachher in qualvollen Monaten der russischen Kriegsgefangenschaft das historisch gewordene Profil erworben hat. Noch lebten vor 1914 letzte Nachhuten jener Männer, die in der Revolution von 1848 dabeigewesen waren, als zum ersten Mal eine »Arbeiter-Zeitung« erschien, deren Kopf später vom Massenblatt der SDAPÖ übernommen wurde. Diese tausendfach gesiebte und vom Schicksal verfolgte, parteipolitisch noch gar nicht organisierte Grundschicht der alten Arbeiterpartei hatte in der Person Victor Adlers den Einiger gefunden, ein erstes Programm, eine Schulung im politischen Tageskampf. Bauer ging es um mehr. Er war darauf aus, ein Universum dessen zu erfassen, was dem Sozialismus nahezu Ewigkeitswert verleihen konnte. Aber auch er geriet an die Schwierigkeit, die der italienische Soziologe Gaetano Mosca aufzeigte, wenn er vom inneren Wesen eines Parteiprogramms spricht:
»Es gibt kein Rezept für die Gründung einer dauerhaften politischen Partei ... (und die) exakte Dosierung der Ingredienzen zur Befriedigung aller menschlichen Triebe. Sicher ist nur, daß hiefür eine bestimmte Mischung hoher Gefühle und niedriger Leidenschaften, edlen und unedlen Metalls erforderlich ist, da es sonst der Legierung an Festigkeit fehlt.«
Nicht nur an Festigkeit, sondern auch an Durchschlagskraft und an jener Eigenschaft eines Edelmetalls, das es absolut widerstandsfähig macht gegen die ätzenden Säuren, die sich in der politischen Polemik bilden.
An Leidenschaft der Gefühle hat es Bauer nicht gefehlt. Damit konnte er politische Feinde oft zur Raserei bringen. Die Edelmetalle seiner intellektuellen Existenz hat er mühsam, oft unter Opfern, wohl am meisten in den qualvollen Jahren der Kriegsgefangenschaft in Sibirien gesammelt. Jeder Politiker von Rang erlebte auf die eine oder andere Weise Zeiten der Gefangenschaft, der Abgeschlossenheit. Die später gerühmten Senkrechtstarter in der Politik, die Erfolgsgeneration der Zweiten Republik, die solche

Zeiten der inneren Sammlung nicht erlebten, glaubten sich den Alten überlegen. Aber viele von ihnen täuschten nur über den Mangel an den fraglichen Edelmetallen, die mehr sind als eine Neutextierung des Parteiprogramms, hinweg.
Bauer hat sich während seiner Studienzeit nicht der ihm als Maturanten zustehenden Laufbahn eines Einjährig-Freiwilligen entzogen. Er riß auch nicht nur seine Zeit als *Jahrling,* wie die alten Unteroffiziere die mit dem Intelligenz-Börtel nannten, ab. Bei Ausbruch des Krieges im Jahr 1914 war Bauer Leutnant der Reserve. Im Verband des k.u.k. Infanterie-Regiments Numero 75 ging es ab ins Feld, an die Front gegen Rußland. Ergänzungsbezirk dieses Regiments war das damalige Neuhaus in Böhmen, die Mannschaft bestand größtenteils aus Tschechen. Ob Bauer jenen Geist von 1914 mit ins Feld nahm, den der Chefredakteur der Wiener »Arbeiter-Zeitung« in einem legendären Exzeß von Sozialchauvinismus, wie man später sagte, zum Ausdruck brachte, mag bestritten werden. In Bauer jedenfalls war nichts von jener Aufbruchstimmung von anno 1914, wie sie etwa Kokoschka oder Loos oder viele unruhige Geister in *allen* am Krieg beteiligten Nationen erfaßte. Bauer war einfach mutig. Ihm lag es nicht, in der Gefahr die Angst über sich kommen zu lassen. Aber seine radikale Gesinnung als Linksintellektueller ließ er nicht etwa daheim im Zivilanzug. Wie es in ihm im Herbst 1914 aussah, als es in Galizien schon schlecht stand um die Sache der Österreicher-Ungarn, geht aus einem Brief an seinen Freund und Genossen Karl Kautsky hervor:
»... militärisch ganz hübsche Erfolge ...«
Dem entsprach die Fassung eines Belohnungsantrags vom 22. Oktober 1914, mit dem für Bauer das Militärverdienstkreuz mit der Kriegsdekoration (im Verband der Mittelmächte dem EK I gleichgesetzt) eingereicht wurde:
»(Bauer) hat nach dem Tod seines Kompaniekommandanten im Gefecht von Szysaki am 4.9. das Kommando einer detachierten Unterabteilung übernommen und durch mutvolles Eintreten den Rest der Kompanie vor Vernichtung bewahrt und in besonders geschickter Führung den Anschluß an das Bataillon gefunden.«

4. September 1914. Da war nach den Kämpfen um Lemberg die Front der Österreicher-Ungarn erschüttert, der Rückzug hinter den Sanfluß unvermeidlich. Bauer hat in einer solchen Situation also mehr getan, als Mut bewiesen und seine Pflicht erfüllt. Warum wohl? In dem erwähnten Brief an Kautsky enthüllte Bauer sein innerstes Motiv:
»... selbst der General (wäre) zufrieden gewesen ...«
Zufrieden mit dem Leutnant Bauer. Wer aber war der General? Es war keiner der k.u.k. Armee, sondern der gewesene Einjährige der Armee des Königs von Preußen und spätere Gefährte von Karl Marx, der Industrielle Friedrich Engels. Engels, der sich als einer der ersten Linksintellektuellen mit militärischen Problemen dessen beschäftigte, was man später, ohne Marx viel zu fragen, verallgemeinernd Marxismus nannte.
Ausgezeichnet mit dem Militärverdienstkreuz samt der Kriegsdekoration, geriet Bauer, der nie zu früh davonlief, in russische Kriegsgefangenschaft.
Aber – warum der Kriegselan des Chefredakteurs des Zentralorgans der deutschen Sozialdemokraten in Österreich? Nun, es ging den Mittelmächten immerhin um einen Kampf gegen die Heere des Zaren. Und der Zarismus war für die Linke seit eh und je Herd der Reaktion, krassester Unduldsamkeit und grausamer Judenpogrome. Wer dem Abbruch tun wollte, tat gut, die Chance zu nutzen, zumal Rußland sichtlich das Punctum des geringsten Widerstandes in der Front der Feinde der Mittelmächte war. Im Kampf gegen die Heere des Zaren hat bald nach Kriegsbeginn kein Geringerer als Erich Ludendorff während des Feldzugs in Russisch-Polen die – wörtlich – »Jidden in Paulen« für die Sache Deutschlands zu gewinnen versucht. Nicht ohne Erfolg.
Noch Anfang 1916 schrieb der in New York für die dortige, in deutscher Sprache erscheinende »Staatszeitung« tätige Jude Samuel Max Melamed einen Aufsatz für die auch in Kreisen der Intelligenz angesehenen »Süddeutschen Monatshefte«. Melamed bekannte sich in diesem Beitrag als Angehöriger des deutschen Kulturkreises. Und er entrüstete sich über die damalige eher deutschfeindliche Einstellung vieler Amerikaner. Dem hielt er entgegen:

»Wir (!) gehen mit den Deutschen, weil wir von ihnen Freiheit für unsere unterdrückten Brüder im Osten (Europas) erwarten, weil sie die Feinde unserer Feinde sind.«
Das nahm vorweg, was nachher der deutsche Soziologe Schmitt langatmig ausführte, nämlich eine Politik nach dem vollentwikkelten Freund-Feind-Schema. Aber Melamed erfaßte viel tiefer als der Soziologe und Staatsrechtler den tieferen Sinn dieses Schemas, indem er das Hauptmotiv seiner Parteinahme für Deutschland klar herausstellte:
»... weil fünfhundertjährige Bande uns (die Juden) mit Deutschland verbinden ...«
Selbst der gleichzeitige Hinweis auf den nach der Dreyfus-Affäre in Frankreich auch unter den Deutschen aufkommenden Antisemitismus hinderte den bekenntnisfrohen Juden nicht, zu behaupten, daß derlei die Kulturbande zwischen Deutschen und Juden nicht gelöst habe. Diese kulturelle Gemeinsamkeit mit den Deutschen und die erwartete Befreiung der osteuropäischen Juden durch Deutschland bestimmten, so Melamed 1916, die ausgesprochen deutschfreundliche Haltung der »amerikanischen Judenmassen«.
Morris Rosenfeld, 1886 aus einem Ghetto in Russisch-Polen in die USA ausgewandert, schrieb um diese Zeit ein Gedicht unter dem Titel: »Hoch der Kejser!«
Nicht einmal das im November 1917 namens der britischen Regierung von deren Außenminister dem Lord Rothschild gegebene Versprechen, in dem noch unter türkischer Herrschaft stehenden Palästina dem jüdischen Volk eine Heimstatt zu geben, konnte vom Fleck weg das Weltjudentum auf die Seite der damals gerade arg gefährdeten Ententemächte ziehen. Abgesehen davon, daß London auch in diesem Fall, wie in vielen anderen Fällen, sein Gerede von einem Sieg ohne Annexionen als leere Propagandaphrase bloßstellte. War doch schon alles arabische Land in der Türkei jenen Araberstämmen versprochen, die als Partisanen gegen ihren Herrscher, den Sultan, an der Seite der Feinde des sogenannten Beherrschers aller Gläubigen kämpften ...

Noch 1917 wurde auf dem Alten Luisenfriedhof in Berlin die militärische Trauerfeier für den im Luftkampf gefallenen deutschen Offizier Wilhelm Frankl begangen. Frankl war das, was britische Kampfflieger ein As unter den Kampffliegern aller Nationen nannten. Er war Ritter des Ordens Pour le mérite. Nach 1933 wurde das Grabdenkmal für diesen Offizier zerstört, da er nicht mehr den neuerdings geltenden Rassenanschauungen entsprach. Aber selbst nach 1945 versuchten Juden zerstörte und verschollene Wege in diese Vergangenheit aufzudecken. Der in Westdeutschland tätige Historiker Joachim Hans Schöps stieß dabei auf entschiedenen Widerspruch in jüdischen Kreisen und auf teilweises Mißverständnis im Nachkriegsdeutschland. Das hinderte den Publizisten Bernt Engelmann nicht, erst recht solchen Spuren nachzugehen. Aber hierin hat die Parole: »Niemals vergessen!« jene Kluft aufgerissen, die wohl auf absehbare Zeit nicht mehr geschlossen werden kann.
All das war für Bauer, der bis zum Tod Glaubensjude und Teilhaber am deutschen Kulturkreis blieb, ohne Belang. Derlei Sentiments gaben nichts her für den Klassenkampf, für die soziale Revolution, in deren Dienst er trat. Seine Version, wonach erst die *nationale* Revolution im Österreich von 1918 die *soziale* zu Ende führe, wurde Impuls seiner lebenslangen Überzeugung von der Notwendigkeit eines Anschlusses der klein geratenen Alpen-Donau-Republik an das Deutsche Reich. Selbst nach dem 13. März 1938 hielt Bauer in seinem Exil in Frankreich an dieser Überzeugung fest. Er war hierin so recht der Schüler Victor Adlers, dessen letzte Sorge auf dem Sterbebett (er starb am 11. November 1918) nicht dem Schicksal von Deutsch-Österreich galt, sondern dem des Deutschen Reiches nach der Kapitulation vom 9. November 1918.
Bauer hat Sibirien, das zum Massengrab unzähliger Kriegsgefangener und ein Schandmal unter den damals noch eher human geführten Lagern anderer kriegführender Mächte wurde, gesund an Leib und Geist überstanden. Mehr als das. Ihn trieb kein bloßer Haßkomplex, wie viele seiner Feinde vermuteten, auf seinen nach 1918 in Österreich eingeschlagenen Weg in der Politik. Vielmehr

wurde er in der Gefangenschaft in dem Sinn radikal, daß er mit seinem Denken die flache Zone der Parteiideologie durchstieß, um an die Wurzel der Dinge zu kommen. Wurzel, lateinisch radix.

Eines wurde für Bauer, für die SDAPÖ und für die Republik Österreich zum Schicksal: Daß nämlich Bauer aus Rußland die Überzeugung heimbrachte, es gäbe neben der in der Sozialdemokratischen Partei Rußlands ausgebrochenen Spaltung in Menschewiken und Bolschewiken einen dritten Weg. Es handelte sich dabei, und das betraf Österreich nach 1918, um eine Variante neben der klassischen Alternative im Sozialismus: Diktatur oder Demokratie? In Rußland lernte Bauer, daß für einen Marxisten Demokratie der Weg, Sozialismus das Ziel ist. Daher sollte die Demokratie im kapitalistischen Staat zerstört werden, selbst um den Preis einer Diktatur. Nämlich jener des Proletariats über die bisherigen Ausbeuter.

Statt von Ausbeutern sprach Bauer auf dem historisch gewordenen Parteitag der SDAPÖ in Linz 1926 vom internationalen Kapitalismus. Und sollte der Widerstand leisten, dann sei die Diktatur des Proletariats die unausweichliche Folge. Aggression also, aber Aggression in der Tarnung der Verteidigung der Demokratie. Bauer wurde so die Speerspitze der Angriffswaffe der Linken in Österreich. Er redete anfangs wie Martow und handelte zuletzt wie Lenin, wie ein halber Lenin. Nichts war nach all dem bezeichnender, als daß anfangs der zwanziger Jahre der dritte Weg im Marxismus, zwischen der Zweiten und der Dritten Internationale (der Kommunisten) eine »zweieinhalbte« Internationale als *Wiener Internationale*, kurz Bestand hatte. Ehe sie, wie alle diese Experimente, zerstob.

Bauer verdankte es dem großen alten Mann des schwedischen Sozialismus, Gunnar Myrdal, daß er dem Lager entkam und just in der Krise des Jahres 1917 den Gang der Revolution in Petrograd erleben konnte. Die schwedischen Genossen unterhielten und unterhalten seit langer Zeit ein kontrolliertes Durchhaus, das nicht nur russischen Exilpolitikern bei der Heimkehr zugute kommt, sondern auch »Exilpolitiker« aus der Sowjetunion nach

Westeuropa einschleust. Der Preis ist manchmal hoch, wenn sich hohe Militärs oder andere Staatsfunktionäre als Spione Moskaus verkaufen.

In Petrograd erlebte Bauer ein vorläufiges Ende der Kontroverse, die auf dem II. Parteitag der russischen Sozialdemokratischen Arbeiterpartei im Jahr 1903, also im Exil, ausgebrochen war, als es um die Frage einer gewaltsamen Machtergreifung und um die Diktatur des Proletariats ging. Der anwesende Charles Péguy, damals noch in der Sozialdemokratie Frankreichs, 1914 als Kriegsfreiwilliger in der Marneschlacht gefallen, erhob neugierig eine Frage; *a good question,* wie man jetzt in Amerika sagt, wenn ein Frager Verlegenheit bereitet:

»Ich möchte gerne wissen, wer in Wirklichkeit jene Personen sein werden, die die Diktatur des Proletariats ausüben werden.«

In der russischen Revolution von 1917 beantwortete das Duumvirat Lenin – Trotzki diese Frage. Sie schufen sich während der Zeit des Kriegskommunismus jenen Machtapparat, der es ihnen nachher gestattete, den bis dato größten Holocaust der Weltgeschichte zu begehen. Nämlich die Ausrottung der sogenannten Klassenfeinde, in Wahrheit die physische Vernichtung aller, die willens und in der Lage waren, dem Bolschewismus irgendwie Widerstand zu leisten. So fielen im *Klassenkampf* unseres Jahrhunderts noch mehr Menschen einem Ausrottungsprozeß zum Opfer als im *Rassenkampf* und in den seit 1945 unablässig in allen Teilen der Welt entstehenden revolutionären und kontrarevolutionären Auseinandersetzungen, Landnahmen und dergleichen.

Martow plädierte noch nach der Machtergreifung Lenins für die Bildung einer Regierung aller sozialistischen Parteien Rußlands. Da hat ihn Trotzki grimmig eines Besseren belehrt. Aber Martow handelte trotzdem nicht wie die Menschewiken und Teile der Sozialrevolutionäre, die, der Gewalt gleich weichend, wie man in einem solchen Fall sagt, dem Diktator folgten. Er blieb, bis er unter dem Kommunismus jedes Fundament einer politischen Existenz in der Sowjetunion verloren hatte. Ging nach Berlin und gab dort eine Zeitung mit menschewistischer Tendenz heraus. Bereits 1923 ist er im Exil gestorben.

Martow war Jude, einer aus der jüdischen Intelligenzia, deren Intellektualismus ersetzte, was der russischen Intelligenz der Kampfzeit vielfach noch abging. Zu Chruschtschows Zeiten wird dessen Kulturminister Frau Furzewa erklären, ihre Partei sei jenen Juden dankbar, die einmal dem Kommunismus die Wege zur Machtergreifung vorgezeichnet haben. Jetzt aber, als eine (Super)Macht nach der Ära Stalin, habe man die eigene Intelligenz, sei man auf Anleihen nicht mehr angewiesen. Dabei verschwieg die Frau Minister, wie der Stalinismus in verschiedenen Wellen jene legendäre jüdische Intelligenzia, ohne welche die Machtergreifung Lenins wohl kaum gelungen wäre, zuerst politisch entmachtete, nachher aber ins Exil geschickt oder in Schauprozessen abgeurteilt und dann liquidiert hat.
In Petrograd erfreute sich Bauer unter anderem der Bekanntschaft eines 1917 ins dortige Kriegsministerium gekommenen Linksliberalen namens Fedor Stepun. Stepun war Gehilfe jenes Sacharow, der in der Spätphase der Ära Kerenski zusammen mit letzterem und dem Putschgeneral Kornilow eine von Geheimnissen umwitterte Troika bildete. Stepun, 1965 als Professor und Christ in München gestorben, half Bauer auf dem letzten Stück Weges vor der Heimfahrt nach Österreich.
Sacharow, der nach allen Leiden und Verfolgungen in der zaristischen Ära noch jene der Ära Lenin erlebte, war eine zwielichtige Gestalt: ein Intellektueller, der seines Verstandes nicht Herr wurde. Er war dabei, als 1917 die Kerenski-Offensive in Ostgalizien scheiterte. Als trotz Brussilow das russische Heer auseinanderging, als Offiziere ermordet wurden.
Das so zerzauste Ansehen Kerenskis wollten die Bolschewiken im Juli 1917 benutzen, um ihren Militärputsch zu landen. Aber noch hatte Kerenski mehr Gewehre auf seiner Seite als die Bolschewiken; Lenin tat gut, die Hauptstadt zu verlassen, Trotzki kam in Haft. Nun war nach dem Operationskalender für eine Revolution ein letzter sogenannter Rettungsversuch der durch die Revolution bedrängten Kreise fällig. Der schon seines Amtes ledige Vorgänger Kerenskis als Ministerpräsident, Fürst Lwow, versuchte sich noch einmal als Retter der Lage und riß damit das wacklige Re-

gime an den Rand des Abgrunds. General Kornilow putschte. Aber auf dem Marsch gegen Petrograd schmolz seine Offensive wie Schnee in der Sonne. Er selbst wurde arretiert, das Ansehen Kerenskis, dessen geheime Verbindung mit dem General bekannt war, brach rechts wie links vollends zusammen.
Der schwerste Fehler Kerenskis um diese Zeit war aber, daß er die von den Bolschewiken organisierten Arbeitergarden mit Waffen ausstatten ließ und so die Kader der späteren legendären Roten Garde schaffen half.
Ende Oktober 1917, nach dem neuen Kalender Anfang November, zwang Lenin gegen teilweise heftigen Widerspruch in den eigenen Reihen jenen Putsch heran, der als »Große Sozialistische Oktoberrevolution« in die Weltgeschichte einging. So wie die Liberalen ihre Februarrevolution gewonnen hatten, als das reguläre Militär der Hauptstadt nicht länger dem Zaren diente, sondern zu den Aufrührern überging, verloren sie im Oktober 1917 diese Macht, als sich das reguläre Militär der Sache Lenins anschloß. Und das nie im Einsatz gewesene Kriegsschiff »Aurora« seinen einzigen Einsatz leistete: Es wurde newaaufwärts bugsiert und kam so in Schußweite an das Winterpalais heran, wo die Provisorische Regierung tagte.
Während in Petrograd die Ämter nach und nach von Arbeitergarden besetzt wurden, erließen die Bolschewiken einen »Befehl«, wonach das reguläre Militär nur noch solche Befehle befolgen sollte, die das von den Bolschewiken gegründete Revolutionäre Militärkomitee bestätigte.
Kerenski verließ unter dem Schutz der amerikanischen Flagge die Hauptstadt. Dies angeblich in der Hoffnung, mit seiner Beredsamkeit doch noch einige Truppenverbände, die nicht vom üblen Geist der Hauptstadt verunsichert waren, für seine Sache zu gewinnen. Andere sagen, diese Abreise sei nichts anderes gewesen als eine Flucht. Wie immer es war: Fern der Hauptstadt blieb Kerenski jedenfalls das traurige Schicksal seiner Ministerkollegen erspart.
Den Schutz des Restes der Provisorischen Regierung im Winterpalais besorgten halbwüchsige Kadetten und ein Frauenbataillon.

Der Kampfgeist dieser Truppe aus Müttern und Kindern war gering. Überhaupt kostete die legendäre Oktoberrevolution im Gegensatz zur Februarrevolution nur sieben Opfer. Das Kerenski-Regime zerfiel wie alte Hadern. Der Petrograder Arbeiter- und Soldatenrat, in dem die bestimmende Kraft die Bolschewiken waren, übernahm die Macht, indem er einfach an die Stelle der nicht mehr existierenden Regierung rückte.
Dem folgte im Taurischen Palais die mit einigem Pathos verkündete formelle Übernahme der Macht durch den Allrussischen Kongreß der Arbeiter-, Soldaten- und Bauernräte. Noch immer waren in diesem Gremium die Bolschewiken eine Minorität und unter anderem auf die Unterstützung durch die linken Sozialrevolutionäre angewiesen. Der Kongreß beauftragte dennoch mehrheitlich die Bildung einer »Provisorischen Arbeiter- und Bauernregierung«, den *Rat der Volkskommissare* unter dem Vorsitz Lenins. Eine Flut von Manifesten ergoß sich über das Land und Teile des Auslandes. Noch verzichtete Lenin nicht auf die jeweilige Einholung der Zustimmung zu seinen Erstmaßnahmen durch die Deputierten des Kongresses.
Alle Beredsamkeit Kerenskis, selbst die arge Bloßstellung Lenins, dem nachgewiesen wurde, daß er vor und nach seinem Kommen nach Petrograd die politische und materielle Unterstützung der kaiserlichen Regierung in Berlin gewonnen hatte, selbst das klägliche Ergebnis des Juliputsches der Bolschewiken haben diesen Erfolg Lenins nicht verhindern können. Der lapidare Satz, mit dem ein Führer der Oktoberputschisten die Reste des Kerenski-Regimes im Winterpalais verhaftete, genügte:
»Die Provisorische Regierung ist abgesetzt.«
Es wäre gut gewesen, wenn Bauer noch Tatzeuge der nun beginnenden Exzesse geworden wäre. Er hätte einerseits die Hilflosigkeit des liberalen Bürgertums und ihrer linken Verbündeten gegenüber einer *radikalen* Linken erlebt. Und er hätte in diesem Moment erfahren, welche Personen tatsächlich die Diktatur des Proletariats ausübten. Niemand anderer als das Revolutionäre Militärkomitee, das nicht gerade an der Spitze des Proletariats stand, sondern, ausdrücklich, als die Garnison der Hauptstadt die

Macht übernahm. Indem der Petrograder Sowjet das Geschehen so legalisierte, verhüllte er nur schlecht die Tatsache, daß wieder einmal in einer Revolution die bewaffnete Macht den Kampf entschieden hatte.

Der amerikanische Journalist John Reed, dessen Legende von der Oktoberrevolution in Rußland Anfang 1919 in New York erschien, hat die Sieger ganz anders beschrieben als jene Tendenzmaler, die bis dato in kolorierten Fotografien die Stadien im Leben Lenins und seiner Nachfolger der Nachwelt überliefern. Reed, dessen Leichnam an der Kremlmauer beigesetzt wurde, quasi als Anzahlung auf den Endsieg über den kapitalistischen Erbfeind im Westen, beschrieb den Tag nach dem Sieg Lenins so:

»Ich erinnere mich, daß ich an einem Morgen, am nächsten oder übernächsten Tag nach dem *Staatsstreich* [er meinte die Oktoberrevolution!] in ein Zimmer des Smolny trat, in dem ich Wladimir Iljitsch (Lenin), Lew Dawidowitsch (Trotzki) und ich glaube Dserschinski [ein Adeliger, der zum Massenschlächter des roten Terrors wurde], Joffe [der 1918 das Räteregime in München anbahnte] und viele andere antraf.«

Smolny, das war eines der Wunder des russischen Barocks aus dem 17. Jahrhundert, ein Kloster, in das Katharina die Große ein Internat zur Heranbildung der weiblichen Jugend des Adels placierte. 1917 wurde es das Generalstabsgebäude der Bolschewiken. Was sah Reed? Keinen Triumph, sondern die Miserabilität, die jeder Anstrengung in entscheidenden Kämpfen im Krieg oder im Bürgerkrieg folgt:

»Alle hatten eine grau-grünliche Hautfarbe, die Farbe von Menschen, die nicht geschlafen haben, tiefliegende Augen, schmutzige Kragen. Das Zimmer war mit Tabaksqualm verpestet ... In den Bewegungen lag etwas Somnambules, etwas Mondsüchtiges. Eine Minute war mir, als sei ich selbst im Schlaf, als ich alles sah, als müsse die Revolution verlorengehen, wenn sie (die Sieger) sich nicht ausschlafen.«

Hierin irrte der Amerikaner, der einen sauberen Kragen, einen klaren Gesichtsausdruck und überhaupt gut ausgeschlafene *efficient people* für angemessen vermeinte. *Aber die Sieger schliefen*

nicht. Und sie werden, Lenin allen voran, viele Nächte auf Schlaf verzichten und unermüdlich tätig sein, bis der letzte Rest der Reaktion im Land vernichtet sein wird. Lenin wird nicht aufhören, Dekrete ergehen zu lassen, Proklamationen ins In- und Ausland zu verschicken. Denn Lenin sah den Sieg in Petrograd nicht als ein Ende, sondern als den Anfang einer Weltrevolution an. Reeds Meisterwerk »Zehn Tage, die die Welt erschütterten« wurde in seiner Tendenz durch die brutale Wahrheitsliebe Lenins widerlegt, wenn dieser nachher sagte:
»Hätte es 1917 in Petrograd nur ein paar tausend Leute gegeben, die wirklich gewußt hätten, was sie wollen, so hätten wir (die Bolschewiken) niemals die Gewalt in Rußland übernehmen können.«
Es gab mehr als ein paar tausend Leute in der russischen Hauptstadt, die vielleicht Unterschiedliches wollten, auf keinen Fall aber die Machtübernahme durch die Bolschewiken. Diese Menschen haben Wochen und Monate auf einen Aufruf gewartet. Immer deutlicher zeichnete sich ab, was mit Lenin auf das Land zukam. Aber weder die rhetorischen Exzesse Kerenskis noch das Putscheln der Generäle noch die Aufgeregtheit der Intellektuellen waren insgesamt geeignet, der Wucht, mit der Lenin seine Revolution in Worten und Taten vorantrieb, gewachsen zu sein. Was mit bleiernen Gewichten an den Füßen der Feinde Lenins hing – der Hunger, die Kriegsmassaker, der Zerfall eines Riesenreiches bis an die Grenzen der Anarchie –, all das erwies sich zugunsten Lenins als die Welle, die sein schwankendes Boot über alle Dämme getragen hat.
Und während Lenin im März 1918 unter Einbußen, wie sie Rußland nie in einem anderen Krieg erlitten hat, den Friedensschluß mit den Mittelmächten samt der Verselbständigung Polens, der baltischen Staaten sowie der Ukraine heranzwang, eröffnete er schon im Inneren den größten, nie zu Ende gebrachten Holocaust der Weltgeschichte. Die Tötung von Millionen Menschen unter der Behauptung, es seien nur Klassenfeinde, die dabei umkamen.
Im Jänner 1918 fand der letzte, der VIII. Kongreß der bisherigen Sozialdemokratischen Arbeiterpartei Rußlands statt. Der Name verschwand; was entstand war die Kommunistische Partei Ruß-

lands (Bolschewiken). Taten ohnegleichen, endgültige Veränderungen gingen dem voraus, *nach der Tat erst folgte das Programm* der neuen Partei. Und – der Untergang der parlamentarischen Demokratie in Rußland:
Die Wahl einer Konstituierenden Nationalversammlung, stets im Operationsplan einer siegreichen Regierung und also einmal das Vorhaben der untergegangenen Regierung Kerenski, fand statt. Fand statt, nachdem noch am 23. November 1917 Lenin auf einer außerordentlichen Konferenz der Bauernräte niedergeschrien worden war. Lenin aber wollte die fragliche Wahl, weil er sie zur Abtötung der Demokratie ausnutzen wollte.
Das Ergebnis dieser letzten einigermaßen freien Wahl im Land war für die Bolschewiken beschämend. Von 36 Millionen Wählern, die zur Urne gingen, gaben nur 9 Millionen ihre Stimme der Partei Lenins. Von den 707 Sitzen der Konstituante erhielten die Sozialrevolutionäre 370, also die Mehrheit. Die Bolschewiken mußten sich mit 175 (!) Sitzen begnügen. Und das im Staat Lenins! Nur noch 17 Sitze entfielen auf die Macher der Februarrevolution, die Kadetten.
Lenin, der legendäre Revolutionär von 1917, handelte in der Krise seiner Oktoberrevolution nicht anders als die Reaktionäre von 1848/49, wenn sie die Parole verfolgten: *Gegen Demokraten helfen nur Soldaten.* Und da die Garnison in Petrograd zunächst nicht mit Lenin ging, holte sich dieser seine Soldaten, seine Garden: lettische Scharfschützen, also Kommunisten, die nach der Unabhängigkeit Lettlands in ihrer Heimat unerwünscht waren; Matrosen des Baltischen Geschwaders, die längst unbeliebte Seeoffiziere zu den Fischen geschickt hatten; und die Elite – die Roten Garden, eine SA aus Zivilisten und ehemaligen Soldaten, die eines einigte: die fanatische Hingabe an die Sache Lenins.
Zuerst mußte Lenin im Zentralkomitee seiner eigenen Partei den Beschluß erzwingen, wonach die Konstituante gesprengt werden sollte. Tags darauf sagte die bolschewistische »Prawda« dem guten Volk, was diese Konstituante wirklich war, nämlich *keine echte Volksvertretung.* Wer klug war, verließ seinen Sitz in der Konstituante. Naive sagten: »Das werden sie denn doch nicht

tun.« Und Mutwillige prahlten: »Sie sollen es nur wagen.« Aber da gab es nichts zu wagen:

Als am 18. Jänner 1918 im Taurischen Palais die Konstituierende Nationalversammlung eröffnet wurde, zog, angeblich zu ihrem Schutz, Militär auf. Die Plätze der Rechten waren leer. Die Partei der Kadetten war schon verboten, ihre Führer waren verhaftet. Die Galerie durften nur jene betreten, die Eintrittskarten hatten, die vom Chef der Tscheka, der Staatspolizei in der ersten Zeit der Ära Lenins, ausgestellt waren. Demonstranten, die zugunsten einer freien Tagung der Versammlung auf die Straße gingen, wurden mit MG-Feuer empfangen. Es gab etwa 100 Opfer des auf die Demonstranten eröffneten Feuers.

Ein uralter Revolutionär, kein Bolschewik, eröffnete die Sitzung. Der routinierte Macher Swerdlow trug unter dem Getöse der Anwesenden die Forderung vor, die Konstituante solle sofort ihre Macht auf die *Sowjets* übertragen. Nun versuchten sich einige Sozialrevolutionäre als Bändiger des Tumults. Lenin verlangte, daß vor Eintritt in die Tagesordnung der Antrag Swerdlows zur Abstimmung gelangen sollte. Also der Tod der Demokratie in der Wiege. Der Antrag fand keine Mehrheit. Jetzt verließen die Bolschewiken den Saal. Ihnen folgten die linken Sozialrevolutionäre. Der Mann am Präsidium hielt dem Wirrwarr stand, man beschloß die Ausrufung einer demokratischen und föderativen Republik, die Abschaffung des Privatbesitzes an Grund und Boden sowie – es war ja noch Krieg in Europa – die Einberufung einer sozialistischen Friedenskonferenz. Es war kein schlechter Anfang für die *demokratische* Linke.

Als am nächsten Morgen die Delegierten aufs neue die Beratungen aufnehmen wollten, fanden sie den Zugang zum Taurischen Palais von Truppen besetzt. Zwei Geschütze waren in Stellung gebracht, dazu MGs. Alles weitere vollzog sich sozusagen außerparlamentarisch: Das neue Regime der Volkskommissare unter Lenin verfügte die Auflösung der Konstituante. Die Exekutive ermordete die Legislative.

Der geneigte Leser wird sich erinnern, daß Hitler, dem oft vorgeworfen wird, sich bolschewistische Methoden zum Vorbild genommen zu haben, tatsächlich die Wahl im März 1933 zum Teil nach dem Schema Petrograd 1918 ausgefochten hat. *Hitler aber besiegte die Demokratie mit den Methoden der Demokratie.* Lenin ließ sich erst gar nicht auf Demokratie ein, sondern erwürgte sie. Dann fiel ein Wort, das in Wien der militärische Kommandant des Republikanischen Schutzbundes sinngemäß nachgesprochen hat, als er fragte, wo denn geschrieben stünde, daß es erst eine Mehrheit der Linken geben müsse, ehe sie zur Tat schreite und die Macht ergreife. Lenin drückte das auf seine Weise aus:

»Nur Schufte und Idioten können sich einbilden, daß das Proletariat erst die Majorität haben muß in Wahlen, die unter bürgerlichem Joch stattfinden, und erst dann versuchen kann, die Macht an sich zu reißen.«

Ein bürgerliches Joch lag nun im Jänner 1918 freilich nicht mehr über dem russischen Volk. Lenins Blick aber richtete sich bereits auf die Weltrevolution.

Meutereien, Streiks, Gesinnungswechsel

Europa und die Februarrevolution in Rußland

Lenins Ziel war schon vor seiner Rückkehr nach Rußland im April 1917 die Weltrevolution. Bei der Erreichung dieses Zieles hoffte er auf eine führende Rolle der Deutschen. Es kam aber alles ganz anders in jenem Jahr 1917. Nicht nur in Deutschland.

Zunächst ereignete sich in London etwas Unglaubliches. An sich dachten selbst Macher der Februarrevolution an eine rasche Abschubierung der Zarenfamilie ins Ausland. Gewesene Monarchen sind für ihre Besieger immer ein Risikofaktor, dessen man sich am besten entledigt. Revolutionäre bürgerlicher Herkunft denken dabei nicht gleich an die Tötung des bisherigen Monarchen, wie das im 17. Jahrhundert die Engländer, im 18. Jahrhundert die Franzosen und im 20. Jahrhundert die Bolschewiken taten. In Frankreich gewöhnte man sich in der dortigen Serie von Revolutionen daran, den jeweils Gestürzten laufen zu lassen. England wurde zu einer Zuflucht für gestürzte Monarchen, und selbst Metternich suchte nach seinem Sturz im März 1848 Zuflucht im Land seiner gefährlichsten Gegner in der internationalen Politik, also in England.

1917 schien es eine Selbstverständlichkeit zu sein, daß König Georg V. von Großbritannien und Irland seinem Vetter Nikolaus II. nach dessen Abdankung ein Exil gewährte. Waren doch beide Monarchen nicht nur nahe Verwandte und von frappierender äußerer Ähnlichkeit, sondern Kriegsverbündete im Kampf gegen die Deutschen. Was schien natürlicher zu sein, als daß die Familie des Exzaren in England durchaus erwünscht und willkommen war. Wer in Petrograd Politik über den Tag hinaus betrieb, flehte den dortigen britischen Botschafter an, der Zarenfamilie raschest

Asyl in England zu gewähren. Der Außenminister der Provisorischen Regierung drückte es so aus:
»Das ist die letzte Chance, die Freiheit dieses armen Unglücklichen (!) zu retten und vielleicht sogar sein Leben …«
Die einschlägige Depesche wurde in London dem Kriegskabinett vorgelegt. In Downing Street 10 residierte der liberale Premierminister David Lloyd George. Als er noch nicht Premierminister, sondern Wahlredner seiner Partei war, hatte er die Deutschen vor ihrem stürmischen Eindringen in Rußland gewarnt. Dort beginne sich der Himmel zu *röten*. Die Deutschen wüßten gar nicht, was sie anrichteten. Und dann wörtlich:
»Mit seiner ungeheuren Artillerie zerschmettert er (der Deutsche) die rostigen Gitterstäbe, die bisher die Stärke des russischen Volkes gefangen hielten.«
Das war in bester britischer Tradition gesprochen, ein Nachhall aus der Zeit, da der Zar keinen gefährlicheren Feind hatte als einen liberalen Premierminister in London.
Selbstverständlich säumte Lloyd George nicht, den Machern der Februarrevolution in Rußland zu gratulieren. Mit dem Sturz des Zaren hätte das russische Volk in seiner Revolution den Alliierten, die seit August 1914 gegen die Deutschen kämpften, den größten Dienst erwiesen. So dachte man auch in Washington, wo die Revolution in Rußland den Präsidenten Wilson vor der Peinlichkeit bewahrte, womöglich an der Seite des Zaren den Krieg gegen die Deutschen führen zu müssen. Lloyd George dachte nie daran, der Zarenfamilie in England Zuflucht zu gewähren. Peinlich daran war nur, daß das Asylansuchen von der nunmehr kriegsverbündeten liberalen Regierung gestellt wurde. Ihr wollte man nicht gleich mit einer Absage kommen. Also sagte man zu, sofern Rußland für den Unterhalt der Exilierten aufkommen würde. Aus Petrograd kam die Antwort, daß die dortige neue Regierung dem gewesenen Zaren eine großzügige Rente aussetzen werde. Nur möge man nichts darüber verlauten lassen, daß die Regierung in Petrograd die Ausreise der Zarenfamilie in die Wege geleitet habe. Es müsse aussehen, als würden sich die Verwandten des Zaren in London darum bemühen. Die ganze Verlogenheit der

russisch-britischen Allianz, deren Opfer die Russen trugen, kam zu Tage.
Das Geschwätz im Umkreis der Provisorischen Regierung kam Bolschewiken zu Ohren. Einer donnerte im Petrograder Sowjet: »... die gefährlichen Personen müssen unmittelbar der Gewalt des Petrograder Sowjet unterstellt werden.«
Man sollte es nicht für möglich halten, aber die Bolschewiken vom Frühjahr 1917 glaubten aus guten Gründen tatsächlich, ihnen drohe vom gestürzten und völlig entmachteten, als Staatsgefangener gehaltenen früheren Zaren Gefahr. Vertrauensleute entlang der Bahn wurden angewiesen, ein Auge auf die mögliche Durchfahrt eines Zuges mit der Zarenfamilie zu haben. Noch waren die Bolschewiken zu schwach, um sich der Familie gewaltsam zu bemächtigen und sie dahin zu bringen, wohin sie nach Ansicht der linken Linken schlußendlich gehörte. Die Provisorische Regierung wiederum war zu schwach, um den Zaren über die endlich fertiggestellte Murmanskbahn zum Stützpunkt der britischen Kriegslieferungen im nördlichen Rußland abzuschieben.
Schon war es so weit, daß die Provisorische Regierung Nikolaus nicht einmal gewährleisten konnte, ein nichtssagendes Telegramm des englischen Königs ausgefolgt zu erhalten, worin dieser seine persönliche Anteilnahme bekundete. Inzwischen hatten schon die Genossen in Rußland ihre Genossen in der britischen Labour Party mobil gemacht. Die Genossen in London zeigten sich entrüstet über das der Zarenfamilie angebotene Exil. Nun, es war Krieg, und der Premierminister des Kriegskabinetts konnte sich nicht über die laute Stimme der Arbeiterpartei und der Gewerkschaften hinwegsetzen. Downing Street gab halboffiziell bekannt, die britische Regierung bestehe (!) nicht auf ihrem früheren Gastfreundschaftsangebot. Dazu paßte eine Warnung des britischen Botschafters bestens, wonach ein solches Angebot die linke Linke in Petrograd bewegen könnte, der Provisorischen Regierung, die so treu am Bündnis mit den Ententemächten festhielt, zusätzliche Schwierigkeiten zu machen. Mehr noch, er vermeinte, Frankreich sei eher in der Lage, ein Asyl zu bieten. Daraufhin kam aus Paris ein zorngeladenes Schreiben, in dem der dortige

britische Botschafter seine Regierung darauf aufmerksam machte, er glaube nicht, daß die Zarin Frankreich willkommen sei. Denn die Zarin, zwar ihrer Herkunft nach eine Deutsche, tatsächlich aber eine wilde Feindin ihres Herkunftslandes, sei in den Augen der Franzosen eine *Boche.*

Das hatte nun der Zar davon, daß er seine Armeen immer wieder für die Hohen Verbündeten in Paris ins Feuer geschickt hatte. Nur die Provisorische Regierung ging weiter der Sache nach, fragte im Juni 1917 nochmals, wie es mit der Möglichkeit einer Einreise in England stünde. Schon hatte man deutscherseits die Zusicherung, daß im Falle einer Seereise des früheren Herrscherpaares die Unterseebootkommandanten der kaiserlichen Marine angewiesen würden, die Sicherheit dieser Fahrt zu respektieren.

Damals wurden die Briten von ihren Feinden perfid genannt. Und war es nicht perfid, wenn Lloyd George und der Botschafter in Petrograd steif und fest behaupteten, es stimme nicht, wenn russischerseits gesagt werde, London habe ein Asylangebot nie abgelehnt? Schuld am Stand der Dinge sei die Tatsache, daß die Provisorische Regierung nicht mehr Herr der Lage sei. Zuletzt zog man sich britischerseits darauf zurück, daß London nie ein Angebot gemacht habe, vielmehr hätte man lediglich einer von Petrograd geäußerten Bitte entsprochen. Der Privatsekretär Georgs V. übernahm es, das üble Thema zu texten: Georg V. sei in Sorge wegen der Gefahren einer Seereise im Kriegsgebiet und zweifle, ob es ratsam wäre, wenn sich die Zarenfamilie in England niederließe. Die Aktion versackte.

Ein Höhepunkt in der Affäre wurde aber jene Passage in der britischen Kriegspropaganda, worin behauptet wurde, es wäre dem Deutschen Kaiser (!) nicht zu schwer gefallen, die Zarenfamilie zu retten. Aber man kenne diesen Kaiser und die Hunnen zur Genüge. Als die Herrscherfamilie am 17. Juli 1918 in Jekaterinburg, heute Swerdlowsk, ermordet wurde, standen deutsche Truppen tief in Rußland, aber weitab von der Mordstätte. Nachher meinte man im Westen, es wäre doch den Deutschen bei ihrer Vormachtstellung an der Ostfront leicht möglich gewesen, die Herrscherfamilie zu retten. Warum taten sie es nicht? Nun, Deutsche hätten eben wenig Sinn für Humanität. Man verschwieg dabei, daß der frühere Zar jede Andeutung einer allenfalls von deutscher Seite kommenden Hilfeleistung bis zuletzt mit Entrüstung zurückgewiesen hatte. So bildete sich ein Film über dem tatsächlichen Gang der Dinge. Und nach Jahrzehnten interessierte die Medien weniger das tragische Ende der Zarenfamilie als das falsche Gerücht, wonach die jüngste Tochter des Zaren dem Massaker entgangen sei und in den USA als Gemahlin eines halb verrückten Lehrers oder Professors lebe.

Bemerkenswert in diesem Zusammenhang ist die politisch relevante Tatsache, daß in jener Zeit, da angeblich in den Salons der gekrönten Häupter mit dem Schicksal ganzer Völker gespielt wurde, die britische Majestät nicht einmal in der Lage war, dem aufs äußerste gefährdeten Vetter in Rußland und dessen Familie das nackte Leben zu retten.

Vielleicht tat König Georg V. gut daran, sich in jenen Monaten des Jahres 1917 nicht wegen des mäßig beliebten Zaren mit der Masse der Arbeiter, ihrer Partei und ihrer Gewerkschaften anzulegen. Denn just um diese Zeit kamen alarmierende Gerüchte von der französischen Front.

Nach den opferreichen, aber strategisch völlig nutzlosen Materialschlachten des Jahres 1916 an der Somme und vor Verdun beschloß die französische Regierung im Frühjahr 1917, das Oberkommando einer kriegsentscheidenden Durchbruchsoffensive dem im Kampf um Verdun bewährten General Nivelle anzuvertrauen. Schweren Herzens trennten sich für den Moment die Liberalen der französischen Regierung von ihrem guten Freund und bisherigen Oberkommandierenden General Joffre. Nivelle hatte das an sich, was zum Beispiel dem klerikalen Kirchengeher General Pétain abging: Er war ein Draufgänger, leitete seine Operation mit Elan und war persönlich tapfer. Verdun war ja, Pétain sei Dank, längst gerettet.

In der Regierung der französischen Republik war die große Stunde für den sogenannten Tiger, den ehemaligen Kampfgefährten der Kommunarden von 1871, Georges Clemenceau, noch nicht gekommen. Clemenceau wird in der Endkrise, bevor die Amerikaner kommen, die Zügel in die Hand nehmen. Denn nach seiner Ansicht war ein Krieg eine viel zu wichtige Sache, als daß man sie den Militärs überlassen konnte. Flaumacher in der Heimat und an der Front, sogenannte Verräter und Defätisten, wird er an die Wand, die Demokratie in Frankreich für eine Zeitlang in den Winkel stellen. In Berlin und in Wien wird man dagegen vermeinen, mit den Methoden der Demokratie die Gefahren eines Weltkrieges fern der Front entscheidend beseitigen zu können.

Nivelle aber sollte die Boches aus Frankreich verjagen, bis an den Rhein vorstoßen und so die militärische Voraussetzung für die zukünftige Kontrolle des ganzen linken Rheinufers schaffen. Die Medien in Frankreich übernahmen es, die Erfolge des Vorhabens vorwegzunehmen und Optimismus zu schaffen. Endlich wird man es den Boches gehörig geben. In Paris wurden die ersten Verwundetentransporte mit Jubel begrüßt. Sie waren ja die Sieger, Tatzeugen des gelungenen Durchbruchs am Damenweg. Und sie verdienten vor allem Dank und Jubel derer in der Heimat. Aber aus den Lazarettzügen kamen seltsame Proteste, und in den Jubel der Pariser mischte sich empörtes Gebrüll der Verwundeten:

»Haltet den Mund, ihr Helden im Hinterland! Schweigt von einem Durchbruch, einem Sieg ... Geht selbst hinauf zum Damenweg und schaut euch die dortige Schweinerei an ... Zehn Tage lang hat Nivelle getrommelt und uns versprochen, nachher seien alle Deutschen in ihren Gräben mausetot. Und wir liefen ins Maschinengewehrfeuer der Boches ... Die Schwarzen sind feige davongelaufen ... Verrat, Verrat, Mord. Nieder mit dem Blutsäufer!«

Wer erfand die Bezeichnung Blutsäufer für Nivelle? Wieso kam dieser Schimpf mit einem Schlag in weit voneinander eingesetzten Truppenteilen auf? Im Hinterland war man fortan gewarnt. Man führte keine Lazarettzüge mehr entlang der Bannmeile von Paris, ersparte der Hauptstadt derlei wüste Szenen wie schon gehabt. Offenbar hat sich das Armeeoberkommando mehr mit der Verfolgung der Boches beschäftigt als mit dem Sanitätsdienst. Unangetastete Divisionen standen zur Verfolgung bereit, auch Kavallerie. Aber die Leichtverwundeten wurden in Formation nach hinten in Marsch gesetzt. Die Beinverletzten humpelten daher, manchmal von deutschen Kriegsgefangenen gestützt. Es gab viel zu wenige Bahren für die Schwerverwundeten, die oft stundenlang im matschigen Aprilschnee lagen. Ankommende Leergarnituren für den Abtransport der Verwundeten wurden von Leichtverwundeten gestürmt. Zwei Transportzüge mit Senegalschützen, an sich bewährte Kampftruppen, wurden von Leichtverwundeten gestürmt, die Schwarzen zum Teil zu den Zugfenstern hinausgeworfen. Das Zugspersonal wurde belehrt, hier gäbe es keinen Fahrplan und keine Abfahrtszeiten, hier müsse man weg, man habe genug vom Krieg.

Ein großer Haufen Verwundeter unternahm es und zog in Château-Thierry am Hauptquartier Nivelles vorbei. Aber der Oberkommandierende hatte keine Zeit, nach der Leistung der Sanitätsdienste zu schauen, er stand vor der Entscheidung, entweder die Offensive fortzusetzen oder sie abzublasen. Vorerst sorgten seine Stabsgehilfen dafür, daß die langen Züge der Verwundeten nicht mehr in Sichtweite des Oberkommandierenden kamen. In Paris bestand schon die gefährliche Stimmung, in der Jubel in bösartige Raserei umschlagen kann. Man war nicht in Rußland, wo das Volk millionenfachen Tod ertrug, ehe es sich aufmachte ... Die Zeitung »Temps« nahm den traurigen Ruhm auf sich, jetzt gegen Defätisten zu wettern. Nur übermüdete oder stark erregte Soldaten seien im Hintergrund aufgetaucht. Und Verwundete. Aber – auch das ließ die Militärzensur nicht durch. Der Redaktion wurde Verrat zur Last gelegt. Die Redakteure konterten: Ganz Paris wisse jetzt schon, woran man sei. Und Nivelle ließ stürmen, bis zum 18. April. Die zur Verfolgung der geschlagenen Deutschen bereitgestellten Divisionen blieben weiterhin unangetastet. Nein, nein, auch sie sollten an den Feind, nicht verfolgen, sondern durchbrechen. General Mangin, erprobt beim Einsatz von Kolonialregimentern, wird die Boches schon schlagen. Aber auf mehr als 20 Kilometer Frontbreite lagen zuletzt im Schnee massenhaft Verwundete und Tote. Direkt auf sie ging das französische Verteidigungsfeuer nieder. Ein Hagel von Brisanz- und Gasgranaten, das Feuer schwerer und schwerster Artillerie. Es war die Hölle

auf Erden, aber noch hielten sich die Poilus in ihren MG-Nestern, hielten die Stellung, wo sie angreifen sollten.
Am Rand dieser Hölle standen auch russische Truppen. Verlassenschaft des unglücklichen, bis in den Tod getreuen Zaren Nikolaus II. Sie wußten mehr von dem, was seit dem letzten Monat in Petrograd und in der Heimat vorging. Unmerklich hatte es angefangen, in der Truppe zu gären. Man sagte den Muschiks, sie sollten doch überlegen, was sie hier in Frankreich zu suchen hätten. Daheim gingen die Soldaten einfach von der Front weg und heim. Und schon waren auch hier Soldatenräte da, wie in der Heimat. Bald kamen die Offiziere gegen die Agitatoren nicht mehr auf. Sie sagten, der Zar werde wiederkommen. Und dann werde er von seinen Soldaten Rechenschaft fordern. Man brachte die alten Fahnen vor die Front. Popen traten heran, segneten die Truppen, die reglementmäßig zum Gebet niederknieten. Man küßte das Kreuz, die Zarenhymne ertönte, und dann marschierten die Russen ins Maschinengewehrfeuer der Deutschen. Nur noch Reste der eingesetzten Einheiten kamen aus dem Gefecht zurück. Man jagte sie nochmals gegen die Deutschen. Vergeblich. Fortan mochte der Pope und Gott weiß wer kommen, die Männer hörten auf die Agitatoren.
Das geschah bei einem Ort namens Brimont, und dieser Ortsname sollte für Frankreich eine üble Bedeutung bekommen.
Und da waren schon Politiker, Abgesandte der Regierung und irgendwelche Typen, die hinter der Front ausspähten und ausfragten. Verwundete, die ihnen weiß Gott was für schauerliche Dinge erzählten; Troupiers, die weinten, wenn sie die wenigen sahen, die sie aus der Schlacht führten; Offiziere, ja selbst enge Mitarbeiter Nivelles, die vorweg gewarnt hatten vor dem Unternehmen, dessen Opfer jetzt im kalten Schnee lagen. Was wird der amerikanische Journalist denen daheim sagen, die eben daran waren, ihre Söhne gegen die Deutschen zu schicken?
Am 22. April marschierten die Angriffstruppen in Ruhequartiere. So wie kurz zuvor die Verwundeten hat man sie dort als Sieger begrüßt. Aber dann hat auf einmal einer geschrien: »Vive la paix!« Und die biederen Menschen in den Dörfern trugen es nach hinten

weiter: Daß die Poilus nicht mehr wollen. War man so weit wie unlängst die Russen? Offiziere sollen resigniert gesagt haben:
»On ne les aura pas militairement.«
Wenn man aber die Boches nicht mit der Waffe zum Frieden zwingen kann, wird man verhandeln müssen? Friedensverhandlungen, Waffenruhe. Nichts dergleichen geschah. Man entließ den nächsten Untergebenen Nivelles. Nivelle aber meinte, man sollte die Männer in Ruhe lassen, sie würden sich ausschimpfen und austoben und dann weitermachen.
Dann jedoch fing es an: Die 2. Kolonial-Division weigerte sich, in Stellung zu gehen. Sie ging, nachdem man sich einige Schreier gegriffen und sie vors Kriegsgericht gestellt hatte. Vorne, bei der Ablösung, kam den Männern das Grauen bei all dem, was sie hörten und sahen. Aber sie waren nun einmal am Feind. Wären sie doch nicht gegangen. Und dann sprang die Parole auf: Ja, wir verteidigen, aber angreifen werden wir nicht. Auch so etwas Russisches. Am 20. Mai 1917 begann ein vorläufiges Ende mit Schrekken: Bis Mitte Juni meuterten 115 Truppeneinheiten, darunter 75 Infanterieregimenter, 23 Elitebataillone, Jäger zu Fuß, 12 Artillerieregimenter. Die Führung verlor die Übersicht. Das 128. Infanterieregiment kam in Ruhestellung, um tags darauf alarmiert zu werden. Da kamen ihnen die Poilus auf russisch:
»Schaut, wie die Russen es machen. Die sind nicht so feige wie wir. Sie machen Schluß. Wir lassen uns von den Generälen zur Schlachtbank führen. Warum wehren wir uns nicht?«
Noch einmal gelang es den Offizieren, die Männer in Marsch zu setzen; aber zwei Kompanien weigerten sich. Man umzingelte sie, sie sollten als die ersten abgeurteilt werden.
Und da flammte ein Gerücht auf. In Paris hätten Anamiten, also Vietnamesen, auf die Leute geschossen. Anamiten, man kannte sie als Drückeberger. Und schon hieß es:
»In Paris schießt man auf unsere Frauen und Kinder.«
Und die Frauen wollten ja nur den Frieden. Auch die Poilus wollten den Frieden. Die Parole machte die Runde: Man wird nicht in Stellung gehen, sondern in Paris Ordnung machen. Am 27. Mai kehrte ein Infanteriebataillon die Marschrichtung um, ging nicht

in Stellung, sondern bestieg einen Zug nach der Hauptstadt. Zwei Tage später setzten sich mehrere Regimenter dorthin in Marsch. Unter der roten Fahne. Viele Männer begehrten nicht auf, wollten bloß in Ruhe gelassen werden, ihre Kompanieoffiziere standen abseits, zuckten die Achseln. Am 1. Juni erlebte Soissons, wie ein wirrer Haufen sich der Möglichkeiten dieses Etappenortes bediente. Gewehre gingen los. Assistenztruppen, verläßliche Republikanische Garde und Kavallerie, bekamen die Meute unter Kontrolle. Aber 700 vom 298. Infanterieregiment blieben beisammen, machten sich auf den Heimweg. Am Abend schlugen sie in einem Wäldchen Zelte auf. Sie wurden umzingelt. Zur Ruhe aufgefordert. Aber die Männer schrien zurück, man möge es nicht wagen, sich den Zelten zu nähern. So blieb die Lage vier Tage unentschieden. Dann gaben die Meuterer auf. Man eskortierte sie nach Soissons, ließ sie in einem Kasernenhof antreten und dezimierte im wörtlichen Sinn die Meuterer.
Und so erging es auch dem Rest der Russen. Unter ihnen waren Agitatoren aus der Heimat. Sie hatten es leicht. Was hatte man noch in Frankreich zu suchen, wenn daheim die Kameraden einfach nach Hause gingen? Die Internationale wurde eingeübt, dann im Chor gebrüllt. Da fuhr französische Artillerie auf. Die Russen blieben übermütig, bis Granaten in ihr Lager einschlugen. Da hob einer einen weißen Fetzen hoch. Man ergab sich auf Gnade und Ungnade. Wen die Ungnade traf, der kam zu dem Haufen, der sich selbst das Massengrab schaufelte. Dann feuerten die MGs des Exekutionskommandos.
Das war die Zeit, da die ersten Transporte der jetzt kriegführenden USA ungefährdet über den Atlantik kamen. Frankreich hatte keinen Kerenski. Und es war allen kriegführenden Nationen überlegen, denn es kämpfte zwar auf eigenem Boden – hatte aber, anders als die Russen, die denkbar besten Bundesgenossen, nämlich Briten und Amerikaner, zur Stelle. Man vergaß die vielen zehntausend Gefallenen der Nivelle-Offensive. Auch die Exekutierten. Man wird sich den Tiger, Georges Clemenceau, holen, und der wird auch daheim jeden an die Wand stellen, der flaumachen will.

So hat die russische Februarrevolution von 1917 auch in Frankreich viele in den Tod getrieben. Viele haben unter der roten Fahne gemeutert, die Marseillaise gesungen, wie es Revolutionäre tun. In Frankreich ist es anders gelaufen als in Rußland. In der Schweiz wartete Lenin auf das Losschlagen der Deutschen.

Was taten aber die, auf die Lenin setzte, wenn er schon von der Weltrevolution redete?

Der deutsche Soldat an der Front konnte nicht wissen, daß die kaiserliche deutsche Regierung seit geraumer Zeit viele Millionen Goldmark hergab, um in Rußland eine Revolution zum Tragen zu bringen. Sie sollte die Armee des Zaren zersetzen und schließlich so zu einem Ende der Kämpfe an der Ostfront führen. Sehr zur Enttäuschung Lenins, der von dieser seltsamen Politik Berlins geldlich profitierte, waren es in Berlin Herren von Adel, Gesandte und Botschafter der Regierung, aber keine Proletarier, die seiner Sache auf die Beine halfen. Nur wenige Tatzeugen ahnten, daß sich das Deutsche Reich durch dieses Tun seiner Diplomaten und Staatsmänner sein eigenes Grab schaufelte. Erich Ludendorff, nachher oft damit in Zusammenhang gebracht, hat es wohl geschehen lassen, aber seine Idee war es nicht.

An der Ostfront versuchten Agitatoren im Dienst der verschiedenen in Rußland tätigen Umsturzbewegungen, dem Krieg an der Front ein Ende zu machen. Es kam zu sogenannten Verbrüderungszenen zwischen deutschen und russischen Soldaten. Der Ertrag für den deutschen Soldaten war gering: Es lohnte sich nicht, Machorka gegen deutsche Zigaretten einzutauschen, und, o Wunder, Wodkaausschank hatte der Zar schon bei Kriegsausbruch 1914 verboten. Dann fuhren die Offiziere dazwischen, und eines Tages hörte man auch russischerseits mit derlei auf. Die Ostfront wurde eine ruhige Front, aber geschossen wurde doch.

Aus der Heimat kamen neue Nachrichten ins deutsche Ostheer. Als im März 1917 in der russischen Hauptstadt die Februarrevolution ausbrach, ging das Gerücht durch die Schützengräben, daß in Dortmund und in Recklinghausen die Arbeiter der Rüstungsindustrie gestreikt hätten. Spitzenpolitiker der SPD, die seit Kriegsausbruch im Reichstag zu Berlin für das Kriegsbudget und die Kriegsanleihen stimmten, hatten Mühe, den Streik einzudämmen. Die Reaktion auf diese verfehlte Haltung der SPD-Führung blieb nicht aus: Auf einer Tagung in Gotha vom 6. bis zum 8. April 1917 verurteilten die sogenannten Spalter in der SPD diesen Sozialchauvinismus, also die Unterstützung des Krieges durch die Sozialdemokratie. Sie gründeten eine »Unabhängige Sozialdemokratische Partei«. Bis zum Herbst des Jahres hatte die linke Linke schon Zehntausende Mitglieder in der Heimat und einen festen Stock von Agitatoren in den Kasernen des Ersatzheeres; darunter viele Unteroffiziere, da und dort einen Offizier, einen Sohn aus besserem Haus, der ausgestiegen war und jetzt in der neuen Partei seine Unabhängigkeit in jeder Hinsicht konsumieren konnte. Die linke Linke in der SDAP in Österreich zwang die noch zögernde Parteileitung in Wien, beide sozialdemokratischen Parteien im Deutschen Reich gleichermaßen und solidarisch anzuerkennen und Kontakte zu halten.

Der Fortgang der Revolution in Rußland gab dennoch der Reichsregierung und damit dem Deutschen Kaiser zu denken. Es war offensichtlich besser, zur rechten Zeit einzulenken und nicht alles zu verlieren, als verspätet mit Konzessionen zu kommen und tatsächlich alle Macht einzubüßen. Wilhelm II. folgte dem mit seiner Osterbotschaft 1917, in der er für die Zeit *nach* dem Krieg die Reform des in Österreich längst nicht mehr bestehenden Kurienwahlrechts versprach, ja sich sogar auf Verfassungsänderungen einließ. Aber wie gesagt: Nach dem Krieg, also nach dem Sieg.

Doch an der Basis war man in Deutschland schon weitaus fortschrittlicher. Ab Ende 1917 gab es immer mehr Streikbewegungen. Der »Steckrübenwinter« hatte die Gemüter angeheizt. Da und dort warfen berufsmäßige Unruhestifter schon die Forderung nach der Wahl von Arbeiterräten ins Gespräch. Aber die Generalität tat nicht mit, und der Chef des Kriegs(beschaffungs)amtes, der an sich eher liberal eingestellte württembergische, aus der Eisenbahntruppe hervorgegangene General Groener, fand sichtlich nicht die Sprache, die er nach 1918 als Minister der Republik von Weimar gefunden hat, wenn er sagte:

»Ein Hundsfott, wer streikt, solange unsere Heere vor dem Feind stehen!«
Die Teilstreiks dauerten den Sommer über an. In Köln, wo der klerikale Adenauer Oberbürgermeister wurde, streikten gleich 12 000. Und erst recht in Düsseldorf, Elbersfeld, Duisburg und Essen. So wie die deutsche Reichsregierung viel Geld ausgab für die Revolutionierung Rußlands, so taten es die Regierungen in Paris und in London insgeheim in Deutschland. Wenn die Deutschen in den Rüstungsbetrieben streikten, bekam es die Front zu spüren. Das waren zwar kleine, aber doch hoffnungsvolle Erwartungen zugunsten der Ententemächte.
Endlich ereignete sich, was Lenin längst erwartet hatte und was den Seestreitkräften der Ententemächte sehr genehm war. Nachdem die kaiserliche Marine noch im Jahr 1916 der britischen Schlachtflotte am Skagerrak mit erstaunlichem Erfolg standgehalten hatte, entstand just auf dem einen oder dem anderen großen Pott dieser Flotte, was seit der gelungenen Meuterei auf dem russischen Kreuzer »Potemkin« Legende war und seit 1905 immer wieder ausgeschmückt unter den Matrosen aller Seemächte beredet wurde, wenn man wieder einmal den Dienst, die Härte der Unteroffiziere und den Hochmut der Offiziere satt hatte.
Fast jede Meuterei auf Kriegsschiffen begann in jenen Tagen mit der Weigerung der Mannschaft, verdorbene Fleischportionen oder daraus gekochtes Essen anzunehmen.
Es gab im Sommer 1917 schon Agitatoren und Propagandisten unter der Besatzung der kaiserlichen Schlachtflotte – aber keine Führung, wie sie 1905 in Rußland von Land aus eingeschleust worden war. Endlich schien aber doch ein anderer Wind zu wehen: Da war die neue USPD, der im Untergrund tätige kommunistische Spartakusbund, Kader der späteren KPD; und da waren gewisse Politiker gewisser Parteien, die im Reichstag plötzlich andere Töne anschlugen. Nicht nur Genossen, auch unter den Klerikalen und den Liberalen gab es Typen, die fortan genug hatten vom Geist von anno 1914. Kurz gesagt, und es wird noch näher davon die Rede sein, die Matrosen durften mit Verständnis rechnen. Parole der Stunde war: *Krieg ist verbrecherisch, er muß ohne*

Rücksicht auf die Kriegslage beendet werden. Nicht nur von den Deutschen. Die Nachrichten, die man von Massenmeutereien und roten Fahnen im französischen Heer just um diese Zeit bekam, schienen diese Forderung zu rechtfertigen.

In Wilhelmshaven, auf Schlachtschiffen, und dort vor allem unter dem Heizerpersonal, fing es an. Namen führender Genossen wurden hinter vorgehaltener Hand bei Treffs in gewissen Kneipen an Land genannt. Schon im Juli 1917 nahmen mutige Männer der Vorhut der gedachten Meuterei in Berlin mit Politikern Kontakte auf. Viel kam nicht dabei heraus, aber man wird Propagandamaterial bekommen. Wichtiger war, daß die auf die bestehende Verfassung vereidigten Abgeordneten der linken Linken ihren Eid brachen und schwiegen und so für den Anfang das Wichtigste taten, was jedes Regime schließlich zum Untergang führt: Gewährenlassen ...

Der August mit der Konferenz der Sozialdemokratischen Parteien in Stockholm brachte zwar nicht den Frieden, dafür aber neue Kontakte, die schon über die Fronten verliefen. Daß die Regierung in Berlin auch den Genossen in der SPD die Reise nach Stockholm erlaubte, war mindestens so gefährlich wie die geldliche Unterstützung der Revolution in Rußland. Agitatoren hatten es leicht in Wilhelmshaven und andernorts:

Die Matrosen der kaiserlichen Marine hatten meist keine politische Erfahrung. Einmal haben sie sich als der »Stolz des deutschen Volks« gefühlt. Jetzt waren ihnen Drill und Schliff und sinnlose Beschäftigung an Bord zuwider. Menschen, die keine politische Erfahrung haben, sind leicht zu verführen, wie jeder berufsmäßige Macher einer Revolution weiß. Endlich war ein Katalysator zur Stelle: Aus Dresden rückte ein gewisser Herre als Reservist zur 2. Torpedobootflottille ein. Herre war als Journalist bisher unabkömmlich gewesen. Als man darauf kam, daß die Redaktion der »Leipziger Zeitung«, in der er tätig war, bereits eine Großverteilerstelle für die revolutionäre Propaganda im Hinterland war, zog man ihn ein. Nun sprang eine Welle auf die kaiserliche Marine über.

Um diese Zeit glaubte man 5000 Mann für das zu haben, was man wollte: Schluß machen, erst einmal aber den Schlemmereien der Offiziere und dem Hungern der Mannschaft ein Ende machen. Bald dachte man an Gewaltanwendung gegen jene, die es wagen sollten, der Bewegung im Ernstfall entgegenzutreten. Der erste Erfolg war, daß fortan die Mannschaft in der Menagekommission mitbestimmend vertreten war. Nun konnte man nicht mehr bloß meckern wegen der Menage, man konnte mitreden, und man hatte einen Fuß in der Tür zum Umschwung. Jetzt ging es rascher: Im Juni gab es Proteste auf einem Schlachtschiff wegen der Steckrübenkost, des Dörrgemüses und der Fleischqualität. Vier Tage später kam es auf einem anderen Schiff zu Dienstverweigerungen. All das wiederholte sich und griff um sich. Als im Reichstag in Berlin eine sogenannte Friedensresolution zustande kam, sahen sich die Männer in der kaiserlichen Marine in ihrem Verlangen nach Frieden um *jeden* Preis gerechtfertigt! Letzteres war nun nicht in Berlin beschlossen worden, um so mehr wollten die Matrosen dahinter sein.

Anfang August kam es auf der »Prinzregent Luitpold« zum Ausbruch. Bestrafungen nützten nichts mehr, trieben vielmehr die Unruhe an und führten zum Entschluß, einen demonstrativen »Ausflug« der ganzen Besatzung zu organisieren. Also nicht die harte Tour, wie 1905 auf der russischen »Potemkin«, sondern die raffiniertere weiche Tour. 1100 Mann gingen tatsächlich von Bord, aber 600 taten nicht mit. Das war als Generalprobe für einen »großen Schlag« gedacht, den man in einigen Wochen unternehmen wollte. Versuche, die vom schlechten Wetter heimgetriebenen Ausflugsteilnehmer in Formation zu bringen, scheiterten. Man rief den Offizieren zu, man lasse sich nicht führen wie die Russen. Der große Schlag blieb freilich aus. Wie alle revolutionären Bewegungen war auch jene unter der kaiserlichen Marine im Jahr 1917 das Werk einer Minorität. Für zu viele in den Mannschaften war jetzt schon des Guten zuviel passiert. Eine gewisse Ruhe trat ein.

Nun griff man sich die Rädelsführer. Der Oberheizer Hans Beckers stand vor dem Kriegsgericht zu seiner Sache. Ja, man wollte die Konferenz in Stockholm unterstützen. Auf einen Wink der Partei hin sollte es zu einem Generalstreik bei der Flotte kommen. Das Wort Meuterei vermied man, als ob es sich um einen Arbeitskonflikt handelte. Die Männer verrieten nichts vor Gericht, sie bekannten sich und bewiesen Mut. Ja – es sollte ein rascher Friedensschluß herbeigezwungen werden. Aber der Tatbestand war für die Hüter des Gesetzes nicht ein illegaler Streik, sondern Landesverrat und Erregung von Aufstandshandlungen in Kriegszeiten. Fünf Todesurteile wurden verhängt, drei davon der gnadenweisen Nachsicht empfohlen. Langjährige Haftstrafen für einige weitere Angeklagten sollten ohnedies nur noch ein Jahr dauern, bis zum Umsturz 1918.

Es war ein Unglückstag, als am 5. September 1917 zwei Todesurteile vollstreckt wurden. Die Revolution hatte ihre Märtyrer. Tabula rasa, wie im französischen Heer bei der Massenmeuterei dieses Sommers gemacht worden war, dazu gab es keinen Anlaß im Deutschen Reich. Während aber in Paris die Mißstände an der Front und in der Heimat dazu führten, daß man Georges Clemenceau hervorholte und die Demokratie für eine Zeitlang in den Winkel stellte, geschah in Berlin das Gegenteil: Eine Serie inkompetenter und entschlußschwacher Reichskanzler führte das Reich weder aus dem Krieg heraus noch wurden diese Männer mit der Lage im Inneren fertig. Und während Clemenceau, der Zahnarzt als Politiker, mit einigen Radikaloperationen Frankreich über die Krise 1917 hinwegbrachte, bis die Amerikaner kamen, führte die kraftlose Reichsregierung das Reich schnurgerade in den Umsturz des Jahres 1918. So auch in Österreich-Ungarn.

Für die Donaumonarchie war das Jahr 1917 das erste Jahr unter der Regierung des jungen Kaisers Karl I. Der junge Monarch hatte, anders als sein greiser Vorgänger, Franz Joseph I., tatsächlich als Subalternoffizier bei der Kavallerie, dann als Stabsoffizier den Truppendienst in Friedenszeiten ohne irgendwelche Erleichterungen mitgemacht. Er war soldatisch erzogen, sein Charakter, dem jede Härte abging, hatte in Kameradenkreisen etwas von jener Ritterlichkeit mit ins Leben bekommen, die man bei einem sogenannten »guten Regiment« der alten Armee beziehen konnte. So wie Nikolaus II. war er ein vorbildlicher Familienvater. Seine

Gemahlin Kaiserin Zita imponierte vielen Kreisen, denn sie war nach langen Jahrzehnten wieder eine *Kaiserin* an dem seit der Ermordung der Kaiserin Elisabeth nur noch um einen vergreisenden Monarchen versammelten Hof. Zita war Kaiserin, großartige Mutter in Zeiten der Bewährung und von jener Entschiedenheit, die ihrem Gemahl oft abging. Als eine Prinzessin des Hauses Bourbon-Parma legte sie Wert darauf, nicht etwa italienischer Herkunft bezichtigt zu werden (was die Feindpropaganda im Inneren angesichts des Krieges mit Italien herausstrich), sondern von Natur aus eine *französische* Prinzessin zu sein. Ihre Familie hat seit der Revolution von 1789 in einigen Hauptstädten der alten Welt in die Hölle geblickt, aus der das Inhumane einer Revolution kommt. Zita spürte wahrscheinlich mehr als ihr Gemahl, daß das Reich, dessen Kaiserin sie war, sich in einer Krise befand, die zu bestehen nicht mehr mit Sicherheit zu erwarten war. Aber dieses Reich ihrem Ältesten, Kronprinz Otto, zu erhalten, dem galt die ganze Entschiedenheit ihres Wollens. Wie so oft in der Geschichte war sie, die Französin, eine viel bessere Österreicherin als die vielen Damen und Herren bei Hof und in den noch führenden Adelskreisen.
Kaiser Karl aber wagte viel in jenem Jahr 1917: Seine Regierung erlaubte Vertretern der Sozialdemokratischen Parteien seines Reiches die Teilnahme an der Internationalen Sozialistenkonferenz in Stockholm. Das geschah im Mai 1917. Im selben Monat berief der Kaiser trotz der sich vielfach kreuzenden und überschneidenden Zu- und Widersprüche seiner Ratgeber den seit März 1914 nicht mehr in Session gewesenen Reichsrat wieder ein. Dabei war vor allem von Bedeutung, daß das 1911 gewählte Abgeordnetenhaus auf diese Weise mitten im Krieg zu Wort kam. Die Chance, durch mehr Demokratie eine Verfestigung der Heimatfront zu erzielen, kam nicht zum Tragen. Dafür aber benutzten die im Land verbliebenen Anführer der Sezession ihrer Nationalitäten aus Österreich-Ungarn ihre Immunität, um ungehindert von der Kriegszensur die Parolen der schon anrollenden sozialen und nationalen Revolution an die Öffentlichkeit zu bringen.
Es entsprach ganz dem Wesen des jungen Kaisers, daß er, entge-

gen vielen Warnungen, die zum Tod verurteilten tschechischen Nationalisten zu Haftstrafen begnadigte und daß er sich überhaupt bemühte, die übliche Justizpraxis in Kriegszeiten, wie sie Clemenceau forcierte, zu mildern. Kaiser Karl unterhielt, wie längst bekannt ist, gute Beziehungen zu Victor Adler; auf den Führer der Lueger-Partei, Prinz Alois von und zu Liechtenstein, einmal als der »rote Prinz« populär geworden, traf das keineswegs im gleichen Ausmaße zu.

Daß die Partei Luegers schwarzgelb bis in die Knochen bleiben wird, wie es einmal der Doktor Lueger versprochen hat, galt bei Hof leider als Selbstverständlichkeit. Man vermeinte, diesen Stecher im Blatt zu haben, und vergaß, daß die christlichsozialen Wiener der Hunger und die anderen Nöte, die gerade die Reichshaupt- und Residenzstadt heimsuchten, genau so trafen wie jene, die nur noch wenig für eine Monarchie der Habsburger übrig hatten.

Der Parteitag der SDAP im Oktober 1917, das Hervortreten der linken Linken in der Sozialdemokratie, hätte viel mehr, als es geschah, auf die Kreise bei Hof und in der Regierung alarmierend wirken müssen. Die Radikalität, die auf diesem Parteitag in Wien zu Tage kam, hat der ermüdete und kranke große Einiger der Sozialdemokratie in Österreich, Victor Adler, ein Arzt, als »Krankheitssymptom einer Zeit, da alle Menschen vom Fieber geschüttelt werden«, beurteilt. Für die Habsburgermonarchie erwies sich dieses Symptom als ein für sie tödlicher Virus, der in der sozialen und nationalen Revolution steckte.

Dem aus russischer Kriegsgefangenschaft heimkehrenden Leutnant der Reserve Otto Bauer wurden zu der bereits im Herbst 1914 verliehenen Tapferkeitsauszeichnung außer der damaligen Kriegsdekoration auch noch die nachher eingeführten »Schwerter« verliehen. Aber die Waffe, die Bauer sofort nach seiner Heimkehr zog, galt nicht mehr seinem bisherigen Obersten Kriegsherrn, sondern einem völligen Umsturz dessen, was er in Rußland als Sozialchauvinismus zu verachten gelernt hatte. Bei Hof und in den Ministerien hätte man nach dem Tenor der Ouvertüre, die im wieder einberufenen Abgeordnetenhaus aufrauschte, gewarnt sein müssen.

Der Unsinn diverser Radikaler kam den Feinden des Reiches zugute. Als im Abgeordnetenhaus seitens der Linken schwere Anschuldigungen gegen die bisher im Krieg geübten Praktiken der Regierung und der Gerichte laut wurden, rief der deutschnationale Abgeordnete Heine, ein gefährlicher Narr, dazwischen, es seien noch viel zu wenige gehängt worden. Im Verfassungsausschuß war es Engelbert Pernerstorfer, der den fälligen Rechenschaftsbericht über die bisher ergangenen §-14-Verordnungen benutzte, um jene Maßnahme, mit der die Geschworenengerichte aufgehoben worden waren, fälschlicherweise als Verfassungsbruch bloßzustellen. Es waren dies jene Gerichte, von denen eines im Juli 1927 den gewissen Freispruch erzeugte, der zum Brand des Justizpalastes führte und den Anbruch der Bürgerkriegsära in Österreich beschleunigte.

Im Plenum des Hohen Hauses am Wiener Franzensring war die große Stunde der Reichsfeinde gekommen, wenn sie das, was in Mutterländern der Demokratie selbstverständlich stattfand, verbrecherische Härten des Kriegsrechts nannten. Nicht aus einem Rechtsempfinden, sondern als eine Generalanklage gegen das Reich, dessen Untergang sie ersehnten. In diesen Chor stimmten aus verschiedenen Erwägungen auch die Koryphäen der deutschen SDAP ein. Daß es Victor Adler tat, dessen Sohn kurz vorher wegen der Ermordung des k.k. Ministerpräsidenten ein Todesurteil bekommen hatte, ist menschlich zu verstehen. Daß aber ausgerechnet Friedrich Austerlitz, dessen nationalchauvinistisch gestimmte Fanfare 1914 den Kriegsausbruch über die Maßen gelobt hatte, die wildesten Töne fand, mag die Dekadenz der politischen Moral in Kriegszeiten ganz allgemein bestätigen.

Die Absicht des Kaisers, ein »Großes Ministerium« zu bilden, in dem alle tragenden Parteien des Hohen Hauses, also auch die deutsche SDAP, vertreten sein sollten, bedeutete im Stundenschlag der Geschichte die Stunde der Wahrheit. Wie hätten jene, deren Ziel der Sieg der nationalen und sozialen Revolution über das Vielvölkerreich unter dem Hause Habsburg war, weiter an einer Last tragen sollen, die für sie nur noch ein verwesender Staatskadaver war? Der den deutschen Sozialdemokraten in Österreich zugedachte »Ministerialsozialismus« wurde von der SDAP ebenso abgelehnt wie der »Sozialchauvinismus«, den einmal anno 1914 Friedrich Austerlitz in einem Überschwang der Gefühle gepriesen hatte.

Der Parteitag der SDAP des Jahres 1917, der erste seit Kriegsausbruch, fand in der Zeit vom 19. bis zum 24. Oktober 1917 in Wien statt. Die Atmosphäre in der Millionenstadt war günstig: Die Menschen litten Hunger, Licht und Gas fielen schon zuweilen aus, in den Straßen schoß das Gras zwischen den Pflastersteinen hervor. Und es sprossen die üblen Typen der Schieber und der Kriegsgewinnler wie Geilblüten aus dem Boden. Der vom Kaiser unternommene Versuch, derlei Individuen mit Hilfe der ordentlichen Gerichte das Handwerk zu legen, trug wenig ein. Wer das meiste Geld besaß, besaß den besten Juristen als Anwalt seiner Geschäfte.

Was besagten Parteitag störte, war ein unerhörtes Ereignis an der Front. Just an dem Tag, an dem eine neue Parteilinie festgelegt wurde, rollte jene Großoffensive gegen Italien los, die den ehemaligen Bundesgenossen an den Rand des Untergangs trieb. Als aber die deutsche Oberste Heeresleitung hiebei des Guten genug getan zu haben vermeinte, stellte auch das österreichische Armeeoberkommando die Offensive ein. Die Italiener verloren 293 000 Gefangene, Tausende Geschütze, 40 000 Gefallene und Verwundete. Der Staatskadaver hatte um sich geschlagen, wie es der tschechische Linke Habrmann bis zum Untergang der Monarchie immer wieder befürchtet hat.

Die Erklärung der linken Linken auf ihrem Parteitag gab nicht nur diesem das Gepräge und dem Kurs der SDAP eine andere Richtung, sie ließ die k.k. Regierung und den Kaiser Übles erwarten. Nur 120 Radikale gehörten an sich dem Kreis der linken Linken in der SDAP an. Aber es war eine jener Minderheiten, die geschichtliche Entscheidungen heranzwingen. Menschen, die von der Richtigkeit ihrer Ideen überzeugt und willens sind, sich unter allen Umständen für die Verwirklichung dieser Ideen einzusetzen. Im Falle der SDAP kam dazu, daß die linke Linke keinen organi-

satorischen Ursprung hatte, sondern einen »literarisch-intellektuellen«. Das wird bei der bloßen Namensnennung verständlich: Max Adler, Robert Danneberg, der in der Endkrise vor 1934 seine Qualitäten vollends beweisen wird, der 1917 in Haft befindliche Friedrich Adler, Leopold Winarsky, Therese Schlesinger und auch Gabriele Proft neben vielen anderen.
Man versteht, daß auf diesem Parteitag ein Ministerialsozialismus zwar Gegenstand herber Kritik, ansonsten aber kein Gegenstand der Debatte war. Karl Renner stand in dem Verdacht, ein »Staatsfanatiker« zu sein, was ihm Fanatiker in der linken Linken sehr ankreideten. Klug und gewandt replizierte der spätere zweimalige Staatskanzler der Republik, es wäre zuwenig, immer zu fordern: *Der Staat soll!* Damit der Staat es *kann,* muß der Staat *reich* und *stark* sein. Natürlich soll der Staat herhalten, ja, wer denn sonst? Aber wenn die Sozialdemokraten derlei vom Staat verlangen, müssen sie zuerst die Macht im Staat haben. Der spätere Staatskapitalismus der Zweiten Republik, die stärkste Mächtigkeit dieser Art in der freien Welt des Westens, hat den Staat, der fortwährend *soll,* in einen Zustand gebracht, den um 1917 nicht einmal die klügsten Gegner des Sozialismus ahnten.
So erlebte der eben aus den Wirren der Revolution heimgekommene Otto Bauer, wie Gabriele Proft auf dem Parteitag die gerühmte Bannerträgerin der neuen Linken wurde. Das stand ihr nach ihren politischen Qualitäten zu, und es war klug, einer Frau die nicht ganz ungefährliche Parole der Stunde anzuvertrauen. Nämlich das Bekenntnis der SDAP, wonach es gelte, *den Kampf gegen den Klassenfeind über den Kampf gegen den Landesfeind zu stellen.* Das war, noch vor der Machtergreifung der Partei Lenins, ein in Wien ausgesprochener, perfekter Leninismus.
In diese Kerbe schlug auch die Absage an den Ministerialsozialismus. Denn es wäre Unsinn gewesen, die Partei mit Regierungsverantwortung zu belasten, war doch deren strategisches Ziel die völlige Untergrabung der bestehenden Macht einer vom Kaiser ernannten k.k. Regierung. Mehr noch: Schon ein Jahr, bevor es Kaiser Karl I. am 16. Oktober 1918 unter dem Zwang der Verhältnisse tat, verlangte die linke Linke die Einberufung *konstitu-*

ierender Nationalversammlungen der einzelnen Nationen, also den organisierten Auszug der Nationen aus dem Dachverband der Donaumonarchie; wie man es im Herbst 1918, ehrlich gesagt, hätte bezeichnen sollen.

Vergeblich rannte die deutsche SDAP und in ihr die linke Linke gegen den *national* gefärbten Sozialismus ihrer Schwesterparteien in der Monarchie und gegen den »Sozialpatriotismus« an. Mit ihrem Kampf gegen ein patriotisch motiviertes Österreichertum hatte die Partei kürzlich Erfolge gehabt; die Idee, daß die Sozialdemokratischen Arbeiterparteien Österreichs im Endkampf der nationalen Revolution *die Klasse über die Nation* stellen würden, erwies sich 1918 als ein folgenschwerer Irrtum. Denn die tschechischen, die polnischen, die ruthenischen, die italienischen und alle anderen sozialistischen Richtungen im Österreich vor 1918 stellten in der Endkrise der Monarchie den nationalen Zusammenhalt über die Solidarität der Klasse. Es blieb den deutschen Sozialdemokraten Altösterreichs vorbehalten, das Gegenteil vergebens zu erwarten.

Die Entwicklung im Deutschen Reich rechtfertigte jedenfalls die von der linken Linken vorgetragene Forderung, die USPD, wie sie ein halbes Jahr zuvor entstanden war, in einer Linie mit der SPD zu sehen. Eine Richtungsbestimmung, die für die Entwicklung der politischen Linken im Österreich nach 1918 von großer Bedeutung war: So konsumierte der in der SDAPÖ aufkommende Radikalismus ihrer linken Linken das Stimmenpotential, das in allen anderen Staaten der KP des Landes zufiel; und die Linke im Hohen Haus der Republik Österreich genoß den Vorteil der absoluten Geschlossenheit, damit aber einen uneinholbaren Vorteil gegenüber dem in mehrere Parteien zerspaltenen Feind, dem Bürgertum, dem Kapitalismus, dem Klerikalismus oder wie immer das Feindbild demonstriert wurde.

Nur wenige Mißtöne störten den Parteitag. Etwa wenn der seit der Revolution von 1848 schlummernde Antisemitismus, wohl zum letztenmal, auch innerhalb der SDAP aufflammte. Der Tiroler Delegierte Simon Abram, seines Namens wegen ohnedies von Hinterwäldlern der Jud' aus Tirol genannt, unternahm es, Renner zu verteidigen. Dabei entschlüpfte ihm eine bemerkenswerte Wendung. Er vermeinte, Renner wäre auf dem Parteitag bei weitem nicht so vieler Kritik ausgesetzt worden, wenn er in Kindestagen acht Tage nach der Geburt der gewissen Operation unterzogen worden wäre.

So vulgär redete damals nicht einmal der wegen seines Antisemitismus aus der Greislergesinnung berüchtigte Christlichsoziale Bielohlavek, wenn er seine Gewerbetreibenden gegen die Schmutzkonkurrenz der Schieber und Kriegsgewinnler in Schutz nahm. Abram machte seinen Ausrutscher, wie nachher seine Freunde sagten, reichlich gut, als er im November 1918 sagte, Tirol wolle nichts von einer Kopie des Jahres 1809 wissen. Und der Tiroler Landtag hat sich tatsächlich als erster in Deutsch-Österreich für eine *republikanische* Verfassung Deutsch-Österreichs ausgesprochen und die in Wien tätige Exekutive des werdenden Staates aufgefordert, dahingehend Beschluß zu fassen.

Heimkehrer bringen den Bolschewismus

Österreich 1918

Das Jahr 1917 brachte Lenin nicht das, was er sich am Beginn des Jahres und bis ins Frühjahr erwartet hatte: Massenstreiks unter den Deutschen, Meutereien in den Heeren der Mittelmächte, schließlich den mit vereinter Kraft der Soldaten und der Arbeiter geführten vernichtenden Schlag gegen den Kapitalismus in den Ländern der Mittelmächte. Und: Die rote Fahne in den Händen der Deutschen im Fortschritt zur Weltrevolution.

Es war regelwidrig, daß nicht die deutschen Arbeiter, sondern die laschen Österreicher mit Massendemonstrationen angefangen haben. Als sich am 11. November 1917, genau ein Jahr vor dem Thronverzicht Kaiser Karls I., 50000 Menschen auf dem Platz des Wiener Eislaufvereines versammelten, um sich die von sozialistischen Rednern vorgetragene Version eines Kampfes für den Frieden anzuhören, war das entschieden ein Fortschritt. Noch ein Jahr zuvor hatten Hochschulprofessoren von der damaligen k.k. Regierung die Genehmigung einer solchen Veranstaltung im geschlossenen Saal verlangt – aber die Regierung hatte die Kundgebung verboten. Das hat bekanntlich dem damaligen k.k. Ministerpräsidenten das Leben gekostet, und der Attentäter Friedrich Adler schien Lenin zu großen Hoffnungen zu berechtigen. Jetzt, ein Jahr nach diesem Ereignis, war die k.k. Regierung gezwungen, nicht bloß eine Versammlung honetter Leute in einem Konzertsaal zu gestatten, sie mußte die Sozialisten gewähren lassen, wenn diese die Massen aus den Betrieben im Freien aufmarschieren ließ, weil es in ganz Wien keinen Saal gab, der solche Massen fassen konnte. Ja, es war auch in Wien so weit, daß die Linke unter der roten Fahne die Straße für sich eroberte.

Und dann, Jänner 1918, wehte aus dem Osten ein scharfer Wind, der die Demokraten in der Linken anderer Länder erschreckte. In Petrograd war die frei gewählte Konstituierende Nationalversammlung zusammengetreten, hatte einige Forderungen der Bolschewiken, ohne auf deren Stimmen angewiesen zu sein, zum Beschluß gebracht, und es schien, als wäre die parlamentarische Demokratie in Rußland auf dem besten Weg. Und doch hatte diese längst keinen festen Boden mehr unter den Füßen, seit die Demokraten den Bolschewiken noch vor der Oktoberrevolution die militärische Macht in die Hände gespielt hatten. Damals fürchteten nämlich die Demokraten, der Ministerpräsident Kerenski würde mit einem Militärputsch die Macht an sich reißen. Es schien daher ein guter Gegenzug zu sein, ein sogenanntes Revolutionäres Militärkomitee ins Leben zu rufen – womit die Bolschewiken sehr einverstanden waren. Denn fortab konnte die legale Regierung der Armee keine Befehle mehr erteilen, es sei denn, besagtes Komitee genehmigte sie vor Ausführung. So ist im Rußland Kerenskis der Militärputsch quasi legalisiert worden, denn die Bolschewiken genehmigten selbstverständlich nur solche Befehle in dem von ihnen kontrollierten Komitee, die ihnen auf dem Weg zur Machtergreifung dienlich waren.

Das bekam im Jänner die Konstituierende Nationalversammlung zu spüren, als sie nach dem verheißungsvollen Beginn ihrer parlamentarischen Tätigkeit diese fortsetzen wollte. Die Mandatare fanden nämlich den Zutritt zum Tagungsgebäude gesperrt, und der spätere Versuch der Menschewiken, den Bolschewiken eine außerparlamentarische Zusammenarbeit anzubieten, wurde von Trotzki mit beißender Ironie zurückgewiesen.

Von derlei Details der Großen Sozialistischen Oktoberrevolution wußten in Wien die Besucher der Versammlung vom 11. November 1917 nichts. Sie konnten nicht ahnen, daß die Partei Lenins die Wahl in die Konstituante verlieren wird und daß es Trotzki übernehmen wird, im Jänner 1918 dieses Gremium davonzujagen und zu verhöhnen. Die Masse auf dem Wiener Eislaufplatz wollte überhaupt keine Kritik am System Lenins, im Gegenteil: Sie wollte das Regime Lenins vor den kapitalistischen und imperialistischen Tücken der eigenen k.u.k. Regierung schützen. Bald danach sprach man in Kreisen der Arbeiterschaft von einem *Gewaltfrieden,* den man dem Regime Lenins ersparen wollte. Daher sollte auf die k.u.k. Regierung ein moralischer Druck ausgeübt werden, so wie es die Ententemächte ohnedies auf ihre Weise taten. Nicht nur aus dem Osten drohte Gefahr, nämlich die Bolschewiken. Im Westen verkündete der Präsident der USA seine 14 Punkte für eine künftige Friedensordnung. Und in dieser Fassung der 14 Punkte stand schwarz auf weiß, daß nicht die Machthaber in Wien die künftige Ordnung im Vielvölkerreich Österreich-Ungarn bestimmen sollten, sondern autonome staatliche Gebilde der Völker des verfluchten habsburgischen Völkerkerkers. In einigen Monaten, wenn der Krieg vollends zugunsten der Westmächte entschieden sein wird, wird man das Wort Autonomie durch das Wort Selbständigkeit ersetzen ...

Im Dezember 1917 traten in der ehemaligen russischen Festungsstadt Brest-Litowsk die Delegierten der Mittelmächte und ihrer Verbündeten sowie jene des Lenin-Regimes zusammen. Und tatsächlich sind mit den Delegierten aus der russischen Hauptstadt auch Menschen aus dem Volk gekommen: Ein Bauer, der eigentlich nur bei Tisch durch sein Interesse für scharfe Getränke auffiel. Und eine Frau, deren Verdienst darin bestand, daß sie in der zaristischen Zeit einen politischen Mord begangen hatte. Der Haß hatte sie zu einer Verstummten gemacht.

Es dauerte nicht lange, da protestierten die Männer und Frauen der linken Linken im Deutschen Reich und in Österreich-Ungarn dagegen, daß ihre an sich unerwünschten offiziellen Vertreter in Brest-Litowsk einen Gewaltfrieden heranzwingen wollten. Einen, der große Teile des Gebietes des früheren Zarenreiches, Millionen Menschen und die Reichtümer dieser Gebiete quasi mit dem Recht des Siegers den Vertretern des russischen Volkes wegnehmen wollte. Das war die unverhüllte Nichtbeachtung der von Wilson publizierten und seit Jänner 1918 in aller Munde befindlichen These vom *Selbstbestimmungsrecht* der Völker.

Nicht gesagt wurde den Menschen in Deutschland und in Österreich, daß sich diese angeblichen Annexionen nicht zum Vorteil

der Mittelmächte auswirken sollten, sondern das Selbstbestimmungsrecht von Völkern zur Geltung brachten, denen es an sich gebührte: Polen, Ukrainer, Litauer, Letten und Esten.
Mit dem Eingreifen in die sogenannte polnische Frage hatte sich gleich zu Kriegsbeginn 1914 die k.u.k. Regierung eine Laus in den eigenen Pelz gesetzt. Der Zar einerseits und die Kaiser in Berlin und in Wien andererseits versprachen nämlich den Polen, die seit dem 18. Jahrhundert unter den Herrschern in St. Petersburg, Berlin und Wien lebten, ein wiedervereinigtes Polen. Der Zar stellte sich das so vor, daß seine Armeen den Mittelmächten das bei den drei Teilungen des alten Königreichs Polen ihnen zugefallene Land abnehmen und dieses zusammen mit Russisch-Polen in einem Königreich Polen einigen würden, dessen König – der Zar sein sollte. Die Polen, namentlich jene im österreichischen Galizien, die mit ihrem Polenklub im Hohen Haus zu Wien jede k.k. Regierung erpressen konnten, waren nur Österreicher auf Abruf, aber ein Königreich unter dem Zaren wollten sie unter keinen Umständen.
Die Polen boten daher 1914 Österreich-Ungarn eine polnische Legion an. Und die Österreicher-Ungarn waren dumm genug, dieses Angebot durch die Beistellung von polnischen Offizieren und Mannschaften sowie Waffen aus eigenen Heeresbeständen zu komplettieren. An der Spitze dieses Kontingents stand ein gewisser Jozéf Pilsudski. Er begann seine Karriere in den Reihen jener Terroristen, die es im alten St. Petersburg auf das Leben des Zaren abgesehen hatten. Nachher machte er, Sohn aus einer kleinadeligen Familie, seine Karriere in der Sozialdemokratischen Arbeiterpartei Polens. Was er und seine Legionäre von Österreich-Ungarn erwarteten war, daß die Monarchie ohne weiteres Galizien als Mitgift für einen polnischen Nationalstaat nach dem Sieg beisteuern wird. Daß ferner die Mittelmächte Russisch-Polen erobern und dann an eine polnische Zentralregierung abgeben würden. Und – aber da stockte selbst Pilsudski der Atem – daß der Deutsche Kaiser als König von Preußen die einmal von seinen Ahnen erworbenen Gebiete des früheren Königreichs Polen zurückstellen würde.

Aber für die Polen begannen die Verhandlungen in Brest-Litowsk mit einer bösen Überraschung. Nicht ihr Problem wurde zuerst »gelöst«, sondern das der Ukrainer. Die Ukrainer, die einmal einen mächtigen Staat gehabt hatten, von dem polnische Könige viel Land, zu Zeiten selbst die Hauptstadt Kiew annektierten. Jetzt überließen die Mittelmächte in einem Sondervertrag vorweg den Ukrainern die volle Beanspruchung ihres Selbstbestimmungsrechtes. Das aber bedeutete das Ausscheren der Ukrainer aus dem bisherigen russischen Reich, ein Vorhaben, das alle jene Ukrainer begeisterte, die um keinen Preis der Welt von Lenin durch den Bolschewiken-Fleischwolf gedreht werden wollten. Keine sympathischen Typen, diese Ukrainer, jedenfalls aber unzuverlässig, wie Pilsudski und dessen Parteigänger.
Pilsudski, der 1918 nicht mehr Oberbefehlshaber der polnischen Legion war, sondern in Magdeburg auf Festung saß, schwenkte um. Ehe noch der Krieg aus war, war es längst aus mit der Freundschaft der Polen mit den Mittelmächten. Die Legion ging zum Teil lieber zu den Bolschewiken über, als mit den Mittelmächten gemeinsame Sache zu machen. Und die Abtretung des Gebietes um Cholm – bewohnt von mehreren Völkerschaften – an die Ukraine, war das Ende aller Verbindungen der Polen in der Monarchie zu Wien und der dortigen Regierung, der sie oft genug zu billigem Preis Vorteile abgerungen hatten, weil die k.k. Regierung zu oft auf die Stimmen der Polen im Reichsrat angewiesen war. Und so wie Legionäre jetzt zu den Bolschewiken überliefen, so warfen polnische Exzellenzherren dem Kaiser ihre hohen Würden hin, und die, die es nicht taten, genossen nach 1918 in der Republik Polen ein mäßiges Renommee.
Also doch ein Gewaltfrieden in Brest-Litowsk? Tatsache ist, daß in Mitteleuropa und in Osteuropa keine Lösungsvariante möglich ist, die nicht einem Staat mehr oder weniger Minoritäten zuweist. Nach 1918 waren zum Beispiel viele hunderttausend Deutsche eine Minorität in Polen. Sie taten meistens alles, um als sogenannte Optanten nur ja den polnischen Zuständen zu entkommen und heim ins Deutsche Reich zu kommen. Und das lange vor Hitler. Das Geschrei vom Gewaltfrieden hörte in Deutschland und in

Österreich-Ungarn nicht mehr auf. Denn nicht nur Ukrainer und Polen pochten auf das von Wilson verkündete Selbstbestimmungsrecht der Völker. Dieses Recht nahmen auch die Finnen in Anspruch, denen erst 1808 Zar Alexander I. als Bundesgenossen Napoleons I. die Zugehörigkeit zu Schweden genommen hatte. Und dieses Recht verlangten auch die Letten, deren Land Rußland 1721 erwarb, sowie die Esten, die gleichfalls um diese Zeit die schwedische Herrschaft einbüßten und Untertanen des Zaren wurden; und erst recht die Litauer, deren Los es lange genug war, entweder die polnischen Herren oder den russischen Zaren am Hals zu haben.

Diese Nationen also erwarben nach Brest-Litowsk ihre Nationalstaaten, allerdings durch den Waffensieg der Deutschen. Also wird 1918, wenn Wilson in Paris bestimmen wird, wer wie und wo in den Genuß des Selbstbestimmungsrechtes gelangen wird, alles, was ihnen die Deutschen 1918 brachten, aufs neue überprüft werden. Die Bolschewiken wurden 1918/19 nach Paris eingeladen, um nach Beseitigung des Gewaltfriedens von Brest-Litowsk das Ausmaß einer Selbstbestimmung nach dem Modell Wilson 1918 zu erfahren. Aber – die Bolschewiken kamen nicht. Sie hatten damals im eigenen Land Stützpunkte der Entente – Briten, Franzosen, Japaner, zuletzt gar Amerikaner –, und mit diesen Kapitalisten wollten sie noch weniger zu tun haben als mit dem am 9. November 1918 niedergerungenen Deutschen Reich. Ein Reich, das Lenin sich Ende 1918 als Pilot seiner kommunistischen Weltherrschaft dachte.

Trotzki kam nach Brest-Litowsk, um dem monatelangen Palaver am grünen Tisch ein Ende zu bereiten. Das tat er auf eine originelle Weise. Als seine Version eines Friedens ohne Annexionen und Kontributionen nicht zog, erklärte er mit einem Satz, was sein sollte:

»Weder Krieg noch Frieden.«

Auf diesen Trick fielen ihm nicht einmal die Österreicher-Ungarn herein. Die Deutschen verstanden keinen Spaß, sie setzten den Vormarsch ihrer Truppen im Osten fort, kamen fast bis an den mittleren Don, und die Österreicher-Ungarn besetzten Odessa.

Lenin hatte diese Misere vor seiner Haustür, aber ihn kümmerten nicht die dort liegenden Trümmer des russischen Reiches, er wollte die Weltrevolution ankurbeln. Die Formel Trotzkis entsprach nicht dem kalten Realismus Lenins. Nach wilden Auseinandersetzungen innerhalb der linken Linken einigte man sich auf eine Formel, die sehr aggressiv zu sein schien, praktisch aber eine schmähliche Kapitulation war. Für Lenin war sie dennoch hoffnungsgeladen. Denn das Ende des Krieges mit den Mittelmächten gab Lenin erst die volle Gewalt, mit der Konterrevolution in Rußland fertig zu werden, den Klassenfeind im beginnenden größten Holocaust der Weltgeschichte auszurotten und den Weg zur Weltrevolution frei zu bekommen. Immerhin lautete die Formel Lenins, mit der er seinen Landsleuten in Brest-Litowsk ein kaudinisches Joch zumutete:

»Sollten die Deutschen den Sturz der *bolschewistischen Regierung* verlangen, müßten wir natürlich kämpfen.«

Lenin konnte das ohne Bedenken sagen. Denn die Deutschen haben ihm vor und nach dem Sieg in der Großen Sozialistischen Oktoberrevolution Millionen Goldmark zugewendet, hoffend, Lenin würde in Rußland ein Chaos erzeugen. Nach dem Zusammenbruch Rußlands war die deutsche Oberste Heeresleitung aber imstande, alle Kampfverbände für den Endsieg in Frankreich zu massieren.

So wie Lenin in Petrograd gedonnert hat, so redete in Wien bekanntlich schon vorher die linke Linke auf dem Parteitag der SDAP in Wien: *Der Kampf gegen den Klassenfeind sollte für die linke Linke den Vorrang gegenüber dem Krieg gegen einen äußeren Feind des Staates haben.* In Brest-Litowsk, wo gemäß Lenins Vorstellung Schluß gemacht wurde mit einem imperialistischen Krieg des ehemaligen Zarenregimes und der Großbürger, siegte Lenin im Hinblick auf diese Rangordnung. In Wien aber nannten Frauen und Männer in der linken Linken der SDAP diesen Frieden einen verdammenswerten Gewaltfrieden, gemacht von dem noch herrschenden monarchistischen Regime, seinen Lakaien und Bütteln. Nur wenige erfuhren in Wien, wie es am 15. März 1918 im Sowjetkongreß zugegangen ist, als Lenin seinen Frieden von Brest-Litowsk durchboxte. Im engsten Kreis nannte auch er diesen Frieden schamlos, doch Lenin dachte weiter. Er verglich den Frieden von 1918 mit dem schmachvollen Frieden, den Preußen 1807 mit Napoleon schließen mußte und mit dem das Preußen Friedrichs des Großen zerstückelt wurde. Und Lenin erinnerte daran, daß diese Niederlage Preußens zur späteren Erhebung Preußens und zum Sieg über Napoleon beigetragen hat.

An jener Linken, die Lenin bei all dem beharrlich Schwierigkeiten machte und in der die Gesinnungsfreunde Otto Bauers standen, nahm Lenin binnen Jahresfrist grausame Rache. Er löste ihre Parteien auf; dem beginnenden Holocaust in Rußland fielen viele Führer der oppositionellen Linken ebenso zum Opfer wie die Klassenfeinde, die rechts standen und so dachten. Radikalismus war für Lenin längst eine Kinderkrankheit des Sozialismus. Die Ausrottung des Klassenfeindes war natürlich nicht Teil der Krankheit.

In Washington fragte Wilson den zu Besuch gekommenen Masaryk, was man denn mit dem Regime Lenins anfangen sollte. Masaryk bat, man möge es nur ja anerkennen, sonst wäre Lenin imstande, mit den verfluchten Deutschen gemeinsame Sache zu machen. Im übrigen wären die Männer des Regimes Lenins gar nicht in der Lage, ihre Herrschaft auf Dauer aufrechtzuerhalten. Denn der Bolschewismus werde bald am Ende sein, und in Rußland werde sich nachher ein gemäßigtes Linksregime entwickeln. London und Paris zögerten, so resolut vorzugehen. So naiv wie die Amerikaner war man dort in Kenntnis der stets aus dem Osten quellenden Gefahren nicht. Vorläufig mochten die Deutschen die Bolschewiken fernab halten. Nach dem Sieg über die Deutschen wird man dort entlang der Grenze zur Sowjetunion einen *cordon sanitaire* schaffen und dessen Bewachung den Verbündeten in Warschau und in Bukarest anvertrauen. Letzteren wird man zum Preis für diese Bütteltätigkeit das ehedem russische Bessarabien ablassen ...

Während sich diese weltgeschichtlichen Ereignisse abspielten, war in beiden Staaten der Mittelmächte der Teufel los. Am 14. Jänner 1918 fing die Massenstreikbewegung in Österreich-Un-

garn an, vierzehn Tage später folgten die Massen im Deutschen Reich. Allein in Berlin traten 500000 Arbeiter in den Streik. Sie forderten nicht etwa angesichts der materiellen Not und des Hungers eine Verbesserung der Lage, sondern einen Frieden nach dem Zuschnitt, wie ihn die Bolschewiken in Brest-Litowsk haben wollten. Damit fiel man der eigenen Delegation, die mit den Bolschewiken das langwierige Geschäft der Friedensverhandlungen besorgte, in den Rücken, weil ein sofortiger Frieden ein Eingehen auf die Vorstellungen der Bolschewiken bedeutet hätte. Mit diesem verdeckten Sympathiebeweis an die Bolschewiken stand die Forderung nach Freilassung der politischen Gefangenen in Zusammenhang. Die linke Linke brauchte ihre Führer und Unterführer, um die Unruhe bis zum Umsturz zu schüren. Erst an dritter Stelle stand die Forderung nach einer besseren Nahrungsmittelversorgung. Und schließlich nach einem anderen Wahlrecht in Preußen, nach einem wie es die Österreicher bereits seit 1907 hatten.
Von Hamburg bis München, von Breslau bis Bochum breitete sich der Streik aus. Eine Million Arbeiter standen bald hinter den erwähnten Forderungen. Ein ad hoc geschaffener Aktionsausschuß brachte die einheitliche und durchschlagskräftige Führung in die Massenbewegung. Die Führer in der SPD, voran Friedrich Ebert und Philipp Scheidemann, traten dem Ausschuß bei, um zu verhindern, daß die Aktion so wie in Rußland unter die Kontrolle der linken Linken geriet. Beide Politiker werden bis über den Tod wegen ihrer Bemühungen, den Streik in Grenzen zu halten, mit dem Vorwurf des Sozialchauvinismus belastet bleiben. Nach 1918 wird man in Kreisen der radikalen Rechten beide als Novemberverbrecher und Landesverräter, wegen des angeblichen Verrats im Jänner 1918, diffamieren …
Schließlich schaltete sich die Oberste Heeresleitung ein. 5000 Männer, sozusagen die Unteroffiziere der Streikenden, wurden zum Militärdienst eingezogen. Es regnete Zuchthausstrafen – auf Regimezeit, wie man schon sagte –, aber es gab keine Todesurteile. In Österreich vermieden es die Führerpersönlichkeiten der SDAP sorgfältig, sich vor den Massen so bloßzustellen, wie es im

Deutschen Reich die Genossen Ebert und Scheidemann getan hatten.
Am 15. Jänner 1918 brach im niederösterreichischen Wiener Neustadt ein politischer Massenstreik aus. In Wien macht man ungern Revolution und dergleichen. Seit 1848 wird alle Unruhe von außerhalb des Zentrums vorgetragen. Meist von Menschen, die nicht das Klima des sogenannten Capua der Geister ruiniert und schlaffgemacht hat. Innerhalb zweier Tage breitete sich die Streikwelle nach einem sichtlich gut gearbeiteten Plan aus. Da und dort wurden nationale und soziale Motive bei der Geltendmachung von Streikforderungen gemischt. Der Wille, die Genossen in Brest-Litowsk vor der ungebührlichen Pression seitens der offiziellen Delegationen des Deutschen Reiches und Österreich-Ungarns zu schützen, stand immer obenan. Ein Siegfrieden der Mittelmächte hätte ja die Erwartungen, zumal jene der linken Linken, auf die lange Bank geschoben.
Obwohl die Monarchie keine Gebietsansprüche an die Bolschewiken stellte, sondern nur ihren Beitrag für ein wiedervereinigtes Polen leisten wollte, wurde den Streikenden eingeredet, es seien schon wieder die sogenannten Mehrer des Reiches am Werk. Das bezog sich auf einen umstrittenen Plan, das geeinte Polen sowie Ungarn in einem Trialismus unter der Führung Wiens zu vereinigen. Hiezu brauchte es keine Gegendemonstrationen der Arbeiter, denn diese Trias lehnte Berlin vorweg kategorisch ab.
Merkwürdig war, daß im Reich und in Österreich-Ungarn sich die Rangordnungen der Forderungen glichen: Zuerst besagter Frieden. Dann die Befreiung politischer Gefangener, erst an dritter Stelle die Linderung der Not an Nahrungsmitteln. Es war eben ein vorwiegend politischer Streik, der die üblichen sozialpolitischen Forderungen nur am Rand mit ins Programm nahm. Und: Diesmal hinkten die Genossen im Deutschen Reich denen in Österreich-Ungarn bei der Auslösung der Streikbewegung zeitlich nach. Mehr noch: Es ergab sich bald, daß der Linksdrall der SDAP in Österreich viel tiefergreifend und einschneidender geriet als jener der SPD. Als nach 1918 die Regierung Friedrich Eberts die Putschversuche der Kommunisten in Bayern, Sachsen, Berlin,

Hamburg, Bremen und schließlich im Ruhrgebiet mit Resten des aus dem Krieg heimgekehrten Heeres niederkämpfte, erntete der sozialdemokratische Ressortleiter Gustav Noske wenig Sympathie bei den österreichischen Genossen. Und doch waren es vor allem Ebert und Noske, die verhinderten, daß Mitteleuropa nach dem Zusammenbruch von 1918 kommunistisch wurde. Und so lautete das Forderungsprogramm derer in Berlin:

1. Die schleunige Herbeiführung des Friedens ohne Annexionen ... ein Selbstbestimmungsrecht der Völker, wie es die russischen Volksbeauftragten in Brest-Litowsk formuliert haben (!).
2. Die Zuziehung von Arbeitervertretungen zu den Verhandlungsdelegationen, wie es die Delegation aus Petrograd nach Brest-Litowsk gehalten hat.
3. Die Nahrungsmittelversorgung sollte verbessert werden (diese Forderung stand erst an dritter Stelle!).
4. Aufhebung des Belagerungszustandes, Vereinsfreiheit (zugunsten der linken Linken), freie Meinungsäußerung (die eben in Frankreich und Großbritannien eingeschränkt wurde).
5. Aufhebung der militärischen Aufsicht in den Rüstungsbetrieben.
6. Sofortige Freilassung aller wegen politischer Handlungen Inhaftierten und Verurteilten.
7. Durchgreifende Demokratisierung der gesamten Staatseinrichtungen, wobei das Vorbild am Verlauf der Ereignisse in Rußland genommen wurde.

SPD und USPD gingen hierin zusammen, aber die Minorität der USPD bestimmte schon den Gang der Ereignisse.

Lenin wartete im Jänner weniger auf gute Nachrichten aus Brest-Litowsk als auf solche aus Berlin, vielleicht auch aus Österreich-Ungarn. Was letzteren Staat anlangte, so dienten bereits viele ehedem Feldgraue in der Roten Garde Lenins. Im Juni 1918, als auch die letzte Großoffensive des deutschen Heeres in Frankreich versackt war, beurteilte Lenin die Lage folgendermaßen:

»... Der Zauber der russischen Revolution fand in der ersten grandiosen Aktion der deutschen Arbeiter während des Krieges seinen Ausdruck, als diese auf die Brester Verhandlungen wäh-

rend des Krieges mit einem kolossalen Streik in Berlin und in anderen Industriezentren reagierten.«
Dies zeigt, daß Lenin zweierlei übersah: Erstens, daß die erste dieser Aktionen nicht in Berlin, sondern in Wiener Neustadt stattfand. Und zweitens, daß den Anfang nicht nur die Deutschen machten, sondern Angehörige fast aller Nationalitäten im Vielvölkerstaat Österreich. Aber Österreich-Ungarn war nicht nur im zaristischen Rußland im Vergleich zum Deutschen Reich einfach eine Minderwertigkeit. Und doch waren es österreichisch-ungarische Kriegsgefangene, die im Jahr 1918 bei der Ermordung der Zarenfamilie eine gewisse Rolle spielten. Einer von ihnen schrieb an die Wand des Kellergewölbes, in dem der Mord stattfand, seltsamerweise den Vers eines Gedichtes von Heinrich Heine:
»Belsazar ward aber in selbiger Nacht / von seinen Knechten umgebracht.«
Das war die Legende von einem König, der den Gott der Juden verhöhnt hat und den seine eigenen Knechte töteten.
Die Genugtuung, die Lenin im Sommer 1918 über den Erfolg des ersten Anlaufs seiner Weltrevolution im Deutschen Reich und in Österreich-Ungarn spürte und, wie zitiert, zum Ausdruck gebracht hat, konnte ihn, den Kenner, nicht darüber hinwegtäuschen, daß geschah, was in jeder Revolution zu deren Fiasko werden kann: Streiks und Massendemonstrationen schaffen dem herrschenden Regime Ärger und Gefahren, aber zum Sieg der Revolution braucht es Gewehre. Und zwar mehr als jene, über die das zum Absterben verurteilte Regime verfügt. Also stattete er die zweite gegen die Mittelmächte mobilisierte Welle seines Angriffs aus. Und für sie hatte er ein reiches Reservoir an Kämpfern bei der Hand: die Kriegsgefangenen. Im Rußland des Ersten Weltkrieges genossen die Lager in Sibirien einen schaurigen Ruf. Und doch war das Los der Kriegsgefangenen dort damals nicht so schwer wie nach 1941, als der Kriegsgefangene von der sowjetischen Propaganda ausnahmslos als Mörder, als Landräuber, kurz gefaßt als Hitlerfaschist hingestellt wurde. Nach Ausbruch der Revolution von 1917 gerieten freilich auch damals die Lager zu wahren Stät-

ten von Höllenqualen. In der Zeit des Kriegskommunismus wogten die Kämpfe im Land hin und her, beide Parteien suchten sich Parteigänger unter den Lagerinsassen aus. Mancher tat bei den Bolschewiken mit, weil für ihn die Parole galt: Lieber rot als tot. Im Kampf zwischen Weiß und Rot ereigneten sich unfaßbare Grausamkeiten; allerdings nahmen die Exzesse im Partisanenkrieg, wie er seit 1939 in aller Welt tobt, im Vergleich dazu ein gigantisches Ausmaß an. Fast ein Drittel der Zahl der Opfer des Zweiten Weltkrieges macht die Zahl derer aus, die seit 1945 in Kriegen und Kämpfen fielen, in denen die Kampfart der Partisanen für gewisse Medien kein Bruch des Völkerrechtes ist, sondern Heroismus im Klassenkampf.

Es gelang den Bolschewiken bald nach ihrer Machtergreifung, 5000 Tschechen, die das Dasein im Lager satt hatten, für ihre in Gründung begriffene Rote Armee zu gewinnen. Selbst der Stolz Masaryks, die tschechische Legion, war nicht gefeit vor derlei Abwerbung. Zu letzteren Typen gehörte der berühmte Dichter Jaroslav Hašek, über dessen Abenteuer des braven Soldaten Schweijk während des (Ersten) Weltkrieges man sich bis heute in Deutschland krank lacht; man kennt dort ja diese Brüder in Österreich, unter denen es übrigens auch viele treue Verehrer des Dichters gibt. Hašek, aus gutbürgerlicher Familie stammend, rückte ein, geriet bald in russische Kriegsgefangenschaft und trat der tschechischen Legion bei. Nachher ging er zur Roten Armee über. Es entwickelte sich in ihm die geniale Art einer Persiflage des alten Österreichs, das er vor dem Krieg als Anarchist gehaßt, im Krieg als Kommunist verflucht und zuletzt im Suff als Nihilist so beschrieben hat, wie es seiner Seelenverfassung entsprach.

Aber Hašek war ein Dichter, kein Agent oder Propagandist oder Spitzel der Roten. Die Bolschewiken verstanden es, jene Kriegsgefangenen, die ihnen nicht ostwärts bis Wladiwostok und von dort in die Heimat entkamen, auszusieben und die für Lenin brauchbaren Typen zu gewinnen. Sie hatten schon deswegen Zulauf, weil die Zahl derer, die im Wirrwarr des Bürgerkrieges in den verrotteten Lagern umkamen, zuweilen die Zahl derer erreichte, die dort im Zweiten Weltkrieg gestorben sind. Wer sich

den Bolschewiken verschloß, lud das Risiko eines baldigen Todes im Lager auf sich. Die Unglücklichen krepierten, wie der Ausdruck lautete, mit dem gewisse Heimkehrer die auf ihre Angehörigen wartenden Frauen erschreckten.
Wer klug war, engagierte sich: Schon als Spitzel der Lagerleitung hatte ein Kriegsgefangener Vorteile, die ihm das Leben retten konnten, wenn er nicht an Cholera, Ruhr oder Typhus starb. Die Natur kennt keinen Unterschied im Charakter von Kriegsgefangenen, wenn sie ein Lebenslicht auslöscht. Einige Zehntausend entkamen der bolschewistischen Art der Lagerführung, indem sie rechtzeitig der tschechischen Legion beitraten, die 1917 ihren ersten Sieg gegen die Österreicher-Ungarn erringen konnte. An beiden Flanken, abgestützt durch finnische Schützendivisionen, griff sie während der Kerenski-Offensive dort an, wo die Front der Österreicher-Ungarn mit Verbänden gehalten wurde, deren Angehörige in der Mehrzahl Tschechen waren. Selbst diese Tschechen hielten zunächst aus, als die Kerenski-Offensive losbrach. Erst als sie im Grabenkampf merkten, daß sie gegen Landsleute kämpften, liefen sie in Scharen über. So entstand der Nimbus jenes Waffenerfolgs der Soldaten des Professor Masaryk, anhand dessen er 1918 in den USA sagen konnte, er habe drei siegreiche Armeen: eine in Rußland, eine in Frankreich und eine in Italien, eben die dortigen Legionäre. Und man nenne ihn den Herrscher über einen großen Teil Rußlands.
Letztere Behauptung hatte etwas für sich. Anfangs kämpfte die Legion im Verband der antibolschewistischen Verbände des Admirals Koltschak, der in Kreisen der Konterrevolution als Reichsverweser anerkannt war. Im März 1920 brach der Angriff der Konterrevolutionäre am unteren Don zusammen. Den Geschlagenen blieb nur ein Rückzugsweg offen, nämlich der entlang der Transsibirischen Eisenbahn; dies in der Hoffnung, am Ende dieser Strecke das Japanische Meer, den russischen Hafen Wladiwostok zu erreichen. Wladiwostok war von japanischen, zuletzt auch von amerikanischen Truppen besetzt. Gefangene, die einmal diese Fluchtburg erreichten, konnten die Heimkehr erwarten. Viele gingen dort einfach ins zivile Leben über und bewährten

sich inmitten der allgemeinen Unordnung als Handwerker und Geschäftsleute. Die Legionäre Masaryks hofften anfangs auch, diesen Hafen zu erreichen; sie marschierten im Verband der Koltschak-Truppen, bis sie sahen, daß bolschewistische Partisanen und die immer heftiger nachdrängende Rote Armee für die Koltschak-Leute das Verderben bringen mußten. Reaktionäre Typen in der Umgebung Koltschaks brachten es zuwege, eine in jeder Revolution wichtige Zwischenszene zu schaffen:
Viele Russen, die keine Bolschewiken waren, sahen ein, daß gewisse Reaktionäre und Wirrköpfe in der Umgebung Koltschaks noch übler waren als die Roten. Als die Haufen der Koltschak-Armee Irkutsk erreichten, war es so weit, daß bolschewistische Diversanten unter den Weißen und Spalter in den deroutierten Haufen des Admirals insgeheim zusammenarbeiteten. Diesem Bündnis gehörte auch schon das Kommando der tschechischen Legion an. Es bildete sich eine sogenannte Revolutionäre Volksarmee. Der an Ort tätige französische General Janin, den die Regierung in Paris anfänglich Koltschak als Helfer und Berater beigegeben hatte, erwählte in dieser Krise den besseren Teil:
Er lieferte Koltschak der Revolutionären Volksarmee aus. Dort besorgten die Bolschewiken den Rest. Der Admiral wurde erschossen. Janin aber und sein britischer Kollege Knox, die, solange es ging, die Konterrevolution für die Zwecke der Entente ausnützten, entkamen und mit ihnen auch die tschechische Legion. Letzterer blieb es jedenfalls erspart, im Krieg gegen die Deutschen kämpfen zu müssen. Für diese Tragödie hatten die Beobachter der Westmächte eine billige Entschuldigung: So wie man die Zarenfamilie im Stich ließ, ließ man Koltschak im Stich. Knox tat die Sache mit der Bemerkung ab: Koltschak habe sich als zu schwach erwiesen, als daß man zu seinen Gunsten eine Unterstützung der Westmächte hätte wagen können.
Stalin hat sich in diesem Geschehen hervorgetan, und die in seiner Ära erschienene Geschichte der Kommunistischen Partei steht in einem interessanten Gegensatz zu dem, was Trotzki schonungslos enthüllt. Aber wer kümmert sich je im Westen um die sogenannte Inside-Story des Kommunismus?

1918 kehrten seltsame Typen als Vorhuten des Bolschewismus aus russischer Gefangenschaft nach Österreich-Ungarn heim. Jene Angehörigen, die um ihre in Sibirien gestorbenen, oft nicht einmal begrabenen Familienmitglieder trauerten und auf Nachrichten warteten, erfuhren, daß sie sich eine ganz falsche Vorstellung vom Los der Gefangenen gemacht hatten, nachdem anstatt des Zaren die Bolschewiken die Betreuung der Lager übernommen hatten. Was solche seltsame Frühheimkehrer 1918 ihren Kameraden in den Kadern der k.u.k. Armeen und den Angehörigen, die noch auf die Heimkehr der Ihrigen warteten, erzählten, das klang etwa so:

»Natürlich war die Gefangenschaft zur Zeit des Zaren eine wahre Hölle. Aber sobald die Bolschewiken die Lagerverwaltung durch ihre Kommandanten in die Hand nahmen, änderte sich das. Lagerverwalter, die sich vorher an den für die Gefangenen bestimmten Lebensmitteln bereichert hatten, knüpften sie auf. Und so auch zaristische Offiziere, die oft wahre Bestien gewesen sind. Wir bekamen Ausgang. Viele konnten sich in den nahen Orten als Handwerker etwas dazuverdienen und die Menage aufbessern. Und viele haben als Bauern den Mann im Haus ersetzt, wenn er der Bäuerin abging. Einige haben geheiratet.«

So oder so ähnlich redeten gewisse Frühheimkehrer, und zwar in allen Sprachen der Monarchie. Aber es bedurfte erst gar nicht solcher von den Bolschewiken eingesetzter Agitatoren, um im Kriegshafen Cattaro eine Meuterei anzuzetteln. Die größte und wohl einzige, die es bisher in solchem Ausmaß in den Streitkräften des alten Österreich gegeben hat. Empörungen, Tumulte und grobe Disziplinlosigkeiten hat es bei den vom Generalismus Wallenstein geschaffenen Kaiserlichen oft genug gegeben. Friedrich der Große vereinnahmte ganze Regimenter von österreichischen Gefangenen und war enttäuscht, wenn sie auch ihm nachher davonliefen. Aber alle dichterische Kunst Friedrich von Schillers ist nicht imstande, jene Lücke zu füllen, deren wissenschaftliche Erhellung beweisen würde, daß Wallenstein tatsächlich daran war, seine Kaiserlichen verräterischerweise den in Mitteleuropa eingedrungenen Schweden auszuliefern.

Matrosenrevolten entzünden sich seit der legendären Meuterei auf dem russischen Panzerkreuzer »Potemkin« im Jahr 1905 so nach dem Image, das der berühmte sowjetische Filmregisseur Eisenstein in seinem 1925 herausgekommenen Film »Panzerkreuzer Potemkin« künstlerisch dargestellt hat: Die Mannschaft stößt sich daran, daß Offiziere schlemmen, während die Matrosen verdorbenes Fleisch essen müssen. Der Klassenkampf wird so zum zündenden Motiv jeder von der Linken organisierten Meuterei. Die Bilder aus packenden Filmszenen in den Werken Eisensteins wurden bei dem Mangel anderer Illustrationen aus der Zeit der Revolution in Rußland selbst seriösen Werken als Bilddokumente beigegeben. Das gilt insbesondere von dem 1927 herausgekommenen Film über die Oktoberrevolution der Bolschewiken. Noch Generationen später entzündet sich der Geist der Jugend am Idol des Helden in diesen Bildern einer selten übertroffenen Filmkunst.

Der Matrosenaufstand in Cattaro folgte mit fast automatischer Folgerichtigkeit den fehlgeschlagenen Streikmaßnahmen von Anfang 1918. Der Operationskalender der Meuterer verlief zu genau nach Schema, um bestreiten zu können, daß die Aktion geplant, organisiert und geführt wurde. Als nach der militärischen Niederschlagung der Aktion unter Mithilfe von k.u.k. Landstreitkräften (!) die Kriegsgerichte in Aktion traten, siegte die verhängnisvolle Gerichtspraxis: In Kriegszeiten muß ein Urteil ohne Zeitverlust verhängt und vollstreckt werden. Die Chance, hinter den unglücklichen Akteuren die wahren Drahtzieher im In- und im Ausland ausfindig zu machen, versäumte diese Justiz. Standgericht und Exekution boten so den Reichszerstörern im Wiener Abgeordnetenhaus wieder einmal Gelegenheit, große Worte zu machen. Daß Kaiser Karl I. auch in diesem Fall vom Begnadigungsrecht Gebrauch machen ließ, daß bis gegen Kriegsschluß über 300 Verfahren in Schwebe blieben und daher ebenso viele Schuldige jeder Strafverbüßung entkamen, ging unter in den Wirbeln des Herbstes 1918.

Immerhin haben während der Meuterei in Cattaro auf k.u.k. Kriegsschiffen rote Flaggen geweht. Sprüche, wie sie auch in

Rußland um diese Zeit zündend wirkten, machten die Runde. Die Macher der Meuterei bedienten sich eines Gemisches aus Phrasen der in Gang befindlichen sozialen wie auch der nationalen Revolution in Österreich-Ungarn.

Die Meuterei in Cattaro war für das k.u.k. Kriegsministerium in Wien, für das k.u. Honvedministerium in Budapest und für die k.k. Landwehr ein Grund mehr, der Gefahr aus dem Osten zuvorzukommen. Grob gesagt, arbeiteten die Militärs immer noch nach der Parole, die 1848 ihre Kollegen im aufständischen Berlin erfunden haben:

»Gegen Demokraten helfen nur Soldaten.«

Nur ging es 1917/18 in Österreich-Ungarn nicht um aufsässige Demokraten, sondern um militante Parteigänger einer radikalen Linken, also keineswegs nur um Anhänger des Bolschewismus. Immerhin war bei den folgenden Aufruhrszenen innerhalb der k.u.k. Armee das Hoch auf den Bolschewismus und der Glaube an sein Heil sehr deutlich und immer häufiger herauszuhören. Auf militärischer Seite wurde angesichts der Ereignisse im Rußland von 1917 die Einsicht bestimmend, daß einem Aufstandsversuch im Inneren mit den bisher dazu bereitgestandenen Ersatztruppen nicht beizukommen war. Dies um so mehr, als es sich in den größeren Städten ergab, daß die gewiegten Hinterlandtachinierer in den Kasernen, nicht zuletzt die Unteroffiziere in den Kanzleien, schon mit dem Sieg derer rechneten, gegen die sich ein eventueller Einsatz von Ersatztruppenteilen zu richten hatte. So kam es zu einem Rückgriff auf Truppen des Feldheeres, obwohl dieses im Jahr 1918 nur noch mit dem Nachersatz aus den Kaderverbänden komplettiert werden konnte.

Die bestehenden Dienstvorschriften aus der Zeit vor 1914 regelten den Einsatz des Militärs bei Unruhen. Vor 1914 wurde bei Exzessen so verfahren, daß die zuständige Verwaltungsbehörde Assistenz, also Infanterie und Kavallerie, zur Zerstreuung der Demonstranten anforderte. Als damals auf dem Habsburgplatz in Wien Bosniaken eine Salve über die Köpfe der Demonstranten hinweg feuerten, war das alarmierend. In Innsbruck gingen Kaiserjäger mit gefälltem Bajonett gegen italienische Studenten vor,

als sich diese bei ihrer Demonstration für eine italienische juridische Fakultät in der Tiroler Hauptstadt zu Ausschreitungen hinreißen ließen.
1918 standen die Militärs im Hinterland vor anderen Problemen. Sie mußten die Autorität der in Rüstungsbetrieben tätigen militärischen Aufsichtsorgane schützen. Bezeichnend für die Lage war, daß in einem derartigen Betrieb in Ungarn ein Funktionär mißhandelt und getötet wurde, wobei noch die Leiche aufs grausamste malträtiert wurde. Aber diese Front in der Rüstungsindustrie durfte nicht wackeln.
Und da waren die Eisenbahnen. In Rußland haben die Revolutionäre mit der von ihnen eroberten totalen Kontrolle über das Bahnpersonal jede militärische Aktion gegen ihre Aktionen in der Hauptstadt und spätere konterrevolutionäre Aktionen unterbinden können. Also galt es, den Bahnbetrieb völlig unter militärische Kontrolle zu nehmen.
Ein weiteres Problem war die Aufbringung von Erträgen der Landwirtschaft für die Truppe. In diesem Belang waren es zwei katholische Priester, welche die Bauern Sloweniens und Böhmens aufriefen, unter keinen Umständen mehr Produkte abzuliefern. Denn diese kämen nur jenen zugute, die auf die eigenen Landsleute, gemeint waren jene in den im Verband der Feindheere kämpfenden Legionen, schießen. Unter den Slowenen erwarb sich im sogenannten katholischen Österreich der Reichsratsabgeordnete Korosec – zunächst im weiteren Umfeld des Belvederekreises Franz Ferdinands, vor allem des Herausgebers der »Reichspost« Friedrich Funder – Berühmtheit. In Böhmen tat sich in der tschechischen Partei der Agrarier, also der Bauernpartei, der Reichsratsabgeordnete Isidor Zahradnik hervor.
Und das waren die Feindbilder, die den Aufrührern vorgehalten wurden: adelige Offiziere, Geistliche, die an den Fahneneid erinnerten, Juden, die vor allem im Sanitätswesen ein großes Kontingent stellten und denen man Dinge nachsagte, mit denen verglichen die Anschuldigungen der städtischen Antisemiten im Hinterland harmlos waren. Die als Gegenwaffe versuchte patriotische Betreuung der Truppe griff nicht mehr ...

Streiks, nachher wilde Demonstrationen und Plünderungen, wie sie Anfang 1918 in allen Teilen der Monarchie einsetzten, erreichten bei den Feiern des 1. Mai 1918 einen Höhepunkt. Nichts kennzeichnete die Verschränkungen der sozialen mit der nationalen Revolution besser als die Tatsache, daß sich in Prag die tschechischen Sozialdemokraten weigerten, den 1. Mai 1918, den Tag der Arbeit, gemeinsam mit ihren deutschen Genossen zu feiern. Das hätte an sich die Führer der SDAP in Wien auf eine künftige Entwicklung hinweisen können, ja müssen. Die Erwartungen Renners, es könnte nach dem Ende der Donaumonarchie in deren Gebiet nicht nur deutsche Österreicher, sondern auch solche der anderen Nationalitäten geben und es ließe sich ein wirtschaftlicher Zusammenschluß der Nachfolgestaaten in einem Wirtschaftsverband, in einer Donauföderation, wie es nach 1918 selbst Franzosen dachten, verwirklichen – all derlei erwies sich als Schimäre. Es kam nach der Zerschlagung der Habsburgermonarchie nie mehr eine Vertikale zustande, um die sich deren frühere Teile nach einem anderen Organisationsprinzip einigen konnten. Im Gegenteil: Zwischen den Nachfolgestaaten brachen bittere Streitigkeiten aus, die zuletzt Mitursache des Zweiten Weltkrieges wurden. Der »Staatssozialismus«, den die linke Linke Renner vorwarf, wäre eine letzte Chance zur Erhaltung des unersetzlichen Kommunikationsraumes der früheren Donaumonarchie gewesen – aber gerade das wollte die linke Linke in Österreich nicht. Sie wühlte mit in den Reihen der Heimkehrer aus der russischen Kriegsgefangenschaft, und in diesem Punkt waren sich die linksradikalen Kräfte aller sozialdemokratischen Parteien der Monarchie einig. Renner und Männern seines Schlages war es dann aufgegeben, nach Putschversuchen und blutigen Exzessen die Arbeiter und die Soldaten vom Experiment des Leninismus zurückzuhalten.

Das Heimkehrerproblem ging schon über die Möglichkeit des im letzten Jahr seines Bestandes befindlichen Reiches hinaus. Anfang 1918 befanden sich 54 146 Offiziere und 2 057 000 Mannschaftsangehörige in Kriegsgefangenschaft. Zum größten Teil in russischen Lagern. Für die Grabenbesatzung in der vordersten Front stan-

den, obwohl insgesamt etwa 8,5 Millionen Mann in Österreich-Ungarn während des Krieges einberufen wurden, nur noch 900000 Mann zur Verfügung. Nachersatz für die kämpfende Truppe konnten die Ausfälle und Abgänge nicht mehr wettmachen.
Was lag näher als der Gedanke, aus der Masse der Rußlandheimkehrer jenen Nachersatz herauszusieben, der in der Heimat nicht mehr aufgebracht werden konnte. Dabei war man sich klar darüber, daß die Revolution in Rußland auf die gefangenen Österreicher-Ungarn einen gewissen Eindruck gemacht hatte, um so mehr als aufkam, daß sich unter den Heimkehrern bereits Agenten des Bolschewismus befanden. So entstand ein kompliziertes System für die Wiedereingliederung der Heimkehrer in den Verband der k.u.k. Armee. Sie kamen nach ihrer Entlassung von den Russen zunächst in sogenannte Übernahmestationen; dort sollte die sanitäre Betreuung sowie eine, wie es hieß, disziplinäre Nachschulung der Soldaten stattfinden. Offiziere hatten sich sowieso einem Verfahren zu unterwerfen, das sich mit dem eventuellen Verdacht beschäftigte, sie hätten sich bei der Gefangennahme und im Lager nicht offiziersmäßig betragen. Nächste Station war die Transferierung zum Ersatztruppenteil jedes einzelnen. Dort sollte darüber befunden werden, wann und wie lange der Heimkehrer Urlaub bekommen sollte.
Diese Prozedur, der alle Mängel des Militärbürokratismus anhafteten, enttäuschte die Heimkehrer, die nicht eine Wiederauffrischung des militärischen Drills, sondern das Wiedersehen mit den Ihrigen erwartet hatten. Hunderte desertierten jetzt schon, gingen zum sogenannten Grünen Kader, also in den Untergrund. Daraufhin sammelte man in den Übernahmestationen Haufen ein und desselben Ergänzungstruppenkörpers, um sie dahin zu eskortieren. Der Umgang der Eskorte mit den Heimkehrern war nicht eben eine kameradschaftliche Begegnung. Denn die Heimkehrer nannten die Männer von der Eskorte Hinterlandtachinierer, die fernab der Front ihr Leben sicherten; die so Beschimpften sagten den Heimkehrern, diese hätten nicht gekämpft, sondern den kürzesten Weg in die Kriegsgefangenschaft gesucht – und was dergleichen Gerede mehr war.

Beim Kader angekommen, verfielen die Heimkehrer Typen, die die Fronttruppe verallgemeinernd als Hinterlandtachinierer oder Etappenschweine abtat. Offiziere, die nie an der Front waren, Fähnriche, die oft alles mögliche taten, um nie an die Front zu kommen; insgesamt Vorgesetzte, die nicht geeignet waren, den richtigen Ton und die notwendige Art zu finden, deren es im Umgang mit Heimkehrern bedurfte.
Die Militärgeistlichkeit im Hinterland hatte es, auch bei gutem Willen, schwer mit den Heimkehrern; Priester slawischer Volksgruppen wurden außerdem bei Versuchen betreten, ihre Landsleute gegen die Habsburgermonarchie aufzuhetzen. Gleiches sagte man den meist jüdischen Militärärzten nach. Anderen Ärzten dieser Herkunft wurde nachgesagt, sie seien keine Ärzte, sondern Mitschuldige eines Systems, das bestimmt sei, Menschen für die Front und das Sterben fertig zu machen. Und da waren die Sesselreiter in den Kanzleien, vor allem die Kompaniefeldwebel, wegen ihrer gelben Distinktion »Eierspeis« genannt. Sie waren für kriegsmüde Kommandanten unersetzlich, kamen daher nie an die Front; sie sparten ihr Leben auf, um im Umsturz zuverlässige Soldatenräte des neuen Regimes zu werden.
Alles in allem eine Situation, in der oft Heimkehrer zu verläßlichen Parteigängern des Umsturzes wurden; von wenigen Ausnahmen, die noch einmal an die Front gingen, abgesehen.
In Böhmen und Mähren befanden sich die Ergänzungsbezirke der ältesten Infanterie- und Kavallerieregimenter der k.u.k. Armee. Um diese Regimenter war noch etwas von dem jahrhundertealten Ruhm der Kaiserlichen, den einmal deren Schöpfer, Generalissimus Wallenstein, seinem kaiserlichen Herrn eingetragen hat. 1918 waren die Tschechen in der Mannschaft und im Offizierskorps, meistens Reserveoffiziere, eher Kader für einen Aufstand der nationalen und sozialen Bewegung im Untergrund dieser Kronländer. In Mährisch-Schönberg, in Reichenberg, Gitschin und Böhmisch-Leipa nahm die Unruhe drastischere Formen an. Dabei hat man in böhmische und mährische Garnisonsorte, so weit es ging, Regimenter mit deutscher und magyarischer Mann-

schaft und verläßlichem Offizierskorps verlegt. In Brünn lagen zum Beispiel Kaiserjäger. Ob tschechischer Nachersatz, den man zu Frontverbänden der Kaiserjäger instradierte, den Erwartungen entsprach, ist schwer festzustellen. Im Umsturz ging ja auch an der Tiroler Front alles zugrunde, und der Tiroler Landtag war der erste im neuen Österreich, der eine republikanische Verfassung des künftigen Staates Deutsch-Österreich verlangte.

Anfangs wurde man mit Ungehörigkeiten, wie man verniedlichend sagte, leichter fertig. In Galizien waren die Vorgänge nach Eingliederung der Heimkehrer schon gefährlicher. Seitdem in Brest-Litowsk die polnischen Gebietsansprüche um den Cholmer Kreis betrogen worden waren, schmissen nicht nur adelige Exzellenzherren ihrem Kaiser ihre Ämter hin; es entstand selbstverständlich unter den Mannschaften, geschürt von Reserveoffizieren, eine anti-österreichische Stimmung, die nichts Gutes erwarten ließ. Noch hielten an der Front die von dort kommenden Truppenteile, und ein mittelgalizisches Infanterieregiment kam bei der letzten Offensive im Juni 1918 bis knapp an das italienische Stellungssystem, bis nahe Treviso, heran. Aber in Krakau und in Sambor weigerten sich Teile der für die Front bestimmten Marschkompanien, den Befehlen zu gehorchen. Für Polen galten die Staatsgrenzen von 1914, die sich wie schmerzliche Wunden ins Fleisch dieser Nation bohrten, nicht mehr. Polen war die Parole, ob es 1914 österreichisch, russisch oder preußisch gewesen war, das machte längst keinen Unterschied mehr aus. Längst war vergessen, daß 1914 bei Kraśnik in Russisch-Polen die k.u.k. Armee einen der ersten Siege über die Russen hatte erringen können. 1918 wirbelte es dort. Wer wußte, was los war, sah nicht mehr den Kaiser in Wien als Monarchen und Obersten Kriegsherrn an; vielmehr vertraute er dem ehemaligen Kommandanten der polnischen Legion Pilsudski, einem alten Sozialdemokraten, den die Deutschen jetzt vorsichtshalber in Magdeburg in Haft hielten; von ihm erhofften die Polen, daß er nach seinem vollzogenen Frontwechsel ganz Polen ins Lager der siegreichen Ententemächte und der USA führen wird.

Die Erschlaffung der Heeresorganisation brachte es mit sich, daß die Kriegsgerichte, die nach 1914 eher gegen unbotmäßige Zivilisten als gegen Militärs urteilten, fortan oft nicht mehr wagten, Verfahren zu einem Ende zu bringen. Vielmehr überließen es die Herren, die schon mit der Fortsetzung ihrer Berufstätigkeit in einem Nachfolgestaat rechneten, dem bevorstehenden Umsturz, ihnen die »Erledigung« anhängiger heikler Fälle abzunehmen.

In Ungarn, wo seit Bestand der Doppelmonarchie jeder Aufruhr barbarische Exzesse gezeitigt hat, kamen dem entsprechend schon die ersten Vorboten des Rätesystems von 1919. Dort garnisonierte man Ersatztruppenteile mit slawischer Mannschaft. Die Gespane, also die Behördenvorstände in den Verwaltungsbezirken, wurden mit ihren Gendarmerieassistenzen der Lage nicht mehr Herr. Die magyarischen Arbeiter fraternisierten mit tschechischen Soldaten, als wäre man in Rußland, meldete ein Obergespan der Regierung in Budapest. In Ungarn machten auch Offiziere dort mit, wo sie glaubten, ihren nationalen Idealen irgendwie zu dienen, also dem Abfall von Wien und Österreich. Im Zwiespalt der Gesinnung litten die Juden zuweilen besonders: Während ein Fall bekannt ist, in dem ein jüdischer Militärarzt die Männer zum Aufruhr trieb, geschah es andernorts, daß ein jüdischer Subalternoffizier bis zuletzt die bestehende Autorität verteidigte. Wie überhaupt die Auswüchse der nationalen und der sozialen Revolution bei keiner Nationalität deckungsgleich waren. Nicht einmal bei den Deutsch-Österreichern, denen der Ruf anhing, sie seien die *staatstragende* Nation in der Donaumonarchie.

Gefährlich wurde die Lage, wenn Assistenztruppen, solche, die man vorsichtshalber von der Front ins Hinterland transferiert hatte, zerfielen. Das geschah auch einem Honvedverband. Wo Ungarn unter sich waren, verurteilten sie, ob Revolutionäre ob Reaktionäre, ihre Feinde mit gnadenloser Härte, wie seit alters.

Nun aber tauchten auch die Namen von Städten mit deutscher Bevölkerung als Unruheherde auf. So Judenburg, Murau und Radkersburg in der Steiermark. Nach dem Schema der Dislozierung waren dort Truppen mit slawischer Mannschaft in Garnison, in besagten Orten größtenteils Slowenen. Sie erwiesen sich als besonders engagiert zugunsten der Parolen, die in ihrer Heimat der Reichsratsabgeordnete Dr. Korosec, prominent im späteren Jugoslawien, ausgab. Korosec war katholischer Priester; er hat es geschafft, in der Endkrise seine Landsleute dazu zu bringen, sich Requisitionen für die Fronttruppe zu widersetzen; als das alte Reich einstürzte, bekam er vorher noch einen Paß (!), um im Ausland mit den südslawischen Exilpolitikern über die Bildung eines südslawischen Staates der Serben, Kroaten und Slowenen zu verhandeln.

In der Steiermark gingen die Aufrührer schon nach militärischen, längst gewohnten Kampfmethoden vor. Sie stürmten Waffenlager, um sich mit schweren Infanteriewaffen zu versehen; sie besetzten Post- und Telegrafenämter; sie unterbrachen den Bahnverkehr, wo sie in der Lage waren, sich des Bahnhofes zu bemächtigen. Und sie feuerten ohne Bedenken auf die anrückenden Assistenztruppen. Es gab Tote, solche, die im Kampf fielen, und andere, die mit einem letzten »Zivjo« im Feuer eines Exekutionskommandos zusammenbrachen. Offiziere der Assistenzverbände, Deutsche, als Frontsoldaten loyal im Dienst, erlitten einen Schock, wenn sie das Kommando geben mußten, nach dem Feldgraue auf Feldgraue schossen. In diese tragische Situation kamen nicht nur Offiziere deutscher Herkunft und entsprechender nationaler Gesinnung; noch immer auch dienten im k.u.k. Heer Offiziere, Kanzleiunteroffiziere und Chargen slawischer Herkunft, pflichtgetreu, wie es hieß. Wenn solche Männer bis zuletzt zu Österreich standen, dann übertrafen sie an Treue, aber auch an Härte, oft genug die aus Wien, wo die am meisten demoralisierten Marschkompanien zusammengestellt und an die Front abgegeben wurden.

So zogen auch in Österreich-Ungarn derlei Vorfälle einen blutigen Trennungsstrich, der quer durch die Nationalitäten und Klassen ging. Bei aller Dichtkunst Friedrich von Schillers hat nicht einmal Wallenstein seinen Kaiser verraten, nie ist es vor 1918 zu Vorgängen gekommen, wie sie im letzten Jahr seines Bestandes bis ins Mark des alten Staates gegangen sind. Mögen die Ausschreitungen, wie die Behörden sagten, und die blutigen Reaktionen, wie die Aufständischen sagten, noch so schmerzlich gewesen sein: Ein derartiges Ereignis in den Massen, das 1917 die französische Armee an den Rand des Abgrunds führte, hat es in der k.u.k. Armee bis zum Umsturz 1918 nicht gegeben. Nicht gegeben hat es in der Habsburgermonarchie in deren Endsituation einen Ministerpräsidenten, wie Georges Clemenceau in Frankreich einer war. Dieser haßte nicht nur die Deutschen, er haßte womöglich noch mehr die Franzosen, die ihm im Wege standen bei seinem diktatorischen Vorgehen zur Erringung des Endsieges – und der Rheingrenze, wie sie zu Napoleons Zeiten einmal bestanden hat. Wo die bewaffnete Macht in ihrer Mehrzahl zu den inneren Feinden eines Regimes übergeht, hat dieses den Kampf meistens verloren. So weit kam es 1918 bei den Kaiserlichen nicht. Die äußeren Feinde mußten vielmehr vier Jahre und noch länger an den Stäben des Gitters des sogenannten Völkerkerkers Österreich-Ungarn rütteln, bis dieser zerbrach. Dinge, wie sie 1917 der Armee des Zaren widerfuhren, hat es in Österreich-Ungarn nicht gegeben. Mochten Rußlandheimkehrer und Gesinnungsfreunde im Land noch so sehr in ihrer Propaganda auf die Bedeutung und die Qualität des Regimes der Bolschewiken in Rußland hinweisen. Noch einmal überstand die Monarchie die aus dem Osten kommende Gefahr. Den Fangschuß gab ihr der Feind im Westen, der Präsident der USA Woodrow Wilson höchstpersönlich.

Der rote Leutnant im Kriegsministerium

Julius Deutsch 1918

Otto Bauer und Julius Deutsch haben zusammen im Februar 1934 den Aufstand des Republikanischen Schutzbundes in Wien gegen die Bundesregierung Dollfuß geleitet. 1918 haben sie, jeder auf seine Weise, die Kampfentscheidung im Umsturz der Monarchie herbeigeführt.

Julius Deutsch war, so wie Otto Bauer, Jude. Aber die beiden Männer waren nicht nur in Wesensart und Temperament verschieden, sie unterschieden sich in dem, was Bauer vor 1914 als eine Typenverschiedenheit in der Sozialdemokratie von damals herausgestrichen hat: Hier die Söhne aus gutem Haus, die in die alte Arbeiterpartei die Kinderstube unter der Mama mitbrachten, wie man damals sagte, und ein geistiges Klima, wie es die Umgebung des Vaters mehr oder weniger ausstrahlte. Ganz anders aber die Männer, die das Schicksal des Arbeiters selbst erlebt haben: Miserabilität im Elternhaus, hoffnungslosen Daseinskampf und die Bewährung in der versinkenden Welt eines kultivierten Liberalismus.

Deutsch kam nicht von oben, wie Bauer, sondern aus einer jüdischen Diaspora im Westen des Königreichs Ungarn. Sein Vater war ein Schankwirt, der Proletariern etwas zu trinken und Kredit gab. Es war aber keine Existenz im Ghetto und schon gar nicht die im geschlossenen Kreis der dem Deutschtum verbundenen Juden in Prag oder Brünn. So ist Deutsch froh gewesen, daß er dieser Umgebung seiner Jugend entkommen durfte, als er die eher bescheidene Schulbildung im Ungarn seiner Zeit und die Bindung an das Elternhaus konfliktfrei losbekam. Und so jenen weiten Weg einschlug, den er zuletzt in einem geläuterten Rückblick auf seine

Vergangenheit beschrieben hat. In den USA hätte man Deutsch einfach als Selfmademan bezeichnet. Und in gewisser Hinsicht ist er aus eigener Kraft emporgekommen; im geistigen Klima Österreichs ist er aber ganz anders geraten als ein reicher Selfmademan in den USA. Der Anfang in der Reichshaupt- und Residenzstadt Wien war schwierig. Er wechselte mehrmals den Arbeitsplatz, bis er als Handelsvertreter einer kleinen Hutfabrik das bekam, was er wollte: das Leben in einem weiteren Horizont, genügend Geld, um die Welt zu erleben und um sich Zeit zu schaffen für eine unermüdliche Fortbildung. So machte er die Matura, studierte und wurde im Jahr 1908 an der Universität Wien zum Doktor promoviert, als die Juridische Fakultät mit einigen Leuchten in der Fachvertretung unter denen des deutschen Sprachraums ihren Rang hatte.

Aus einem solchen Erleben führte der gerade Weg in die alte Arbeiterpartei. Und wenn er auch zeitweise auf eine sehr unterschiedliche Weise im Klassenkampf seinen Sinn für Sozialdemokratie testen konnte, so blieb er bis zuletzt ein humaner Mensch. Die belliziose Art, in der Bauer den Gegner angriff, lag ihm nicht. Auch nicht, als er im Spanischen Bürgerkrieg 1936 bis 1939 als General auf der Seite der Roten kämpfte. Adler war in vieler Hinsicht sein Mentor, nicht nur im Politischen. Der spätere Bürgermeister von Wien Karl Seitz berief ihn ins Zentralsekretariat der SDAP. Dort wurde er zuerst mit statistischen Arbeiten beschäftigt. So konnte er seine schon reiche Lebenserfahrung mit den Erträgen reinen Sachwissens statistischer Wissenschaftlichkeit verfestigen. Er hat noch die Großen aus der Zeit der Einigung der deutschen Sozialdemokratie in Österreich erlebt; die Männer, die einmal die Bereitstellung der Massenpartei und ihrer Gewerkschaften besorgten und die 1918 ihre Republik schufen. Auch Leo Trotzki hat er gekannt. Und Trotzki hat ihm in seinen Lebenserinnerungen alle Sottisen an den Kopf geworfen, die ein zorniger, zum Bolschewiken gewordener russischer Sozialdemokrat einem österreichischen Sozialdemokraten schuldig zu sein glaubte.

So wie Bauer brachte er es zum Offizier in der k.u.k. Armee. Mit der gleichen Selbstverständlichkeit, mit der danach auch Adolf Schärf Offizier geworden ist. 1914 war es ja so, daß selbst Friedrich Adler einrückte und nicht einfach die Prominenz seines Vaters, sondern die körperliche Untauglichkeit für den Militärdienst seine Entlassung zur Folge hatte. Hierin äußerte sich weniger eine Loyalität gegenüber dem Obersten Kriegsherrn als vielmehr ein Teil der Zivilcourage aus Friedenszeiten, die den Mann im Krieg zum Soldaten machte. Und wer wollte auch so dastehen wie die verachteten Angehörigen einer klerikalen Verbindung des CV in Österreich, die ihre Offiziersfähigkeit oder die Charge verloren, wenn sie, zum Duell gefordert, die Genugtuung mit der Waffe verweigerten? Man duellierte sich nicht mehr wie einstens, aber die Duellverweigerung aus Prinzip zu deklarieren, das war eine andere Sache.

Den Krieg machte Deutsch als Artillerist an der Südwestfront und an der Ostfront mit. Er versäumte an keiner Front die Bewährung der höchstpersönlichen Courage; weder unter dem furchtbaren Bombardement in Fort Verle, wie es Luis Trenker beschrieben hat, noch in den opferreichen Massakern an der Ostfront.

Der Einstieg ins Kriegserlebnis vollzog sich freilich unter seltsamen Umständen. Für Deutsch war der 28. Juni 1914 ein Tag, an dem er sich nach harter Arbeit für die Partei auf einer Wanderung im Wienerwald erholte. Bei der Heimkehr erfuhr er auf dem Bahnhof, daß in Sarajevo der Thronfolger ermordet worden war. Mit dem Spürsinn eines Mannes, in dem der Sinn für das Militärische steckt, war für den Sozialdemokraten Deutsch die Frage der Stunde weniger die nach dem Verhalten seiner Partei und der k.u.k. Regierung. Es roch nach Krieg. Also beeilte er sich, das 1909 fertiggestellte monumentale Gebäude in Wien, Rechte Wienzeile 97, aufzusuchen, wo nicht nur die Redaktion des Zentralorgans der Partei, der »Arbeiter-Zeitung«, ihren Sitz hatte, sondern auch die Parteiführung. Heute steht das Gebäude unter Denkmalschutz. Anton Hanak hat die beiden Sandsteinfiguren geschaffen, die das oberste Gesims des Bauwerks zieren und wie Wachposten neben den beiden Fahnenstangen, von denen an Feiertagen der Partei die rote Fahne über das kaiserliche Wien wehte,

schützen. Der Chefredakteur der »Arbeiter-Zeitung«, der geniale, aber nie vor eigenen Exzessen sichere Friedrich Austerlitz, versuchte vergebens den neugierigen Frager abzuwimmeln. Denn Deutsch war bohrend mit seinen Fragen und wollte die Antwort auf die Frage, die ihn am 28. Juni 1914 beschäftigte:
»Gibt es Krieg?«
Am 28. Juni 1914 hat auch während der Beratungen am Ballhausplatz niemand an einen Krieg gedacht. Die dort anwesenden Herren beschlossen Maßnahmen, um Exzesse, die sich die Feinde der Serben in Sarajevo erlaubten, unter Kontrolle zu bekommen, und beschäftigten sich mit der Notwendigkeit, den neuen Thronfolger Erzherzog Karl Franz Joseph besser als bisher auf seinen Lebensberuf als Monarch vorzubereiten. Austerlitz dachte nicht sehr verschieden von den Herren, die sich an jenem Unglückstag am Ballhausplatz ihre Gedanken machten. Er antwortete Deutsch:
»Warum soll es Krieg geben? Glauben Sie, daß einer der Höfe Europas – und die Höfe regieren doch den Kontinent – an die Seite des Königsmörders (von Sarajevo) treten wird? Serbien wird sich sehr beeilen, die Mörder zu bestrafen, um nicht selbst bestraft zu werden. Und dann wird wieder Ruhe in Europa sein.«
Nichts von dem legendären Geist, der später anno 1914 den berühmt-berüchtigten, von patriotischem Pathos getragenen Leitartikel Austerlitz' bei Kriegsausbruch durchleuchtet hat.
Aber – diese Auskunft war voller Irrtümer. Um 1914 machten längst nicht mehr wie in der ersten Hälfte des vergangenen Jahrhunderts die Höfe große Politik, sondern Parteipolitiker und Staatsmänner, Interessengruppen des Wirtschaftslebens und des gesellschaftlichen Lebens. Bürokraten und Diplomaten. Auch dachte in Belgrad keine der ansonsten bis auf den Tod verfeindeten parteipolitischen Cliquen, den schwarzgelben Hunden zu verraten, welche ihrer Gesinnungsfreunde einige blutjunge Bosnier im Schießen ausgebildet und mit Waffen versehen nach Sarajevo vorgeschickt hatten, um dort dem österreichischen Thronfolger aufzulauern und ihn mit Bomben und Pistolen unschädlich zu machen. Unschädlich nicht deswegen, weil er die Serben be-

drückte – oder weil er, wie nachher die Legende lautete, an einem Trauertag der Serben nach Bosnien kam –, sondern einfach aus der Erwägung, daß der verfluchte Erzherzog imstande wäre, als Kaiser die niederträchtige schwarzgelbe Bestie am Leben zu erhalten. Ja, man erwartete seit jenem Tag in gewissen Staatskanzleien eine Züchtigung Serbiens – ausgenommen in der russischen Hauptstadt St. Petersburg. Selbst der anscheinend friedfertige britische Außenminister Grey mutete Serbien eine »Züchtigung« zu und war damit fast in einer Linie mit Austerlitz. Aber Rußland hat, so wie 1908/09 während der Annexionskrise und 1912/13 während der Balkankriege, auch 1914 nach Sarajevo seine schützende Hand über Serbien gehalten. Für Austerlitz war das sicherlich unvorstellbar. Und nie hätte Austerlitz an jenem Junitag erahnen können, daß vier Jahre später, 1918, die ganze Zarenfamilie von Bolschewiken ermordet werden sollte.
An der Ostfront erlebte Deutsch im Jahr 1917 ein Geschehen, das er am allerwenigsten erwartet hätte. Nach schweren Rückschlägen war es den Russen noch einmal gelungen, mit Unterstützung der Westmächte ihre Front in Weißrußland, Wolhynien und Ostgalizien zu stabilisieren. Da flatterten eines Tages vom Drahtverhau der russischen Gräben rote Fähnchen. Eine Abordnung kam von drüben und wollte mit ihren bisherigen Feinden an Ort und Stelle einen Waffenstillstand vereinbaren, um raschest den Kämpfen ein Ende zu machen und heimgehen zu können. Das nun erlaubten die Männer der Februarrevolution in Petrograd nicht. Sie jagten die Armee noch einmal in den Krieg, und die Liberalen schaufelten ihrer Revolution mit ihrer Bündnistreue gegenüber den Westmächten selbst das Grab. Die letzte, unter Brussilow in Ostgalizien unternommene Offensive, die sogenannte Kerenski-Offensive, war Rahmen einer ersten Tat der tschechischen Legion im Verband der russischen Armee. Deutsch kam wieder an eine andere Front. Artillerie war dort, wo etwas los war. So viele Geschütze hatten die Kaiserlichen nun nicht, daß sie sie nutzlos herumstehen lassen konnten auf den diversen Kriegsschauplätzen.
Wo immer jetzt deutsche Truppen an der Ostfront eintrafen,

rannten die Russen davon. Und viele in der Absicht, der liberalen Regierung in der Hauptstadt ein Ende zu bereiten.
Den Fortgang der im Februar 1917, nach dem im Westen üblichen Kalender im März 1917, begonnenen russischen Revolution erlebte Deutsch nicht im Osten. Die Nähe zu diesem Geschehen hätte ihm einiges gegeben. Vielmehr erreichte ihn an der Südfront gegen Italien die Einberufung ins k.u.k. Kriegsministerium in Wien. Die Einberufung kam ihm nicht ganz so unerwartet, wie er es in seinen Lebenserinnerungen beschrieben hat. Deutsch hat auch als ausgezeichneter Frontoffizier die Kontakte mit seiner Partei in Ordnung gehalten. Wie wäre es sonst möglich gewesen, daß der an der Spitze der Zentralstelle der Gewerkschaften in Wien stehende große Alte der sozialdemokratischen Gewerkschaften, Anton Hueber – übrigens auch einer von oben –, aus der gar nicht geringen Zahl sozialdemokratisch organisierter Reserveoffiziere der k.u.k. Armee ausgerechnet den Artillerieleutnant Deutsch zu einer Aufgabe berief, die delikat genug war?
Dem Ausbruch der Revolution in Rußland waren in Österreich-Ungarn sofort die ersten Streiks seit Kriegsbeginn gefolgt. Noch im März 1917 wurde in Donawitz gestreikt, im April streikten Eisenbahner und im Mai 42 000 Fabrikarbeiter in Wien. Ehe die sich ausbreitende Welle zum vollen Bruch des 1914 entstandenen »Burgfriedens« im Klassenkampf geriet, gelang es der k.k. Regierung, die Unruhe zu besänftigen. In der zweiten Hälfte des Jahres 1917 erlebten aufmerksame Beobachter in der k.k. Regierung, wie sich in Petrograd die Bolschewiken, an sich eine Minorität unter der Arbeiterschaft, mit Hilfe der von ihnen angezettelten Meutereien im Heer das Militär geschickt vom Hals hielten, um mit wenigen Bewaffneten auszuführen, was als die »Große Sozialistische Oktoberrevolution« in die Geschichte eingegangen ist. Lenins Hoffnung auf die revolutionäre Gesinnung der Deutschen bei seinem Kampf um die Weltrevolution schien sich im Jänner 1918 zu erfüllen. Die Deutschen kamen an die Front der Revolution in Europa. Zuerst allerdings im österreichischen Wiener Neustadt. Erst 14 Tage nachher klappte die Streikorganisation auch im Deutschen Reich. Ausgehend von dem Protest gegen die

unzulängliche Lebensmittelversorgung artete der Streik, an dem allein in Österreich-Ungarn fast eine Million Menschen beteiligt waren, zu einer eher politischen Massendemonstration aus. Auch das war gut vorbereitet.

Wie schon gesagt, trafen sich wenige Tage nach dem Sieg der Bolschewiken in Petrograd 50000 Parteigänger der SDAP auf dem Platz des Wiener Eislaufvereines, um eine Pression auf die österreichisch-ungarische Delegation bei den Friedensverhandlungen mit Rußland in Brest-Litowsk auszuüben.

Die k.k. Regierung konnte im Frühjahr 1917 und im Jänner 1918 Verhandlungen mit den Gewerkschaften zur Beendigung des Streiks herbeiführen, die dank der Einstellung der Parteispitze der SDAP von Erfolg gekrönt waren. Immerhin war aber mit den Streiks sowie mit der anschließenden Matrosenmeuterei im Kriegshafen Cattaro, die der spätere Innenminister der Zweiten Republik Oskar Helmer mitmachte, eine neue Lage entstanden. Fürs erste hielten es die k.k. Regierung und die Gewerkschaften sowie deren Partei mit einem Appeasement. Es war aber auch eine Probe für den Umsturz. Um diese Zeit saß Leutnant Julius Deutsch als zum Dienst im k.u.k. Kriegsministerium Einberufener am Verhandlungstisch auf der Seite der Regierungsvertreter, genau gegenüber seinen Genossen. Das war seine Damaskusstunde.

Im k.u.k. Kriegsministerium war nach der Einberufung des Leutnants Deutsch so etwas wie eine Sozialpartnerschaft in Miniformat entstanden. Deutsch wurde von den Arbeitnehmern, also von den Sozialdemokraten, in die Zentrale der Gewerkschaften entsandt; die Arbeitgeber vertrauten ihre Interessen dem Major Weiß von Wellenstein an. In dieser Partnerschaft waren der Leutnant und der Stabsoffizier gleichrangig. Die k.k. Regierung wollte sich des seltsamen Duumvirats bedienen, wenn die *Arbeiterfrage,* wie man arg vereinfachend sagte, im Krieg virulent werden sollte.

Die beiden Offiziere hatten Ordnung in ihrer Gesprächssituation und zeigten gewisse Einigungen im Sachlichen bei der Verfassung von Gutachten für die k.k. Regierung. Bloß – die Regierung ließ

diese Papiere offenbar liegen und regierte abseits der von den beiden mühsam gezogenen Linie.
Deutsch war sich nach der Konfrontation mit seinen Genossen anläßlich der Streikverhandlungen im Jänner 1918 darüber im klaren, daß er vor einer Alternative stand, bei deren Beantwortung er entweder seinen Offizierseid brechen oder die Solidarität innerhalb seiner Klasse und Partei hätte verleugnen müssen. Dazu kam, daß für die nächste derartige Konfrontation beide Teile, Regierung und Gewerkschaften sowie die SDAP, schon zum Endkampf um den Staat rüsteten. Hiebei spielte das oben erwähnte Kombinat Bauer—Deutsch eine Rolle. Bauer erzwang in der Arbeiterbewegung jenen Ruck nach links, der dem Staatssozialismus eines Karl Renner und dem verhaßten Sozialchauvinismus von 1914 ein Ende machte. Deutsch wollte dahin wirken, daß, so wie in Rußland, in der Endentscheidung das alte Regime keine Gewehre mehr für sich an der Innenfront hat. Die Gefahr dafür bestand:
Nach den Erfahrungen in den Streikmonaten 1917/18 waren die Regierungen in Wien und in Budapest einig in der Beurteilung der Lage, wonach künftig bei der Bekämpfung von Unruhen im Inneren auf Mannschaftsteile, gewisse Typen von Berufsunteroffizieren und zahlreiche Linksintellektuelle in den Reihen der Reserveoffiziere nicht mehr unbedingt weiterhin Verlaß war. Der k.k. Minister für Landesverteidigung in Wien und der k.u. Honvedminister in Budapest richteten daher an das Armeeoberkommando in Baden bei Wien das Begehren, für die Bereitstellung sogenannter »Assistenzbataillone« Truppen aus der Front zu ziehen, um sie für die Aufrechterhaltung von Ruhe und Ordnung im Hinterland bei der Hand zu haben.
Das bedeutete, daß dieser Endkampf um die Macht mit der Demoralisierung der regulären Truppen, die gegen sie bereitgestellt wurden, begann. Und so entstanden schließlich die Kader einer von Deutsch geleiteten sogenannten »geheimen Militärorganisation«. Sehr bald wurde Deutsch gewahr, daß es sich bei dieser Verschwörung um mehr handelte: Die alte Armee sollte nach Kriegsende liquidiert werden und an ihrer Stelle ein den Idealen

der Republik ergebenes Heer, die spätere Volkswehr, entstehen. Ein Machtinstrument der Republik von 1918.
Das war das Geschoß, das der Artillerieoffizier Deutsch geladen hat. Es war ein Vorhaben, das ganz im Sinne der Revolutionstheorie Trotzkis war, in der dieser sagt:
»Wie es dem Schmied nicht gegeben ist, mit bloßen Händen glühendes Eisen anzufassen, so kann das Proletariat nicht mit bloßen Händen die Macht ergreifen: es braucht eine für diese Aufgabe geeignete Organisation. In der Verknüpfung von Massenaufstand und Verschwörung (!) ... besteht jenes komplizierte und verantwortungsvolle Gebiet der revolutionären Politik ...«
Hierin kann kaum jemand Trotzki widersprechen, denn es gab in diesem Jahrhundert keinen Profi in der Revolutionsgeschichte, der sich besser als Macher einer Revolution bewährte. Bis ihn Stalin ins Exil entließ, um ihn dort ermorden zu lassen.
Deutsch übernahm unter Lebensgefahr, wie man wohl sagen darf, die Leitung der geheimen Militärorganisation. Er führte die Verschwörer aus der anfänglichen Defensive im Bürgerkrieg zur Offensive gegen den alten Staat, die Monarchie. Er erlebte, wie im Frühjahr 1918 die Assistenzbataillone Meutereien im Hinterland blutig niederschlugen. Danach hatte er die Überzeugung, daß die Agitation der Bolschewiken unter den Heimkehrern aus russischer Kriegsgefangenschaft mit ihren rein militärisch gedachten Aufruhrhandlungen die bestehende Ruhe und Ordnung wohl stören, nicht aber zerstören würde. Was notwendig war wurde Deutsch klar: Die Assistenzverbände mußten die Speerspitze seiner geheimen Militärverschwörung werden. Die soziale wie die nationale Revolution mußte in der Endkrise ihre Hand so weit im Spiele haben, daß den Kommanden des alten Regimes nichts anderes übrigblieb, als im Sinne ihres Kaisers ein Blutbad zu vermeiden, zu kapitulieren und ihre noch intakten Verbände den Siegern in der nationalen und sozialen Revolution zur weiteren Verwendung zu überlassen. Man kann Deutsch den Erfolg in diesem Bestreben nicht abstreiten.
Was aber tat Bauer in dieser Zeit, um die SDAP in Wien von ihrem bisherigen Kurs, vor allem vom Staatssozialismus, wie ihn Karl

Renner verfocht, abzubringen? So wie Deutsch verfügte auch Bauer anfangs nur über eine schwache Minorität, die bedingungslos für seinen Linkskurs war. Aber für ihn zog das Gesetz jeder Revolution, wonach nicht einfach die Masse die Entscheidung auf Barrikaden und in blutigen Straßenkämpfen herbeiführt, sondern jene Minorität von Intellektuellen, die von der absoluten Richtigkeit ihrer Idee und ihres Vorhabens überzeugt *und* willens sind, sich für die revolutionäre Verwirklichung unter allen Umständen bis zum Sieg einzusetzen.

In der SDAP fing der Kampf um die Kursänderung im hellen Tageslicht der Öffentlichkeit des kaiserlichen Wien an. Zuerst hämmerte man den Massen ein, daß sie für den Frieden kämpfen müßten, allerdings nicht für jenen, den die k.u.k. Militärs und Diplomaten den russischen Genossen in Brest-Litowsk aufzwingen wollten. In den Medien bekämpften die Könner in den »literarischen Büros« der Regierung – in beiden Fällen handelte es sich um jüdische Intellektuelle der ersten Garnitur – die Version der Linken, um dem Volk beizubringen, daß Österreich-Ungarn im Osten einen sogenannten *Brotfrieden* brauchte, um aus der Ukraine das Brotgetreide für die Hungernden in Österreich beschaffen zu können.

Sofort konterte die linke Linke in der SDAP: Ja, wir brauchen mehr Brot, aber nicht auf Kosten unserer hungernden Genossen in Rußland, auf denen das harte Los der ersten Zeit nach dem Zarismus liegt. Dann aber wurden die Umrisse der großen territorialen Änderungen bekannt, die Trotzki, im Widerspruch zu Lenin, einfach damit beantwortete, daß er Brest-Litowsk mit der Lösungsformel verließ:

»Weder Krieg noch Frieden.«

Trotzki hoffte, daß so im Osten ein Chaos entstehen würde, aus dem die Ordnung der Bolschewiken als Sieger hervorgeht. Aber es entstand kein Chaos. Denn kaum war Trotzki gegangen, da gingen die Deutschen im Osten zum Angriff über, und das völlig demoralisierte russische Heer lief scharenweise davon, um rechtzeitig im Dorf bei der Bodenbeschlagnahme durch die Bauern oder beim Endkampf um die Macht in Petrograd zu sein.

Die linke Linke in der SDAP (es gab eine solche Linke auch außerhalb der Partei in gewissen Kreisen) inszenierte einen zornigen Aufschrei. Sie schalt die Mittelmächte, daß diese den Genossen im Osten nicht nur einen *Gewaltfrieden* aufzwingen wollten, sondern einen wahren *Raubfrieden*. Raub stand in diesem Fall nicht für Brotgetreide aus der Ukraine, sondern für Gebietsverluste, die buchstabengetreu dem vom US-Präsidenten Wilson proklamierten Recht der Selbstbestimmung der Völker entsprachen. Das hieß: Verlust von ganz Russisch-Polen sowie großer Teile von Weißrußland an den künftigen polnischen Freistaat. Dabei verschwieg man, daß die sogenannte austro-polnische Lösung die Überlassung von Galizien an dieses wiedervereinigte Polen in sich schloß, von den einst von Preußen erworbenen Gebieten des früheren Königreiches Polen gar nicht zu reden. Das mußte die linke Linke allerdings verschweigen, denn es hätte der Öffentlichkeit klarwerden können, daß nach der Friedenspolitik des Ballhausplatzes Österreich-Ungarn selbst nicht einen Quadratkilometer Bodengewinn heimbringen wollte. Nicht nur Polen war in puncto Selbständigkeit im Gespräch. Selbständig werden sollten auch die baltischen Länder der Esten, der Letten und der Litauer sowie Finnland. Und, was schon beschlossene Sache war, das riesige Gebiet der Ukraine.

Noch gab es Träumer in Wien und in Berlin, die vermeinten, es wäre in der Welt von 1918 tatsächlich noch Platz für eine große Politik der Höfe. In diesem Sinne dachte Wien an ein geeintes Polen etwa im erweiterten Verband der Donaumonarchie, also eine künftige Trias, unter Einbeziehung Polens im Norden, nicht aber der südslawischen Regionen. Und kleine Höfchen in den baltischen Staaten, einen Hof in Finnland. Das war zu schön, um wahr zu sein. Auch ohne diese Höfe war die 1918 angebahnte, nach 1918 von der Entente realisierte Ordnung im Osten gut für eine Serie von Kriegen unter den Nachfolgestaaten des alten Rußland. Kühne Denker sagten bald: für einen weiteren Weltkrieg.

Brest-Litowsk erbrachte wenig für Österreich-Ungarn. In militärischer Hinsicht keine Dutzende freiwerdender Divisionen für die Südwestfront (die Deutschen holten sich gleich 41 Divisionen für ihre große Schlacht in Frankreich), sondern kaum genug, um

an der Front den Abgang der Assistenzbataillone zu ersetzen. Dafür aber massenhaft bolschewistische Agitatoren, von denen einer, Béla Kun, in Ungarn 1919 eine Räterepublik riskieren konnte. Jedenfalls nur wenige Nahrungsmittel, denn wo solche zu holen waren, drängten die deutschen Requisitionskommanden jene des Verbündeten rücksichtslos zur Seite.
Die austro-polnische Lösung bezeichnete Generalfeldmarschall von Hindenburg glatt als einen jener gewissen Affronts der Habsburger gegen die Hohenzollern. In Rumänien hat Berlin eine Wien genehme Änderung der Dynastie verhindert. Das gelang, und eine austro-polnische Lösung würde, so Hindenburg, der Monarchie eine Mächtigkeit verleihen, die mit den deutschen Interessen unvereinbar wäre. Vorderhand hielt die Oberste Heeresleitung Pilsudski, den Schöpfer jener polnischen Legion, die 1914 im Verband der k.u.k. Armee entstanden war, in Magdeburg in Haft. Aus gutem Grund. Als in Brest-Litowsk eine Grenzberichtigung zugunsten des neuen Staates der Ukrainer und zum Nachteil Polens vereinbart wurde, schmissen einige polnische Exzellenzherren ihrem Kaiser in Wien ihre Funktionen hin; die von den Mittelmächten in Warschau geschaffene Ersatzregierung zerbrach, und große Teile der Legion gingen zu den Bolschewiken über. Alle einschlägigen Befürchtungen der Linken in Wien erwiesen sich in diesem Fall als illusorisch. Ihr fiel trotzdem ein gewaltiger Sieg in den Schoß: Die Monarchie hatte im Osten als Ordnungsmacht ausgespielt, wenngleich ihre Truppen daran waren, über Odessa hinaus nach Osten zu marschieren.
Die zu Zeiten über die Maßen gelobte k.k. Staatspolizei sowie deren Kollegen in Budapest übersahen glatt, was sich unter Julius Deutsch im Kriegsministerium und in vielen Garnisonen tat. Nach dem Tod von Julius Deutsch sagten manche Historiker, dieser hätte in seinen Erinnerungen geflunkert, als er die Bedeutung seiner geheimen Militärorganisation beschrieb. Zumal Bauer letzte Auskünfte hierüber schuldig blieb. Aber das Geschehen in den Umsturztagen des Jahres 1918 zeigt, daß Deutsch und seine Mannen zur rechten Zeit, am rechten Ort und in der rechten Manier präsent waren und siegten.

Die Schlagworte wie Raubfrieden und dergleichen begleiteten die Kritik an der Außenpolitik des Ballhausplatzes bis über die Auflösung dieser Zentralbehörde hinaus, bis weit in die Zeit der Republik. Hat nicht Austerlitz schon 1914 gesagt, daß in Europa die *Höfe* die große Politik machen? Und hat man nicht 1918 auf Kosten der Genossen in Rußland Höfe und Höfchen im Osten installieren wollen? Die Katze konnte eben das Mausen nicht lassen, wie man sagt.
Wie aber ging Bauer während alledem seinen Weg, der vom Parteitag 1917 geradewegs in den Umsturz 1918 führte? Er kam im Spätsommer mit dem Idealbild eines linken Sozialdemokraten aus der russischen Revolution heim. Verkörperung dessen war ein alter russischer Sozialdemokrat namens Martow. Martow, Enkel des berühmten hebräischen und jiddischen Publizisten Alexander Zederbaum, war ein Linksintellektueller von so bedeutendem Format, daß sich Lenin und Trotzki seiner nach ihrem Sieg entledigten. Auf dem historisch gewordenen II. Parteitag der russischen Sozialdemokratischen Arbeiterpartei im Exil im Jahr 1903 führte er eine momentane Minderheit an, die dann als die Menschewiken in die Revolutionsgeschichte einging. Das war, als Lenin eine im Augenblick gegebene Situation geschickt ausnützte und seinen Anhängern in der Gesamtpartei den auf die Dauer unverdienten Ruf verschaffte, sie stellten die Mehrheit, also die Bolschewiken dar. Das mochte für den gewissen Moment im Exil im Jahr 1903 stimmen. In Rußland konnten die Bolschewiken nicht einmal nach der Machtergreifung Lenins bei der Wahl der Konstituierenden Nationalversammlung vom Jänner 1918 eine Mehrheit erringen. Da haben sie denn sukzessive die tatsächliche Mehrheit auf den Misthaufen der Weltgeschichte geschafft, wie Trotzki den Verlierern höhnisch nachrief. Sie zuerst mundtot, nachher in vielen Fällen mausetot gemacht. Martow war einer jener Linksintellektuellen in der alten russischen Arbeiterpartei, die nie ganz in den Raster der Linken paßten, der sich aus der Trias Rechts–Links–Mitte ergibt.
Wäre Martow ein Pragmatiker gewesen, dann hätte er nach dem Sieg Lenins niemals ernstlich an die Bildung einer Regierung unter

Beteiligung *aller* sozialistisch orientierten Parteien Rußlands gedacht – und das noch dazu dem Duumvirat Lenin–Trotzki vorgeschlagen. Indem er es tat, war er für die beiden Macher der Diktatur im bolschewistischen Rußland aus einem Holz, das nicht für den Bau des bolschewistischen Machtgefüges taugte.
Bauer hat letztere Station auf dem Lebensweg Martows nicht mehr in Rußland erlebt. Aus der Ferne registrierte er, daß Martow unbeirrt im Rußland Lenins und Trotzkis seinen Weg weiterging. Und bald da, bald dort aneckte. Als die Menschewiken und die Sozialrevolutionäre der Gewalt wichen und den Kongreß der Räte verließen, ging er nicht mit. Er blieb unter den Bolschewiken und deren Mitläufern. Das bewahrte ihn nicht vor dem bald erhobenen Vorwurf, er sei ein erklärter *Feind der Sowjetmacht.* Man ließ ihn nach Deutschland emigrieren, beobachtete seine dortige Tätigkeit in einem Zeitungsorgan der emigrierten Menschewiken und war froh, daß er schon 1923 in Baden-Baden starb. Trotzki erging es bekanntlich viel schlechter in seinem freigewählten Exil – unter Stalin.
In der SDAP entstand über Bauers politische Mitbringsel aus Rußland bald ein Streit, der vor allem zwischen Bauer und Renner ausgetragen wurde. Sichtlich blieb es nicht bei der anfänglichen vorbehaltlosen Anerkennung, die Bauer der Persönlichkeit Martows erwies. Die für den Raster russischer Verhältnisse zusagende Unterscheidung in Bolschewiken und Menschewiken war an sich keine Exportware im Politischen. Im Laufe der Debatte entschlüpfte Bauer die Behauptung, Renner sei von Natur aus ein Reformer und kein Revolutionär. Der Vorwurf saß, denn er kam der Wahrheit nahe. Renner wäre es freilich lieber gewesen, wenn man ihm in den wirren Zeitläuften, in denen der Radikalismus hochschoß, nicht vor der Öffentlichkeit die Fähigkeit eines revolutionären Tuns abgesprochen hätte. Und überhaupt war Renner der Meinung, es kämen auf die Partei wichtigere Aufgaben zu als ein Meinungsaustausch zweier Intellektueller im Monatsblatt der Partei. Ob das stimmte? Bauer gab jedenfalls keine Ruhe und nannte Renner 1918 einen Sozialisten, der bei der Sachlage in der russischen Revolution als Bolschewik (!) einzustufen wäre.

Renner ließ das 1918 hingehen. Als aber in den dreißiger Jahren Dollfuß während einer Szene im Nationalrat Bauer einen Bolschewiken nannte, geriet dieser in Rage. 1918 hätte er kaltblütig gesagt: Na und?

Im Gewirr der Grabenkämpfe, die während des Krieges die Reihen der Sozialdemokratie in Europa erschütterten, kamen viele, die nicht Tatzeugen des Dramas im Kampf der Bolschewiken gegen Menschewiken waren, mit den beiden Bezeichnungen nicht zurecht. Viele irrten, wenn sie Morde und brutalen Terror hinter der Bezeichnung »bolschewistische Methoden« vermuteten, waren derlei Gewaltakte doch nur *eine* Spezies jenes Systems, in dem sich eine effektive Minderheit gegenüber einer Mehrheit als jene Mehrheit ausgibt, die das Volk so eigentlich repräsentiert. Ob Bolschewiken oder Menschewiken, die Diskussion zog sich, und 1926, auf dem Parteitag in Linz, vertrat Bauer ein Programm, wonach das Proletariat sich rücksichtslos der Diktatur bedienen dürfte, wenn der Kapitalismus mit Hilfe seiner internationalen Verbindungen es wagen sollte, sich im Klassenkampf zu widersetzen.

Renner faßte seine Repliken auf Bauers Vorwürfe in einem Artikel zusammen, der in der Monatsschrift der Partei unter dem Titel »Marx oder Mazzini?« erschien. Die Frage war an sich bereits sehr aussagekräftig, denn sie stellte dem marxistischen Klassenkampf samt den Diktaturandrohungen die Ansicht Mazzinis gegenüber, der nach der erfolgten Einigung Italiens den Klassenkampf scharf ablehnte. Einmal auf dem Boden der Revolution von 1848 angelangt, replizierte Bauer mit der Alternative: »Marx oder Radetzky?« Wobei Bauer mit einem advokatorischen Kniff die 1918 längst nicht vorhandene Gefahr aufzeigte, daß etwa, so wie 1848/49, die Kaiserlichen mit Waffengewalt über die Revolutionäre siegen könnten. Daß *alle* Revolutionen nur mit Hilfe eines Frontwechsels des regulären Militärs enden, das war ein Thema, auf das Bauer nicht einging. Wie sehr er dabei Diskretion angesichts der geheimen Militärorganisation übte, die sich im Umkreis von Julius Deutsch ausbreitete, steht zur Diskussion.

Es war gut, daß weltgeschichtliche Ereignisse von umstürzender

Bedeutung die Polemiken innerhalb der SDAP erdrückten, sonst wäre womöglich, so wie im Deutschen Reich, am Vorabend des Sieges auch in Österreich eine Spaltung der alten Arbeiterpartei entstanden. Man möchte gerne annehmen, daß allein die Präsenz des sterbenskranken Victor Adler ein Monitor war, der die intellektuellen Streithähne noch zügelte.

Der Sturz des bis zuletzt bündnistreuen Zaren und die schändliche Politik, mit der Lenin in Brest-Litowsk die momentanen Protektoren der »landräuberischen« Nachfolgestaaten des alten Rußland gewähren ließ, brachte die Entente im Frühling ihres Siegesjahres 1918 noch einmal an den Rand des Verderbens. Einem bündnistreuen Österreich-Ungarn eröffnete das Ende im Osten ein Überleben, allerdings eines unter der Tutel derer, die den Siegfrieden für die Deutschen wollten. Nach der Transferierung der im Osten entbehrlichen 41 Kampfdivisionen an die Westfront verfügte dort die Oberste Heeresleitung zum ersten Mal über eine numerische Überlegenheit in der Zahl der Kampftruppen und eine leichte Verbesserung der Materialausstattung. Die Idee, mit dieser Übermacht die Front der Entente und ihrer Alliierten im Westen zu zerschlagen, ehe die Massen der Amerikaner über den Ozean kamen, bot sich von selbst an.

Am 21. März 1918 erfolgte der erste wuchtige Schlag der von den Deutschen in mehreren Offensiven gedachten »großen Schlacht in Frankreich«. Im Norden der Durchbruchsfront, um Cambrai, brachten die Kämpfe nicht den erwarteten Erfolg; aber in der Mitte und im Süden der Front ging das Erreichte um mehr als das Doppelte über das Geplante hinaus. Auf 60 Kilometer Breite wurde die Front der Engländer und der ihnen zu Hilfe kommenden Franzosen aufgerissen, der Durchbruch ging bis weit ins freie Feld hinter die bisherige Etappe des Feindes. Eine doppelte Gefahr entstand für die Entente: Zwischen den Truppen beider Ententemächte gab es eine 15 Kilometer breite Lücke, Paris kam, wie 1914, in Griffweite. Und die Briten dachten an die Räumung des Kontinents.

Für Österreich-Ungarn waren es Tage, in denen in verschiedenen Lagern größte Spannung herrschte. Alle, welche die Vormacht

der Deutschen fürchteten, und das waren nicht nur die Tschechen, zitterten um die schon nahe gedachte Befreiung von Wien und Österreich. Für einen Moment richtete sich die Hoffnung vieler Tschechen auf die Person des jungen Kaisers. Man wußte, daß er bei seinen Bestrebungen um Überwindung der Kriegssituation Opfer und Gefahren auf sich genommen hatte. Würde er diese Stunde der Not zugunsten Frankreichs benützen und sich womöglich öffentlich für Frankreich erklären, wie das die tschechischen Exilpolitiker selbstverständlich mit großem Nachdruck taten? Sie, denen als Alternative nur ewiges Exil in Amerika oder der Strick bevorstand? Oder war hierin der Kaiser von Österreich nicht überfordert, die Stunde zu spät für eine unabhängige Außenpolitik des Ballhausplatzes? Denn nur die *Loslösung* von Berlin war geeignet, Österreich-Ungarn einige Sympathien selbst in Washington zu erwerben. Ein von allen verlassenes Deutschland, das war das strategische Ziel seiner Feinde.
Utopien wurden laut angesichts der Tatsache, daß Italien niemals gestatten würde, der gehaßten Donaumonarchie zuletzt womöglich einen Ausweg zu eröffnen und Italien auf diese Weise um den im Mai 1915 in London ausgehandelten Siegespreis zu prellen. Unsinn entstand im Halbdunkel: Ein Waffenstillstand Österreich-Ungarns an der italienischen Front, so daß Italien seine Truppen an die Westfront zur Abwehr der furchtbaren Deutschen werfen konnte. Aber:
War es nicht so, daß Italien die Waffen erst niederlegen wollte, sobald seine Truppen am Brenner und entlang der Nordküste der Adria auf vielen Gebieten der Donaumonarchie standen? Und – würden die Deutschen derlei zulassen; würde ein Österreich-Ungarn, welches das Bündnis mit Berlin brach, nicht sogleich von deutschen Truppen besetzt, von Ungarn verlassen und von einer nationalen Revolution erschüttert werden?
Es gab keinen Mann in dieser Stunde, der überhaupt *geeignet* gewesen wäre, in Wien eine derartige Politik der Stärke und Standfestigkeit zu betreiben, wie das in Paris der Ministerpräsident Georges Clemenceau zu tun vermochte. Der stellte der Niederlage seiner Militärs die Standhaftigkeit eines Staatsmannes als Stütze

entgegen. Geschickt spielte er die sogenannte Sixtus-Affäre hoch, um Mißtrauen zwischen Wien und Berlin zu säen und in der Gefahr eines Skandals den Kaiser in Wien zu zwingen, den Bittgang zu den Deutschen zu machen. In diesem Moment erlosch der letzte Funken Hoffnung, den man »oben« noch in Wien, in den Fortbestand der Monarchie setzte. Clemenceau wollte eine andere Partie mit anderen Tschechen spielen: Seine Regierung wird auf einem Höhepunkt der großen Schlacht in Frankreich das Komitee des Herrn Beneš als Kern einer künftigen tschechoslowakischen Regierung anerkennen und die Legionäre der Tschechen und der Slowaken als Kriegsverbündete Frankreichs. Der längst in Böhmen gelegte Sprengsatz ging hoch. Wie Schnee in der Sonne schmolz die Zahl der letzten Tschechen, die eine austro-slawische Monarchie erwartet haben.

In Wien aber skandalisierte ein Mißverständnis zwischen dem Kaiser und seinem Außenminister Graf Czernin die Szene. Beide Männer wollten den Frieden und also die Monarchie retten. Aber es waren zu viele Eisen in jenem Feuer, das eine eventuelle Achse Paris – Wien schmieden und härten sollte. Kaiser und Minister trauten zuletzt einander nicht. Schon redete man, in Paris gäbe es einen Brief des Kaisers von Österreich, in dem dieser bestätigt, er verstünde es, wenn das tapfere Frankreich als Preis seiner Opfer die 1871 abgenommenen jetzigen Reichslande Elsaß und Lothringen wiederbekäme. An sich war das nicht genug für Clemenceau, der die Loslösung des *ganzen* linken Rheinufers aus dem Reichsverband erstrebte. Genug aber, um alle Brücken zu zerstören, die Wien für gangbar hielt, um im Krieg der Giganten nicht zerschlagen zu werden. Das Unglaubliche geschah: Der k.u.k. Minister des Kaiserlichen Hauses und des Äußeren spielte mit dem Gedanken, dem Monarchen einen zeitweisen Verzicht auf die Ausübung seiner Macht zuzumuten. Der Außenminister warf im Zorn dem Monarchen sein Ministerportefeuille hin und bekam die so erbetene Entlassung und eine ungewöhnlich hohe Ordensauszeichnung dazu.

Im Westen schlugen die Deutschen zum zweiten Mal zu. Man wollte ja nicht mit einem Schlag, sondern mit einem sukzessiven

Abklopfen der Feindfront diese zum Einsturz bringen, ehe die Amerikaner kamen. Bis auf drei Kilometer kam der Stoß an Ypern heran. Wie 1870 tobte der Kampf auf freiem Feld, erlosch für einige Tage der »unsichtbare Krieg«. Hinter dem Kemmelmassiv ging der Blick frei bis zum Meer. Aber es langte nicht.
Noch zweimal setzten die Deutschen zum Schlag an, wissend, daß fortan nicht mehr die geplante Operation allein, sondern nur eine eventuelle Überraschung des Gegners am Ort der Schwerpunktbildung den Sieg bringen könnte. Im Mai griffen sie am Chemin des Dames an. Fast schien es sich zu rächen, daß die Franzosen ihre Reserven den Briten geschenkt hatten, als es bei denen ums Ganze ging. Die Deutschen kamen bis nahe an den Punkt heran, an dem 1914 ihr Rückzug aus der Marneschlacht begonnen hatte. In Paris packte man; wieder stand, so wie 1870 und 1914, die Flucht der Regierung nach Bordeaux bevor. Clemenceau aber erwies sich in dieser finsteren Stunde als der Staatsmann, der mit erbarmungslosen Methoden Frankreich rettete. Er tat, was er redete:
»Wir weichen zurück, ich gebe es zu. Aber wir werden uns *nie ergeben.* Wir sind entschlossen bis zum Ende, also wird unser am Ende der Sieg sein. Die Amerikaner kommen, und die Deutschen erschöpfen mit jedem Angriff ihre Kräfte. Kämpfen wir bis zur letzten Stunde, dann wird die letzte Stunde uns gehören.«
Das war napoleonisch gesprochen, etwa wenn der Kaiser befahl, man engagiere sich an der ganzen Linie, und das letzte Bataillon im Feld erringt den Sieg. Die Massaker in Frankreich gingen weiter. Sie waren für Lenin ein Quell der Hoffnung, denn er war überzeugt davon, daß jene Deutschen, die diese Höllenfahrt überlebten, die Spitze seines Ringens um die Weltrevolution sein würden.
In der Schweiz erschienen in immer kürzeren Abständen ehrenwerte und vertrauenserweckende Persönlichkeiten aus Österreich-Ungarn. Und die Entente hielt ihnen unterschiedliche Köder hin, wissend, daß das einzig Interessante, der Bruch mit Berlin, für die Österreicher nicht im Spiel sein konnte. Aber jedes dieser Gespräche unter Gentlemen entlockte dem aus Österreich-

Ungarn Erklärungen, die eine Siegeszuversicht des Westens nur stärken konnten. Die sterbende Monarchie hatte sichtlich keine Ressourcen mehr, sie lebte von der in Zersetzung befindlichen Substanz. Man fragte sich nur, warum diese *autres chiens* an der Front in Italien nicht aufgaben, sondern angriffsbereit waren. War die Nachricht eines zum Feind übergelaufenen tschechischen Leutnants richtig, wonach die Österreicher-Ungarn an der Piave angreifen wollten? Seit dem März 1918 verbreiteten sich diese Gerüchte über zwei Kanäle: Durch die Einsicht, die Männer der sogenannten Mafia der Tschechen in Agenden der Zentralen in Wien hatten. Und durch Überläufer ... Noch ehe die Offensive der Österreicher-Ungarn an der Südwestfront begann, erfolgte in Frankreich die erwähnte Deklaration, mit der Frankreich als erste Großmacht den Kern der ČSR von 1918 in aller Form anerkannte. Im August wird London folgen und im September die USA. Aber die Angelsachsen werden die Karten erst auf den Tisch legen, wenn die Donaumonarchie im Inneren reif zur Sezession der Nationalitäten ist. Nicht Beneš' intrigante Politik hatte den Tschechen den Durchbruch zum eigenen Staat erschlossen. Vielmehr Masaryks furchtbare Wahrheit: Erst wenn tschechoslowakische Legionäre auf ihre früheren Kameraden in Feldgrau schießen, wird man den Tschechen den eigenen Staat nicht länger vorenthalten können. Jetzt erfolgte der Eselstritt der Amerikaner, der noch ausstand. In Punkt 10 der 14 Punkte Wilsons war den Völkern der Monarchie nach dem Krieg eine *Autonomie* im Verband Österreich-Ungarns versprochen; das langte nicht mehr, man mußte die Zusage erteilen, daß die Tschechen und die anderen Nationen dieser Monarchie nicht mehr im bisherigen Rahmen ihre Freiheitsbestrebungen verwirklichen dürften, sondern in der *Völkerfamilie.*

Im Armeeoberkommando in Baden hörte der deutsche Militärbevollmächtigte nicht auf, k.u.k. Truppen für die Front in Frankreich zu verlangen. Daß die sieben Divisionen der früheren Ostfront kaum noch langten, um die unter dem Normalstand befindlichen österreichisch-ungarischen Kampftruppen zu komplettieren, wollte man in der deutschen Obersten Heeresleitung nicht glauben. Hatte man nicht selbst kampfstarke Divisionen aus dem Osten herausgeholt? Man vermutete französische Einflüsse, die den Kaiser davon abhielten, seine Truppen an der Westfront den Alliierten entgegenzuwerfen. Aber dann wurde es klar: Die Österreicher-Ungarn wollten selbst noch einmal angreifen.

Die Friedensaussichten standen schlecht. In Frankreich forderte die Großoffensive der Deutschen die Entente und ihre Alliierten bis zum Äußersten heraus. Als Verbündeter der Deutschen in diesem Krieg hatte Österreich-Ungarn nicht die geringste Chance für einen Sonderfrieden. Im Armeeoberkommando reifte der Plan, die nicht mehr zu überbietende Notlage im Feld und in der Heimat dadurch zu überwinden, daß man dem Kriegsgeschehen mit *einem* vernichtenden Schlag an der Front in Italien ein Ende bereitete, ehe die Lage an der Front in Frankreich den Westmächten gestattete, Italien zu helfen. Leider kam das Armeeoberkommando über die unterschiedlichen Auffassungen, die bei den beiden Heeresgruppenkommandanten Conrad und Boroević bezüglich der Anlage der Offensive bestanden, nicht hinweg. Conrad verfolgte also seinen längst gehegten Plan, entlang der Brenta bis in die Ebene vorzustoßen; Boroević wollte an einigen Stellen an der Piave forcieren. Es sollte kein Cannae werden. Aber man wußte, daß im italienischen Heer die Kriegsmüdigkeit womöglich noch größer war als im eigenen.

Conrads Schlag mißlang, er mußte binnen kurzem seine Truppen in die Ausgangsstellung zurücknehmen. Nie mehr wird er fortan ein Kommando führen. Nach dem Mißlingen seines Planes wird ihn der Kaiser seines Kommandos entheben, ihn in den Grafenstand erheben und dem Feldmarschall die Hofgarden anvertrauen. An der Piave waren die Anfangserfolge besser. Dann aber bewahrheitete sich, was der am Isonzo bewährte Generalstabschef Theodor Körner warnend vorhergesagt hatte: Die Hochwässer werden die Kriegsbrücken zerstören; das Gasschießen wird bei dem feuchten Boden seine Wirkung bei der Niederkämpfung der Feindartillerie verlieren; es wird schwer sein, mit einem Fluß im Rücken erreichte Erfolge zu behaupten. Der Kaiser überließ es nach fünf Tagen verlustreicher Kämpfe nicht Boroević, der ohne-

dies die Verantwortung für den Beginn der Offensive trug, nun auch die für das Scheitern zu tragen. Er befahl, die Truppen aufs rechte Ufer zurückzunehmen. Die Offensive kostete 142000 Mann Tote, Verwundete und Vermißte sowie Kranke.
Im Budapester Parlament brach ein Tumult aus, an dem sich Opposition und Sprecher der Regierung beteiligten. Man sprach von 100000 Mann Verlusten, noch wußte man nicht, daß es insgesamt 142000 Mann waren. Keine Kriegszensur konnte diesen Alarm der ungarischen Parlamentarier unterdrücken. Das war das Stichwort für die krasse Wiederholung des in Budapest aufgeführten Stücks im Hohen Haus am Wiener Franzensring. Hier soll nicht erzählt werden, was Tschechen, Polen, Kroaten und Italiener, kurz die Vertreter aller Nationalitäten Österreichs ausspien. Eine Angriffsspitze bildeten die deutschen Sozialdemokraten. Für diese Stunde gaben sie das Wort einem ehemaligen k.u.k. Offizier, dem auch von »oben« stammenden Karl Leuthner. Leuthner war vor Jahren nach einem demonstrativen Hervortreten anläßlich einer Feier zum zehnten Todestag von Karl Marx mit der damaligen Offiziersauffassung in Konflikt geraten. Leuthner, schon entschlossen, die letzte Konsequenz zu ziehen, ließ die Dinge bis zu dem Punkt kommen, wo es aussah, daß er lieber die Charge verlieren wollte, als sein Parteibuch zurückzugeben und sich parteipolitischer Exzesse zu enthalten. Das Reichskriegsministerium, wie es 1893 noch hieß, erklärte ihn der Charge für verlustig und transferierte ihn als Reserveinfanteristen zum Infanterie-Regiment No. 59.
Jetzt, 1918, war die große Stunde des gewesenen Leutnants Leuthner gekommen. Er war bis zuletzt ein guter Hasser derer, die nicht in seinem Lager waren. Aber diese Monarchie und ihre Armee sowie den Hof haßte er am meisten. Und doch mußte er an sich halten, durfte er »bloß« die Unfähigkeit und die frivole Leichtfertigkeit der Führung gnadenlos anprangern.
Einen Clemenceau hat die k.u.k. Armee nie gehabt. Erst recht nicht in den finsteren Stunden vor Kriegsentscheidungen. Für den Franzosen war der Krieg eine viel zu ernste Sache, um ihn den Generälen zu überlassen. Für die bürgerlichen Politiker im alten

Österreich war die Geschichte mit der Junischlacht, wie man sagte, eine viel zu heiße Sache, als daß man sich ihretwegen mit der Linken allzusehr einließ. Es wird Jahre dauern, bis man es im Parlament am Ring des 12. November wagen wird, ein gutes Wort über die alte Armee zu sagen.

Die Junischlacht und die Ausschlachtung des katastrophalen Endes dieser Offensive führten der geheimen Militärorganisation des Doktor Deutsch viele Rekruten aus allen bisherigen Rängen zu. Vom General abwärts. Nur der später von Kameraden so sehr gerügte Oberst Theodor Körner war nicht in der geheimen Militärorganisation. Er ahnte, was kam.

Wenn man später die politische Linke im Tageskampf der Parteien der Ersten Republik oft gedankenlos als Bolschewiken beschimpfte, dann war dies eher Ausfluß bloßer Verärgerung politischer Gegner. Meistens ahnte man gar nicht, daß man der Wahrheit nahe war, ohne um sie viel zu wissen. Denn was in Petrograd 1917 das von Bolschewiken kontrollierte, aber von Menschewiken beantragte Revolutionäre Militärkomitee war, das war im Wien des Jahres 1918 die geheime Militärorganisation des Doktor Deutsch (wie er, obwohl in Leutnantsuniform, es liebte, genannt zu werden). Das Komitee entzog in Petrograd der Regierung Kerenski die Befehlsgewalt über die Reste des regulären Militärs der nunmehrigen Republik und hatte die faktische Gewalt, jeden an die Truppe gehenden Befehl der Regierung zu unterbinden oder genehm zu halten. In Wien geschah mit dem gleichen Effekt ähnliches, freilich auf andere Weise. Mehr und mehr Kanzleien der Garnison waren mit Vertrauenspersonen aus dem Kreis der geheimen Militärorganisation besetzt. Subalternoffiziere und Unteroffiziere manipulierten immer mehr, was von der Regierung und den Kommanden kam, bis die letzten Zuckungen der Militärbürokratie vergingen. Man ließ die letzte Marschkompanie anstandslos auf dem Matzleinsdorfer Frachtenbahnhof einwaggonieren. Denn jede disziplinierte Truppe, die von Wien an die Front ging, schmälerte die Kampfkraft derer, die nicht bei der Verschwörung mitmachten. Auch die fraglichen Assistenzbataillone waren schon hinreichend mit Männern des Doktor Deutsch durchsetzt. Nicht daß Kaiser Karl etwa zuletzt einen Bürgerkrieg, ein Blutbad zugelassen hätte. Da derlei nicht stattfand, erntete die Organisation des Doktor Deutsch den Ruhm, sie habe einen Umsturz ohne Blutvergießen herbeigeführt.

Es darf aber auch nicht verschwiegen werden, daß im Militärkommando in Wien alles getan wurde, um jeden kriegerischen Geist vorweg zu ertöten. Militärkommandant war ein müder General, der in seinem zur nichtsnutzigen Tintenburg gewordenen Kommandogebäude in der Universitätsstraße über einen Haufen Frontuntauglicher und Hinterlandtachinierer gebot, wobei eine fast gleich starke Zahl von weiblichen Bediensteten dafür sorgte, daß die Schreibmaschinen klapperten. Hier brauchte es keines gewaltsamen Eindringens ins »Herz des Militarismus« in Wien. Der Pulsschlag erstarb. Müdigkeit, Langeweile und grenzenlose Schlamperei, wie sie nicht einmal ein Herzmanovsky-Orlando je zum Bühnengeschehen gemacht hat, erledigten das Ganze.

Nichts macht den letzten Satz einer einst großartig intonierten Symphonie verständlicher als ein Inserat, welches das Zentralorgan der SDAP in ihrer Ausgabe vom 12. November 1918 in der Spalte »Allgemeiner Verkehr« brachte. Darin bestätigten die Herren Wimmer, Prak und Zertina, ausgewiesen als Soldatenräte der Landsturmkompanie 41/2, daß sich der Hauptmann Stumpf immer freundlich zu seiner Mannschaft betragen hat. Die Herren Räte verzichteten auf die Angabe ihres zuletzt innegehabten Dienstgrades. Vielleicht waren sie keine Gemeinen, wie man einmal bei den Kaiserlichen sagte, sondern durchgesessene Unteroffiziere. Der Hauptmann Stumpf war freilich nur noch ein Stumpf. Aber Doktor Deutsch und seine Volkswehr werden dafür sorgen, daß alles, was in der Tradition von gestern lag, mit Stumpf und Stiel ausgerottet wird. Nur halt ganz anders als in Rußland. In Wien kam die Revolution nicht im Marschschritt der Demonstranten, sie kam wie eine Krankenschwester, die das Sterbelicht auslöscht.

Wettlauf der Zerstörer

Herbst 1918

Max Hussarek, bis 1919 Freiherr von Heinlein, k.k. Ministerpräsident und bis zu seinem Tod im Jahr 1935 Professor für Kirchenrecht an der Wiener Juridischen Fakultät, versäumte beim Thema Staatskirchenrecht nie, die Formel vom sogenannten Bündnis von Thron und Altar in Österreich zu besprechen. Er selbst war ja als vorletzter k.k. Ministerpräsident vor dem Umsturz Zeuge, wie belastbar dieses Bündnis wirklich in Krisenzeiten gewesen ist.
Heute weiß man, daß der Josephinismus im Österreich des 18. Jahrhunderts und dessen umstrittene Eingriffe seitens des Staates in innerkirchliche und rein religiöse Belange nicht die Hinterlassenschaft Kaiser Josephs II. waren. Joseph II. wurde deswegen, je nach Standpunkt des Betrachters, gelobt oder getadelt. In Wirklichkeit war die Kaiserin Maria Theresia nicht nur die leibliche Mutter Josephs II., sie war tatsächlich die Mutter dessen, was als Josephinismus in die Geschichte einging.
Im Wandel der Zeiten wurde es für Diener des Staates, Beamte und Militärs, oft eine Ehre, ein Josephiner genannt zu werden. Im Zeitalter des Liberalismus war derlei eine Krönung freisinniger, ja antiklerikaler Gesinnung. Und blieb es auch nachher.
Professor Hussarek pflegte in der Vorlesung zu sagen, es hätte im alten Österreich Diözesanbischöfe gegeben, die Erlässe der staatlichen Zentralstellen mit der gleichen Pünktlichkeit und Erfahrung vollzogen wie die k.k. Statthalter in den Kronländern. Sicher hat die Kirche, die Amtskirche, wie man jetzt sagt, diese Praxis nicht unbedingt bejaht. Unter Kaiser Franz Joseph I. gab es in den Beziehungen zwischen Staat und Kirche anfangs Zeiten, da glaubte der Staat, er hätte in der katholischen Kirche eine feste, ja uner-

setzliche Stütze. Die Haltung des katholischen Klerus im Revolutionsjahr 1848/49 belehrte die Vertreter einer solchen Meinung eines Besseren: In Wien predigte am Vorabend des Ausbruchs der Märzrevolution der Universitätsprofessor für Religionslehre Anton Füster in dem, was Text einer Exhorte sein sollte, den Aufruf zur Revolution. Als Feldkaplan der Wiener Akademischen Legion ging Füster in die Geschichte ein; er fiel von seinem Priestertum ab und starb im krassesten Gegensatz zu dem, was ihm offenbar in seinem Leben als Bündnis von Thron und Altar entgegengetreten ist. Italienische, polnische, ungarische und nicht zuletzt tschechische Priester fehlten an keiner Kampfstätte der 48er-Revolution, und zwar als Agitatoren des Aufstandes und Mahner der Säumigen. Radetzky ließ einige dieser Geistlichen, die sich als Partisanen betätigt hatten, erschießen.

Nachher, 1855, versuchte Franz Joseph die traditionelle Verschränkung von Staat und katholischer Kirche in einem Konkordat zu restaurieren. Sein als reaktionär in die Geschichte eingegangener Großvater Kaiser Franz I. hat dieses Experiment vermieden, die ungelösten Probleme allerdings seinen Nachfahren hinterlassen. Seinem Enkel Franz Joseph schlug das Konkordat von 1855 keineswegs zum Guten an. Die nach den militärischen Niederlagen von 1859 und 1866 an die Macht gekommenen liberalen Politiker und Staatsmänner setzten ihren ganzen Freisinn ein, um das Konkordat zu Fall zu bringen. 1870 wurde es von österreichischer Seite einseitig gekündigt, nachdem die Truppen des damalgien Schutzherrn des Kirchenstaates, Napoleon III., wegen des Deutsch-Französischen Krieges Rom verlassen hatten. Dem wehrlos gewordenen Papst konnten die österreichischen Josephiner schon den Tort antun und eine im völkerrechtlichen Sinne intakte Vereinbarung einfach auslöschen. Damals lief Kaiser Franz Joseph I. Gefahr, wegen dieses Vorganges zeitweise selbst gebannt zu werden, wie es dem König von Italien geschehen war. Was die geheime Hoffnung aller Freisinnigen im Lande war.

Hier muß gesagt werden, daß sich der Adel in der Habsburgermonarchie, zumal der hohe Adel in einigen Kronländern, nie gescheut hat, in Zeiten religiöser und staatlicher Wirren zuweilen

den allein seligmachenden katholischen Glauben gegen den evangelischen einzutauschen. Um dann nach einer Niederlage der Protestanten ebenso wendig zum wahren Glauben zurückzukehren und dabei das den Verlierern abgenommene Gut in die erneute frühere Ordnung mitzunehmen.
Das gemeine Volk zog nach Zeiten religiöser Wirren den weisen Schluß, daß es besser ist, sich von den Auseinandersetzungen der Theologen und der hohen Herren fern zu halten. Zudem sah es in den Beziehungen zwischen Staat und Kirche am Ende des Aufklärungszeitalters wieder so aus, als stünden Staat und Kirche in einer Linie. Diese geschichtlich gewordene Situation wurde im letzten Jahrhundert des Bestandes der Habsburgermonarchie in den Kronländern und Provinzen des Reiches, nicht in Ungarn, zu einer Art prinzipieller Selbstverständlichkeit.
Deshalb tat der Doktor Lueger, um dessen Religiosität es von Haus aus nicht gut stand, gut daran, sich weniger auf den von Georg von Schönerer verfochtenen Antisemitismus zu verlassen, als vielmehr auf das, was seine politischen Gegner seit jeher vereinfacht Klerikalismus nannten. Lueger hinterließ seiner Partei bei seinem Tod weder ein Parteiprogramm noch eine Ideologie, wie sie Liberale und Marxisten hatten, sondern die Erinnerung an die Bedeutung seiner Persönlichkeit. Sein Satz, wonach seine Anhänger schwarzgelb bis in die Knochen seien, wurde gleich nach seinem Tod und erst recht in der letzten Zeit vor dem Umsturz von 1918 einer überschweren Belastungsprobe unterzogen.
Professor Hussarek war kein Christlichsozialer im Sinne des späteren Schemas eines Parteienstaates. Mit seiner konservativen Grundeinstellung verband er eine sehr gründliche, weil wissenschaftlich erfaßte Anschauung vom Staatskirchenrecht in Österreich. Er folgte, nach einer siebenjährigen Tätigkeit als k.k. Minister für Kultus und Unterricht, am 25. Juli 1918 dem Ruf seines Kaisers, wie man noch sagte, und übernahm in einer fast hoffnungslos gewordenen Situation des alten Reiches das Amt des k.k. Ministerpräsidenten jener Reichshälfte, die erst seit 1915 endlich auch in aller Form und von Amts wegen *Österreich* hieß. Die Kirche war nicht seine Verbündete.

Zwei drohende Gefahren standen bei seinem Amtsantritt vor ihm: Die im Vormonat verlorene Junischlacht an der Südwestfront sowie deren Nachhall im Abgeordnetenhaus in Wien, der wie eine krasse Disharmonie als letzter Satz einer einst großartigen Symphonie klang; in Budapest aber wurde das Wegstreben von Wien und Österreich immer ungezügelter, zum Teil schon von einem revolutionären Geist getragen. Und da war zweitens das Scheitern der Angriffe der Deutschen in ihrer großen Schlacht in Frankreich. Dieser Mißerfolg war eine nie mehr aufgeholte Niederlage für die Sache der Mittelmächte; ein Sturmsignal, das die Oppositions- und Obstruktionspolitiker in allen Nationalitäten dazu trieb, nun nicht mehr zu zögern und die Verbindungen mit ihren Exilpolitikern raschest aufzunehmen. Um nach dem Zusammenbruch des alten Reiches sofort der eigenen Nation den eigenen Staat und sich selbst politische Ämter zu verschaffen.
Daß nach 1918 alle Nachfolgestaaten ihren Anteil am Nationalitätenstreit des alten Österreich als Geburtsfehler mit in ihren neuen Staat rezipierten, konnten und wollten die Macher der Nachfolgestaaten verständlicherweise nicht zugeben. Und daß dieses Erbe mit Ursache des Ausbruchs eines weiteren Weltkrieges wurde, der zugleich das Ende der weltpolitischen Bedeutung der Alten Welt brachte, ahnten nur wenige. Etwa jener belgische Diplomat, der 1919 nach Abschluß der Friedensverträge mit den Verlierern des ersten Krieges entsetzt ausbrach:
»Mein Gott, sie machen ja einen zweiten Weltkrieg ...«
Hussarek übernahm sein Amt von einem Vorgänger, der überzeugt war, daß *nur die Deutschen* in Österreich willens und in der Lage seien, den Staat zu tragen. Dieser »deutsche Kurs« von 1918 gefiel den Deutschnationalen aller Fraktionen, die seit der Wahl im Jahr 1911 dank der damaligen Wahlstrategie der Linken die Mehrheit im Abgeordnetenhaus stellten, sehr. Zugleich vertiefte sich aber in der Endkrise der Riß, der die anderen Nationalitäten Österreichs von Wien und der Monarchie trennte. Für den Kaiser war dieser vertiefte Riß deswegen eine neue Gefahrenquelle, weil er unter den Deutschnationalen ein mäßiges Renommee besaß, während der »deutsche Kurs« es auch den letzten nichtdeutschen

Nationalitäten in Österreich fast unmöglich machte, ihren Rest von Loyalität gegenüber Wien und dem Habsburgerstaat aufrechtzuerhalten.
Als Hussarek berufen wurde, war Karl Renner geradezu ministrabel. Sein »Staatssozialismus« wurde, auch bei Hof, als Hingabe an die *Staatsform* angesehen, während in Wirklichkeit für Renner nicht die Staatsform, sondern der *Kommunikationsraum* der Donaumonarchie ein Faktor war und blieb, dessen Zerstörung er mit Sorge entgegenblickte. Indessen konnte die SDAP keinem ihrer Führer gestatten, in der letzten Nachhut derer von gestern mitzutun. In liberalen Kreisen wurde Professor Dr. Josef Redlich als ein Premierminister nach angelsächsischem Vorbild im Auge behalten. Redlichs Tagebücher wurden nach 1945 redigiert herausgebracht; sie beweisen, daß er ein scharfsinniger Analytiker, wohl auch ein geistreicher Causeur war, aber keineswegs aus dem Holz, aus dem Regierungschefs eines Großstaates sein müssen, wenn ihr Experiment irgendeine Aussicht auf Erfolg haben soll.
So blieb der Kaiser bei der Auswahl seiner letzten k.k. Ministerpräsidenten angewiesen auf die alten und getreuen Diener des Staates; Diener keineswegs als Lakai gedacht, sondern als eine Bezeichnung, deren sich Staatsdiener im alten Österreich nie geschämt haben – gleichgültig welcher Rangklasse sie angehörten.
Wer die Berufung Hussareks begrüßte, weil er nach Herkunft und Anschauung nicht gerade eine Herausforderung der hoffnungslos zerstrittenen Parteien im Parlament war, mochte recht haben. Viele hätten lieber den Universitätsprofessor Lammasch, einen erklärten Pazifisten, statt seiner gesehen. Da und dort dachte man immer noch an einen, der stark genug war, die Politik des *Durchhaltens* zu betreiben. Aber in Österreich gab es keinen Clemenceau, und im Hochsommer 1918 hätte nicht einmal ein Typ wie Clemenceau den Staat vor dem Untergang retten können. Also trat Hussarek vor das Parlament:
Wer vieles bringt, kann vielen etwas bringen, lautet die Redensart; aber so zu tun, das vermied Hussarek vor dem Hohen Haus. Das war er seiner redlichen Gesinnung schuldig. Es blieb ihm eigentlich nur noch das Gegenteil zu tun übrig: Nichts zu sa-

gen, was irgendeinen der Herren im Hohen Haus vollends vor den Kopf stieß. In diesem Sinne war die von seinen Präsidialisten im Ministerpräsidium überarbeitete Rede getextet.
Die slawischen Abgeordneten hörten dem gar nicht mehr zu. Sie waren viel zu sehr mit ihrem zukünftigen eigenen Staat und mit der Karriere, die ihnen unter geänderten Verhältnissen offenstand, beschäftigt. In den Couloirs redete man davon, daß der am Wort befindliche Ministerpräsident ohnedies nur ein Lückenbüßer sei. Der Kaiser hätte zuerst daran gedacht, eine prominente Persönlichkeit des Wirtschaftslebens mit der Regierungsbildung zu betrauen. Der gedachte Kandidat hätte sich allerdings dermaßen als ein Mann mit starker Hand gegeben, daß der Monarch erschreckt von dem Projekt Abstand genommen habe. Die Republik von 1918 hat sich nachher nicht gescheut, Gewalt mit Gewaltanwendung des Staates zu bekriegen. Kaiser Karl lag dieser Stil überhaupt nicht, und ein derartiger Versuch hätte zudem 1918 bloß die schon unterwegs befindliche nationale und soziale Revolution beschleunigt. Ob überhaupt eine Exekutive da war, die willens gewesen wäre, der vollziehenden Gewalt mit der Waffe beizustehen, ist zu bezweifeln. Sicher ist, daß die geheime Militärorganisation des Doktor Deutsch im Sommer schon so weit entwickelt war, daß ein Versuch, die Lage mit Waffengewalt zu retten, ein blutiges Chaos zur Folge gehabt hätte.
Und: In Landesteilen mit deutscher Bevölkerung hungerte man, sehnte man sich nach dem Frieden wie überall – aber einen Umsturz zu machen und die Monarchie zu stürzen, das lag wohl Politikern gewisser Herkunft nahe, dem guten Volk nicht. Später hat man diese Haltung mit Ziellosigkeit, Entschlußlosigkeit und allgemeiner Verwirrung verwechselt. Das nun war es nicht. Mit den Massen hatte Hussarek allerdings so gut wie keine Verbindung. In Wien nicht einmal mit den getreuen Söhnen der Kirche und mit jenen, für die der Umsturz kein Umsturz war, sondern der Zusammenbruch ihrer Welt. Der Herr Professor, im Alter ein milder Greis, wirkte 1918 auf Zeitgenossen eher frostig, abweisend und sarkastisch. So die Präsidialisten im Ministerratspräsidium in ihren Erinnerungen. Wer es noch redlich meinte mit dem Staat,

konnte sich aber im näheren Umgang mit Hussarek davon überzeugen, daß er nur ein Ziel hatte: dem Krieg ein Ende zu machen und den Menschen in der Monarchie den Frieden zu bringen. Diesem Ziel große Opfer zu bringen war der Ministerpräsident, der so massig wirkte, aber gar nicht auf Gewaltanwendung eingestellt war, gewillt. Er glaubte das seinem Kaiser schuldig zu sein. Zwei Generationen später wirkt so ein Persönlichkeitsbild auf Epigonen in Österreich dermaßen unverständlich, daß sie es gar nicht auf sich nehmen, hinter dem zum Ministerpräsidenten gewordenen Professor und Beamten mehr zu suchen als das, was lange nachher gesagt wurde: Eine der Merkwürdigkeiten Kakaniens ...

Daß Hussarek sein Amt ohne Illusionen ausübte, vollauf der Tatsache bewußt, wonach die Zeit vorüber war, in der ein Rest der Großmachtstellung Österreich-Ungarns hätte erhalten werden können, wurde nachher deswegen nicht eingesehen, weil es nach seiner Verabschiedung ein letztes Kabinett gab, das einige seltsame Typen enthielt: Politiker oder wohlhabende Amateurpolitiker, die politisierten und die zu lange auf einen Ministerposten gewartet hatten, als daß sie nicht willens gewesen wären, das sinkende Staatsschiff zu besteigen, um es als »Geheimer Rat Seiner Majestät« zu verlassen. Die anläßlich der Demission darüber diskutierten, welcher von ihnen dieses oder jenes Großkreuz bekommen, wer tituliert aus dem Amt scheiden solle und – wie hoch die Pensionsbezüge bemessen würden.

Von diesen letzten Repräsentanten des k.k. Österreich unterschied sich Hussarek doch sehr. Einer seiner Präsidialisten hat ihm eine innere Haltung unterstellt, die im Aufstand der Niederlande Wilhelm von Oranien geäußert haben soll:

»Man kann auch unternehmen, ohne viel zu hoffen, und ausharren, ohne Erfolg zu haben.«

Viele, die dem alten Staat gedient haben, dachten so. Diese Menschen machten aber nicht mit in den Anfängen des Parteienstaates, wie es überhaupt für einen Beamten oder Offizier nicht standesgemäß war, zu politisieren. Unter den Krankheiten, denen das alte Österreich erlag, befand sich jedenfalls nicht jene kollektive

Neurose, die man jetzt Nostalgie nennt. Man trauerte nicht nach, man wollte sich nicht verdrücken, wenn es zu erfüllen galt, was ein Wunsch Franz Josephs war: daß die Monarchie, wenn es sein *muß*, *anständig* zugrunde geht. Für einen k.k. Ministerpräsidenten war das kein Regierungsprogramm. Hussarek übernahm, was der Kaiser selbst inauguriert hat: eine Verfassungsreform einzuleiten. Das wäre ein Jahr zuvor unter Umständen eine denkbare und mit Hilfe der staatstragenden Kräfte mögliche Aufgabe gewesen. Hussarek stand aber im Oktober 1918 vor der Notwendigkeit, die beginnende Sezession der Nationalitäten aus dem alten Reich so zu steuern, daß es dabei nicht zu einem Blutvergießen kam – und daß vielleicht nachher doch noch ein wenig von dem unersetzlichen Kommunikationsraum der Donaumonarchie blieb.

Aber – Hussarek war *k.k.* Ministerpräsident, und er mußte vorweg damit rechnen, daß man in *Ungarn* einen ganz anderen Weg zur Erhaltung des Reiches der Stephanskrone einschlagen wird. Im k.k. Ministerratspräsidium war Sektionschef Klimscha dem Ministerpräsidenten zur Hand, um aus den sich kreuzenden und überschneidenden Vorschlägen und unabweisbaren Notwendigkeiten das Elaborat einer kaiserlichen Verordnung zu machen: Liquidierung der Ordnung aus 1867 auf legale Weise de dato 16. Oktober 1918.

Nach einigen Wochen der Amtsperiode Hussareks trat am 1. Oktober 1918 das Abgeordnetenhaus zu einer Sitzung zusammen. Dem Hohen Haus wurde der Text der Note bekanntgegeben, mit der der Ballhausplatz alle am Krieg beteiligten Staaten eingeladen hatte, Vertreter in ein neutrales Land zu entsenden, um dort unverbindliche Vorbesprechungen zum Zweck der Herbeiführung des Friedens zu beginnen. Das geschah, als Paris, London und Washington die Monarchie bereits mehr oder weniger abgeschrieben hatten, die beginnende Selbständigkeit eines völlig unabhängigen tschechoslowakischen Staates im Herzgebiet der Donaumonarchie als künftige Realität in Rechnung stellten. Man durfte sich in Wien nicht wundern, daß man den Ballhausplatz keiner Zusage mehr würdigte.

Das war die eine Fatalität der Stunde. Die andere bestand darin, daß nach der Türkei auch der letzte Verbündete der Mittelmächte, Bulgarien, die Waffen niedergelegt hatte. Daß Hussarek diese längst in der Tagespresse breitgetretenen Tatsachen nicht auch im Hohen Haus quasi auf Breitwand projizierte, wurde ihm nachher als Zeichen seiner Hilflosigkeit angelastet. Das war andererseits für die Sozialdemokraten Adler und Seitz die große Stunde. Da die Regierung sichtlich mit ihrem Latein am Ende war, von der Regierungsbank kein Programm zum Tage vorlag, unterbreiteten sie ein punktereiches Forderungsprogramm, das, wie man erwartete, das Tor zum Frieden endlich öffnen würde (nachdem es *kein* Abgeordneter gewagt hatte, die fällige Kapitulation der kämpfenden Truppe und das Ende des Kriegführens zu beantragen).

Den Anfang machte bezeichnenderweise das Verlangen nach der Schaffung eines *Völkerbundes,* also just jener Institution, deren Hilfen an die Republik Österreich später wilde Polemiken ausgelöst haben. Es sollte fortan keine Wirtschaftskriege mehr geben (deren Höhepunkt ereignete sich erst nach 1945). Serbien, Montenegro und Belgien, damals noch besetzt, sollten als Staaten wiedererstehen (Montenegro haben die Sieger von 1918 selbst ausgelöscht). Kontributionen sollten nicht verlangt werden (diese haben nach 1918 die Republik beinahe erdrückt). Statt des Friedens von Brest-Litowsk sollten die betroffenen Länder von einem allgemeinen Staatenkongreß gemäß dem Selbstbestimmungsrecht der Betroffenen ihre Eigenstaatlichkeit erhalten (die Sowjetunion hat sich alle diese Gebiete nach 1939 im Verein mit Hitler zurückgeholt). *Die Beziehungen der Nationen zu Österreich-Ungarn sollten diesen Völkern zur Regelung überlassen bleiben.*

Das entsprach so ziemlich einer geordneten Liquidierung, wobei Ungarn in dem Antrag nicht näher genannt werden konnte, da es sein eigenes Parlament hatte und man gut daran tat, das Pandämonium des Nationalitätenstreits in den Ländern der Stephanskrone nicht auch noch von Wien aus anzurühren.

Die Schwäche der übrigen deutschen Fraktionen im Abgeordnetenhaus wird klar, wenn man sich erinnert, daß dieses Programm mit ihnen zwar abgesprochen war, der Duktus aber deutlich die

persönliche Ansicht Renners ausdrückte. Wie gut es gewesen wäre, wenn 1918 das Wirklichkeit geworden wäre, was Adler und Renner mit ihrem Programm zu Papier brachten, läßt sich schwer sagen. Sicher ist, daß es der Versuch eines Brückenbaues war, einer Brücke, die schon ins Leere ging, weil die Siegermächte um diese Zeit bereits die Tranchierung der Donaumonarchie beschlossen hatten. Der »Friedens-Ausschuß«, dem das Elaborat zugewiesen wurde, hat sich jedenfalls als dessen Grab erwiesen.
Kaum war die Sitzung im Hohen Haus zu Ende, da stellte sich heraus, daß in der deutschen Obersten Heeresleitung Ludendorff offenbar die Nerven verloren und von der Regierung in kategorischer Manier ein Ansuchen um sofortigen Waffenstillstand und Friedensverhandlungen auf der Grundlage der 14 Punkte Wilsons verlangt hatte. Lange nachher kam erst heraus, daß Ludendorff um diese Zeit den Rat eines Nervenarztes genoß; dieser riet dem Kranken unter anderem, er möge weniger die Landkarten studieren, als seine Blicke auf blühende Blumen richten ...
In Prag, Krakau, Budapest, aber auch in Agram und vor allem in slowenischen Landesteilen zeigten sich jetzt die Politiker mutiger als je zuvor: Für Polen einen Staat von der Ostsee bis zu den Karpaten, für Ungarn die Selbständigkeit des historisch gewordenen Staatsganzen, für die Slowenen einfach los von Österreich, keine Brotkrume für die Armee, die Väter und Brüder der Slowenen tötet. In *letzter* Stunde kam am 16. Oktober das kaiserliche Manifest heraus, ein Operat der Ministerialbürokratie, das am 15. Oktober im Kronrat in aller Hast beschlossen worden war. Wenn man Teilnehmern der Sitzung des Kronrates trauen kann, dann war es der Kaiser selbst, der auf die Tatsache hinwies, daß der Gang der Ereignisse die Befugnisse der Krone de facto aufgehoben hatte. Wollte man nicht das zerrüttete Staatsgefüge durch ein Chaos führungslos in die Friedensverhandlungen treiben lassen, dann gäbe es nur noch die Möglichkeit, in einem künftigen Bundesstaat (war nicht an einen Staatenbund gedacht?) den Nationalitäten den Weg in ihre Eigenstaatlichkeit zu öffnen. Dem Kronrat gehörte auch der k.u. Ministerpräsident an, der sich mit dem Vorhaben einverstanden erklärte – allerdings mit dem Hinweis, daß es

in *Ungarn* nicht zu diesem Erlaß, sondern bloß zu einer Erklärung von der Regierungsbank kommen wird.
Die vorbereitenden Verhandlungen und Detailgespräche hatten sich über den ganzen 15. Oktober hingezogen. Die Endfassung ging über Einwände hinweg, die in höchster Not von österreichischen Mitgliedern des Kronrates gegen die von ungarischer Seite geübte Erpressung fällig waren. Da war nämlich eine Reservatklausel im Manifest, wonach das Ganze unbeschadet der Rechte der ungarischen Länder erfolge. Der k.u. Ministerpräsident scheute sich nicht, angesichts seines Königs dies mit dem Hinweis zu erpressen, daß andernfalls die Lebensmittelzufuhren aus Ungarn unterbleiben würden.
Um es hier zu wiederholen: Kaum war dieses Manifest ergangen, kam aus Washington die Mitteilung, daß es den einzelnen *Völkern* Österreich-Ungarns selbst überlassen bleibe, ihre künftige Einordnung in die *Völkerfamilie* nach eigenem Gutdünken zu regeln. Das aber bedeutete, daß für die USA Österreich-Ungarn als ein verhandlungsfähiger Partner de facto gar nicht mehr existierte. Wilson wird das nicht hindern, in Saint-Germain 1919 mit zu bekräftigen, daß die Republik Österreich *Rechtsnachfolger* eben dieses schon im Oktober 1918 als gar nicht mehr bestehend angesehenen Staatenverbandes sei.
An der Südwestfront setzten schon die Angriffe der durch französische und britische Truppen verstärkten italienischen Armeen ein. Tschechoslowakische Verbände sowie ein US-Infanterieregiment nahmen an den Aktionen teil. Im Hinterland der österreichisch-ungarischen Front folgten dem Manifest vom 16. Oktober 1918 Auflösungserscheinungen, die zwar noch nicht die Fronttruppe erschütterten, aber vielfach den Nachschub unterbrachen und Eingreifdivisionen dermaßen zermürbten, daß diese an den von den Angreifern gewählten Schwerpunkten nicht mehr zu Hilfe kommen konnten. Und während in Wien bereits eine provisorische Nationalversammlung deutscher Abgeordneter zur Gründung eines selbständigen deutsch-österreichischen Staates zusammentrat, taten sich in Venetien die Angreifer sichtlich schwer, nach ersten Schlägen zur Zerstörung des alten Staates auch dessen

Armee zu zerschlagen. Einer britischen Division gelang es, jenen Durchbruch an der Piave zu erzielen, der es der Masse der Angreifer ermöglichte, wie eine Springflut über die in Venetien stehenden k.u.k. Truppen herzufallen.

Im feierlichen Zug begaben sich währenddessen am 21. Oktober die Abgeordneten aus den deutschen Gebieten Österreichs vom Parlament ins niederösterreichische Landhaus. Dorthin, wo am 13. März 1848 die Revolution ausgebrochen war. Man wählte einen zwanziggliedrigen Vollzugsausschuß und übertrug diesem die Regierungsgewalt über Deutsch-Österreich. Drei Vorsitzende mit gleichen Rechten übten die Funktion eines Staatsoberhauptes aus, die Präsenz des Restes kaiserlicher Machtbefugnisse erwähnte man erst gar nicht. Man wollte geradewegs zur Wahl einer Konstituante kommen, damit diese die endgültige Verfassung des deutsch-österreichischen Staates beschließen könne.

Zu lange hat man in der Republik geglaubt, das Wort *deutsch* im Namen des werdenden Staatsgebildes von 1918 sei schon Ausdruck einer Anschlußidee gewesen. Noch am 12. November 1918, bei der Ausrufung der Republik, wird Karl Renner mit Bedauern erwähnen, daß der Versuch gescheitert war, neben dem Staat der Deutschen auch andere staatliche Gemeinschaften im Verband dessen zu erhalten, was bisher *Österreich* war. Erst die brüske Ablehnung dieses Versuches hätte das endgültige Einschwenken auf den Anschluß Deutsch-Österreichs an eine, so die Wortwahl Renners im Entwurf des Verfassungsgesetzes vom 12. November 1918, *Deutsche Republik* bedingt. Das aber war eine von den Deutschen in ihrem Reich von 1871 nie gebrauchte Bezeichnung, vielmehr blieb es auch nach 1918 bei der 1871 gewählten Bezeichnung Deutsches Reich.

Die im Oktober 1918 erfolgte, sich explosionsartig ausbreitende Zertrümmerung der Monarchie wurde seither oft als ein Akt der Selbstzerstörung des bisherigen monarchischen Regimes hingestellt. Dementgegen kann man annehmen, daß Kaiser Karl an jenem 16. Oktober 1918 immer noch hoffte, durch die Befriedigung der Wünsche der auf staatliche Unabhängigkeit drängenden Nationalitäten diesen Vorgang in gewissen Grenzen zu halten, einen

Restbestand staatlichen oder überstaatlichen Zusammenhalts selbst inmitten chaotischer Wirren zu wahren. Und wohl auch für sich die Chance, mit seinen Machtbefugnissen nicht in den Strudel der Ereignisse gezogen zu werden.
Schon drei Wochen vor dem Erscheinen des sogenannten Völkermanifestes hatten die tschechischen Abgeordneten alle Versuche einer Verfassungsänderung und also auch das Projekt, das damals von sozialdemokratischer Seite vorgetragen wurde, von slawischer Seite zurückgewiesen. Da war von einer kalten und entschiedenen Absage die Rede. Vom Mißtrauen, das man der Wiener Regierung entgegenbrachte. Von einer Regierung, die das tschechische Volk als nichts anderes sah als einen Gegenstand der rücksichtslosesten Ausbeutung. Dieser Hinweis auf die *Ausbeutung*, der im Herbst 1918 in diesem Zusammenhang nicht etwa im marxistischen Sinne gedacht war, verdient festgehalten zu werden. Denn bekanntlich hat später die Regierung der ČSR den Versuch von französischer Seite, wenigstens den wirtschaftlichen Zusammenhalt der Donauländer gemeinsam auszunützen, abgelehnt. Beneš nannte keinen staatspolitischen Grund für eine befürchtete Beeinträchtigung der ČSR durch die Föderation. Ja er sagte sogar für seinen Teil, man hätte schon vor 1918 (!) im politischen Sinn eine gewisse Freiheit genossen. Was aber unausstehlich war, sei die *wirtschaftliche* Ausbeutung, die Wien zum Schaden der Tschechen einmal zugute kam. Dahin zurückzukehren, dieser Idee sollte nach 1918 keine Regierung in Prag sich hingeben.
Noch im September 1918, als es in politischen Kreisen Ansätze für das gab, was am 16. Oktober als Völkermanifest herauskommen sollte, entstand auch im Armeeoberkommando der Entwurf einer die Gesamtmonarchie umfassenden Verfassungsänderung. Der Chef des Generalstabs, Generaloberst Arz, legte dem Kaiser diese Arbeit vor. Kaiser Karl ging nicht darauf ein. Wohl ein Indiz dafür, daß sich der Kaiser um diese Zeit bereits bis zu einem gewissen Grad mit anderen, aber noch unfertigen Vorarbeiten identifiziert hat.
Nach dem 16. Oktober hatte Arz wohl ein Gespräch mit dem

deutschen Bevollmächtigten im Armeeoberkommando, General Cramon. Wenn Cramon richtig gehört und richtig relationiert hat, dann bemängelte Arz am Text des Völkermanifestes namentlich zwei Dinge: Erstens, daß die Südslawen nicht genügend befriedigt wurden, und zweitens, daß die polnischen Regimenter nach der Ausgabe dieses Manifestes sich fragen würden, wozu sie noch in der Front der k.u.k. Feldarmee stünden.
Nahe Mitarbeiter des Generalobersten haben bestätigt, daß dieser es nicht unterlassen hat, vorweg auf gefährliche Folgen des Manifestes hinzuweisen. Und noch anderthalb Jahrzehnte später hielt Arz fest, daß das Manifest die in dasselbe gesetzten Hoffnungen nicht erfüllt hat. Vielleicht hätte man, so Arz, Mitte Oktober den Zerfall nicht mehr aufhalten können, auch wenn das Manifest *nicht* erschienen wäre. So wie es abgefaßt war, hätte es der Monarchie den Todesstoß gegeben. Die Frage ist, ob der Kaiser selbst so weitreichende Folgen des Papiers in Rechnung stellte.
Mitte Oktober 1918 liefen doch schon die letzten Rennen derer, die die ersten sein wollten bei der Verteilung der Beute. Und diese hatten sichere Siegesprämien seitens der Regierungen in Paris, London und Washington in Aussicht. Nach 1918 sagte man nicht ohne Grund, die USA hätten Österreich-Ungarn den Fanghieb oder den Todesstoß versetzt. Das trifft insofern zu, als Wilson, indem er Paris und London folgte, den Punkt fixierte, nach dem es keine Rückkehr zu irgendwelchen Resten der 1914 in Mittel- und in Osteuropa bestandenen Ordnung gab.
War es die Stimmung in der kämpfenden Truppe, die Arz zu seiner Initiative und dann zu seinen Vorbehalten gegenüber dem Manifest bewogen hat? Im Oktober 1917 herrschte im Armeeoberkommando Sorge wegen der vom Bolschewismus ausgehenden Gefahren. Aber – die erste vom Bolschewismus mit ausgelöste Welle war im Frühjahr 1918 eingedämmt worden. Die Junischlacht an der Piave – gewagt, wie das Unternehmen war – hatte keine Meuterei ausgelöst, wie es sie 1917 in der französischen Armee gegeben hat. Sie traf zudem auf eine kriegsmüde italienische Armee, die geschlagen worden wäre, hätten die österreichisch-ungarischen Verbände noch jene Offensivkraft und Materialaus-

stattung gehabt, die in zwölf Isonzoschlachten den Italienern gegenüber bewiesen worden ist.
Auflehnungen gab es erstmals um den 20. Oktober, also *nach* dem Datum des Völkermanifestes, in – Albanien. Just dort, wo die k.u.k. Armee kurz zuvor gegen italienische und französische Truppen einen klaren Abwehrerfolg hatte erringen können. Erst nach diesem Zeitpunkt zeigten sich bedenkliche Vorfälle an der Südwestfront in Italien. Arz fixierte seine sorgenvollen Blicke zunächst insbesondere auf Ereignisse hinter der Front und im Hinterland. Als der Durchbruch an der Piave einen flutartigen Einbruch feindlicher Verbände in die Tiefe zur Folge hatte, glaubte das Armeeoberkommando noch über sechs Infanteriedivisionen und eine Kavalleriedivision zu verfügen, die bei Conegliano in Bereitstellung standen. Dem Befehl zum Einsatz dieser Eingreifverbände folgten aber nur noch die Divisions- und Brigadestäbe sowie etwa zwanzig Bataillone.
Unerschüttert stand noch am 30. Oktober die Gebirgsfront. Bis zum Tag des Waffenstillstandes, dem 3. November 1918, zählten die Italiener und ihre Verbündeten nach einer vierzehntägigen Offensive 80000 Gefangene und 1600 Geschütze. Verluste, die, rein zahlenmäßig ins Kalkül gezogen, keine Katastrophe bedeuteten. Verluste in diesem Ausmaß mußte zu diesem Zeitpunkt längst auch das deutsche Heer an der Westfront in Frankreich hinnehmen. Erst nach den fatalen Umständen des Waffenstillstandes durften die Italiener jene Zahlen nennen, die sie nachher in Stein und Erz als Bild des größten Sieges der Weltgeschichte hinstellten: 436674 Gefangene, wovon aber nur 75000 bis 80000 auf die Fronttruppe der Österreicher-Ungarn entfielen. Zudem geriet die Masse der Gefangenen geradezu befehlsmäßig in Gefangenschaft, nachdem sie den letzten Schuß abgegeben hatten ...
Nach 1918 haben die Alten natürlich nie zugegeben, von den Italienern besiegt worden zu sein. Jetzt kam ihrer Argumentation der Hinweis auf die Wirkung des Völkermanifestes zugute. Etwa wenn gesagt wurde:
»Das unmittelbar vor dem (italienischerseits gegebenen) Angriffsbefehl erlassene Manifest des Kaisers Karl hat dem italienischen

Erfolg den besten Glanz genommen. Es zeigte allen klar, daß der Sieg über einen nicht mehr vorhandenen Gegner erfochten wurde.«

Oder: »Acht Tage früher und der Erfolg der Italiener wäre fraglich (gewesen), acht Tage später sei überhaupt kein Feind für die Italiener mehr dagewesen.«

Solange eine österreichisch-ungarische Armee im Feld stand, glühte der Funke der nationalen Revolution nur. Denn der Bolschewismus bedrohte die Monarchie nicht mehr als die *modo capitalistico* lebenden Führer der nationalen Revolution. Das galt vor allem für die Tschechen.

Nach der Ausgabe des Völkermanifestes vom 16. Oktober drängten die tschechischen Exilpolitiker ihre Freunde in der Prager Mafia, doch loszuschlagen. Und mit ihrem Handeln den Waffeneinsatz der Legionäre dermaßen zu bestätigen, daß die Hohen Verbündeten nicht aufhörten, die Sache der Tschechoslowaken zu einem raschen Erfolg zu bringen. Die Männer der Mafia, an sich stets in Todesgefahr bei ihrem Tun im Untergrund, erwiderten kleinlaut, sie könnten jetzt nicht anfangen. Sonst würde die Aktion womöglich »den Bolschewiken in die Hände geraten«. Und sie redeten so aus gutem Grund. Am 14. Oktober putschten unter Anleitung der radikalen Linken die großstädtischen Massen in Prag unter Parolen, wie sie seit der Oktoberrevolution in Rußland in aller Munde waren, wo immer es darum ging, den Kapitalismus zu schlagen. Aber noch standen solchen gefährlichen Versuchen k.u.k. Assistenztruppen im Weg. In Prag waren Deutsche vom Feldjägerbataillon 9 (Reichenberg) und das Assistenzbataillon vom Egerländer Infanterie-Regiment No. 42. Dazu kamen zwei Feldassistenzbataillone von der Piave, Magyaren und Rumänen. Angesichts der mit MGs in Stellung gegangenen k.u.k. Truppen verflüchtigten sich die Massen, brach ein Streik zusammen. Und die Gewässer verrannen, in denen das schwimmt, was eine Revolution nach russischem Muster ausmacht. Die Männer der Mafia warteten weitere 14 Tage, bis sie am 28. Oktober nach der Kapitulation der k.k. Militär- und Zivilbehörden in Prag, denen bereits jeder Rückhalt in Wien fehlte, die Unabhängigkeit der ČSR ausriefen ...

Das geschah, als der Abgeordnete Gustav Habrmann, ein tschechischer Sozialdemokrat mit anarchistischer Vergangenheit (die er einmal in den USA bewältigt hat) zum altgedienten tschechischen Nationalsozialisten Wenzel Klofać sagte:
»Paß auf, was ich dir sage. Wenn diese verfluchte Bestie krepiert, wird sie noch im Verröcheln versuchen, um sich zu fetzen, und sich an uns rächen (!). Es wird ein furchtbares Blutbad geben.«
Aber unter Kaiser Karl gab es kein Blutbad. Nicht unter den Tschechen; nicht in Budapest, wo der linksliberale Mihaly Károly Graf von Nagy-Károly die Rolle eines Kerenski übernahm; auch nicht in Agram, wo einer aus der Familie Pribičević die Sache Serbiens vertrat, während die Brüder dieses Svetozar längst drüben bei den Serben waren; auch nicht in Krakau, wo die letzte von den Kaiserlichen gestellte Wache den Dienst nach dem Reglement der ersten des neuen polnischen Regimes übergab. Und erst recht nicht in Wien, wo der Doktor Deutsch, immer noch in Leutnantsuniform, den Einsatz seiner geheimen Militärorganisation geschickt und unter Ausschaltung der Kommunisten zum Sieg führte.
Man kann, nach all dem, was seit 1918 in der Welt geschehen ist, der k.k. Regierung wirklich nicht vorwerfen, daß sie nicht alles getan hat, um der Monarchie von Amts wegen eine Sterbehilfe zuteil werden zu lassen. Hier ist nicht von der Humanität des letzten Kaisers die Rede, der seiner Armee verbot, Gewalttätigkeiten der verschiedenen Umstürzler mit Waffengewalt zu begegnen. Ein einzigartiger Akt in der politischen Staatengeschichte ist aber wohl die Tatsache, daß die k.k. Regierung den tschechischen Politikern Kramář, Klofać, Stenak, Habrmann und Kalina auf deren Ansuchen ohne weiteres Pässe ausfolgen ließ, damit sich diese mit ihren Gesinnungsfreunden im Ausland treffen konnten. Erstaunten Beamten wurde seitens der k.k. Regierung bedeutet, man könne doch die Tschechen nicht noch mehr verärgern, und man ließ sodann noch zwei weitere Pässe für Finanzfachleute (!) ausstellen, ohne die besagte Politiker offenbar ihre Geschäfte im Westen nicht besorgen konnten. Zwei der Politiker waren 1916 wegen Hochverrat zum Tod verurteilt, nachher von Kaiser Karl be-

gnadigt und in allem rehabilitiert worden. Habrmann war giftig wie eine Otter, wenn er schwarzgelb sah und seine anarchistischen Urinstinkte erwachten.
Bevor die Herren nach dem Westen reisten, wollten sie an allerhöchster Stelle erfahren, wieviel Widerstandskraft in dem schwarzgelben Staatskadaver noch steckte. Klofać suchte um eine Audienz beim Kaiser an – und wurde dazu bestellt. Die Begegnung vollzog sich unter seltsamen Umständen und zeigt die ganze Tragik der letzten Stunden auf. Der Kaiser unternahm eine Fahrt vom Sitz des Armeeoberkommandos in Baden nach Ungarn (wo sich die Doppelmonarchie den Infarkt ihres Bestandes holte). Klofać wurde gebeten, auf den Hofzug im Wiener Bahnhof Meidling zu warten; dort sollte er auf der Strecke bis Wien-Ostbahnhof die Möglichkeit haben, das Gespräch zu führen. Es begann damit, daß der Kaiser in jenem Tschechisch, das er einmal in einem böhmischen Dragonerregiment gelernt hatte, dem Tschechen sein Beileid ausdrückte: Ein Sohn von Klofać war unlängst an der Front gefallen. Nicht in den Reihen der tschechoslowakischen Legionäre, die man bis unlängst als Deserteure und Landesverräter nach Kriegsrecht gehängt hatte, wenn sie in Gefangenschaft gerieten, sondern in Feldgrau.
Klofać setzte das Gespräch in tadellosem Deutsch fort. Es fehlte nichts von der Höflichkeit, die vor dem Krieg nicht nur dem Kaiser, sondern auch einem, der an einer österreichischen Universität doktoriert hat, ja selbst unter Duellanten selbstverständlich war. Aber es gab keine Rededuelle mehr während der Zugfahrt. Der Tscheche erinnerte, daß die Monarchie alles verspielt hat, als sie während der letzten großen Krise Frankreichs in jenem Jahr die Gelegenheit versäumte, dahin überzugehen, wo die Tschechen längst ihre Erwartungen untergebracht hatten – und nun erfüllt sahen. Wie verabschiedete sich aber der letzte, allerdings nicht mehr gekrönte König von Böhmen bei diesem Anlaß von einem Sprecher des Volkes, das einmal nicht nur die gefährlichsten Aufstände gegen das Haus Habsburg geführt hatte, sondern noch zu Napoleons Zeiten das einzige der Erbländer war, dessen Hauptstadt – Prag – Napoleon I. nicht eroberte?

»Erinnern Sie sich manchmal an das, was wir gesprochen haben«, schloß der Kaiser die Audienz, als Klofać schon Eile hatte, rechtzeitig aus dem Hofzug zu kommen. »Und trachten Sie, daß, was kommen muß, ohne Blutvergießen geschieht. Vielleicht wird Ihr Volk einmal einsehen, daß ich doch nur das Beste gewollt habe.« Und dann noch, etwas leiser:
»Glückliche Reise!«
Klofać konnte seinem Reisegefährten Habrmann berichten, daß die Bestie Österreich nicht die Absicht hatte, im Krepieren noch einmal um sich zu fetzen und ein Blutbad anzurichten. Im übrigen verlief die Reise der tschechischen Hoch- und Landesverräter glücklich, soweit ihre Absichten im Politischen damit gemeint waren. Es war das letzte Mal, daß tschechische Politiker gezwungen waren, mit einem Paß zu reisen, dessen Stampiglien noch der Doppeladler zierte. Drei Tage nach der Reisebegegnung wird man in Prag und überall, wo die ČSR schon Herrschaftsrechte auszuüben begann, die verhaßten Doppeladler von den Wänden reißen oder die Skulpturen an historischen Gebäuden mit Sackleinwand verdecken.
Die Tschechen waren während des ganzen Krieges mit dem Tun und dem Ansehen ihrer Exilpolitiker im Westen den Südslawen voraus. Das kam zum Teil daher, daß vor allem kroatische Politiker keineswegs mit dem Ziel des serbischen Ministerpräsidenten Pasić übereinstimmten, der seit 1914 an ein Groß-Serbien dachte, weil für ihn Kroaten und Serben ein Volk waren, was immer reaktionäre und klerikale Kroaten dagegen einwendeten (und bis heute einwenden). Eigentlich war in Österreich schon alles vorbei und geschehen, als endlich im November 1918 auch eine Delegation von Politikern, angeführt vom Führer der klerikalen slowenischen Volkspartei Anton Korosec, ebenfalls nach dem Westen reiste.
Dr. Korosec, ein katholischer Priester, war ein für die Sache seines Volkes begeisterter, für die Sache Österreichs aber gefährlicher Politiker. Von 1906 bis 1918 gehörte er dem Wiener Abgeordnetenhaus an. Seine Qualitäten bewies er im Umgang mit einem so loyalen und klugen politischen Publizisten, wie der Her-

ausgeber der »Reichspost«, Friedrich Funder, einer gewesen ist. Er verstand aber nicht nur Funder hinters Licht zu führen. Schon im Mai 1917, als er bereits eine Beziehung zu südslawischen Exilpolitikern angebahnt hatte, sprach er sich in der Öffentlichkeit immer noch für einen Staat der in Österreich und Ungarn lebenden Südslawen im Verband der Monarchie aus. Er konnte diesen Vorschlag ohne Gefahr bringen, weil in der Doppelmonarchie eher der Himmel eingestürzt wäre, als daß der damalige k.u. Ministerpräsident eine derartige Zerstückelung des Landes der Stephanskrone zugelassen hätte, und man in Wien damit rechnete, daß Budapest für Ordnung sorgen würde.
Im November 1918 suchte Korosec jenen Dr. Anton Trumbić auf, der zu den ersten Gewährsmännern der Ententepolitik im Kampf gegen Österreich-Ungarn gehörte. Seit den achtziger Jahren des 19. Jahrhunderts bestand eine aufschlußreiche Briefverbindung, die der damalige Gründer der Kroatischen (klerikalen) Volkspartei, Joseph Georg Strossmayer, später Strosmaier, mit dem großen alten Mann der englischen Liberalen Gladstone unterhalten hat. Strossmayer setzte sich wie alle Proselyten im Nationalitätenstreit schon sehr früh für Ziele ein, die er als Apostolischer Administrator für Serbien (!) nur zu gut kannte. In der Person Gladstones hatte er einen Briefpartner, der wie keiner die Donaumonarchie wegen ihrer Balkanpolitik haßte.
Jetzt, 1918, war es zu einem peinlichen Zwischenfall gekommen. Schon zuvor waren Gebietsansprüche, die Italien einerseits, Serbien andererseits im Adriaraum für den Fall der Zertrümmerung Österreich-Ungarns erhoben, hart aufeinander geprallt. Der serbische Ministerpräsident Pasić hat sich nicht gescheut zu behaupten, die in den umstrittenen Gebieten lebenden Slawen würden lieber bei Österreich-Ungarn bleiben, als Untertanen Italiens zu werden. Und nun, nach dem Zusammenbruch der Front der Österreicher-Ungarn an der Piave, waren italienische Truppen nach Dalmatien gekommen, um dort die Herrschaft Italiens aufzurichten. Dr. Korosec und die südslawischen Exilpolitiker baten den Oberkommandierenden der US-Streitkräfte, einige seiner

Truppen in Dalmatien zu stationieren, um ein italienisches Besatzungsregime zu verhindern.
Die Laune des Schicksals wollte es, daß diese amerikanischen Truppen ohnedies schon dahin instradiert waren; allerdings vom Oberkommando der italienischen Streitkräfte, in deren Verband ein Regiment US-Infanterie gegen die Österreicher-Ungarn eingesetzt war. Washington löste das Problem, indem es derlei Expeditionen seiner Truppen, gleichviel unter welchem Vorwand, verbot.
In der ersten Novemberwoche wurde der serbische Ministerpräsident Pasić mit den kroatischen Exilpolitikern einig: Er täuschte sogar Koroseć, der vermeinte, es gäbe auch unter Pasić so etwas wie einen Föderalismus unter den Südslawen – und nicht einen in Belgrad ausgeübten Zentralismus. Koroseć war zwischen 1918 und 1940 mehrmals Regierungsmitglied in Belgrad, einmal sogar Ministerpräsident. Er starb mit der Lebenserfahrung, daß man mit Serben nicht auf die gleiche Weise über Föderalismus reden kann wie ehedem mit den Österreichern. Letztere taten zwar zuweilen wenig, aber es geschah in Wien denn doch nicht, was in Belgrad unter König Alexander I., dem späteren Diktator, geschah: daß nämlich der Sprecher der Kroaten im Parlament niedergeschossen wurde.
Alles kam 1918 unter der Wucht der weltpolitischen Geschehnisse auch in den Ländern und Provinzen und hintersten Winkeln der untergehenden Donaumonarchie zu einem Ende: Im Nationalitätenstreit über den Boden der Donaumonarchie siegten die *Exilpolitiker*, hatten letztlich die in der Heimat verbliebenen *Untergrundkämpfer* und getarnten Männer des Widerstandes gegen die k.k. Regierung in Wien und die k.u. Regierung in Budapest das Nachsehen. So gerieten denn auch die Nachfolgestaaten Österreich-Ungarns nach den vom Westen gelieferten Modellen. Die ČSR, Rumänien und Jugoslawien schlossen sich 1920/21 zur sogenannten Kleinen Entente zusammen. Und so erlitten sie das gleiche Schicksal, als ihr großes Vorbild im Westen dem gnadenlosen Zugriff Hitlers verfiel.
Karl Renner war einer der letzten, die das Ende der Monarchie nicht mit einem Untergang des uralten Zusammenhalts in einem

übernationalen Österreich gleichsetzten. Daher der Name Deutsch-Österreich. Anfangs noch im Glauben, es existiere diese Auffassung vom Wesen eines übernationalen Zusammenhalts auch bei Politikern der Nachfolgestaaten. Erst die rüde Zurückweisung jeder solcher Kombination wandte endgültig den Blick auf das Deutsche Reich, auf die große Republik der Deutschen, in welcher die kleine der Deutsch-Österreicher aufgehen sollte.

In Wien hat man sich an den Verlust der Hausherrnwohnung im alten Reich und den Einzug in die Zimmer-Küche-Kabinett-Wohnung der etwas klein geratenen Republik von 1918 gewöhnt. In einem der ersten Jahresberichte der Hauptstadt dieser Republik hieß es denn auch, keineswegs resigniert:

»Wien ist ... die Hauptstadt des zwar kleinen, aber national (!) einheitlichen demokratischen Österreich.«

Wien wird rot

Oktober und November 1918

Der Wiener Bürgermeister Dr. Richard Weiskirchner hatte einen schweren Gang vor sich. Die Wegstrecke von seinem Arbeitssalon im Rathaus in die benachbarte Josefstadt war nicht weit. Aber nach seiner Rede, die er dort halten sollte, werden die Männer und Frauen in der Christlichsozialen Partei wissen, daß sie den Bürgermeisterstuhl der bisherigen Haupt- und Residenzstadt, den sie unter der Führung des Doktor Lueger vor dreiundzwanzig Jahren für ihre Partei erobert hatten, auf unabsehbare Zeit verloren haben. Das den Versammlungsteilnehmern beizubringen war die Aufgabe des letzten christlichsozialen Bürgermeisters von Wien.
Als der Bürgermeister ans Rednerpult trat, sah er sich zunächst im Saal um. Da saßen die Getreuesten der Getreuen, die sich in den Kämpfen mit den Liberalen, den Deutschnationalen und den Sozialdemokraten bemüht haben, Luegers Werk erfolgreich fortzuführen und gegen die unablässigen Angriffe der politischen Gegner zu verteidigen.
In den vorderen Reihen saßen die Stadträte, die Gemeinderäte, die einflußreichen Bezirksvorsteher, die letzte Nachhut einer nicht mehr zeitgemäßen Honoratiorenpartei, wie man später nicht ganz zutreffend gesagt hat.
Wenngleich der Doktor Lueger weder ein alle Interessenten verbindendes Parteiprogramm hinterlassen hatte noch eine von Grund auf durchorganisierte Massenpartei, so war es doch so, daß der »schöne Karl«, wie der Doktor Lueger bei seinen Verehrern hieß, eine unerschütterliche Anhängerschaft aus fast allen Kreisen der Bevölkerung der Stadt, bald in ganz Österreich geworben hat.

Das Unglaubliche war im letzten Vierteljahrhundert eine politische Realität geworden: eine *christliche* Partei, kein Haufen von Kerzlschlickern, Weihbrunnenten und Sakristeiwanzen, wie die Gegner höhnend sagten, sondern eine mächtige klassenlose Volkspartei. Eine Volkspartei, die auch in den Kronländern mit slawischer Bevölkerung Nachahmung fand und überall die seit Jahrhunderten verschüchterten Christen ermutigte, sich der Herausforderung im werdenden Parteienstaat zu stellen und entsprechende Antworten zu geben.

Und so saßen an jenem trüben Herbsttag des Jahres 1918 nicht nur die Honoratioren im Saal: Da waren erstaunlich viele Frauen unter den Zuhörern. Frauen, denen erst die Republik das Stimmrecht geben wird, die aber in den vergangenen Jahren und Jahrzehnten einen Enthusiasmus in die Partei getragen hatten, den diese nach 1918 bis zu ihrem Untergang in der Zeit 1933/34 nie mehr besessen hat. Und Männer, meistens ältere, nicht mehr landsturmpflichtige Jahrgänge, Lokalmatadore von Hausmeistern bis zu Handwerkern sowie Geschäftsleute vom Grund, die eben wieder gegen die zu Zehntausenden nach Wien kommenden Ostjuden einen scharfen Konkurrenzkampf ausfochten. Sie und ihre Kinder werden noch einen Weltkrieg überleben, und dann wird ihre Existenzmöglichkeit im Meer der modernen Massenversorgung versinken. Das waren sie, die Schwarzen von 1918.

Im Sommer des Jahres 1918 ist der verhöhnte und gehaßte Bielohlavek gestorben, dem die politischen Gegner und Dreiviertelhirne der Epigonen das Image eines dummen Antisemiten und Feindes aller Buchweisheit angehängt haben. Auch war er umwittert vom Verdacht, er hätte zu den Parteigängern des Doktor Lueger gehört, die in der Politik dem schändlichen »Gott Nimm« geopfert haben. Als er starb, stand seine Witwe so mittellos da, daß der Führer der Christlichen Arbeiterbewegung Leopold Kunschak Antrag stellte, der Niederösterreichische Landesausschuß möge die Kosten des Begräbnisses übernehmen. Bielohlavek, der in Niederösterreich die Sozialeinrichtungen der Kriegszeit und die Spitäler betreut hat, wäre in der Lage gewesen, seinen beiden Söhnen das Sterbeg'wandl eines Frontsoldaten zu ersparen. So wurde

der eine ein aktiver Offizier im Krieg, der andere aber hatte wirklich nichts zu verzehren, was sein Vater dem »Gott Nimm« abgeluchst hätte.
Bis dato aber wird sorgfältig verborgen gehalten, daß es der banausische Bielohlavek war, der verhinderte, daß statt der wegen Ersparnisgründen bereits im Plan entworfenen, bescheidenen Interimskirche die Krönung einer versinkenden Kulturära in Wien, die Kirche auf dem Steinhof, gebaut wurde. Erbaut vom Kronland Niederösterreich, in dessen Landesausschuß er, der Bielohlavek, saß, nicht von der Stadt Wien ...
In jenem Jahr 1918 starben viele jener Männer, die der Haupt- und Residenzstadt, für die man vor Kriegsausbruch das Anwachsen der Bevölkerung auf vier Millionen Einwohner erwartet hat, einen eindrucksvollen und unwiederholbaren Glanz gegeben haben: der Maler Gustav Klimt, der Architekt Otto Wagner, der Schauspieler Alexander Girardi, der Maler Kolo Moser, der Maler und Zeichner Egon Schiele, um nur sie zu nennen. Opfer der Kriegsnot und grassierender Krankheiten, sagten die einen. Andere sagten, weil jede zu Ende gehende Epoche die Männer, die ihr das Gepräge gaben, mitnimmt bei ihrem Vergehen, sie nicht einer späteren Zeit überläßt ...
Die allgemeine Not des letzten Kriegsjahres traf nicht nur die Proletarier, unter denen unentbehrliche Facharbeiter vom Kriegsdienst befreit waren, oft mehr verdienten als Angehörige mittlerer Beamtenkategorien oder gar die unzähligen Diener unterster Rangklassen im Staatsdienst. Unter diesen Beamten- und Offiziersfamilien gab es nicht nur dümmliche Loyalisten, wie sie Karl Kraus zu kennen glaubte: Väter, die sich weigerten, die allgemeine Not zu verschärfen, indem auch sie sich am Schleichhandel und am Hamstern beteiligten. Oder Militärs, die ihren Söhnen eben nicht jene Funktionen bei Stäben zuschanzten, wo Auszeichnungen mit der Kriegsdekoration ohne Lebensgefahr erreichbar waren. Freilich gab es genug Typen, von denen Karl Kraus mit der ätzenden Kritik seiner Kriegsgeschichte »Die letzten Tage der Menschheit« ein zeitlos gültiges Bild inmitten eines Meeres von üblen Diffamierungen geschaffen hat.

Und da waren die Kinder. Die letzten jener Schulklassen, die vor dem Krieg in einem Großeinsatz der Wiener Städtischen Straßenbahn nach Schönbrunn gefahren wurden, um dem Kaiser eine Huldigung darzubringen. Sie werden nach 1918 als getreue Wähler das rote Wien im Rathaus präsent machen und auf unabsehbare Zeit, wenn auch mit untunlichen Unterbrechungen im Wechsel der Zeit, verteidigen. Noch hingen in den Klassenzimmern der städtischen Volks- und Bürgerschulen Kreuz und Bild des jungen Kaisers nebeneinander. Das wird sich ändern. Das Kaiserbild wurde nach dem 12. November 1918 noch unter dem Bürgermeister Weiskirchner entfernt. Das Kreuz wird der für den öffentlichen Unterricht zuständige Staatssekretär Otto Glöckel entfernen lassen. Glöckel, der als *Ministrant* begonnen und im *Ministerrang* einen Höhepunkt seiner politischen Laufbahn erreicht hat.
Ein großer Abgrund tat sich seit Wochen vor den Zuhörern des Bürgermeisters Weiskirchner auf. Und ein Kehrichthaufen, auf dem man den Krimskrams einer Vergangenheit und ihre Ungerechtigkeit deponieren wird, um einer neuen und besseren Welt in Wien Platz zu schaffen. Einiges von dem, was kam, wußte an jenem Tag schon der noch amtierende Bürgermeister Weiskirchner. Was er nicht ahnen konnte war, daß das künftige Wien, das rote Wien, wie man es mit Stolz nennen wird, nicht nur einen einmaligen Platz im *Staat* Deutsch-Österreich haben wird, sondern in *Europa* und in der *Welt.* Weil das rote Wien die Paßstücke besaß, die es fortan brauchte, um sich in die Welt der Sieger von 1918 und ihre Weltanschauung einzufügen. Das Image der Kaiserstadt wird man für einige Zeit in die Depots der unbrauchbaren Inventarstücke der Ära des Doktor Lueger verbringen.
Der Bezirk Josefstadt war nach dem Urteil politischer Gegner der Kongo im christlichsozialen Wien, das finsterste Depressionsgebiet im schwarzen Wien vor 1918. Das Versammlungslokal befand sich im einst renommierten Gasthaus und Vergnügungslokal »Grünes Tor«. Ein Samtfabrikant, der zu Zeiten der Kaiserin Maria Theresia aus Frankreich nach Österreich gekommen war, ließ sich in einem alten Gebäude der Josefstadt nieder. Dort hat sich

später, in der Zeit Lanners und des alten Strauß, die Walzerseligkeit der Biedermeierzeit ausgetobt. Aber 1870 tagte just über diesem Tanzboden ein »Panslawistischer Kongreß«, auf dem Palacký, der längst einem Gesinnungswandel verfallen war und nicht mehr so dachte wie 1848, heftige Reden gegen das nicht namentlich erwähnte Österreich hielt. Jetzt, ab 1918, werden das »Grüne Tor«, der »Wimberger« und andere Vergnügungslokalitäten immer öfter Stätten jener Versammlungen im Zeitalter der Massenparteien werden. Gewisse Anläße, bei denen sich deren exaltierte Parteipolitiker für sich und ihre Partei die Todeskrankheit holten, die nachher in den dreißiger Jahren selbst im demokratischen Westen Europas ausuferte.

Noch ein Jahr zuvor hatten die Wiener gelacht, als in einem Gasthaus in Favoriten die Angehörigen einer Marschkompanie von den tschechischen Stammgästen des Lokals eine seltsame Zusatzstrophe zu einem alten Reservistenlied der Kaiserlichen hörten: »Wer wird denn in Wien dann regier'n (Wiederholung) / Der Tschechoslowak mit Zylinder und Frack / Der wird dann in Wien halt regier'n ...«

Also keine Militärs und keine Beamten in Beamtenuniformen, vom Briefträger bis zum k.k. Statthalter und Minister. Zylinder trug man ja auch in kleinbürgerlichen Kreisen, etwa zur Hochzeit. Und den Frack trug nicht nur der Kellner in guten Lokalen. Nur über den Einfluß, den nach 1918 die ČSR in Wien und in Österreich ausübte, über die Wachsamkeit, welche dieser neue Nachbar namens der Sieger von 1918 übte, machte sich vor dem Umsturz niemand eine Vorstellung. Die Demonstranten, die jene Übersiedlung der Abgeordneten aus deutschsprachigen Wahlbezirken Österreichs vom Franzenring ins niederösterreichische Landhaus in der Herrengasse begleiteten, werden wohl kaum einer Tatsache Beachtung geschenkt haben, die an sich beachtenswert war: Gegenüber dem Landhaus, wo im März 1848 die erste Revolution im kaiserlichen Österreich ausgerufen worden war, befand sich jetzt das pompöse Banklokal der Zivnosténska Banka. Übrigens auch gegenüber dem »Café Central«, wo man nach 1918 schon ein wenig mühsamer geistreiche Gespräche fortsetzte, nicht ahnend, daß der Boden, auf dem die kleinen Marmortische standen, für die meisten Stammgäste längst keine sichere Basis mehr war ...

Ein wenig viel Details, um im Hirn des Herrn Bürgermeister an jenem Herbsttag präsent zu sein. Nun, die Christlichsozialen und ihre Politiker waren auch keine Analytiker, die alles hinterfragen; sie haben die Tatsache, daß sie Kinder der Kaiserstadt waren, meistens in sich aufgenommen. Man politisierte in ihren Reihen nicht so wie etwa in den Arbeiterheimen der Sozialdemokraten. Gebäude, die man um das Jahr 2000 unter Denkmalschutz stellen wird. Aus Ehrfurcht vor einer denkwürdigen Vergangenheit. An deren Bestehen aber in einem sozialistisch gesteuerten Staatskapitalismus vielfach kein Bedarf mehr gegeben sein wird, weil dann Österreich in der sogenannten freien Welt des Westens das Land mit dem am höchsten entwickelten Staatskapitalismus sein wird. Und der kapitalistische Klassenfeind schon seinen K. o. bezogen haben wird. Christlichsozial wählte man, ohne gleich Mitglied eines nichtssagenden Christlichsozialen Wählervereines zu sein, aus dem einfachen Grund: Weil man doch nicht den Sozialdemokraten oder den Nachfahren des Herrn von Schönerer die Stimme geben konnte. Weil man den alten Staat als Christ bejahte.

Nun wäre es für den Bürgermeister Weiskirchner an der Zeit gewesen, seine Umschau zu beenden und in den Horizont des »Grünen Tors« zurückzukommen. Rasch haspelten die lokalen Adabeis ihre Entréecouplets ab, um dann in der Masse unterzutauchen. Das zu sagen, was heute der Bürgermeister den Getreuesten der Getreuen zu sagen hatte, dazu drängte sich niemand. Nach Jahren werden nämlich Politologen herausfinden, daß die Christlichsozialen des Jahres 1918 nicht rechtzeitig über ein Programm für die Zeit *nach* dem alten Österreich nachgedacht haben. Das ist leicht erklärt. Sie unterschieden sich in dieser ihrer Art von den Sozialdemokraten und den Deutschnationalen, die nie viel für den Habsburgerstaat übrig gehabt haben, die eher zu den Zerstörern als zu den Verteidigern des alten Österreich gehörten. Banausen stehen eben nicht auf der hohen Warte, von wo aus einflußreiche und intelligente Menschen unentwegt in die Zukunft

schauen und sich weniger darum kümmern, daß sie möglicherweise selbst unter die Massen des Gesteins der einstürzenden Ordnung zu liegen kommen.
Gegner sagten und sagen, daß eine Partei, deren Funktionär und Mandatar der Bielohlavek wurde, nichts anderes erwarten darf, als sukzessive zugrunde zu gehen in Zeiten, wo in einem Hohen Haus kein Platz mehr ist für Bielohlaveks. Und: Hat nicht der Doktor Lueger zu seiner Zeit seiner Partei attestiert, sie bestünde eben aus Menschen, die schwarzgelb bis in die Knochen sind? Keine politische Ideologie, kein ausgetüfteltes und durchdiskutiertes Parteiprogramm hinterließ der Doktor Lueger seinen tieftrauernden Hinterbliebenen, sondern: eine *Methode*, Politik zu machen, mit der nicht fortwährend jeder Winkel des höchstpersönlichen Daseinsbereiches durch Wahlvorbereitungen, Wahlen und Wahlfolgen in Unruhe versetzt wird.
Eine Frage hatten viele Versammlungsteilnehmer in ihrem Innersten: Was sagte denn die Kirche zu dem Ganzen? Der Doktor Weiskirchner sagte jedenfalls an jenem Tag nichts Konkretes. Die Kirche wird sich ein wenig trauernd in den ohnedies eher schütteren Trauerzug der wirklich trauernden Hinterbliebenen von gestern einreihen. Im übrigen darauf achten, daß sie selbst nicht in dem Sarg zu liegen kommt. Nicht nur das legendäre Bündnis von Thron und Altar stand längst nur noch als eine Ruine früherer Mächtigkeit in der politischen Landschaft. Die Kirche war sich 1918 bewußt, daß sie nie eine letzte Nachhut unter den Konservativen sein wird, weil sie Unterscheidungen wie rechts und links, konservativ und liberal nicht zum Raster machen kann, über dem sie das Ideengebäude ihrer Ewigkeitswerte aufbaut. Der Elsässer Albert Ehrhard, den man 1898 mit großen Erwartungen als eine Leuchte der Wiener Katholischen Fakultät begrüßte, hat das in seinem Werk »Der Katholizismus und das 20. Jahrhundert im Lichte der kirchlichen Entwicklung der Neuzeit« genau so ausgedrückt. Kaum aber war das Buch 1902 erschienen, da hat man ihn aus Wien richtiggehend hinausgeekelt, und seine ganze Kirchentreue schützte ihn nicht vor ungeheuerlichen Verdächtigungen, wonach er ein übler Modernist gewesen sein soll. Mit ihm hat die

an der Universität ohnedies nur schwach vertretene katholische Geistigkeit ihren Motor verloren, die Verbindungen des CV einen unersetzlichen Mentor.

Und jetzt, 1918, ergab sich die furchtbare Tatsache, daß die Christlichsoziale Partei, die Partei des politischen Katholizismus, in Wien und in Österreich nur ein Erinnerungsbild des Doktor Lueger als Verlassenschaft behalten hat. Die politisch-weltanschauliche Vertikale – die ging der Partei ab, man wähnte sich im katholischen Österreich sicher.

In politisch informierten Kreisen rechnete man im Spätherbst längst damit, daß die Christlichsozialen die letzte Nachhut einer zu Ende gehenden Geschichtsepoche in Österreich sein werden. So wie im Wahljahr 1911 werden auch 1918 die beiden mandatstärksten Fraktionen im Hohen Haus am Franzensring letztlich zusammenstehen. Sie werden der stürzenden Habsburgermonarchie keine Träne nachweinen. Und sie werden hoffen, daß den Christlichsozialen der totale Ruin des Bündnisses von Thron und Altar nicht gut bekommen wird. Um so besser war derlei für alle Antiklerikalen in der SDAP und in der 1919 gegründeten Großdeutschen Volkspartei. Man wird sich im kleinen Komitee über das Neue einigen, dann einen Vermittler zu den Christlichsozialen schicken und ihnen raten, ja nicht den letzten Zug ins Morgen zu versäumen. Denn auf ihrer Strecke wird jahrelang keiner kommen.

Ein wenig andeutungsweise und vage gerieten die meisten Aussagen des Herrn Bürgermeister. Die Getreuen im Publikum fragten sich natürlich, wer denn ihre Sache in der künftigen Ordnung vertreten werde. Nun, die Lueger-Partei wird ihren Mann von weit her holen müssen. Ein Wiener oder einer aus der alten Umgebung gab sich nicht her, war wohl momentan nicht präsentabel. Der kommende Mann kam aus Vorarlberg, hieß Jodok Fink und war ein ehrenwerter Mann. Als Bürgermeister von Adelsbuch und Landtagsabgeordneter hatte er seine Staatsexamen in Demokratieverständnis abgelegt. Ein gestandener Christlichsozialer war er nicht. Erst nach seiner Wahl in das Hohe Haus in Wien war er 1897 der christlichsozialen Fraktion beigetreten. Das war nach

dem Sieg des Doktor Lueger und nach all den Kämpfen, die die Wiener hatten ausstehen müssen, um die liberale Mehrheit im Wiener Gemeinderat zu Sturz zu bringen. Dr. Renner wird Fink über Zeiten und Wechselfälle in der Politik hinweg ein gutes Andenken bewahren. Und Jodok Fink verdiente es. Verdiente es deswegen, weil er seinen christlichsozialen Parteifreunden über eine windige Zeit hinweggeholfen hat. Und er verdiente es, weil der Zusammenhalt zwischen der SDAPÖ und den beiden bürgerlichen Großparteien in der Zeit gefährlicher Bedrohungen durch Diktaturen der linken Linken notwendig war. Einen Zweifrontenkrieg hätte Dr. Renner nicht durchgestanden. Freilich mußten in der Ära einer Koalition der *drei* Großparteien die bürgerlichen Großparteien viel Ärger schlucken und viele Fährnisse bestehen. Denn die Sprache, die Agitatoren der SDAPÖ in Versammlungen und Betriebskundgebungen führten, war nicht eben freundlich gegenüber den bürgerlichen Koalitionspartnern in der Regierung Renner.
In den Ländern, in den Bauernrepubliken, wie man sagte, waren die Bauerngeneräle gar nicht böse darüber, fortan auf *das rote Wien* schimpfen zu können. Je röter Wien wurde und je mehr die schwarze Politik abblätterte, desto weniger lohnte es sich, antisemitische Töne anzuschlagen, wie sie Herrn von Schönerer gefallen haben. In der Demokratiekrise der dreißiger Jahre wird das Bürgertum Verluste erleiden, die der lautstarken Hitlerbewegung endlich auch in Österreich eine größere Zahl von Anhängern brachte.
Ausdrücklich rechnete der Bürgermeister damit, daß im Niederösterreichischen nicht jene von Wien abgewandte Einstellung eintreten würde, wie sie im Westen des Landes unverhüllt zutage kam. Das schwierige Ernährungsproblem (der Winter auf 1919 war notiger denn jeder Kriegswinter) oblag den früheren Kronländern; bei der Überlastung des ohnedies armseligen Bahnverkehrs in den Wochen des Zusammenbruchs wurden vorhandene Garnituren von den Heimkehrern besetzt und dabei manchmal der Versuch der Bahnbeamten, den Fahrplan in Ordnung zu halten, mit Gewalt unterdrückt. Es wird noch ärger kommen. Auf

dem flachen Land und in den Industriezentren werden sich Bauernwehren und Arbeiterwehren bilden, die zwar nicht von der Art waren wie jene in Rußland, die aber strikt darauf sahen, daß von den wenigen im Land aufzubringenden Lebensmitteln nichts für die hungrigen Großstädter abtransportiert wurde. In Salzburg wird man zum Beispiel auf einem Höhepunkt der Lebensmittelnot feststellen, die Versorgung Wiens sei nicht Sache der Länder; dafür müsse eine internationale Einrichtung aufkommen. Der Föderalismus Modell 1918/19 hatte oft einen merkwürdigen Charakter.

Die Zufuhr aus den ehemaligen, von Slawen beherrschten Kronländern blieb mit einem Schlag aus, als die Monarchie zerbrach. Nicht einen Waggon Kohle wollte man aus der am 28. Oktober 1918 ausgerufenen ČSR nach Österreich exportieren. Wilson hat zwar die Nachfolgestaaten gebeten, ihre bisherigen Peiniger nicht mit Rachehandlungen zu strafen; wie es aber im Pandämonium der Jahreswende 1918/19 im befreiten Mitteleuropa zuging, davon konnte sich kein Amerikaner eine Vorstellung machen.

Der Doktor Weiskirchner kam und kam nicht zu dem Punkt, um den es den meisten Zuhörern ging. Endlich deutete er das Kommende an:

»Wir müssen die Tore weit öffnen und dem demokratischen Zug der Zeit Eingang verschaffen, und ich glaube, daß wir die Angelegenheit entsprechend ordnen werden.«

Da wurde es still im Saal, und einigen Alten rannen die Tränen über die eingefallenen Wangen. Mit dem Wien des Doktor Lueger war es also aus und vorbei. Den Zug der Zeit traf man von Tag zu Tag häufiger an der Öffentlichkeit, und er hatte keine Züge an sich, um sich mit ihm zu versöhnen oder von den Siegern mehr zu verlangen, als die SDAP auf ihrem Parteitag vom 1. November 1918 klar zu erkennen gegeben hat. Viele gebildete und gutgläubige Österreicher glaubten in jenen Tagen tatsächlich an das Kommen einer *demokratischen Freiheitsordnung*, wie dies aus den Reden und Manifesten Wilsons hervorging. Die Naiven wurden erschreckt, als ihnen in den Städten eine recht ruppige Form der Demokratie begegnete. Es dauerte eine Weile, bis sich die so Enttäuschten eines Besseren besannen und sich entschlossen, der eben gängig gewordenen Formel: Und willst du nicht mein Bruder sein, dann hau ich dir den Schädel ein, auf ihre Weise zu begegnen. Übrigens, besagte Formel ist nicht eine Prinzipienerklärung der SDAP in Österreich gewesen; sie entspricht in dieser brutalen Formulierung dem Grundsatz, wonach sich jede Revolution das Recht herausnimmt, mit ihren Gegnern so zu verfahren, wie es seit der Französischen Revolution der Fall ist. Also: Mit einem mehr oder weniger brutal ausgeübten Zwang zur Gesinnungsänderung.

Am 1. November 1918 trat in Wien der Parteitag der SDAP zusammen. Ein wortgetreues Stenogramm hievon ist offenbar nicht vorhanden. Man darf annehmen, daß stimmt, was politische Gegner den Veranstaltern nachgesagt haben. Daß diese nämlich nachfolgende Generationen gar nicht aufs Wort wissen lassen wollten, wie dieser »Parteitag der Versöhnung« verlaufen ist. Nämlich in der Polemik, die zuletzt zur »Versöhnung« der zahlenmäßig in der Minderheit befindlichen linken Linken mit der Mehrheit führte, die nicht anstand, der linken Linken den Erfolg ihrer seit dem Parteitag 1917 unternommenen Bemühungen zu bestätigen. Denn nichts ist erfolgreicher in der Politik als der Erfolg.

Noch bezeichnete sich die österreichische SDAP in der Beschlußausfertigung als die *deutsche* Sozialdemokratische Partei. Sie stellte alle ihre Forderungen für eine bessere Zukunft auf das von Wilson ins Meer der in Europa bestehenden krassen Verschiedenheiten geworfene Schlagwort vom *unbeschränkten Selbstbestimmungsrecht der Völker* ab. Dieses Recht wurde ausdrücklich für das deutsche Volk, also auch für die Deutschen in Österreich reklamiert.

Für das Staatswesen Deutsch-Österreich verlangte die SDAP die Staatsform einer demokratischen Republik. Es war die erste ausdrückliche Absage an die geltende monarchische Staatsform seitens einer Großpartei. Noch schwebte man aber in der SDAP in der Hoffnung, daß es gelingen könnte, einen Staatenbund anstatt des früheren Vielvölkerreiches zu schaffen.

Dieser Parteitag der SDAP hat als erster die These aufgestellt, daß *der neue Staat kein wirtschaftlich lebensfähiges Gebilde* sei. Um so weniger ist verständlich, daß die 1922 unter dem Bundeskanzler Ignaz Seipel gelungene Sanierung der 1918 völlig zerrütteten Wirtschaftsverhältnisse auf die wildeste Gegnerschaft der Linken stieß.

Deutsch-Österreich sollte als ein selbständiger Bundesstaat dem Deutschen Reich beitreten. Niemand trat in den letzten Tagen des Bestandes der Monarchie ernstlich dagegen auf.

In Wien war es Sache der Sieger, also der Sozialdemokraten, in *ihrer* Republik den anderen Parteien trotz deren bürgerlicher Herkunft eine Mitarbeit zuzugestehen. In den Ländern, also in den sogenannten Bauernrepubliken, wo die Bauerngeneräle das Heft in die Hand nahmen, war die Mitbestimmung der Linken selbstverständlich. Alles nur so lange, wie sich dies zur Sicherung der demokratischen Errungenschaften der jüngsten Tage (also des Umsturzes) für notwendig erweisen sollte. Die Bürgerlichen wurden so etwas wie Kofferträger der Linken.

Den Genossen in den Nachfolgestaaten entbot der Parteitag Gruß und Wunsch für ihren Kampf gegen die Bourgeoisie. Man erwartete sich von ihnen einen Kampf im Geiste proletarischer Demokratie. Da in allen diesen Staaten das Industrieproletariat sowie die jeweilige Arbeiterpartei die Minderheit gegenüber der von Bauern und Bürgern gebildeten soliden Mehrheit ausmachten, war dies die bemerkenswerte Feststellung einer »internationalen Solidarität«. Otto Bauer wird 1926 in Linz der Internationale des Kapitalismus (einer anderen Agnoszierung der Gegner der Linken war er nicht willens) für den Fall eines Widerstandes auf *internationaler* Ebene die Diktatur des Proletariats androhen. Und der Stabschef des Republikanischen Schutzbundes der SDAP wird in der Bürgerkriegsära in Österreich mit einigem Unwillen feststellen, es sei ihm neu, daß die Arbeiterschaft erst dann zur Gewalt greifen darf, wenn sie nach erfolgten Wahlsiegen die Mehrheit im Parlament errungen hat ...

Auf ihrem Parteitag vom November 1918 hoffte die SDAP noch wenige Tage nach der Ausrufung der unabhängigen ČSR weiterhin auf eine Möglichkeit, die Deutschen in der ČSR »abzugewinnen«. Dies obwohl US-Präsident Wilson, der vermeinte, die ČSR von 1918 sei ein Nationalstaat der Tschechoslowaken und diese seien ein Volk, nie daran gedacht hat, seine Freunde in der ČSR um das wertvolle Siedlungsgebiet derer, die man später die Sudetendeutschen nannte, zu betrügen. Wer aber in diesen Zeiten die Gutgläubigkeit der Linken, die diese in die Versprechung eines Selbstbestimmungsrechtes der Völker setzte, als gefährliche Utopie hinstellte, tat sich schwer in der öffentlichen Meinung, die im Österreich von 1918 aufkam.

Ein Beschluß des Parteitages war von der Art, daß ihn die SDAP schon im Dezember 1918 bei der Neukonstituierung eines Provisorischen Wiener Gemeinderates in die Tat umsetzen konnte: So wie 1907 die Männer, sollten künftig auch die Frauen das aktive und das passive Wahlrecht besitzen. Ehe noch in Wien die dahin abzielende Änderung der Wahlordnung stattfinden konnte, wurden sich die Christlichsozialen und die Sozialdemokratischen darüber einig, daß schon in der Sitzung des Provisorischen Gemeinderates vom 3. Dezember 1918 nach einem bestimmten Proporz weibliche Gemeinderäte an den Beratungen als vollberechtigte Mitglieder teilnehmen sollten. Gabriele Proft, die 1917/18 so viel zum Endsieg der SDAP beigetragen hat, betrat denn auch als erste Frau den Sitzungssaal eines Vertretungskörpers in Österreich.

Mag sein, daß in der Beschlußfassung der SDAP vom Allerheiligentag 1918 zuviel Zukunftsgläubigkeit mitschwang. Die SDAP, als die Partei, die *ihren* Staat in die Wirklichkeit umsetzte und die in schweren Zeiten die Hauptverantwortung für dessen Bestand trug, hätte gefehlt, wenn sie dem allgemein vorherrschenden Trübsinn verfallen wäre. Ihre im neuen Staat errungene Macht beruhte zunächst weniger auf ihrer Stellung in der Provisorischen Nationalversammlung, wo die Arbeiterpartei nach den Ergebnissen der Wahl in das letzte Abgeordnetenhaus von 1911 als Minderheit vertreten war; vielmehr war sie auf Grund *außerparlamentarischer Machtverhältnisse* in ihrer Machtausübung vorweg bestätigt, ehe die Konstituierende Nationalversammlung gewählt und in Funktion getreten war. Die Zerfallsprodukte des alten Staates wurden der Kompost für ein Wachstum, dem zunächst

keine Grenzen gesetzt zu sein schienen. Wenigstens nach dem, was in und um Wien geschah.
Die kaum zustandegekommene Versöhnung auf dem Parteitag verhinderte nicht eine neue Kontroverse zwischen Bauer und Renner. Bauer hatte wohl noch etwas von dem im Ohr, was Lenin in Rußland propagierte: Eine große Revolution unter allen Deutschen als Triebkraft einer, die über den Umsturz an Ort hinausging. Renner kam aber der Verwirklichung der Anschlußidee vorerst dadurch näher, daß er auf das revolutionäre Gehabe, das die übrigen Menschen in Österreich (also die Mehrheit) erschreckte, verzichtete. Und so nicht nur ein Ja der Deutschnationalen, sondern auch die in Tirol und in Salzburg aufflammenden Anschlußideen der Christlichsozialen bekam. Freilich, der erwartete Willkommensgruß aus Berlin blieb aus. Dort kam die SPD erst nach der Flucht Kaiser Wilhelms II. nach Holland am 9. November 1918 an die Macht, nachdem ihr Genosse Philipp Scheidemann vorweg die Republik ausgerufen hatte. Die sogenannte Deutsche Republik, wie in dem Entwurf Renners für das Gesetz betreffend eine Staats- und Regierungsform von Deutsch-Österreich die Rede ist, hat es unter diesem Namen nie gegeben.
Einen solchen Verzicht wie Wilhelm II. hat Kaiser Karl I. nie geleistet. Seine Verzichtserklärung vom 11. November 1918 bezog sich ausdrücklich »auf jeden Anteil an den Staatsgeschäften«. Geschickt umging die Verzichtserklärung des Kaisers seine auf dem Gottesgnadentum beruhenden Rechte als Monarch, indem er vorweg die Entscheidung Deutsch-Österreichs über seine künftige Staatsform erkannte, nicht aber anerkannte.
In den Nachfolgestaaten ČSR, Polen und Ungarn schwemmten die zunächst unaufhaltsamen Wellen der nationalen und sozialen Revolution jede Bezugnahme auf die im völkerrechtlichen Sinne nach wie vor bestehende österreichisch-ungarische Monarchie weg.
Als am 11. November 1918 in Wien die Beschlußfassung des Tiroler Landtages einlangte, der sich für die republikanische Staatsform Deutsch-Österreichs einsetzte, und Renner das einschlägige Telegramm mit der Zeichnung des alten Christlichsozialen Josef

Schraffl versehen sah, erkannte Renner die Gunst der Stunde. Später kam die Legende auf, es hätte die zentrale Christlichsoziale Partei der Monarchie den Todesstoß gegeben. Dem ist nicht so. Dieser Nachruhm gebührt Schraffl, dem Gründer der Christlichsozialen Partei Tirols im Jahr 1904. Renner rief nach diesem Anstoß aus dem Westen die Exekutive des unfertigen Staates Deutsch-Österreich, den Staatsrat, zusammen. Er wies auf die von der Arbeiterschaft ausgehenden und immer stärker werdenden Pressionen hin. Und daß in der Arbeiterschaft starke Tendenzen herrschten, ja nicht mit den Bürgerlichen in einer Regierung zu koalieren. Indessen habe die Partei Renners am frühen Morgen des 11. November 1918 den Beschluß gefaßt, die fragliche Koalition »so lange wie möglich aufrechtzuerhalten«. Aber – nun müsse man sich zu einer fälligen Entscheidung über die Frage der Republik durchringen. Für die Herbeiführung dieses Beschlusses hatte Renner pflichteifrig vorgesorgt: mit dem von ihm verfaßten Entwurf eines Gesetzes über die Staats- und Regierungsform Deutsch-Österreichs.

Dieser lange beratene Entwurf hing in zwei Angeln: Erstens sollte der neue Staat *demokratische Republik* sein. Und zweitens sollte Deutsch-Österreich ein *Bestandteil der Deutschen Republik* werden. Wissend, daß es einen Staat mit der Bezeichnung Deutsche Republik nie gegeben hat und wohl nie geben wird, wählte Renner trotzdem die falsche Bezeichnung, weil die Politik seiner Partei auf ein Aufgehen Deutsch-Österreichs in einer *Republik* abgestellt war. Ohne die Flucht des letzten von Kaiser Wilhelm II. ernannten Reichskanzlers Max von Baden aus der Verantwortung (die er dem Vorsitzenden der SPD Friedrich Ebert überließ) und die höchst eigenmächtig von dem Sozialdemokraten Philipp Scheidemann ausgerufene Republik wäre das Experiment Renners tatsächlich eine Brücke ins Nichts gewesen. Der nach 1933, zumal auch von Renner, arg kritisierte, von Theodor Körner sehr wohl verstandene Bundespräsident Österreichs in den Jahren 1928 bis 1938, Wilhelm Miklas, war der letzte Politiker, der am 11. November 1918 ein Wort zugunsten der noch bestehenden Rechte des Kaisers sprach. Miklas erläuterte den Standpunkt seiner Partei, wonach man besser täte, die Entscheidung über die Staatsform nicht einer bloß *Provisorischen* Nationalversammlung (mit Mandaten ex 1911) zu überlassen, sondern hierüber in einer Volksabstimmung entscheiden zu lassen. Daran sollten sich alle Volljährigen in Österreich, Frauen und Männer, die das Stimmrecht besitzen, beteiligen. Wie immer aber die Provisorische Nationalversammlung entscheiden werde, die Christlichsoziale Partei werde sich loyal der neuen Staatsform unterwerfen. Das war die Ouvertüre zum Geschehen am 12. November 1918.

So endete ein seltsames Transitorium, das in den Zentralstellen der Monarchie am 21. Oktober 1918 mit der Konstituierung einer Provisorischen Nationalversammlung begonnen hatte. Und mit der entscheidenden Wende vom 30. Oktober 1918, als sich der schon bestehende Staatsrat als deutsch-österreichische Regierung vorstellte, ein großes Stück Weges vorankam: Machtvollkommenheit ohne legale Basis und daher, bei aller Anerkennung, daß das für jede Revolution angeblich notwendige Blutbad unterblieb, ein Verlassen des seit 1867 bestehenden Bodens der Legalität.

Victor Adler war in der Regierung Renner Staatssekretär des Äußeren. Mit gewohnter Höflichkeit stellte sich Adler dem noch amtierenden k.u.k. Minister des Kaiserlichen Hauses und des Äußeren Graf Julius Andrássy vor. Die Höflichkeit Adlers und seine Versicherung, man werde zwischen den zwei Ressorts gut zusammenwirken, konnte nicht darüber hinwegtäuschen, daß die Entwicklung der nächsten Tage ganz anders verlaufen sollte. Dies wohl auch deswegen, weil der sterbenskranke Adler in der Person Otto Bauers einen Adlatus hatte. Bauer drängte auf die rasche und völlige Unterbrechung der bisherigen Amtstätigkeit des Ballhausplatzes durch die Geschäftsführung der Regierung Renner. Von den alten Herren im Haus erwartete sich Bauer nichts anderes als Hemmnisse auf dem Weg des Anschlusses Deutsch-Österreichs an das Deutsche Reich.

Eine technische Frage brachte die Divergenz rasch auf die Spitze. Adler verlangte die Auslieferung des Chiffreschlüssels und der geheimen Chiffreakte. Das war kein Streit um die Geschäftsleitung, sondern eine empfindliche Störung des Verkehrs mit jenen Ländern, welche Deutsch-Österreich noch nicht anerkannt hatten. Oder die, wie die Schweiz, dem k.u.k. Gesandten bis weit ins Jahr 1919 das Agrément nicht entzogen. Das hing mit der Entwicklung in Ungarn zusammen und mit der Weigerung der Schweiz, der in Aussicht genommenen Vertreterin des Räteregimes in Ungarn ein Agrément, dem Staat also die De-facto-Anerkennung zu erteilen. So lebte das alte Reich noch auf schweizerischem Boden, von wo einmal die Habsburger nach Österreich gekommen waren, weiter. Und beim Neujahrsempfang 1919 sprach der mit dem Agrément versehene österreichische Gesandte als Doyen dem schweizerischen Bundespräsidenten die Glückwünsche aus – die höflich erwidert wurden.

Erst nach dem 12. November 1918 haben der Päpstliche Stuhl, die Regierungen der drei nordischen Staaten und die Niederlande Deutsch-Österreich anerkannt. Für das übrige neutrale Ausland bestanden die bisherigen k.u.k diplomatischen und Konsularvertretungen weiter. Nur diesen Behörden stand aber das Recht zu, chiffriert zu telegrafieren und sich diplomatischer Kuriere zu bedienen.

Sektionschef Baron Flotow, nach der Demission des letzten k.u.k. Außenministers mit der Ressortleitung betraut, übte eine seltsame Tätigkeit aus. Täglich hielt er dem Kaiser in Schönbrunn Vortrag, berichtete er über den Gang der Auflösung des Personalstandes des Ballhausplatzes. 133 von den insgesamt 212 Angehörigen des diplomatischen, des Konzept- und des Konsulardienstes wurden in den Dienst Deutsch-Österreichs übernommen. Ungarn übernahm 75 Herren, Polen 16, die ČSR zehn, Rumänien und Italien je einen Herrn. Ohne Mitwirkung der Zentralstellen erfolgte die Einberufung von Militärs und Zivilisten in die Dienste der Nachfolgestaaten. Die Marine des Königreichs der Serben, Kroaten und Slowenen wäre ohne die Marineure der Monarchie gar nicht ausgekommen. Italien bediente sich eines k.u.k. Feldmarschalleutnants, der wegen seines früheren Dienstes in der Nähe Kaiser Franz Josephs eine außergewöhnliche Prominenz in der Monarchie besaß. Dieser, ein Baron Margutti, entstammte einer

jener italienischen Familien, die auch nach dem Verlust der Lombardei und Venetiens Angehörige in den Dienst der Monarchie schickten. Um so mehr fällt auf, daß Baron Margutti nach 1918 als Generalleutnant der königlich italienischen Armee angehörte und – unter Mussolini – damit beauftragt war, in Österreich befindliche Archivbestände, auf die Italien nach dem Frieden von Saint-Germain Anspruch zu haben glaubte, aufzustöbern. Andere hohe Militärs rückten zur bewaffneten Macht der ČSR, Polens und Rumäniens ein; die Armee der ČSR war zunächst mit einem Offizierskorps versehen, von dem 40 Prozent aus der k.u.k. Armee stammten.
Die Zahl der an die Lokalverwaltungen der Nachfolgestaaten abgegebenen Beamten ist nicht abzuschätzen. Diese Beamten garantierten, daß 1918/19 nicht da und dort das völlige Chaos ausbrach.
Am 11. November 1918 wurde Flotow ins Ministerratspräsidium gerufen. Ihm trat im Zustand höchster Erregung der letzte k.k. Ministerpräsident Lammasch entgegen und klagte wegen der stundenlangen schwierigen Verhandlungen seiner Regierung über den Text einer fälligen Verzichtserklärung des Kaisers, Renner und Seitz hätten dem Ministerpräsidenten erklärt, man könne nicht mehr für die Sicherheit der Herrscherfamilie einstehen. Die von einigen Zöglingen der Militärakademie für Schönbrunn gestellten Wachen seien nicht imstande, ein Massaker in Schönbrunn zu verhindern. Die k.k. Regierung sei machtlos. Eilends begab sich der Ministerpräsident in die fortdauernde Sitzung des Kabinetts. Lammasch versuchte Flotow, den letzten Leiter des k.u.k. Ministeriums des Kaiserlichen Hauses, für eine Zustimmung zur Verzichtserklärung zu gewinnen. Professor Redlich, vor und nach 1918 Minister, beschwor Flotow, sich weiterer Rechtsausführungen zu enthalten. Man hätte sieben Stunden verhandelt. Minister Seipel wies auf Abmachungen hin, die mit der Sozialdemokratischen Partei getroffen worden waren, und verlangte, daß Verpflichtungen der Regierung nur in dem Maße bindend seien, als die Gegenseite sie respektiere. Seipels Einschreiten zugunsten der Staatsautorität angesichts der mit einer Partei ge-

troffenen Abmachung wurde in einer nach dem Tode Renners erschienenen Biographie als ein »recht sinistrer Eintritt Dr. Seipels in die österreichische Demokratie« hingestellt.
Endlich, kurz nach Mitternacht, kam der Ministerrat zu einer Beschlußfassung. Was Flotow nicht wußte war die Tatsache, daß das Kabinett nicht nur über ein Ende der Habsburgermonarchie beriet, sondern über Dekorierungen und Titulierungen sowie Pensionierung der so kurz im Amt gewesenen Mitglieder der letzten k.k. Regierung. Wie immer es war, am Morgen sollten der Ministerpräsident und der k.k. Minister des Innern von Gayer die Unterschrift des Kaisers zu der so entstandenen Verzichtserklärung einholen.
In den zehn Tagen vor der Verzichtserklärung des Kaisers hatte Flotow Gelegenheit, den Monarchen, der eben einen heute unvorstellbar tiefen Fall zu bestehen hatte, in dem am Werk zu sehen, worin sich dessen beste Eigenschaften offenbarten: eine Selbstbeherrschung, die mehr war als jene später oft zitierte »Vorkriegsanständigkeit und Benehmität«. Niemals zeigte der entmachtete, schon vor dem Verzicht in der Öffentlichkeit oft kraß verhöhnte Monarch Kleinmut oder jene larmoyante Art, die sich nach 1918 – leider – viele jener angewöhnten, die auch im Umsturz von den Federn aufs Stroh kamen; und in den ersten Jahren der Republik in noch größerer Zahl dahin gekommen sind. Die neuen Machthaber glaubten den Verlust vieler wertvoller Persönlichkeiten, die in die Nachfolge-, also in die Siegerstaaten verzogen, leicht verschmerzen zu können. Bis heute hat man ihnen in Österreich kaum eine Träne nachgeweint.
Flotow verschweigt in seinen Erinnerungen nicht die Schwächen des unglücklichen Kaisers, der 1918 nicht einmal mehr vier Lebensjahre vor sich hatte. Da war eine Güte, die oft zur Schwäche verleitete; und eine Härte, deren erzwungene Äußerung dem Naturell des Kaisers zuwider war. Auch ein Ideenreichtum, für dessen Ausnützung zum Wohl des Ganzen die geeigneten Mitarbeiter und Ratgeber fehlten. Dieses Versagen und Versacken alter Eliten gehört zur Szene jeder Spätsituation eines alten Reiches. Ernst Jünger hat dieses Charakteristikum in einem Buch genauer

untersucht, das vierzig Jahre später, 1959, erschienen ist. Untergang und Aufgang sind für Jünger zugleich Abenddämmerung und Morgendämmerung des alten und des neuen Zeitalters:

»Die Morgendämmerung wird zunächst empfunden, zunächst sichtbar auf den *Zinnen der alten Massive:* daher kommt es, daß die Aristokratie in ihren geistigen Repräsentanten den Umwälzungen vorausschreitet. Die Dinge sind längst abgehandelt, wenn es zum Umsturz kommt. Das kann dann den Eindruck des Mannes erwecken, der den Ast absägt, auf dem er sitzt.«

1848 wurde die Revolution in Wien und in der ungarischen Hauptstadt von Aristokraten gemacht, die eine solche Weitsichtigkeit besessen hatten, und lange vor 1918 wurden bereits viele der Getreuesten von dem Ahnen befallen, das im Lukasevangelium die Emmausjünger so äußern:

»... denn es wird Abend, und der Tag hat sich schon geneigt.«

Die russische Revolutionsgeschichte aber ist geradezu erfüllt mit den aufregenden Taten von Angehörigen der Hocharistokratie und des Beamtenadels. Ohne deren Aussteigen aus dem gewohnten Lebenskreis ist die Entwicklung zu Anarchismus und Bolschewismus undenkbar. In der Habsburgermonarchie gab es zuletzt immerhin »rote« Prinzen und Grafen. Alois Prinz von und zu Liechtenstein zog sich in Jugendtagen diesen *nom de guerre* zu, bevor er Hauptmitarbeiter am Programm der Christlichsozialen Partei und nach dem Tod Luegers bis zum Umsturz 1918 Führer der Partei wurde. Die SDAPÖ vereinnahmte ohne weiteres Aussteiger aus gutbürgerlichen und begüterten Familien, die zeitlebens nicht die Prägung losbekamen, die sie in Mutters Kinderstube und Vaters Arbeits- oder Studierstube bezogen haben. Es ist dies eine lange Reihe, die mit dem Einiger der Sozialdemokraten im alten Österreich Victor Adler beginnt, bis Bruno Kreisky reicht und mit ihm einen endgültigen Abschluß fand.

Kaiser Karl I. hatte gute Kameraden in Kreisen der Aristokratie, seine natürliche Leutseligkeit schuf ihm aber auch Kontakte zu den Massen, wie sie kein Monarch seiner Zeit besaß und wie sie erst in der Katastrophe des Jahres 1918 und in den späteren Polemiken der Nachkriegszeit mutwillig zerstört wurden. Auch ihn

trafen die falschen Gerüchte, die den letzten Zaren von Rußland für die im Krieg darbenden Massen unausstehlich machten: Alkoholismus, aufwendiger Lebenswandel, ja selbst schmutzige Vorwürfe, wie sie zuletzt produziert und unter die Massen gebracht wurden. Vorwürfe, an denen kein wahres Wort ist.
Verschwiegen wurde und wird die überdurchschnittliche Intelligenz des Kaisers. Er haßte langatmige Vorträge seiner Minister und Vertreter des Militärs und der Hochbürokratie, kam rasch von selbst auf den Kern und den Sinn der Sache. In der Diagnose der Zeitumstände war er meistens durchaus auf der Höhe der Zeit; als Therapeut nicht unbegabt, verfiel er nur zu oft seiner Eigenschaft, Gegenvorstellungen, die besser begründet schienen, gelten und darüber den richtigen Duktus seiner eigenen Erkenntnisse fallenzulassen. Das erzeugte das sogenannte Bonmot, wonach jener (oder jene) Recht bekam, der (oder die) bei der Entscheidung über eine Sache zuletzt seinen Arbeitssalon verließ.
Kaiser Karl I. entband seine Soldaten nicht des auf seine Person geleisteten Eides. Hingegen ermächtigte er Flotow, nach dessen eigenem Ermessen Angehörige des Beamtenstandes des k.u.k. Ministeriums des Äußeren ihres Eides zu entbinden.
In den siebziger Jahren bemächtigte sich eine aus dem Westen kommende Nostalgie eines ihr zusagenden Images des alten Österreich. Fünfzig Jahre nach dem Jahr 1918 kam in italienischer Sprache (!) eine Erzählung heraus, die ungemein farbig die Erinnerungen alter Marineure aus Dalmatien beschreibt. Eine der Szenen belebt der Einwand eines der Alten:
»... Denn Österreich war ein ordentliches Land.«
Während in der Zweiten Republik die Vergangenheit bewältigt, besser: vielfach überwältigt wird, kommt in ehedem der Monarchie feindlich gesinnten Völkern ihr Bild so zutage, daß es die Epigonen im Land nur dann akzeptieren, wenn es um die Sensationen von Mayerling bis in die Sexszene entfernter Provinzen kreist.
Am 11. November 1918, als die von der SDAP aufgebotenen Massen sich schon zur Ausrufung der Republik und zur Verkündung des »Anschlusses an Deutschland«, so der Text der »Arbeiter-Zeitung«, zu sammeln begannen, erschien Flotow noch ein-

mal in Schönbrunn zum Vortrag. Der Kaiser erklärte, den Verzicht unter Zwang unterschrieben zu haben. Seine diesbezüglichen Einwendungen habe er schon zu Papier gebracht. Der anwesende erste Obersthofmeister Graf Josef Hunyady solle dieses Papier gegenzeichnen. Flotow erinnerte, daß der Graf als ungarischer Staatsangehöriger, also *Ausländer*, dazu nicht berechtigt sei. Das Gespräch ging auf andere Themen über. So auf die Frage des künftigen Wohnsitzes der Familie. Anders als der Deutsche Kaiser wollte der letzte Kaiser von Österreich nicht ins Ausland gehen. Die Kaiservilla in Ischl wurde genannt, dann aber als ungeeignet befunden, da die Arbeiter in den nahen Salinen als besonders aufgebracht hingestellt wurden. Man entschied sich für Eckartsau bei Wien.

Flotow kehrte in die Innere Stadt zurück und traf sich mit einem Doktor Renner, den sichtlich die am Vortag auf der Seele gelastete Sorge nicht mehr bedrückte. Renner sagte von sich aus zu, er würde am Nachmittag vor der Provisorischen Nationalversammlung die Haltung des Kaisers erwähnen – und die Tatsache, daß Kaiser Karl I. keine Schuld am Kriegsgeschehen träfe. Es kam nicht ganz so zum Ausdruck. Dafür kam die von Friedrich Funder herausgegebene »Reichspost« vom Dienstag, dem 12. November 1918, auf Seite 1 mit der Schlagzeile heraus:

»Der Kaiser für die freie Entscheidung des Volkes«.

Der 12. November 1918 war ein klarer, sonniger Herbsttag. Die Straßen waren menschenleer, die Haustore geschlossen, die Masse der Akteure war vor dem Parlamentsgebäude versammelt. Noch immer geisterte am Ballhausplatz das falsche Gerücht von Dingen, die angeblich nach dem Vorbild dessen, was ein Jahr zuvor in Petrograd geschehen war, drohten. Nichts dergleichen geschah. Die kaiserliche Familie und die Reste ihrer Suiten fuhren per Auto durch das angeblich im Aufstand befindliche Wien nach Eckartsau. Quer durchs rote Wien.

DER 12. NOVEMBER 1918

Der Staat der Linken

Der Tag war ein schöner, sonniger Herbsttag. So schön erlebten viele Wiener das Ende ihrer Kaiserstadt und den Anfang einer neuen Zeit, deren momentane Notigkeit klarerweise nichts Gutes erwarten ließ, aber gar nicht.

Für die Sozialdemokraten war es der Geburtstag ihrer Republik. Es war eine grausame Fügung des Schicksals, daß der große Einiger ihrer Partei am Vortag gestorben war. Im Zentralorgan der Partei, der »Arbeiter-Zeitung«, rückte das historische Ereignis des 12. November 1918 in die zweite Linie, die ganze Brillanz der Feder von Friedrich Austerlitz galt einer Lebensbeschreibung des Toten, die keine spätere Biographie, auch wenn sie noch so wissenschaftlich fundiert war, jemals übertroffen hat.

Adler, der zum Arzt gewordene Sohn aus guter Familie, hat, so Austerlitz, in seinem Beruf das Leben der Enterbten kennengelernt. An jenem 12. November sprach die »Arbeiter-Zeitung« den jungen Adler als einen Nationalen an. Noch einmal erinnerte man sich an die anfängliche Weggemeinschaft mit Georg von Schönerer, den Adler auch nach späteren bitteren Konflikten als einen seiner Lehrmeister anerkannte; ihm verdankte er, nach seinen eigenen Worten, die politischen Erfahrungen, die ihn in den Reihen der fortgeschrittenen Elemente des Bürgertums zum Kämpfen gebracht haben. Der Burschenschafter von damals traf sich so mit dem Ehrenburschen der Burschenschaft »Libertas« und einer Generation junger Burschenschafter bei der Abfassung des Linzer Programms der Deutschnationalen im alten Österreich.

An diesem Punkt setzte andererseits die nie mehr überwundene Feindschaft zu Lueger ein. Lueger, der, anders als Adler, nicht

aus begüterter Familie stammte; Lueger, der anfangs nach den Traditionen der Demokraten von 1848 politisierte, aber niemals in jener Richtung des Liberalismus mitmachte, die Adler und Pernerstorfer und Schönerer im Verbund des Nationalliberalismus einigte; nie hat Lueger, der religiös die längste Zeit indifferent dachte, den militanten Antiklerikalismus geteilt, der das feste Band war, das Adler und Schönerer im Sinne eines radikal kirchenfeindlichen Freisinns verbunden hat. Adler gehörte zu jenen Sozialdemokraten, die das Intermezzo, das die Lueger-Partei einlegte und das den direkten Übergang vom Liberalismus zum Sozialismus störte, haßten. Noch 1911 hat er jene Wahlallianz der Sozialdemokraten mit den Deutschnationalen abgesegnet, die sich mit vereinten Kräften gegen die Ultramontanen und Klerikalen (von anderen Schimpfwörtern abgesehen) im Wien nach dem Tod des Doktor Lueger so glänzend bewährt hat – und wie eine unzerreißbare Stahlsaite die Epigonen derer von damals noch in der Zweiten Republik verbinden kann.
Es war nicht nur die spätere Hinwendung Georg von Schönerers zu einem militanten Antisemitismus, die Adler vollends von der Linken im Nationalliberalismus trennte. Als eine ihm persönlich zugefügte Beleidigung mußte es der junge Arzt empfinden, daß ihn das Handelsministerium nicht in den Dienst eines Gewerbeinspektors aufnahm. In diesem Fall steckte keine religiöse oder rassisch bedingte Unduldsamkeit hinter der Ablehnung, sondern eher die Einsicht in Kreisen der Wirtschaft, daß ihre Exponenten im Ministerium gut daran täten, sich diesen Inspekteur des herrschenden Wirtschaftsliberalismus nicht selbst an den Hals zu bringen. Man hat Adler diesen Zwischenfall als das auslösende Moment für seinen Übertritt vom nationalliberalen ins sozialdemokratische Lager angerechnet und vorgeworfen. Aber Adler hat sich nie vor solchen Angriffen politischer Gegner geduckt. Er selbst hat zugegeben, daß seine Herkunft Klassenvorurteile bei ihm hinterlassen hat, derer er sich erst nach der Sturm- und Drangzeit eines waffenfrohen Burschenschafters entledigte. So wie die Väter der christlichsozialen Soziallehre forderte auch Adler der Klassenegoismus (die Klerikalen nannten ihn anders) der

bürgerlichen wie feudalen Parteien heraus. Antwortete Adler schließlich mit einem Denken in puncto Gesellschaft und Wirtschaft, wie es in vielen Parteien im Anschluß an die von Karl Marx hinterlassene Lehre entstanden ist.

Es war ein jahrelanger Weg, den der Maturant des Schottengymnasiums der Benediktiner in Wien bis zur geschichtlichen Funktion eines Einigers der deutschen Sozialdemokraten in der Monarchie zu durchschreiten hatte. Er war, modisch gesprochen, weder ein Senkrechtstarter noch einer, dem ein herrschendes Regime bei der Laufbahn als Parteipolitiker das Leben erleichtert. Auf ihm lag die Methode einer Staatspolizei mit der ganzen, einen Intellektuellen so verletzenden Schwere. (Erst 1905 kam er als Nachfolger des ausgeschiedenen Genossen aus Reichenberg ins Hohe Haus.) Keine KZ-Haft, aber die ununterbrochenen Nadelstiche, die ein Intellektueller, der gläubig ist, so beschämend empfindet; gläubig gegenüber einer Bewegung, wie sie die alte Arbeiterpartei entfachte.

Am Tag, da Deutsch-Österreich, zurückgewiesen von den anderen Nachfolgestaaten der früheren Donaumonarchie, auf den Weg zum Anschluß an das Deutsche Reich geradezu gestoßen wurde, durfte Austerlitz nicht den großen Schmerz verschweigen, den ein deutscher Sozialdemokrat im Nationalitätenstreit des alten Österreich erlitt; wie sehr Adler gelitten hat, daß die Solidarität der Klasse bald nicht mehr imstande war, den nationalistischen Egoismus der Genossen in den tschechischen, polnischen, italienischen und ruthenischen sozialdemokratischen Parteien zu überwinden. Was von dieser Solidarität übrigblieb, war zuletzt eher ein Respekt aller Genossen vor der überragenden Persönlichkeit und nicht zuletzt vor Adlers Menschlichkeit, die sich jenseits des Politischen dort entfaltete, wo Humanität ohne Mascherl Geltung haben kann.

Und da war das Sterben Adlers, das Austerlitz ergreifend schilderte. Der um den nahen Tod wissende erste Staatssekretär Deutsch-Österreichs für das Äußere erlitt nach einer letzten, im Schloß Schönbrunn gemachten Absage an den Kaiser einen seiner Herzanfälle. Im Sanatorium Löw umstanden die Fachärzte das

Bett des sterbenden Kollegen. Zu Mittag, am 11. November 1918, erwachte Adler noch einmal zu hellem Bewußtsein. Sein Sohn Friedrich, seit dem Parteitag von Allerheiligen nach der Haftentlassung im Parteivorstand, beugte sich über den Vater. Der Staatssekretär fragte, ob man ihn, wie aufgetragen, für eine Sitzung, die am Nachmittag stattfinden sollte, entschuldigt hat. Ja, es war geschehen. Eine Pause entstand, der Sterbende sammelte seine Kräfte für letzte Fragen:
»Was ist mit Deutschland?«
Der Sohn berichtete, es bestünde eine von SPD und USPD gebildete Linksregierung in Berlin. Beruhigt konstatierte Adler, nachdem also Lenins Hoffnung auf die Deutschen sich offenbar nicht erfüllt hatte:
»Das ist gut.«
Sein Sohn erinnerte, daß nun auch die den Deutschen am 9. November 1918 auferlegten Waffenstillstandsbedingungen bekannt seien. Es war, als würde der Hinweis die Lebensgeister nochmals beleben:
»Sind sie hart?«
Der Sohn zögerte und sagte dann die ganze Wahrheit:
»Ja, sehr hart.«
Muß nicht diese Redlichkeit des jungen Adler, der nach dem Attentat auf den k.k. Ministerpräsidenten knapp dem Tode entgangen ist, jene Epigonen erschüttern, die Unwissenden einreden möchten, es sei den Deutschen im Jahr 1918 doch gar nicht so übel ergangen nach dem Ende der Kampfhandlungen? Also fuhr der Sohn fort, nachdem der Vater gefragt hatte, ob mehr als das Elsaß verlorengegangen sei:
»Eine 30 Kilometer breite, neutrale Zone rechts vom Rhein.«
Der Vater wollte wissen, was im Osten los sei, und hörte:
»Zurückgehen auf die ursprüngliche Grenze.«
Es wurde still. Und dann fielen die letzten Worte des Sterbenden. Für die Zeitgenossen als Beweis der unermüdlichen Pflichttreue im Dienst einer Sache, deren sich Adler angenommen hat. Wahrscheinlich aber mehrdeutig:
»Ja, da werde ich nicht mehr hingehen können ...«

Meinte er: in *die neue Welt von 1918?* Ein Nachsatz scheint diese Spekulation zu widerlegen:
»Man muß mich entschuldigen.«
Entschuldigen für eine Sitzung? Oder absentierte sich Adler mit dieser Entschuldigung von dem, was auf die Menschen zukam? Jedenfalls kein letztes Wort betreffs Österreichs. Wohl in dem Wissen, daß *fortan Deutschland für Deutsch-Österreich das Schicksal* sein wird.
Draußen tobte eine wildgewordene Welt. Schießereien in Berlin. Spartakuskämpfer besetzten die Redaktion des dort erscheinenden bürgerlichen »Lokalanzeigers« und zwangen die Männer in der Redaktion und die Genossen in der Druckerei, ein Blatt mit dem Titel »Die Rote Fahne« herauszubringen. Die bürgerlichen Typen in der Redaktion wichen der Gewalt, aber die von Sozialdemokraten gestellte Exekutive der neuen Ordnung in der Republik stellte in diesem Fall die alte wieder her. Hindenburg aber wandte sich an das deutsche Heer im Feld. Die Formel: »Im Felde unbesiegt«, klang an; die im Waffenstillstand aufgetragene rasche Räumung aller Gebiete links des Rheines zwinge ihn, die Soldaten noch einmal an ihre Diszipliniertheit zu erinnern. Der Generalissimus der Feinde, Marschall Foch, wird den geordneten Rückzug des geschlagenen deutschen Heeres von 1918 als eine der bedeutendsten Leistungen in der Kriegsgeschichte hinstellen.
Zwei Aspekte des neuen Deutschland. Anlaß zum Nachdenken für die Österreicher, die eher anfingen, sich am Genuß der Unordnung in vollster Freiheit zu delektieren. In Bozen sollen italienische Offiziere den Tirolern gesagt haben, die Italiener dächten nicht daran, Bozen dem italienischen Staat einzuverleiben. Der italienische Generalstabsbericht schilderte in knappen Worten das Ausmaß des Sieges über die Österreicher: 416116 Gefangene, dazu 10558 Offiziere, 6818 Geschütze (einige davon wird einmal Mussolini dem österreichischen Bundesheer ablassen).
Und gut dosiert: Nach einer guten Nachricht aus Südtirol eine schlechte aus Posen und Oberschlesien. Polnische Legionäre drangen über die Grenze von 1914 ein. Nur 24 Stunden galt die

letzte beruhigende Auskunft, die Adler betreffs der Ostgrenze des Reiches bekommen hat. Im Westen gab es in der Pariser Kammer eine große Stunde für Clemenceau. In den ihn umtobenden Jubel rief der Ministerpräsident, er sei nicht willens, von der Regierungsbank aus ein Dokument zur Verlesung zu bringen, das einen Einspruch gegen die Härte des den Deutschen auferlegten Waffenstillstandes beinhaltet. Die Geschichte hat Clemenceau glänzend gerechtfertigt. Fünfzig Jahre später wird es nicht wenige Deutsche geben, die von sich aus gewissen Landsleuten erklären, sie sollten sich nach dem Ereignis Hitler nicht über die Härte der 1918/19 den Deutschen auferlegten Diktate aufregen. Vergessen ist das Wort eines belgischen Diplomaten, der 1919 darüber gesagt hat:
»Mon dieu, ils font la deuxieme guerre ...«
Weit hat es der 1916 in Wien wegen Hochverrats zum Tod verurteilte frühere Abgeordnete zum Hohen Haus in Wien, Wenzel Klofać, jetzt gebracht. Er wurde Verteidigungsminister der ČSR. Und den tschechischen Nationalsozialisten Georg Striberny haben sie zum Postminister gemacht. Nur der Postverkehr zwischen Wien und Prag funktionierte nicht. In einem Hotel in der Wiener Taborstraße hatte sich schon eine Art diplomatische Vertretung der ČSR eingerichtet. Abgeordnete der deutsch-österreichischen Provisorischen Nationalversammlung, die dort frühere Kollegen aus dem Hohen Haus am Franzensring besuchen wollten, haben seltsame Erlebnisse gehabt, sagte man. Das war kein Wunder, wenn man bedenkt, daß der deutsch-österreichische Staatsrat, den Intentionen Renners folgend, beim sogenannten tschechoslowakischen Gesandten in Wien, Vlastimil Tusaŕ, Protest gegen die Einberufung der Jahrgänge 1894 bis 1898 eingelegt hat; wobei den Deutschen allerhand angedroht wurde, wenn die in Mähren und Schlesien, von den Deutschbehm gar nicht zu reden, zögern würden, dem Befehl Prags Folge zu leisten. Die in Prag wiesen den Protest zurück, als ob sie eine lästige Fliege verscheuchten.
Es war gut, wenn man die Zeitung nach derlei Nachrichten zuschlug und weglegte. Aber dabei fiel zuweilen ein Blick auf die

letzte Seite, und dort war zu lesen, was die noch am Herd tätige Frau im Haus interessierte: Eine fleischlose Woche stand bevor. Die Reichsorganisation der Hausfrauen offerierte in einigen Wiener Bezirken Kümmel, Essig, Suppenmasse, einige Kleinigkeiten, Ersatzseife und, im 13. Bezirk, rayonierten Zucker. Zucker, der sichtlich nicht einmal auf Lebensmittelkarten zu haben war.
Vom Feld heimkehrende Wiener Straßenbahner sollten 14 Tage Urlaub machen und dann den Dienst antreten. Dienstliche Anstände, begangen vor dem 12. November, sollten nicht geahndet werden, es sei denn, es handle sich um Vergehen gegen das Strafgesetz.
Das renommierte Kaufhaus Herzmansky offerierte ein Wollstoff-Papiergewebe und pries es als Material für alle Zwecke an. Die Demobilisierung aber lieferte Wohltaten: Der Zentralviehmarkt in Wien-St. Marx kündigte die Versteigerung von 100 Pferden an, Zutritt für Gewerbetreibende.
Aber es sproß auch neues Leben aus den Ruinen. Ein Rechtsanwalt kündigte nach vierjähriger kriegsbedingter Abwesenheit die Wiedereröffnung seiner Kanzlei an. Der Hals-Nasen-Ohren-Arzt Dr. Siegfried Tenzer vermeldete, er sei jetzt endgültig zurückgekehrt und ordiniere wieder. Das Wort endgültig sagte den Zeitgenossen einiges über den Standort vor dem endgültigen Daheimsein. Und im Cottage ordinierte ein Herr von Cancig; er wird das winzige Prädikat in der Republik bald verlieren.
Das Landesgericht fällte seine Urteile nicht mehr namens des Kaisers, sondern mit der Formel, man habe zu Recht erkannt. Der Landesgerichtsrat Dr. Pollack lehnte es grundsätzlich ab, am 12. November 1918 ein Strafurteil zu fällen. Diese Ankündigung schloß er mit einem Hoch auf die Republik. Der Betrieb Steyrermühl konnte es sich selbst in dieser Stunde nicht versagen, das 25jährige Dienstjubiläum des im technischen Betrieb tätigen Herrn Josef Glaser der Öffentlichkeit bekanntzugeben, dessen Gewissenhaftigkeit und heiteres Temperament zu rühmen und die bei allen bestehende Beliebtheit herauszustreichen.
Aber, was war mit den Musen los, die im Krieg schweigen?
Das Konzert des berühmten Bronislav Hubermann für den Tag

nach dem 12. November wurde abgesagt. Hingegen blieb es bei einem »Modernen Abend« im Großen Konzertsaal.
Lange geprobt, kam zur passenden Zeit Brahms' Werk »Ein deutsches Requiem« zur Aufführung. Frank Schalk, seit anderthalb Jahrzehnten Erster Kapellmeister an der k.k. Hofoper, bald zusammen mit Richard Strauss Leiter der Staatsoper, dirigierte. Hier klang wohl sofort die Frage an: Was geschieht überhaupt mit den Theatern des Kaisers? Der bisherige Generalintendant der k.k. Hoftheater Baron Andrian-Werburg hatte einen Urlaub angetreten. Der überaus tüchtige Hofrat von Horsetzky, auch dieses von wird absterben, übernahm die Liquidierung der Hoftheaterintendanz. Beide bisherige Hoftheater wurden in Nationaltheater umgewandelt. Dank der Liquidität ihrer Fonds war die glatte Weiterführung der künstlerischen und technischen Betriebe gewährleistet. Da nahm man hin, wenn im Burgtheater wegen Erkrankung der Frau Wohlgemuth der Spielplan geändert und »Das weite Land« gegeben wurde.
Na also. Und also nahm die bürgerliche Leserschaft, wenn auch zögernd, die Zeitung doch wieder zur Hand, um nun zu erfahren, wie das gestern gewesen ist, als die Republik ausgerufen wurde. Nach kurzer Lektüre war man in der Voreingenommenheit bestätigt, daß man nicht dabei sein *konnte,* wenn die Roten und Radikalen ihren Staat aufmachen ...
Die SDAP hat freilich alles in ihrer Macht Stehende getan, damit die Ausrufung der Republik und die Proklamierung des Anschlusses an das Deutsche Reich weder unter Ausschluß der Öffentlichkeit stattfanden noch unter die Regie gewisser dunkler Kräfte gerieten. Die »Arbeiter-Zeitung« stellte diese Feierlichkeit als die anläßlich *eines ewig geschichtlichen Tages* hin. Und: Das Volk von Wien lasse an diesem Tag die Arbeit ruhen. Welche Arbeiten fortgesetzt werden müssen, war anderswo gesagt. Wichtiger war die Bekanntmachung der Aufstellungsplätze, von denen aus der mächtige Zug sich zum Parlament bewegen sollte. Alles klappte. Die Bürgerlichen blieben zu Hause, und die Hausmeister versperrten die Haustore. Einigen kecken deutschnationalen Studenten, die hinter ihren schwarzrotgelben Fahnen die Gesin-

nungsfreunde unter dem guten Volk sammeln wollten, bekam dieser Bekennermut schlecht. Das gute Volk empfand das als eine Provokation. Den Fahnenträgern wurden die Fahnen entrissen, die Fahnen wurden zerfetzt, und die zerbrochenen Fahnenstangen eigneten sich gut dazu, die Unbelehrbaren in die Flucht zu schlagen. Der rote Fahnenwald vor dem Parlament sollte nicht durch den Firlefanz andersgesinnter Zeitgenossen verschandelt werden. Den Rest besorgte eine Sanitätspatrouille.
Die letzte Besatzung des Hohen Hauses hatte sich mit einem Akt der *Selbstauflösung* verkrümelt. Kein Hauch der Reaktion durchwehte mehr das Parlamentsgebäude, als im bisherigen Sitzungssaal des Herrenhauses die Sitzung der Provisorischen Nationalversammlung vom deutschnationalen Präsidenten Dinghofer eröffnet wurde. Dr. Renner sprach zur Vorlage für ein Gesetz betreffend die Staats- und Regierungsform Deutsch-Österreichs. Da war nichts mehr von dem Affentheater, das ehedem im Abgeordnetenhaus aufgeführt wurde. In Freiheit dressiert, wußten die Abgeordneten der Provisorischen Nationalversammlung, was schon zwischen den Fraktionen ausgehandelt wurde. Niemand stieß sich daran, daß dieser geschichtliche Vorgang unter Verzicht auf die für das Ritual einer parlamentarischen Demokratie erforderliche Opposition vor sich ging. Man konnte in der Monarchie gegen deren Staatsform demonstrieren und agitieren, die Republik entledigte sich in ihrer Geburtsstunde dieser Lästigkeit.
Eine neue Sitzordnung demonstrierte die Rangordnung der Macht im Staat. Kein Purpur, keine Uniformen, nur Herren in bürgerlicher Aufmachung, die insgesamt aussahen wie ein Männergesangsverein, der sich nach einer Darbietung eine Sitzpause gönnt. Keiner in der Kampfuniform der Proletarier; die Männer der Arbeiterpartei hatten keinen Grund mehr, sich etwa von ihren bürgerlichen Kollegen durch die äußere Aufmachung zu unterscheiden. Noch gab es genug behmische Schneider, die einen guten Gehrock für jedermann herstellen konnten. Und die Plastronkrawatte war an Ort, wo die Urenkel nach Emanzipierung vom Kragenzwang trotz gutbürgerlicher Herkunft im Parlament eine quasi proletarische Aufmachung mimen.

Renner redete, wie er zeitlebens bei solchen Anlässen reden wird. Ohne inneren Schwung, aber mit der Ausgewogenheit eines Vorbringens, das weder seine Herkunft und Anschauung verbarg noch jene der anderen kraß herausforderte. Fundament seiner Rede war das Bekenntnis zur republikanischen Staatsform, zur Wahrnehmung des Rechtes der Selbstbestimmung und dazu, daß es nur noch jene öffentliche Gewalt geben wird, die aus dem Volk und seiner Vertretung hervorgeht. Und:
»So bekunden wir damit gegenüber unseren engeren Nachbarvölkern, wie gegenüber Mächten des Westens, daß wir niemanden beherrschen wollen außer uns selbst, daß uns jeder Imperialismus fremd ist.«
Ein mutiges Wort, das bald mit teuren Enttäuschungen bezahlt werden mußte. Die aus allen Erdteilen stammenden Siegermächte sahen in diesem Moment Deutsch-Österreich als eine im Krieg befindliche, nur durch einen Waffenstillstand vom Kriegsgeschehen abgeschirmte Feindmacht an. Die Hungerblockade hielt an. Die erwähnten engeren Nachbarvölker werden sich oder haben sich schon als boshafte Verneiner des von ihnen ausgenützten Rechtes der Selbstbestimmung erwiesen, wenn es um Deutsche geht, die auf ihrem Staatsgebiet angesiedelt sind. Schon standen Italiener nördlich des Brenners; die Macht am Brenner werden sie nie aufgeben, und die Abgeordneten aus dem Land im Süden Tirols werden eines Tages heimgehen müssen, ohne daß Nachfolger für ihre leergewordenen Plätze in der Konstituierenden Nationalversammlung gewählt werden können. Und so wird es den Deutschen in Böhmen und in Mähren und in Schlesien ergehen, den Deutschen in Südkärnten und in der Südsteiermark. Längst haben Truppen der Siegermächte die Grenze Deutsch-Österreichs zu einer blutenden Grenze gemacht, entlang der, Südtirol ausgenommen, die Männer in Feldgrau, die unlängst miteinander in der Doppelreihe marschiert sind, mit wilder Verbissenheit gegeneinander kämpfen werden.
Ein wenig bewegt erinnerte der gebürtige Südmährer Renner daran, daß man bis zuletzt mit den benachbarten Völkern wegen einer Föderation derer im Donauraum verhandelt, aber keinen Er-

folg gehabt hat. Da riefen sie im Saal dazwischen: Hört! Hört! Und so wurde es notwendig, in dem vorliegenden Gesetzentwurf festzulegen, daß die deutsch-österreichische Republik ein Bestandteil der Deutschen Republik ist.
»Unser großes Volk ist in Not und Unglück«, sagte Renner. »Aber gerade in dieser Stunde, wo es so leicht und bequem ist und vielleicht auch so verführerisch wäre, seine Rechnung abgesondert zu stellen ... soll unser Volk in allen Gauen wissen: *Wir sind ein Stamm und eine Schicksalsgemeinschaft.«*
Da erhoben sich die Abgeordneten, und ein Beifall vereinigte ihre Zustimmung mit der auf der Galerie ausbrechenden. Es war eine der wenigen hinreißenden Szenen in diesem solange von Haß und Zwietracht zerrissenen Haus, die sich über Trümmer und die Not im Alltag erhob. Und das alles vor einem von düsteren Wolken verhängten Horizont.
Ja, Renner hielt das Versprechen, das er dem letzten k.u.k. Ressortleiter für Angelegenheiten des Kaiserlichen Hauses gegeben hatte:
»Die alten Gewalten sind mit anerkennenswertem Verständnis für die Zeit geschieden. Wir können ihnen für die rasche Entschlossenheit Dank wissen. Und wenn der frühere Träger der Krone nunmehr als Bürger in unserer Mitte lebt, so möge er wissen, und weiß jeder Staatsbürger, daß jeder gute Bürger die Wohltat und den Schutz des Gesetzes genießt.«
Da krähte ein Hahn zum ersten Mal ...
Es sprach der Abgeordnete Miklas. Ja, die Christlichsozialen hätten lieber eine Volksabstimmung in der Frage der Staatsform gehabt, aber man wollte nicht die Geschlossenheit in einer Stunde wie dieser gefährden. Und: Die Christlichsozialen werden sich als Katholiken (!) nach ihren Grundsätzen der neuen, von ihnen selbst bestellten legalen Staatsautorität loyal unterordnen.
Rasch rasselte die geschäftsordnungsmäßige Erledigung. Der Gesetzesentwurf wurde einstimmig angenommen. Nun kam Renner mit einer Proklamation an das Volk. Darin äußerte sich so ganz das ehrliche Pathos dieses Mannes, den man später als den Doktor Hin-und-her-Renner diskriminiert hat. Mit diesem Papier und

dem Beschluß, es sofort zur Proklamation zu bringen, begab man sich »in feierlichem Zug« (!) auf die Rampe des Hohen Hauses. Das geschah wenige Minuten vor vier Uhr nachmittags. Der zweite Akt folgte. Die Szene änderte sich, neue Akteure betraten die Bühne des Geschehens, Pathos wich der Tragik, Neugierde der Panik, Künftiges kündigte sich im Gegenwärtigen unheilvoll an.

Der Präsident Dr. Dinghofer übernahm es, von der Rampe des Parlaments aus die Republik auszurufen. Seine Rede ging über in den Hinweis auf die Fahne der Republik, die nach einer genauen Vorbereitung jetzt gehißt werden sollte. Auf das so vereinbarte Stichwort hin machten sich zwei Amtsdiener bereit, an beiden Masten vor dem Gebäude die Fahne zu hissen. Schwache Hochrufe wurden sofort von gellenden Pfiffen übertönt. Die Fahnentücher wurden den Amtsdienern entrissen, ein Mann in einer Offiziersuniform drängte sich in die Szene, zog den Säbel, und dann sahen die Zuschauer, wie an einem Mast ein roter Fetzen hochging. Sofort wendeten sich alle Blicke auch dem anderen Mast zu. Dort wurde offenbar das rotweißrote Fahnentuch zerrissen, die roten Stoffteile aneinandergeknüpft und hochgezogen. Einige Männer kletterten auf die Steinfiguren der Rossebändiger am Anfang der Auffahrt, und auch dort wurden rote Fahnen oder Tücher ausgebreitet. Das Rot vor dem Parlament und die ausschließlich roten Fahnen der aufmarschierten Teilnehmer bildeten ein unterschiedsloses Ganzes.

Nachher hat man festgestellt, wer an der Stelle plaziert war, von wo die Störung ausging: Das war die Rote Garde, die unter dem Kommando des Oberleutnants Egon Erwin Kisch ausgerückt war. Der Roten Garde gegenüber stand ein ungeordneter Haufen Deutschmeister, viele unter ihnen mit roten Rosetten an der Klappe und roten Schleifen an der Kopfbedeckung oder am Arm. Organisierte Eisenbahner hatten versucht, einen Kordon zu ziehen, ebenso ausgesuchte Genossen aus Floridsdorf, die bereitgestellt waren, die Störung zu verhindern. Etwas abseits stand, wie in Reserve, eine Heimkehrerkompanie mit roten Insignien. Die Männer standen wohl unter dem Eindruck einer Rede, mit der Fried-

rich Adler versuchte, sein Renommee bei der linken Linken zugunsten eines störungsfreien Verlaufs der Feier einzusetzen; aber sie folgten dem jungen Adler nicht.
Die Prominenz auf der Rampe zeigte bei derlei Unzukömmlichkeiten Courage. Doktor Renner ergriff das Wort, nach ihm Präsident Seitz, und der verblieb als letzter vor dem großen Tor des Zugangs zur Säulenhalle des Parlaments. Zu ihm stieß Doktor Deutsch. Er wurde von Soldaten in die Höhe gehoben, und er versuchte sich als Vertrauensmann des Volkes im Heeresamt der Regierung den Leuten vorzustellen und deren Vertrauen zu gewinnen. Auch seine Beschwichtigung ging unter in wüsten Zwischenrufen, Pfiffen, zuletzt war er auch nicht mehr verständlich. Dafür hoben andere Uniformierte einen Offizier mit einigem Rot an seiner Uniform hoch, aber selbst diese Kriegsbemalung beruhigte jene nicht, die offenbar gekommen waren, um der Feier einen ganz anderen Charakter zu geben, als von amtlicher Seite geplant war. In dieser Stunde erwies es sich zum ersten Mal, daß die linke Linke in der SDAP nicht in der Lage war, mit jenen fertig zu werden, die noch weiter links standen und bald die Waffen sprechen ließen.
Während noch eine Vorpatrouille der letzteren den Doktor Deutsch insultierte, erstürmte über die rechte Auffahrtsrampe ein Haufen rot drapierter Soldaten unter Anführung eines Offiziers den Zugang zum Parlament. Der Offizier dirigierte, wie einmal gelernt, mit gezogenem Säbel die Soldaten, die mit gefälltem Bajonett vorgingen.
Die Bande schrie, es müsse, nachdem in Berlin das Reichstagsgebäude besetzt worden sei, auch in Wien diesem Beispiel gefolgt werden. Was sich 1917 bei der Machtergreifung der Bolschewiken in Petrograd ereignet hatte, sollte sichtlich in Wien dieselben Früchte zeitigen: Die guten Demokraten sollten vor gewalttätigen Soldaten weichen und Platz machen für die Macher, die stets namens des Volkes zu handeln vorgaben. Jetzt erhob sich wildes Geschrei, und die wackeren Erstürmer zeigten auf einen Zivilisten, der vermeintlich ein MG auf die Freiheitskämpfer gerichtet hatte. Ach, es war ein Filmreporter, der sich im Krieg die Kaltblü-

tigkeit angeeignet hatte, in derlei Situationen unbeirrt zu filmen. Da fiel ein Schuß. Jener legendäre Schuß, der in solchen Situationen als der *erste Schuß* oft auch das *erste Blut* fließen läßt, dessen es zum Gelingen einer Revolution bedarf, gleichgültig, ob ihn die Verteidiger oder die Angreifer abfeuern. Der Filmreporter erfaßte, wenn auch undeutlich, diese Situation: Ein Zivilist auf der Rampe zog offensichtlich einen Revolver und gab einen Schuß in die Luft ab. Dies festgehalten, räumte der Filmreporter die Szene; er wird noch weitere fünfzig Jahre tätig sein, wenn es in Österreich wirbelt. Und er hatte sichtlich das Gespür, immer dann mit seinem doch recht schweren Gerät zur Stelle zu sein, wenn ihn ein untrüglicher Instinkt dazu trieb.

Die Kampfszene zerfiel. Einige Erstürmer des Parlaments schlugen die Fenster zur Portierloge ein, um ins Innere des Gebäudes zu gelangen. Andere feuerten eine Salve gegen das Atrium. Die am Ring herumlungernden Volkswehrmänner rafften sich auf, etwas zum Schutz der Volksvertretung zu tun und feuerten ihrerseits. Es gab zwei Schußverletzte: Einer war der Parlamentsreporter der Zeitung »Neues Wiener Tagblatt«, der andere ein gewisser Josef Weinberger. Der im Gebäude befindliche Anatom Professor Tandler nahm sich der Verletzten an. Die Panik ging jetzt in der Menge weiter. Die ersten Opfer im Kampf um die Republik wurden ärztlich betreut, ihre Namen gingen in die Geschichte ein. Es gab aber keinen Toten, größtenteils waren es Frauen und Kinder, die im Gedränge verletzt wurden.

Langsam beruhigte sich die Lage, Rettungsgesellschaft und Polizei wurden Herr der Situation. Als um sechs Uhr abends die erste Straßenbahn am Parlament vorbeifuhr, hörte man beruhigende Stimmen:

»Na alsdann, die Tramway fahrt eh' wieda über'n Ring ...«

So entstand die später einem Straßenbahnschaffner zugeschriebene Formel, wonach bei einem Putschversuch in Wien die Züge der Ringlinien über die parallel verlaufenden Geleise der Linie 2 umgeleitet wurden. Wenn aber der Verkehr über den Ring intakt blieb oder wieder aufgenommen wurde, bestand keine Putschgefahr.

In der dritten Szene war Ort des Geschehens der Salon des Präsidenten der Provisorischen Nationalversammlung Seitz, dem Doktor Deutsch und der nunmehrige Stadtkommandant, ein Major, zur Seite standen. Die Rote Garde hatte inzwischen das ganze Gebäude zerniert und eine Abordnung zum Präsidenten geschickt. Die freundlichen Besucher verlangten eine ehrenwörtliche (!) Verpflichtung. Immerhin erinnerte man sich daran, daß bis unlängst ein Offiziersehrenwort Gültigkeit hatte. Es sollte den wackeren Gardisten also ehrenwörtlich versichert werden, daß aus dem Gebäude der Volksvertretung nicht auf das Volk geschossen würde, daß sich im Gebäude keine Maschinengewehre befänden und daß ihnen erlaubt sei, im Haus Nachschau zu halten nach jenem Gerät, das die Angreifer so sehr erschreckt hatte, weil sie vermeinten, es sei ein in Stellung gebrachtes MG. Alles wurde zugesagt. Die Rote Garde gab sich leutselig und nahm schließlich sogar zum Teil an der um sich greifenden allgemeinen Befriedungsaktion teil. Die Stunde der Menageausgabe in ihrer Ubikation in der Stiftskaserne war gekommen, und zwei Stunden Anarchisteln in der Öffentlichkeit genügte den Gardisten und ihren Herren Offizieren. Von weiteren Aktionen der Roten Garde und jenen, die hinter diesen wackeren Kriegern auftauchten, wird noch erzählt werden.

Aber – wehten da nicht in höchst provozierender Weise von den Ecktürmen des nahen Neuen Rathauses Fahnen der Republik und der Stadt Wien – aber noch keine rote Fahne? Zwei Offiziere der Roten Garde begaben sich ins Rathaus und verlangten, daß auch dieses Gebäude mit einer roten Fahne geschmückt wird. Bürgermeister Weiskirchner, froh, so billig an diesem Tag davongekommen zu sein, bewilligte dieses Verlangen. Und so hat der letzte christlichsoziale Bürgermeister das Rathaus mit dem Symbol gesegnet, das noch um das Jahr 2000 Kampfsymbol der Rathausmehrheit, einige Unterbrechungen abgerechnet, sein wird.

Im Hohen Haus läuteten jetzt ununterbrochen die Klingeln, um so die Abgeordneten zur Arbeit zu rufen. In einem Teil des Gebäudes war der Strom ausgefallen, aber alle erreichten die Wiedereröffnung der Sitzung. Dr. Dinghofer wies nur kurz auf die

»ungewöhnliche Weise« hin, mit der die Unterbrechung prolongiert worden war, glitt aber über die temperamentvollen Taten einer außerparlamentarischen Demokratie hinweg und mahnte unter dem Beifall der Volksvertreter zur Arbeit. Und während vor dem Gebäude noch letzte Nachhuten der Festteilnehmer anrückten und sogleich abmarschierten, bewies die geschäftsordungsmäßige Disziplin, daß es möglich war, auch im Odem der Revolution dem Souverän die Wohltaten einer parlamentarischen Demokratie zuzuwenden. Rufe wie: »Draußen wird geschossen«, hinderten den Abgeordneten und nunmehrigen sogenannten Staatsnotar Dr. Sylvester nicht, über die Ausgabe eines Staatsgesetzblattes zu referieren. Der Abgeordnete Baron Hock stellte ungerührt von besagten Warnungen einen wohlbegründeten Abänderungsantrag, und gleich wurde das Gesetz hierüber in zweiter und in dritter Lesung angenommen. Nun ergriff Doktor Ofner das Wort, und ein Gesetz über das deutsch-österreichische Staatsbürgerrecht wurde in Beratung gezogen.
Der letzte Mann aus der Riege Georg von Schönerers, Doktor Wolf, verlangte eine Textänderung. Es müsse statt »sich zur deutschen Nationalität bekennen« richtigerweise »der Nationalität zugehören« heißen. Dem entgegnete Doktor Ofner, einer aus der letzten Nachhut der freisinnigen und jetzt schon der Linken angehörenden Deutschnationalen, es würde die Frage, welcher Nationalität jemand angehöre, dann, wenn man das Bekenntnis ablehne, in der Luft hängen. So stand eine Frage im Raum, wie man später sagte, und sie steht bis dato dort. Die Ausfälle des Doktor Wolf konnte Doktor Ofner nur bedauern. Die Zeiten waren vorbei, in denen nach einer Wortmeldung des Doktor Wolf die Tschechen die Phalanx der slawischen Abgeordneten ins Gefecht führten und die Obstruktion sich mittels ihrer Instrumente bemerkbar machte.
Dr. Renner hatte fleißig am sachlichen Substrat der Verhandlungen gearbeitet. Ein Gesetz betreffend die Übernahme der Staatsgewalt in den Ländern wurde nach erster Lesung dem Justizausschuß zugewiesen. In diese Prozedur fügte sich die Kenntnisnahme der feierlichen Beitrittserklärungen der Länder, Kreise sowie

der Gaue zur Republik Deutsch-Österreich. Unversehens glitt die Prozedur in die Behandlung einer Schicksalsfrage der jungen Republik: die gesetzliche Umschreibung ihres Staatsgebietes.
Nach dem vorliegenden Entwurf sollten dem Staat Deutsch-Österreich angehören: Österreich unter der Enns einschließlich des Kreises Deutsch-Südmähren sowie des deutschen Gebietes von Neubistritz; Österreich ob der Enns einschließlich des Kreises Deutsch-Südböhmen; weiters Salzburg sowie Steiermark und Kärnten mit Ausschluß des geschlossenen jugoslawischen Staatsgebietes; Tirol und Vorarlberg mit Ausschluß des italienischen Siedlungsgebietes und die neuaufgerichteten Provinzen Deutschböhmen und Sudetenland. Ausdrücklich wurde vom Berichterstatter darauf hingewiesen, daß das in den bisherigen Ländern der ungarischen Krone gelegene geschlossene deutsche, dem deutschösterreichischen Staat unmittelbar angrenzende Siedlungsgebiet dem deutsch-österreichischen Staatsgebiet einzuverleiben sein wird. Und:
Alle deutschen Minderheiten in den auf den Gebieten Österreich-Ungarns neugegründeten »Nationalstaaten« (sie waren in Wirklichkeit alle mit dem Nationalitätenstreit des alten Österreich behaftet und also keine Nationalstaaten) gehören kraft der unzerstörbaren Volksgemeinschaft und ihrer bisherigen jahrhundertealten Reichsgemeinschaft (!) zum nationalen Interessengebiet des Staates Deutsch-Österreich, der sich bemühen wird, ihren Bestand in der Zukunft und ihre nationale Beziehung zu Deutsch-Österreich völkerrechtlich zu sichern.
So wurde am Geburtstag der Republik ein guter Anteil an der Masse des Nationalitätenkonflikts des alten Österreich in den neuen Staat übernommen. Wobei der Urgrund dieses Bemühens, das von Wilson verkündete Selbstbestimmungsrecht der Nationen, diese Tatsache nur schlecht verborgen hat.
Mehr noch traute sich die junge Republik zu, als ob ihre Politiker vergessen hätten, daß man zwar im Hohen Haus einer Großmacht von gestern saß, in der Realität aber nur noch Souverän eines nicht lebensfähigen Kleinstaates war, eines Feindstaates der Siegermächte. So groß war damals das Vertrauen, das man in die

von Wilson verkündete Friedensordnung gesetzt hat. Kurz gesagt, die Republik wollte ihren Zugang zur Adria gesichert haben, und man berief sich hiebei auf die seit urdenklichen (!) Zeiten bestehenden Verkehrs- und Handelsverbindungen über die Alpenpässe und den Karst. Und da man gewohnt war, in Wien und in Österreich Anteil zu haben an den Erträgen des jetzt in der ČSR liegenden Industriegebietes Mährisch-Ostrau, in Oderfurt und Witkowitz, sowie wegen der Bedeutung der Städte Bielitz und Biala sollten die ČSR und Polen zustimmen, mit Deutsch-Österreich ein zwischenstaatliches Verwaltungsgebiet über diese Regionen einzusetzen.
Dies gesagt, wagte kein Abgeordneter einzuwenden, daß die Stunde, derlei von der ČSR und von Polen zu verlangen, nicht da sei. Vielmehr richtete der Deutschnationale Dr. Groß die Aufmerksamkeit des Hohen Hauses auf die deutsche Sprachinsel Iglau. Dem hielt man entgegen, dieses Gebiet stünde nicht im unmittelbaren Zusammenhang mit dem geschlossenen deutschen Sprachgebiet; in diesem Fall konnte sich der Berichterstatter nicht enthalten, den Zweifel darüber auszudrücken, wie dort wohl eine Gebietshoheit auszuüben sei. Wie sie in anderen in diesem Zusammenhang genannten Gebieten ausgeübt werden sollte, wo die fremde Staatsgewalt längst unter der Kontrolle italienischer, jugoslawischer, tschechoslowakischer und polnischer Truppen als vollendete Tatsache feststand, darüber wagte niemand zu reden ...
Man wälzte den Entwurf, der weltgeschichtliche Auswirkungen bekommen sollte, weiter zum geschäftsordnungsmäßig zuständigen Verfassungsausschuß. Das geschah am Dienstag, den 12. November 1918, gegen sieben Uhr abends. Das Ergebnis der Ausschußberatungen sollte in der nächsten Sitzung, die für Donnerstag, den 14. dieses Monats, anberaumt wurde, zur Beschlußfassung vorliegen. Nicht ganz 48 Stunden maß der neue Souverän der Lösung eines Problems zu, das in Jahrhunderten des Bestandes des untergegangenen Reiches Generationen aller Nationalitäten in wilde Streitigkeiten verwickelt hatte. Die Vielvölkermonarchie hat diese gefährlichen Auseinandersetzungen in sich konsu-

miert. Fortan werden einige davon die europäische Staatengeschichte, letzten Endes sogar die ganze Welt berühren und einen weiteren Weltkrieg mit heraufzubeschwören imstande sein.
Um sieben Uhr abends war in alten Zeiten der Ring hell erleuchtet. Jetzt aber mußte man sparsam mit der Strom- und Gasversorgung umgehen. Eine Düsternis verbreitete sich rings um das Parlamentsgebäude, die, je weiter die Straßen und Gassen von der Inneren Stadt entfernt waren, zur völligen Finsternis geriet. Die Torsperre um zehn Uhr abends, die *hora legalis* der Hausmeister und Ursprung des moralischen Anspruchs auf ein Sperrsechserl im Falle einer Störung der Nachtruhe des bald zum Hauswart aufgerückten Hausmeisters, entfiel. Die Hausbewohner wähnten sich nur sicher, wenn das Tor des Wohnhauses verschlossen war. Brach die Dämmerung herein, dann waren die Straßen und Gassen fast menschenleer. In den Wohnungen des Bürgertums fehlte das helle Licht, man war froh, eine Kerze oder das von Großmutters Zeiten gehütete Lichterl vor dem Muttergottesbildnis zur Hand zu haben, das war sparsam im Gebrauch. Petroleum war nicht immer im Handel, und so genau wollte man auch nicht alles wahrhaben, was im Haushalt schon abging. Weil es in den letzten Kriegsjahren als Entgelt beim Hamstern von Lebensmitteln in nahen Dörfern der Stadt in die Stuben der Bauern gewandert ist.
Langsam drang die ländliche Vegetation in die Stadt. Nicht nur in den Schrebergärten, die zumal über ehemaligen Exerzierfeldern oder Paradeplätzen, wie die Schmelz einer war, entstanden. Gras wuchs zwischen den Granitsteinen der Straßen; jenen Granitsteinen, von denen es hieß, jeder hätte, Herstellung, Transport und Verpflasterung eingerechnet, einen Gulden gekostet. Aber diese Pflasterung überdauerte zwei Weltkriege und fiel erst den im Zeitalter des Automobils an Verkehrsflächen gestellten Anforderungen zum Opfer.
Selbstverwaltung und Selbsthilfe waren jetzt Schlagworte. Die ehemalige k.k. Sicherheitswache war nicht mehr imstande, den Rayonsdienst dermaßen auszuüben, wie er vor dem Krieg die Basis der allgemeinen Sicherheit war. Die Rote Garde war sich zu gut, um als Nachtwächter der Bourgeoisie zu fungieren. Als erste

Selbstschutzverbände entstanden in Wien die verschiedenen Formationen einer, wie man später sagte, Stadtschutzwache. Je nach der jeweiligen parteipolitischen oder völkischen Vormacht in einem Stadtgebiet waren die verschiedenen Wachkörper mit verschiedenen Emblemen versehen.

Man war ungemein bemüht, die Tatsache, daß alle diese Wachen in Uniformen aus Beständen der k.u.k. Armee aufzogen und die Waffen dieser Armee verwendeten, zu kaschieren. Wo viel Rot vielen Bürgern des Bezirks gefiel, waren die Kappe und der Uniformärmel dermaßen beschaffen, daß niemand in den Verdacht kommen konnte, es handle sich bei dem Bewaffneten um einen der letzten Reaktionäre. Um diesen Effekt zu vermeiden, reichte die Rosette anstatt der in der Kaiserzeit üblichen nicht aus. Rote Rosetten, wie sie auch die Rote Garde, alsbald als Volkswehrbataillon No. 41 der Volkswehr des Doktor Deutsch eingegliedert, an der Kappe hatte, sagten aus, daß es mit dem ehemaligen Obersten Kriegsherrn vorbei war. Wer sich unterfangen hat, als Heimkehrer nicht rechtzeitig die Kokarde mit dem Namenszug des Kaisers Karl zu entfernen, war selbst schuld, wenn man ihn in der Heimat gewaltsam auf diese und andere Vergeßlichkeiten aufmerksam machte.

In gutbürgerlichen Bezirken tauchten rotweißrote oder schwarzrotgoldene Embleme auf. Die Juden der Leopoldstadt schützten sich – man kann nie wissen, was kommt – selbst. Ihre Stadtschutzwache mit dem Zionstern und der blauweißen Armbinde sorgte für den Überrumplungsfall. Überrumplungsfall, wie es einmal der Dichter Josef Weinheber für alle Zeiten als den krassesten Fall allgemeiner Unsicherheit festgehalten hat.

So ging der 12. November 1918 zu Ende. Wäre Lenin Tatzeuge an Ort gewesen, er hätte wutschnaubend das totale Versagen seiner Vorhuten angesehen. Aber Trotzki hätte ihn trösten können. Er kannte die Wiener Genossen aus der Zeit, als ihm der Geldzufluß aus dem Elternhaus ein Leben *modo capitalistico* in Wien gestattete. Und er im »Café Central« die Genossen der sozialdemokratischen Arbeiterpartei, die jetzt die Macht in ihrem Staat überwachten, kennenlernte. Er wird diese seltsamen Sozialisten in seinen

Lebenserinnerungen schauerlich diffamieren. Und nur vergessen, daß er ihnen im Jahr 1914 die ungehinderte Ausreise aus Österreich-Ungarn ins Exil verdankte. Und diese Genossen überhaupt viel zur pfleglichen Behandlung von Bolschewiken beitrugen. Beitrugen bereits in einer Zeit, als der in Diensten Berlins stehende Lenin in gewissen Akten des Deutschen Reiches noch als »Lehnin« aufschien.

Österreich war ein ordentlicher Staat. Am 12. November 1918 erwies sich das noch einmal. Es floß trotz der vielen bei den Massen verbliebenen Waffen fast kein Blut. Das hat sich bald und radikal geändert.

Oberst Körner

Volkswehr und Soldaten 1918–1920

Der schlecht beleuchtete und nicht geheizte Zug, eine in mehr als vier Kriegsjahren kaum gewartete Garnitur, rumpelte durch die Bahnhöfe dem Wiener Südbahnhof zu. Der Oberst hatte einiges Gepäck bei sich, darunter den Behälter mit der Armeekasse der ehemaligen Isonzoarmee. In Wiener Neustadt haben ihm die Soldatenräte der Bahnhofwache gesagt, die Herren Offiziere nähmen auf der letzten Strecke bis Wien gewöhnlich die Rosette mit dem Namenszug des Kaisers ab. Gewöhnlich. Der Oberst hat daraufhin, als der Zug durch die stockfinstere Station Liesing fuhr, den Mantel angezogen und die Pistole gut sichtbar ins Offizierkoppel gesteckt.

Für den Oberst waren 24 Dienstjahre zu Ende. Als einer der Besten im Generalstab der k.u.k. Armee hat er den Krieg vom ersten Tag an mitgemacht und an der Front gegen Serbien und Italien unterschiedliche Erfahrungen gesammelt. In den insgesamt zwölf Isonzoschlachten hat er alle Krisen der Verteidigung bis zur Verjagung der Italiener vom Isonzo zur Piave bestanden. Sein Bruder, der als Korpsgeneralstabschef für noch begabter als er selbst galt, ist am Isonzo gefallen.

Die Junioffensive des Jahres 1918 hatte er, so gut es der an der Piave stehenden Isonzoarmee möglich war, vorbereitet. Chancen und Risiken höheren Ortes angezeigt. Niemals ist er jener Tristesse verfallen, die zuletzt die Kaiserlichen, Offiziere und Mannschaften, befiel, als die Offensive scheiterte. Und in der letzten Oktoberwoche eine britische Crack-Division jenes Loch in die Front der Österreicher-Ungarn schlug, durch die sich die Masse des italienischen Heeres in die kaum noch verteidigte Ebene Venetiens bis an den Rand der Alpen ergoß.

In der Nacht vor der Kapitulation der Österreicher-Ungarn in Padua, am 3. November 1918, gingen die Truppen der Isonzoarmee von der Piave hinter den Tagliamento zurück. Zehn Jahre später schrieb der als Generalmajor des Bundesheeres verabschiedete Oberst eine kurze Schilderung seiner letzten Tätigkeit als Generalstabschef der Isonzoarmee. Zwei Zeitungen, von denen keine im Verdacht stand, sich einer Liebedienerei gegenüber der damals von der Linken in Österreich noch eher gering geschätzten k.u.k. Armee zu befleißigen, druckten diesen Beitrag ab. Demnach waren am Allerseelentag 1918 die Zustände in den Reihen der Isonzoarmee noch ziemlich in Ordnung. Und, so der gewesene k.u.k. Oberst Theodor Körner 1928 wörtlich, »die Truppen verhielten sich brav«. Brav, hier noch einmal im ursprünglichen Sinn gemeint, also nicht nur ordentlich, sondern noch immer recht diszipliniert.

Die damaligen Zustände im Etappenraum fand der Oberst so, wie es ein Kamerad mit etwas anderen Worten beschrieben hat: Die Etappe, die große Hure, spielte ihren letzten Schurkenstreich gegenüber der kämpfenden Truppe. Körner entschuldigte dieses Verhalten in seinem Rückblick rein sachlich: In der russischen Gefangenschaft hat man gewissen Heimkehrern beigebracht, »wie die Truppen selbständig, auch gegen den Willen der Führer, einen Krieg als beendet« ansahen. Der das schrieb, war 1928 schon ein von der SDAPÖ gestelltes Mitglied des Bundesrates und militärischer Berater des Republikanischen Schutzbundes dieser Partei. Und – ein grundsätzlicher Gegner jeder Art von Traditionspflege im damaligen Bundesheer im Rückblick auf die k.u.k. Armee.

Das Kommando der Isonzoarmee stand zum Zeitpunkt des Waffenstillstandes schon auf österreichischem Staatsgebiet. Allerdings inmitten krasser Exzesse der nationalen und sozialen Revolution. So erlebte der Oberst den Zerfall jener Armee, die einmal der Generalissimus Wallenstein dem Kaiser in Wien zugeführt hat. Feldgraue mit Emblemen des südslawischen Staates kontrollierten die von Triest nach Wien führende Strecke der Südbahn. Die Triestiner sandten Hilferufe nach Venedig, weil sie fürchte-

ten, die slowenischen Bewohner der Umgebung würden sich ihrer von Italienern bewohnten Stadt, einstens heißbegehrtes Kriegsziel derer im Königreich Italien, bemächtigen. Wie Kinder, die in Abwesenheit des Vaters dessen Gewehrschrank erbrochen haben, schossen Angehörige aller Nationalitäten, alle noch in Feldgrau, aufeinander. Slowenen vom Laibacher Gebirgsschützen-Regiment, das erst vor wenigen Tagen kehrtgemacht hatte, um heim zu marschieren, waren vom Slowenischen Nationalrat eines Besseren belehrt und erneut zur Verteidigung des Isonzo eingesetzt worden. Diesmal zur Abwehr unerwünschter Polen und Ungarn, die auch heim wollten. Und in Gewärtigung der Italiener, von denen man wußte, daß sie auf den Erwerb slowenischer Siedlungsgebiete aus waren. Was Körner überraschte war, daß immer noch Urlauber einrückten. Allerdings ohne Waffen, denn diese hatten ihnen die slowenischen Kameraden abgenommen.
Noch bestand zwischen dem Armeekommando der Isonzoarmee und dem Heeresgruppenkommando unter Feldmarschall Boroević eine Telefonverbindung. Von letzterem kam die Warnung, die Slowenen träten als Feind auf. Zwei Armeekorps, ein ungarisches und ein aus Nordslawen zusammengesetztes, verschafften sich rücksichtslos den Durchmarsch durch slowenisches Gebiet. Wer da mittat, kam sicher heim. Einzelreisende, die sich selbst demobilisierten, kamen aus den verschiedensten Gründen zuweilen ums Leben. Ohne eine gewisse Ordnung geriet die neue Unordnung also auch nicht. Körner beherzigte die Weisung vom Heeresgruppenkommando, wonach sich die Truppen von allem unnützen Ballast befreien, Gewehre und Geschütze sowie Munition aber mit sich führen sollten. Die hungrigen Männer wurden heimwärts gelockt, indem man sie auf die in Laibach befindlichen riesigen Verpflegungslager aufmerksam machte.
Schon scherten auch Generäle aus. So ein bisher kaisertreuer Kroate, der erklärte, er könne nicht gegen seinen neuen Staat Jugoslawien kämpfen. Ihm folgte sein tschechischer Generalstabschef, der sagte, er wolle dabei sein, wenn daheim die neue Armee der Tschechoslowaken aufgestellt wird. Ein Genie-

stabschef, ein Serbe aus Bosnien, folgte dem Beispiel. Zehn Jahre später, 1928, inmitten des Parteienhaders der Ersten Republik, wird Körner über diese Erfahrungen in seinem Artikel, den zwei linksgedrallte Zeitungen abdruckten, schreiben:

»Ein Blitzlicht auf das wirkliche Ende: der *nationale Zerfall* des nur schein-deutschen Heeres, nur schein-deutschen Staates. Selbst in seinen braven, langgedienten und doch [angeblich] gänzlich unpolitischen Berufsoffizieren.«

1928, da hielt Körner schon im Deutschen Reich vor den Genossen des dortigen sozialdemokratischen Wehrverbandes »Reichsbanner« Reden, in denen er den verdutzten Reichsdeutschen erklärte, wie sehr sich die Österreicher auf den Anschluß freuten. Verdutzte Genossen deswegen, weil diese erschreckt waren, als sie die österreichischen Schutzbündler mit roten Fahnen anrükken sahen, während sie selbst die schwarzrotgelben führten. Man bat die Gäste, die roten Fahnen bei öffentlichen Kundgebungen einzurollen ...

Was Körner bei aller intellektueller Redlichkeit um 1928 nicht mehr zugeben konnte war, daß die Berufsoffiziere vor 1918 nicht einer *Nation*, die Magyaren ausgenommen, dienten, sondern dem *Kaiser*. Und daß es das unvergängliche Verdienst der Monarchie blieb, kein Schmelztiegel wie die USA gewesen zu sein, sondern den Nationalitäten geholfen zu haben, ihre Eigenständigkeit zu bewahren. Und zwar besser, als es nach 1918 in gewissen Staaten geschah, die sich als *Nationalstaaten* gaben und dabei den aus der Monarchie übernommenen Nationalitätenstreit auf eine oft grausame Weise aus der Welt schaffen wollten.

In Laibach bestieg der Oberst einen Zug in Richtung Wien. In diesem Moment des Abschieds hat er – geweint. Nichts davon bei der Ankunft auf dem Wiener Südbahnhof. Das ganze Bahnhofsgelände war überschwemmt mit Heimkehrern, die sich nach russischem Vorbild selbst demobilisiert hatten. Gerät aller Art lag umher. Seit Tagen hatte niemand mehr für die Säuberung gesorgt. Das zwischen dem Süd- und dem Ostbahnhof liegende Rosarium des damaligen Maria-Josepha-Parks war zertreten, die vor zehn Jahren als ein Muster moderner Gartenbautechnik geschaffene

Anlage von Trampelpfaden zerrissen, die Blumenbeete zerstört. Der Oberst sah Offiziere, denen man die Rangabzeichen und Kriegsauszeichnungen heruntergerissen hatte; einige taten es jetzt selbst, um nicht auf der Straße die schmachvolle Behandlung ihrer Kameraden zu erleben. An den Obersten hat sich niemand herangewagt. Doch er war gewarnt. In den nachtfinsteren Gassen der Bahnhofsumgebung war niemand sicher vor Gesindel, das sich nicht nur gegen Rangabzeichen austobte, sondern alles Gut raubte, das ein Heimkehrer an sich hatte – und wenn es nur eine Decke war. Der Oberst deponierte sein Gepäck im Büro des Bahnhofsvorstandes und machte ihn darauf aufmerksam, daß zum Gepäck des Heimkehrers Theodor Körner auch – die Armeekasse der Isonzoarmee gehörte.

Der Oberst war nun nicht mehr und nicht weniger als einer der unzähligen Berufsoffiziere und Gagisten, die nicht wußten, wer ihnen ein Fortkommen bieten wird und ein Daheim, nachdem sie ihr letztes Daheim, die alte Armee, verloren hatten. Körner meldete sich im Gebäude des früheren k.u.k. Kriegsministeriums beim jetzigen sozialdemokratischen Unterstaatssekretär für Heerwesen, unlängst noch k.u.k. Offizier im k.u.k. Kriegsministerium, Julius Deutsch.

Warum meldete sich der Oberst nicht beim politischen Ressortleiter, dem Sudetendeutschen und Deutschnationalen Josef Mayr? Wo der Oberst jene Untergrundbahn bestiegen hat, die ihn ins »andere« Lager führte, ist oft untersucht worden. Vor 1914 hatte er seine Hoffnungen auf den in Sarajevo ermordeten Thronfolger Franz Ferdinand gesetzt, den viele an sich antiklerikal gesinnte Militärs schätzten. Nachher schwanden derlei politische Überzeugungen des nicht mehr ganz jungen Generalstäblers. Nur das von Haus aus anerzogene Pflichtgefühl blieb wie das Triebwerk einer Uhr intakt. Jetzt aber gingen die Uhren ganz anders, das alte Zeitmaß galt nicht mehr.

Wie immer es war, Julius Deutsch fragte den Obersten, ob er willens sei, als leitender Angehöriger dem Personal der neuen Zentralstelle der Republik beizutreten. Und Körner nahm an. Die SDAP hatte auf ihrem Parteitag vom 1. November die Bestrebungen der linken Linken sowie der Pazifisten zurückgewiesen und sich für eine militärische Landesverteidigung ausgesprochen. Julius Deutsch konnte auf den durchschlagenden Erfolg seiner geheimen Militärorganisation hinweisen. Sowie darauf, daß er in den Kasernen der Hauptstadt und der nächsten Umgebung Wiens seine Soldatenräte sitzen hatte, die in leicht geänderter Adjustierung ihre bisherige Tätigkeit als Berufsunteroffiziere im republikanischen Österreich fortsetzten und nur auf Weisungen des Doktor Deutsch warteten.

Was der Oberst in der neuen Umgebung erlebte, hat ihn überrascht, bald zu schärfster Kritik, zuletzt zu einer konkreten Warnung vor einem Heer für einen Angriff im Klassenkampf veranlaßt.

Das Heer der Republik sollte ein Heer von Berufssoldaten werden. Körner bekam Kenntnis vom Text jenes »Wehrvertrages«, wie er in Wien den Männern vorgelegt wurde, die sich nach einem verlorenen Krieg zum Wehrdienst anwerben ließen. Der Entwurf war im Kreis der Soldatenräte entstanden, und die Texter hatten dabei sicher noch den einmal von ihnen geleisteten Eid in Erinnerung. Etwa wenn es hieß, die soziale Revolution zu jeder Zeit, an jedem Ort et cetera zu verteidigen. Dieser Hinweis auf Zeit und Ort war wortgetreu ein Kernsatz des bei den Kaiserlichen geleisteten Fahneneides. Daß das neue Heer ein Revolutionsheer im Dienst des Sozialismus sein sollte, das störte Körner; ebenso, wenn dem Bewerber als Staatsbürger zugemutet wurde, die soziale Republik als Ziel und Zweck des Klassenkampfes anzuerkennen und freiwillig in die proletarische Armee einzutreten. Derlei sollte natürlich nicht mehr bei Gott versprochen werden, es war ja kein Eid im bisherigen Sinn, sondern Textteil eines Dienstleistungsvertrages, der im »Namen der Revolution« auch ein Versprechen enthielt.

Die aus der geheimen Militärorganisation des Doktor Deutsch hervorgegangenen Offiziere, Unteroffiziere und jetzigen Wehrmänner hatten offenbar überhaupt nicht zur Kenntnis genommen, daß die am 30. Oktober 1918 ins Amt gekommene Regierung Renner I eine Regierung war, die in der Provisorischen Nationalversammlung keineswegs über eine absolute Mehrheit der von der SDAP gestellten Mandatare verfügte. Daß die sogenannten bürgerlichen Parteien während der ganzen Zeit der Ersten Republik immer über eine, wenn auch zerstrittene, so doch jedenfalls kompakte Mehrheit verfügten; und daß Renner an sich keinen Klassenkampf von Staats wegen führen wollte, wie das Lenin in Rußland mittels des von den Bolschewiken ausgeübten Terrors ihrer Minorität im Staate tat.

Das Geschehen rund um die Feiern des 12. November 1918 müssen wohl auch dem Obersten Körner einiges zu denken gegeben haben. Helden des Tages waren ja die Männer der sogenannten Roten Garde, eine Gründung des in den Streiks vom Jänner 1918 hervorgetretenen damaligen Infanteristen Leo Rothziegel. Rothziegel war vorweg Anhänger des in Rußland eingeführten Rätesystems, nach seinem in Wien gescheiterten einschlägigen Versuch ging er 1919 ins kommunistisch gewordene Ungarn. Dort kämpfte er im I. Internationalen Bataillon gegen die Rumänen, die von der Entente aufgeboten waren, um dem Rätesystem Béla Kuns ein Ende zu bereiten. In den Umsturztagen aber bewährte sich vor allem ein bisheriger k.u.k. Reserveoffizier namens Egon Erwin Kisch. Er war 1914 als Korporal eingerückt und hatte es zum Offizier gebracht. Auch er geriet wie Otto Bauer in russische Kriegsgefangenschaft, wo er mit dem Bolschewismus in Berührung kam und danach eine Rolle studierte, die er dann in den Umsturztagen vor dem Wiener Publikum gespielt hat.

Julius Deutsch nahm in seinen Lebenserinnerungen für sich in Anspruch, verhindert zu haben, daß Kisch unter seiner Regie als Kommandant der Roten Garde ein zeitgemäßes Zugstück zur Aufführung brachte: nämlich eine Arretur des noch im Schloß Schönbrunn residierenden Kaisers Karl, der noch nicht die ihm abverlangte Verzichtserklärung geleistet hatte. Kisch, besorgt um einen eventuellen geordneten Rückzug, verlangte für die Arretur zuerst eine »Ermächtigung« des nunmehrigen Unterstaatssekretärs Deutsch. Deutsch zögerte; Kisch drohte, seine Mannen ohne »Bewilligung« nach Schönbrunn zu führen, selbst auf die Gefahr hin, daß er auf militärischen Widerstand stoßen sollte. Die Gefahr bestand nicht, aber Deutsch wünschte kein derartiges Aufsehen, nämlich ein Theater des Journalisten Kisch. Er bot dem später als »rasender Reporter« bekanntgewordenen gebürtigen Prager eine Ersatzhandlung an. Nämlich die Eroberung des Hortes des Militarismus in Wien, des Militärkommandos in der Universitätsstraße. Und Kisch biß den Köder. Er zog mit seinem Haufen los und umzingelte das Gebäude, das einen ganzen Häuserblock umfaßt. Dann begann die Aufführung.

Kisch ließ das unverteidigte Gebäude von seinen Männern, die mit gefälltem Bajonett vorgingen, erobern. Er stellte im Inneren Wachen auf, vor den Büros der wenigen Offiziere, die durchwegs gutwillige Sesselreiter waren. Natürlich wurde die Telefonzentrale besetzt, die Fräulein am Klappenschrank kicherten und schrien hysterisch auf, es war wunderbar gefährlich. Und – man kann nie wissen, wessen die Reaktion fähig ist – man nahm die Aborte unter Kontrolle, wie sich Deutsch später erinnerte. Niemand durfte das Haus verlassen. Toiletten durften erst besucht werden, wenn feststand, daß dieser Gang nicht dazu benutzt wurde, Papiere zum Verschwinden zu bringen, welche die Schändlichkeit des Militarismus bloßgestellt hätten. Spät erst fiel Deutsch im Drang der Geschäfte wieder der Einsatz der Roten Garde ein. Eilends begab er sich im Auto des früheren k.u.k. Ministers an den Ort des Geschehens. Der Anblick war martialisch. Die Rote Garde war in der Liebiggasse, entlang der Hinterfront des Gebäudes, in breiter Front angetreten. Beim Kommen des Unterstaatssekretärs intonierte die Militärkapelle die Marseillaise. Kisch, mit gezogenem Säbel vor der Front, kommandierte, was zur Ehrenbezeigung eines Promi gehört, erstattete Meldung, strudelte den Doktor Deutsch an, und dieser antwortete mit revolutionärem Pathos, um nicht Unwillen hervorzurufen.

Die Besichtigung ergab, daß in der Einfahrt des Gebäudes MGs mit Schußrichtung auf die Straße in Stellung gebracht waren. Und dies, obwohl sich der Angriff doch nicht gegen das gute Volk in den Straßen richtete, sondern gegen die Büttel des Militarismus. Da konnte der Schöpfer der geheimen Militärorganisation der Kaiserzeit seinen Vorzugsschülern in der Roten Garde nach erfolgter Inspizierung des Kampfgeländes nur danken. Bei der Abfahrt begleiteten den Doktor wieder die Klänge der Marseillaise. Es gab nur ein Nachspiel: Der angejahrte Militärkommandant, ein schon zu allem bereiter General, schrieb dem Doktor Deutsch einen Brief mit der Frage, warum besagter militärischer Aufwand getätigt wurde; er und seine Mitarbeiter seien bereit, auch unter geänderten Verhältnissen den Behörden keine Schwierigkeiten zu bereiten ...

Um diese Zeit kursierte in den Kabaretts der Stadt schon ein Witz. Demnach ist am 12. November 1918 dem Kisch und seiner Garde bei der Besetzung der Redaktion der »Neuen Freien Presse« in der Wiener Fichtegasse ein Mißgeschick unterlaufen. Lenin getreu, wollte Kisch sich der Redaktion dieses Zentralorgans des Kapitalismus in Österreich bemächtigen und so nicht nur ein übles Organ zum Verstummen bringen, sondern zugleich den Druck einer kommunistischen Zeitung, »Die Rote Fahne«, erzwingen. Da sei dem Offizier Kisch sein in der Redaktion tätiger Bruder, andere sagen ein naher Verwandter, entgegengetreten, um den rasenden Kisch mit der Drohung zu verscheuchen:

»Warte nur, wenn ich das der Mama in Prag erzähle.«

In offiziellen Erklärungen, wie sie das Kommando der Roten Garde sowie Dr. Julian Sternberg seitens der Redaktion herausgaben, ist davon nicht die Rede. Die jungen Leute hätten eher einen verwirrten als bedrohlichen Eindruck gemacht, sagte der Doktor Sternberg.

Kisch machte nur die ersten Monate der Roten Garde mit, dann übernahm eine andere Type das Kommando des Haufens, der inzwischen als Volkswehrbataillon Numero 41 in die Wehrmacht der Republik eingereiht worden war. Der neue Kommandant war immerhin ein gewesener Hauptmann. Als Student der Rechtswissenschaften hat er die damals beste Fußballmannschaft im Wien der Kaiserzeit, die des Wiener Athletik Clubs (WAC), mit der ganzen Wucht seiner gut geratenen Leiblichkeit verstärkt. Einmal hat der damalige Studiosus sogar zusammen mit dem später so populär gewordenen Radiokommentator der Zeit des österreichischen Wunderteams, Willy Schmieger, in einer Auswahlmann-

schaft gespielt. Der Hüne hieß Josef Frey. Dann aber machte er Krach in der Mannschaft des WAC.
Im Juni 1910 sollte die Mannschaft des WAC in Graz gegen den GAK spielen. Es war dies in der Steinzeit des Fußballsports in Österreich, als auch Spieler ihrem Verein einen Mitgliedsbeitrag zahlten und nur im Falle, daß sie in einem Spiel selbst mitwirkten, vom Eintrittsgeld befreit waren (!). Der WAC schickte die Mannschaft in einem Waggon III. Klasse nach Graz. Darüber war der junge Frey erbost. Er war vom Elternhaus gewohnt, immer die II. Klasse, die Polsterklasse, zu benutzen und nicht die von gewissen Leuten abgeschabten Holzbänke der III. Klasse. Damals diktierten aber noch nicht die Spieler – es blieb bei der III. Klasse. Frey wurde Anführer der Rebellen, die sozusagen gegen eine Deklassierung aufbegehrten, und fast die ganze Mannschaft des WAC folgte der von Frey angezettelten Revolte. Weil man, so der Jurist Frey, nichts gegen den WAC, sondern alles nur gegen den Vereinsvorstand hatte, wollten sich die Putschisten weiterhin als WAC ins Spielgeschehen mischen. Unseligerweise herrschten damals noch jene reaktionären Zustände im Wiener Fußballverband, die Freys Befreiungsaktion an dem Punkt scheitern ließen, daß sich dessen Mannschaft nicht WAC nennen durfte, sondern als WAF noch ein bedeutendes Stück österreichischer Fußballgeschichte mitmachte.
Das also war, modern gesprochen, der Background der Persönlichkeit, die in den ersten sechs Monaten des Jahres 1919 der Doktor Deutsch und seinem Amt die Hölle heiß machte.
Später wurde gerügt, daß in den Ländern das Wiener Experiment einer Volkswehr eher vernachlässigt wurde. Landeskommandanten setzten sich nicht nur gegen Weisungen und Anregungen aus Wien zur Wehr, sie schickten auch Agitatoren, die aus Wien zu den Kommanden in die Länder kamen, ungeniert nach Wien zurück. Konflikte waren unausbleiblich, als erkannt wurde, welche Wehrgesinnung in der Wiener Volkswehr herrschte. Auch Oberst Körner hatte konkrete Einwendungen gegen den Text im Wehrvertrag der künftigen Wehrmänner, wie er aus Kreisen der Räte an Doktor Deutsch herangebracht wurde. Als bloßer Amts-

leiter wurde aber Körner politisch belehrt: Die beanstandete Formel sollte nicht für die im Aufbau befindliche Volkswehr, sondern für eine künftige Miliz gelten. Man müsse verhindern, daß in die Volkswehr eine parteipolitische Richtung hineinkomme, wie sie von gewisser Seite beabsichtigt sei. Gedacht war an das, was die bisherigen Offiziere bei ihrem Eintritt in die Volkswehr womöglich mitbrachten. Etwa Putschideen zugunsten einer Monarchie. Körner war vorweg gegen eine Miliz.

Körners Standpunkt angesichts dieses behördeninternen Streitfalles ist im Hinblick auf seine eigene spätere politische Betätigung in der SDAP bemerkenswert. Er erkannte, daß die Soldatenräte eine Volkswehr aus den Reihen der Proletarier wollten und deswegen Bemittelten den Zugang unmöglich zu machen versuchten. Im Moment, so Körner 1919, handle es sich aber darum, die Volkswehr gegen Einflüsse der äußersten Linken, namentlich der Kommunisten und Bolschewiken (!), abzusichern. Das aber ginge nur, wenn man die Volkswehr an die Sozialdemokratische Partei binde, der ja die meisten Volkswehrmitglieder ihrer Herkunft nach zugehörten.

Wenn derlei Töne aus Wien in den Bauernrepubliken der Republik hörbar wurden, schwand natürlich nicht nur bei den Bauerngenerälen fast jedes Interesse, am Aufbau dieser Art von Volkswehr teilzunehmen.

Körner geriet ins Zwielicht. Etwa wenn er nach solchen amtsinternen Äußerungen, wie der eben zitierten, in der Öffentlichkeit hören ließ, die Volkswehr biete keine Gewähr dafür, ein Machtinstrument der Regierung zu werden, das ein Staat unter allen Umständen brauche. Sollte es bei den gegenwärtigen Zuständen bleiben, würde die Volkswehr zum Mittel des Klassenkampfes. Und genau das sollte ja die Volkswehr nach dem Vorhaben der örtlichen Schüler Lenins werden. Im Jahr 1919, als an der Ostgrenze Deutsch-Österreichs ein Rätesystem in Ungarn an der Macht war und im Westen eines in Bayern, konnte der Blinde mit dem Stock die Absicht greifen, wonach die vorhandene Lücke zwischen Ungarn und Bayern in Wien geschlossen werden sollte.

Körner ließ sich auf ein Programm ein, das aus Parteikreisen an

ihn herangetragen wurde. Die Volkswehr sollte den Wehrmännern nicht nur Unterkunft, Verpflegung und Bekleidung sowie Sold liefern, sondern jene Bildung, von der sich vor allem die politische Linke Günstiges erwartete.
Hier ist einzufügen, daß die Väter der Verfassung der Republik vom Jahr 1920 keine Einigung beim Entwurf des Verfassungsgesetzes in dem Punkt erreichen konnten, wo es um Schule, Erziehung und Volksbildung ging. Erst 1962 wurde die dafür notwendige Basis, nämlich die Zweidrittelmehrheit im Nationalrat, erreicht. Niemals waren sich die beiden großen Parteien in der Ersten Republik in diesem wichtigen Punkt völlig einig. Ja, in der Ära des Bundeskanzlers Ignaz Seipel hat man sich in der Regierungskoalition zwischen den Christlichsozialen und der Großdeutschen Volkspartei bei der Schaffung der Lehrpläne zum Grundsatz einer *nationalen Erziehung* im Schulwesen bekannt. Dagegen hätten die Schulfachleute in der SDAPÖ nichts einzuwenden gehabt. Aber die Tatsache, daß damit eine Periode in der Ersten Republik begann, in der zugleich die in den Schulen um 1918/19 so erfolgreich begonnene Reform im Sinne der Linken versacken sollte, vertiefte den Graben zwischen der Regierung Seipel und der SDAPÖ. Im Bundesheer sollten solche Zustände nicht einreißen. Dafür wollte der sozialistische Volksbildner Luitpold Stern sorgen, dem ein gescheiter christlichsozialer Gehilfe zur Seite stand, der allerdings an der Tatsache vorbeisah, daß sein Kollege zur Linken weniger auf Volksbildung aus war als vielmehr auf die Erhaltung des Geistes der Umsturzzeit. Denn der Klassenkampf war nach der Ansicht der Linken noch lange nicht zu Ende. Damals entstand der bezeichnende Spruch:
»Demokratie, das ist nicht viel (!) / Sozialismus ist das Ziel.«
Während die Wehrmänner der Volkswehr nur mit mäßigem Genuß von dem Wasser schlürften, das ihnen die staatsbürgerliche Bildung bot, und der von christlichsozialer Seite beigegebene Volksbildner kein Wässerchen trübte, erzeugte Luitpold Stern einige Wirbel. So schickte man zum Beispiel nach Kärnten, wo der Abwehrkampf gegen die ins Land eingedrungenen Jugoslawen die nationale Gesinnung der Bevölkerung und also auch in

den an der Abwehr beteiligten Verbänden anfachte, den Zugsführer Tomschick aus Wien. Er sollte bei den Männern im Süden den rechten Sinn wecken; Tomschick hat sich in der seinerzeitigen geheimen Militärorganisation des Doktor Deutsch hochgedient. Er sollte in Kärnten ein *Landesbildungsamt* in Betrieb nehmen. Es dauerte nur kurze Zeit, da wandte sich der Kärntner Militärbefehlshaber an die Wiener Zentrale und ersuchte um die eheste Einrückendmachung (!) des Zugsführers Tomschick zu seinem Bataillon in Wien. Hiebei wurde betont, es handle sich bei Tomschick nicht um einen Volksbildner oder dergleichen, sondern um einen Agitator, der der Kärntner Volkswehr den »Geist einer Wiener Volkswehr beibringen soll«. Das entsprach der Wahrheit, und dementsprechend fiel die Reaktion in Wien aus:
Nicht der sonst in der Umschulung der Wiener Volkswehr tätige Julius Braunthal übernahm es, die Entsendung seines Gewährsmannes Tomschick zu rechtfertigen, vielmehr übertrug man derlei heikle Agenden dem Oberst Körner. Körner erteilte zunächst dem Kärntner Landeskommandanten einen Nachhilfeunterricht in puncto Demokratieverständnis. Und Demokratie, so Körner wörtlich, ist es nicht, wenn den Weisungen der vom Volkswillen Bestellten Opposition gemacht wird. Zugsführer Tomschick habe sich in Wien bei der Einrichtung der Schulen (!) sehr bewährt. Er hatte, so Körner 1919, ein warmes Empfinden fürs Volk. Dies sei Ursache seiner Kommandierung.
Der geneigte Leser wird an dieser Stelle bemerken, daß der auf Ziehung nach halblinks befindliche Oberst Körner in Wien und der in Kärnten an der Abwehrfront kämpfende Landesbefehlshaber eine sehr verschiedene Vorstellung von dem hatten, was man verallgemeinernd *Volk* nannte. Körner empfahl den Kärntnern, Tomschick einige Zeit zu beobachten und erst dann zu beurteilen. Und: Man sollte aus Kärnten ein geeignetes Organ nach Wien schicken, um im Einvernehmen mit dem Reichsbildungswerk das Bildungswesen der Volkswehr Wiens zu studieren.
Man sieht, daß man nach 1918 noch sehr freigebig war bei der Verwendung des Wortes *Reich* anläßlich der Schaffung von absolut un-reichischen, weil republikanischen Einrichtungen.

Der Kampf zwischen Kärnten und Wien schwelte, solange die politische Ressortleitung für das Heerwesen in Wien den Sozialdemokraten zustand. Kärnten blieb der Auffassung treu, man sei gegen die Verwendung »gänzlich landfremder Personen im Kärntner Bildungswesen«. Und verlangte dringendst deren Abberufung. Die Zeiten, da Kärnten ein Fels im sozialistischen Österreich wurde, lagen also weitab. In Wien aber gewöhnte man sich an, das für legal zu halten, was der internationalen Solidarität der Arbeiterklasse diente. 1933 erregte die Linke der Schmuggel von Waffen aus dem faschistischen Italien an die ungarische Horthy-Regierung; in Paris griff man die Affäre auf, ebenso in Prag, wo man es seit 1918 nicht gerne sah, wenn Italien sich im Umkreis der Kleinen Entente breitmachte. 1919 aber rührte sich kein Protest von dieser Seite, noch weniger in Wien, als bekannt wurde, daß dem kommunistischen Räteregime Béla Kuns über österreichisches Gebiet Waffen zugeschoben wurden. Die Doppelköpfigkeit des neuen Österreich, die Existenz des Staates in zwei voneinander geschiedenen politischen Hülsen wurde mehr und mehr das Stigma der Republik von 1918.
Der Ruf der Wiener Volkswehr war und blieb schlecht im Lande. In manchen Bundesländern blieb der Verdacht, die künftige Wehrmacht der Republik würde unter Beibehaltung der Roten Garde, nun schon Volkswehrbataillon 41, aufgebaut. Aus Tirol verlautete, man werde sich das unter keinen Umständen gefallen lassen. Und: Das Staatsamt für Heerwesen möge allen Beteiligten klarmachen, daß die künftige Wehrmacht nicht nach den Wünschen der Wiener Volkswehr aufzubauen sei, sondern nach den Wünschen der Landesregierungen und Landesräte. In Kärnten geschah es dann:
Vergeblich hatte Körner längst schon auf die Gefahren hingewiesen, die sich aus einer *Bewaffnung der Zivilbevölkerung* ergaben. Der Kärntner Abwehrkampf gegen die Jugoslawen wurde zwar vom Landesbefehlshaber geleitet, die Volkswehr war aber dabei so wenig geschätzt, daß man bat, eine aus Wien gekommene Volkswehreinheit wieder abzuziehen. Aber da gab es schon sogenannte *Arbeiterbataillone* in Gebieten, wo keine Abwehr eines

Feindes von außen dies notwendig machte. Offenbar standen diese Bataillone in Bereitschaft gegen einen anderen Feind, wohl gegen den Klassenfeind. Dieser Frontverlauf wurde akzentuiert, als etwa in einer Landeshauptstadt solchen Arbeiterbataillonen Formationen gegenübergestellt wurden, in denen Studenten von ehemaligen Reserveoffizieren ausgebildet und geführt wurden.
Linz, überhaupt Oberösterreich, erzeugte in diesen Wirren ein neues, ein besseres Klima, und Körner anerkannte das gerne. Er lobte, daß der dortige Landesbefehlshaber nach und nach Ordnung und Disziplin in den Dienstbereich einführte und Übergriffen der Soldatenräte ruhig entgegentrat. In Wien gelang es Doktor Deutsch mit einigem Geschick, den Stein des Anstoßes, nämlich die Rote Garde und ihren unrühmlichen Kommandanten Hauptmann Frey, von der Szene zu entfernen. Überhaupt darf im Ringen um die neue Wehrmacht nicht übersehen werden, daß es im Krisenjahr 1919, als der neue Staat unter den Anschlägen der linken Linken fast zum Umkippen kam, des Zusammenhalts neuer und alter Ordnungsfaktoren bedurfte, um solche gefährliche Situationen zu meistern.
Doktor Deutsch verstand es, einige begabte Stabsoffiziere der alten Armee zu gewinnen. Neben Körner vor allem einen weiteren Generalstäbler, nämlich Oberst Schneller. Schneller, der sich im November 1918 bei der Liquidierung der Kampfhandlungen sehr exponiert hatte, war ein feiner Kopf, nicht so hitzig wie der geniale Körner und sohin eine gute Ergänzung im Wirken Körners als Amtsleiter. Im Hochsommer 1919 war es höchste Zeit, zur Aufstellung des Bundesheeres zuerst einmal ein neues *Wehrgesetz* zu schaffen. Es drohte sonst, daß die Länder selbst bei diesem nationalen Anliegen einen Partikularismus in Anschlag bringen würden, sofern es Körner und seinen Gehilfen nicht gelang, das Heer nach einer Selbstsäuberung so zu präsentieren, daß man mit einem in diesem Fall schlechtangebrachten Föderalismus nicht mehr darüber hinwegkam.
Vor dem Friedensvertrag von Saint-Germain vom September 1919 waren nicht nur die Gegner eines Heeres in der SDAPÖ, sondern auch Staatskanzler Renner für eine *Miliz*. Die Wiener

Soldatenräte waren gegen die Miliz, sie sahen in dieser die Gefahr einer Reaktion, eines Unterschlupfs für gewisse Offiziere. Die Siegermächte befreiten die Österreicher von dieser Streitfrage, indem sie in Saint-Germain der Republik die Schaffung eines Söldnerheeres auftrugen. Noch im Jahr 1921, nach dem Bruch der großen Koalition, kam im Nationalrat ein einstimmiger Beschluß zustande, der die Regierung beauftragte, beim Völkerbund (!) zugunsten eines Übergangs zum Milizsystem zu intervenieren. Körner teilte diese Richtung in der Wehrpolitik nicht. Er hegte den Verdacht, daß sich hinter dem Milizgedanken ganz andere Zielabsichten, nämlich parteipolitische, versteckten. Und er bekam in seinen Bestrebungen, ein Heer zu schaffen, durch die tatsächliche Entwicklung recht. Die Siegermächte dachten nicht daran, zwei Jahre nach dem Diktat von Saint-Germain diesen Vertrag in puncto Heerwesen in Österreich zu durchbrechen. Wohin wäre man mit dem ganzen System der 1919 mit den Verlierern geschlossenen Verträge gekommen? Wären nicht womöglich auch die Deutschen bei ihren Einwänden vom Hundertsten ins Tausendste gekommen, wonach der Vertrag von Versailles für sie undurchführbar, ja ruinös sei?
Nach der Verabschiedung des Wehrgesetzes erlebte es Körner, daß das Wetter in den Ländern umschlug. Just in Kärnten meldeten sich gleich 2000 Bewerber für die Aufnahmen ins Bundesheer. In dem Moment, in dem der Krieg der Mäuse gegen die Frösche über die Wehrmacht des neuen Staates durch die geordnete Aufstellung des Bundesheeres noch einmal gemeistert werden konnte, verschwanden einige Gespenster von der Bühne. In der Burgenlandkrise 1921 bewährten sich die ersten tauglichen Formationen des Bundesheeres aus Wien und Niederösterreich durchaus im Kampf gegen die Partisanen aus dem Ungarischen, die es sogar unternahmen, ins Niederösterreichische einzudringen, um die Landnahme des Burgenlandes durch Österreich zu verhindern. Körner kam zugute, daß in der SDAPÖ sowohl Julius Deutsch als auch Otto Bauer für die Schaffung eines Heeres eintraten und das in einschlägigen Publikationen der Öffentlichkeit rechtzeitig darlegten.

Im Sommer 1920 zerbrach die in der Notzeit 1918/19 entstandene große Koalition der drei Großparteien. Nach zu kurzer Zeit geriet der Anfang einer Einigung über die Schaffung des Bundesheeres ins Stocken. Ein Erlaß des Doktor Deutsch über die Wahl der an die Stelle der Soldatenräte tretenden Heeresvertrauensmänner war Anlaß zum Bruch. Körner geriet unversehens in einen Strudel parteipolitischer Aktionen. Sie haben allesamt dem Bundesheer eher geschadet. Dabei war in dieser Zeit Körners Ansehen auf einem Höhepunkt. Als der Wiener Polizeipräsident Schober 1921/22 zweimal mit der Regierungsbildung betraut wurde, hat er, der Vertrauensmann des Bürgertums und der eher national eingestellten konservativen Kreise in Österreich, Körner mit Zustimmung der Christlichsozialen mehrmals in eine politische Ressortleitung berufen wollen. Schober war Körner aus gutem Grund dankbar. Denn Körner hat in den Krisen der Linksputsche im Neunzehnerjahr der Wiener Sicherheitswache einige Maßnahmen abgenommen, die über die Kräfte der Polizei hinausgingen.
Aber Schober dachte wie Raab 1955: Er vermeinte, es genüge im Falle Österreichs, nur einen *Grenzschutz* zu unterhalten und hiefür das Innenressort zuständig zu machen. Körner lehnte diese Umwandlung des Heeres, die mit seiner Berufung als Unterstaatssekretär verbunden gewesen wäre, aus Überzeugung ab. So sehr dieser Standpunkt des damaligen Amtsleiters Achtung verdient, so sehr ist zu bedauern, daß Körner nicht mit einer Ressortleitung für Heerwesen betraut wurde. Die ganze Malaise, die zwischen Körner und dem späteren Bundesminister für Heerwesen Vaugoin entstanden ist, wäre nicht dahin gediehen. Und es ist nicht zu leugnen, daß Körner, ehe er sich auf eine radikalere, weil sehr grundsätzlich linksgerichtete Denkweise einließ, in der Sache dem Heer mehr gegeben hätte, als es ohne ihn und im Konflikt mit ihm geschehen ist.
Der Bruch der großen Koalition aus 1918/19 nach dem Konflikt über die von Julius Deutsch im Erlaßwege und überfallsartig gedachte Wahlordnung für die Berufung der Vertrauensmänner im Heer war, so kann gesagt werden, *der tiefste Ursprung der Bür-*

gerkriegsära in Österreich. Deutsch wollte mit dieser Wahlordnung den Geist der Umsturztage und des Systems der Soldatenräte in einem gewissen Umfang im Bundesheer erhalten wissen. Mehr noch: Ein Heer, das im Ernstfall im Verein mit den Genossen in der Polizei und in der Gendarmerie nicht bloß neutral bleiben sollte.

So rechnete später auch Körner, als er schon militärischer Berater des Republikanischen Schutzbundes war und der Idee nachhing, daß der Klassenkampf schließlich auch in Gewalt umschlagen könne. Bis zum 15. Juli 1927, dem Brand des Justizpalastes, waren die meisten Angehörigen der Wiener Sicherheitswache freigewerkschaftlich organisiert. Aus ihnen ging der spätere Revierinspektor und von der SDAPÖ für Wien gestellte Bundesrat Hans Schabes hervor. Vor dem 15. Juli 1927 war es durchaus denkbar, in einem Konflikt mit den staatlichen Gewalten, den Körner an sich eher vermeiden wollte, aus dem Republikanischen Schutzbund und den freigewerkschaftlich organisierten Angehörigen der Polizei und der Gendarmerie so etwas wie ein »rotes Heer« zu bilden.

Es kam also sehr darauf an, wie das Bundesheer in seiner Entwicklung geriet, nachdem die SDAPÖ im Nationalrat ab 1920 in der Opposition war. Und ihre Einflußnahme auf Vorgänge im Bundesheer beschränkt war auf die Möglichkeit, in der Parlamentskommission für das Bundesheer eine kontrollierende und kritische Haltung gegenüber dem nunmehrigen Heerwesen einzunehmen.

Carl Vaugoin, vor 1914 aktiver Offizier, nachher Landesbeamter und zusammen mit Seipel Führer der »Wiener Richtung« der Christlichsozialen Partei, übte sein Amt als Bundesminister für Heerwesen im Jahr 1921 und dann von 1922 bis 1933 mit großer Hingabe an die Sache aus, so wie er es im Geist einer Tradition nach der alten Armee verstand. Er geriet damit in einen unausweichlichen Zusammenstoß mit Körner, der überzeugt war, daß dem Bundesheer im riesigen Schatten der Tradition der Kaiserlichen ein eigenes, den Zeitverhältnissen angepaßtes Wachstum nicht beschieden sein konnte. Körner legte es darauf an, *jeden*

Ansatz einer Traditionspflege im Bundesheer auszurotten. Hierin zeigte sich eine weniger gut geratene Charaktereigenschaft dieses ausgezeichneten Militärs. Es war Körner, der mit der Uniformierung des Bundesheeres nach dem Modell der *deutschen* Reichswehr die Tradition just dort brach, wo es viele schmerzlich empfinden *mußten*. Als er Offiziere, die ihre Kriegsauszeichnungen trugen, frotzelte, indem er sie fragte, was für Firlefanz sie an der Brust hätten, brach eine emotionelle Woge los, die nicht mehr aufhörte.

1921, in der ersten Ministerschaft Vaugoins, gab es keine Konflikte. Aber seit 1922 gingen die Uhren im Heeresministerium anders, nachdem Vaugoin Oberst Arthur Schiebel mit dem Aufbau des Bundesheeres betraut hatte. Das war, als die bevorstehende Seipel-Sanierung die Effizienz des Heeres neuerdings herabsetzte. Körner sprang in die Bresche; es schien, als würde die neue Ordnung im Ministerium eine Solidarität derer erzeugen, denen es um die Armee ging. Dann kam die Zeit, in der Körner die Möglichkeit eines Überganges als Unterstaatssekretär im Innenministerium hatte. Dafür war Körner nicht zu haben. Der Instinkt trog Körner nicht, wenn er den Verdacht hegte, daß die Christlichsoziale Partei dem Heer eher wenig Sachinteresse entgegenbrachte. Er irrte aber in der Meinung, Vaugoin übe, wie später gesagt wurde, die Ressortleitung nur en passant aus, um nachher auf der Leiter des Politischen höherzusteigen. Und um nicht nur das Heer aus den Verflechtungen der Umsturzzeit zu lösen, sondern für das aufkommende bürgerliche Regime passabel zu machen. Dagegen trat Körner sofort an. Es ging auch ihm in erster Linie um das Bundesheer. Dieses Heer sollte ein verläßliches Instrument der *Republik* und nicht einer Partei sein. Und es sollte ein letzter Versuch werden, den Gefahren eines Milizsystems sowie eines reinen Berufsheeres entgegenzutreten – durch die eventuelle Einführung einer allgemeinen Wehrpflicht.

In seinem Konflikt mit dem Minister bereitete ihm die eigene hohe Qualität als Militär, bewährt in den noch in aller Munde befindlichen Kämpfen an der Isonzofront, zusätzliche Schwierigkeiten. Schwierigkeiten mit einem ehemaligen Trainrittmeister,

der Vaugoin im Krieg gewesen war. Je mehr aber Vaugoin in dieser Hinsicht vom politischen Gegner verspottet und herabgesetzt wurde, desto mehr verfestigte sich in ihm die Überzeugung, daß er nicht einfach um das fragliche Renommee eines Trainoffiziers kämpfte, sondern um ein Heer, das zum Staat der Sozialisten aus 1918 gehörte. In dem der Geist der Umsturztage konserviert werden sollte und das dazu ausersehen war, ein Verbündeter der Linken womöglich auch dann zu sein, wenn diese an der Regierung der Republik keinen Anteil mehr haben sollten.
Das 1918/19 von Sozialdemokraten geschaffene System von Räten und Vertrauensmännern samt deren Anhang in der Mannschaft war für Deutsch eine Hilfe, für Vaugoin eine ständige Quelle von Ärgernissen, die nicht nur im Parteipolitischen ihren Ursprung hatten. Vaugoins Gesinnungsfreunde im Bundesheer sammelten sich im »Wehrbund«. Das kam der neuen Ressortleitung und dem Ressortleiter in der Regierung zugute. Das Bundesheer der Ära Seipel war nicht mehr eine Nachhut der Volkswehr 1918/19. Im Gegenteil. Die SDAPÖ aber fürchtete ernsthaft, dieses Heer würde für die Wiederherstellung der Monarchie taugen.
Körner ging bald die Geduld aus. Im Zusammenhang mit der Traditionspflege nannte er Kriegsauszeichnungen und dergleichen vor der Mannschaft Firlefanz. Und er, der 1934 eines der zwei Klubmitglieder der Parlamentsfraktion der SDAPÖ war, die nicht aus der katholischen Kirche ausgetreten sind, redete von »Pfaffenknechten«. Einem Träger des EK aus 1914 hielt er vor, es könnte ein Wehrmann mit demselben Recht den Sowjetstern tragen (!). Die neue Geschäftseinteilung im Ministerium, die einen Amtsleiter nicht mehr vorsah, wie das auch in keiner Zentralstelle der Fall war, bedeutete für Körner den bedauerlichen Verlust einer Stellung, die ihm zusagte. Er wurde Heeresinspektor, aber er litt darunter, daß es so aussah, als würde er als lästig empfunden; als würde ihm Vaugoin, wenn ihm Körner mit einem Vorschlag, mit einem Erfahrungsbericht kam, so kommen, wie dieser vermutlich im Inneren dachte:
»Halt's Maul, ich habe dich nicht gefragt.«
Kameraden, die Körner schon wegen gedachter Ziehung nach

halblinks nicht mehr verstanden, einfach nicht folgen konnten oder wollten, warf dieser vor, sie sähen seine Sympathie für Deutsch und dessen Genossen nur aus ihrem »gefärbten« Gesichtswinkel. Angeblich verlangten diese Männer als politische Ressortleiter nicht nur keine Sozialdemokraten, sondern auch keine Republikaner, keine, die eine Meinung haben, die den Mut zur Überzeugung haben, die für eine Überzeugung fallen.

Das System Vaugoin war für den Oberst zuletzt nur Verharren in einem Untertanentum. Die »anderen«, also die Republikaner, sollten aber, so Körner, erzogen werden. Unversehens kam Körner auf die Fatalität seines Daseins: Er wurde erst im reiferen Mannesalter Republikaner und Sozialist, schließlich Vertreter des Prinzips des Klassenkampfes, das ihm die Ultima ratio der *Gewaltanwendung* gegenüber den »anderen« nahebrachte. Er selbst aber war zu all dem nicht erzogen. Sein Problem als pensionierter Generalmajor des Bundesheeres bestand darin, sich mit seiner Verärgerung erst einmal selbst zurechtfinden zu müssen auf dem Raster der Linken.

Sein *ehrlicher* Gesinnungswandel konnte ihn nie darüber hinwegtäuschen, daß er seinen Genossen eher nur als Folge einer *Logik im Denken* verbunden war; dabei dachte er keineswegs das gleiche wie sie, aber er verstand es, mit intellektueller Ehrlichkeit so weit gleich mit ihnen zu denken, daß er in allen Ehren in ihren Reihen stehen und kämpfen konnte.

Er schied im Zorn aus dem Dienst. Das konnte man in der Republik. Man konnte sogar schon mehr. Körner veröffentlichte bei seinem Ausscheiden aus dem Dienst im Bundesheer eine umfangreiche Denkschrift. Sie war eine Sensation, denn sie kam in einer Zeit an die Öffentlichkeit, in der es noch nicht unbedingt offiziersmäßig war, sich so seiner Gewissenslast zu entledigen. Er war jetzt so alt wie Benedek nach Königgrätz. Sein Königgrätz hat Körner im Dienst erlitten unter Umständen, die er für beschämend hielt. Er war aber nicht willens, sich als ein pensionierter General in ein Pensionopolis der Republik zurückzuziehen. Viele Türen standen ihm fortan offen, nachdem er bei seinem Gehen,

und schon früher, noch mehr Türen hinter sich mit Krach zugeschlagen hatte.
Und – man stand im Jahr 1924. Im Jahr zuvor hatte die Sozialdemokratische Partei Österreichs die seit 1918 bestehenden Ordnertrupps in ihrem Republikanischen Schutzbund als Wehrverband der Partei, die den Schutzbund trug und finanzierte, zusammengeschlossen. Es war dies der erste umfassende Wehrverband einer Partei, dessen Mitglieder in der Partei oder in der Gewerkschaft organisiert waren und über dessen Bestand und Zuschnitt sowie Aktivitäten letztlich die Führung der SDAPÖ entschied. Derlei hat es in der Heimwehr nie gegeben.
Schon bestand auch jenes *Festungsviereck* der Linken in Österreich, über das keine andere Partei im gleichen Maße verfügte: Renner hat nach seinem Ausscheiden aus dem Amt des Staatskanzlers die *Arbeiterbank* groß gemacht, in der Zweiten Republik die einzige nicht verstaatlichte Großbank. Zweitens die längst bestehenden *Konsumgenossenschaften* ausgebaut für die Nahversorgung in den Industrievierteln mit ihren Massen von Konsumenten. Da war drittens ein parteieigenes *Druck- und Zeitungswesen,* für dessen Produkte die Genossen oft bis ins späte Alter als Verteiler eingesetzt waren. Und viertens und letztens: Die SDAPÖ hatte ihre eigenen *Arbeiterheime.*
Ein solches Festungsviereck hat die Lueger-Partei nie gehabt. Sie war in den Medien auf die Preßvereine angewiesen, die im Vorfeld der Kirche standen, und selbst die »Reichspost« war ein eigenwilliger Partisan. Sie hatte keine Bank, sie hatte aber den Geruch an sich, von den Kapitalisten ausgehalten zu werden. Und sie hatte nichts, was den Konsumgenossenschaften gleichzustellen war. Arbeiterheime unterhielt sie nicht, ihre Anhänger waren Aftermieter in kirchlichen Vereinen.
Und jetzt wurde das Festungsviereck der Linken von ihrem Schutzbund besetzt.

Lebenszeichen im Chaos

Österreich 1919

Der Winter auf 1919 traf die Österreicher noch härter als die letzten Kriegswinter. Der Kampf an den Fronten war zu Ende, viele Männer kehrten heim, aber sie fanden keine Arbeit. Die Versorgung der Millionenstadt Wien brach zusammen: Die Nachfolgestaaten unterbanden einfach die Zufuhr von Nahrungsmitteln und Kohle. Der Hunger geriet in den ungeheizten und während der Dunkelheit oft tagelang nicht mehr beleuchteten Wohnungen zu einer Qual ohne Ende. Die Männer reagierten zornig, die Frauen und Mütter vollbrachten wieder das anscheinend Unmögliche: Sie wichen nicht vom Herd, sie emanzipierten sich nicht, sie entnabelten sich nicht, sie trugen als die ersten das Neue, das so unansehnlich und unausstehlich war, daß nur die natürliche Todesangst genug Antrieb zum Überleben war.
Wenn überhaupt wo, dann war in Wien für Lenin und die Bolschewiken in Rußland die beste Gelegenheit gegeben, das Experiment einer Räterepublik in die Tat umzusetzen. In den Ballungszentren drängte die Arbeiterschaft zur Revolution, der Umsturz vom November war für sie nicht mehr als eine von der Bourgeoisie unterbrochene Generalprobe dazu. Dieses Risiko erkannt und dem erschreckten Bürgertum, also seinen Vertretern in der Provisorischen Nationalversammlung, die Schaffung der Grundlagen eines Sozialstaates abgerungen zu haben, war die bleibende Tat der Macher des Umsturzes vom November 1918.
Daß Lenins Hoffnung in den Sieg der Rätebewegung zunichte gemacht wurde, verdanken die Österreicher einem *seltsamen Bündnis:* dem Zusammenhalt zwischen den Führern der Arbeiterpartei, Karl Seitz und Karl Renner, und dem Polizeipräsidenten von

Wien, Doktor Schober. Beide Alliierten mußten Vorurteile ablegen und bereit sein, um der Sache willen Ordnung anstatt Polemiken in ihre Gesprächssituation zu bringen. Schobers Gambit bestand darin, daß er zusah, wie die bisherigen k.k. Sicherheitswachmänner als Sicherheitswachebeamte ohne Bedenken der von der Linken angebotenen Standesvertretung einer freien, also sozialdemokratisch ausgerichteten Gewerkschaft beitraten.

Der später im Land ausgebrochene Bürgerkrieg verdeckte die positive Leistung jener beiden sozialdemokratischen Politiker, deren Radikalismus dem Kommunismus in Österreich die Erfolgschance nahm. Für die Gegner der im Anschluß an Karl Marx entstandenen Sozialdemokratischen Arbeiterpartei nahm sich das, was man später in der Polemik »Revolutionsschutt« nannte, freilich erschreckend genug aus:

Bauers Idee von einer Sozialdemokratie mit einer Richtung, die sich sowohl vom Laxismus der SPD in Deutschland als auch vom Bolschewismus klar unterschied, war ein wohl nie mehr in Europa dermaßen erfolgreich durchgeführtes Experiment. Nur wenige kluge Köpfe erkannten, daß ihnen das Experiment Bauers die Grausamkeiten eines Rätesystems in Österreich ersparte. Wie groß diese Gefahr tatsächlich war, wird noch zu erzählen sein. Nicht genug mit Bauers Radikalismus und dem fast mörderischen Ton, den die Redner der SDAP in Versammlungen anschlagen *mußten*, um nicht nach den Exzessen bolschewistischer Agenten aus dem Saal geworfen zu werden, ereignete sich das geradezu einem Perfektionismus zustrebende Wagnis von Ferdinand Hanusch: die von revoltierenden Massen rücksichtslos verlangte Sozialgesetzgebung. Rücksichtslos deswegen, weil es ein Werk war, für dessen Verwirklichung nicht nur im Moment, sondern lange Zeit die Mittel und Möglichkeiten fehlten.

Ferdinand Hanusch war auch einer von »oben«, einer der vielen, die seit der Revolution von 1848 das politische Leben in Wien maßgebend beeinflußt haben. Als Kind erlebte er die ganze Härte jenes Daseins, in dem Bauer vor 1914 den Adel erblickte, den die Arbeiterbewegung zu verleihen hatte. Er war in jungen Jahren Weber, das sagt alles. Ihm starb die Frau an Tuberkulose, nachher

seine einzige Tochter. Während dieser schweren Schicksalsschläge ging er den Weg in die Arbeiterbewegung, wurde er Gewerkschafts- und Parteisekretär in Sternberg. Von dort hat man ihn nach Wien geholt, um Sekretär des Textilarbeiterverbandes zu werden. Was er als Mitglied der Regierung Renner in die Tat umsetzte, hat er vor 1918 als Vortragender und Redner unzählige Male formuliert, längst als Ziel erkannt.
Hanusch war einer der in der Zeit der Ersten Republik noch nicht zahlreichen Freimaurer in der Arbeiterpartei. Während des Umsturzes 1918 folgte er dem sozusagen letzten k.k. Minister für soziale Fürsorge, Ignaz Seipel, allerdings bereits auf dem Boden der werdenden Republik. Neben der Persönlichkeit und der monumentalen Größe von Hanusch geriet nach seinem Tod im Jahr 1923 allerdings die Tatsache fast in Vergessenheit, daß er einen kongenialen Mitarbeiter hatte, der die Hinterlassenschaft Hanuschs als mehrmaliger Minister dieses Ressorts bis 1938 betreute: der Christlichsoziale Josef Resch. Resch trug geduldig das Schicksal eines christlichsozialen Sozialpolitikers, dem die Epigonen der Lueger-Partei kein Denkmal setzten; den man als Toten dem Gebet der Wiener Franziskaner überantwortete, in deren Kirche eine schlichte Wandtafel an einen bedeutenden Mann erinnert.
Wie gesagt, bezog Hanusch den Impetus seines Tuns aus einer lärmenden und gefahrvollen Umwelt. Die Massen der Heimkehrer fanden ihre Heimstätte verarmt, die Arbeitswelt verschlossen. Noch regierte Kaiser Karl I., da schuf Hanusch im Verband der Regierung Renner am 4. November 1918, als die siegreichen Italiener noch Hunderttausende wehrlose Österreicher gefangennahmen, eine wirksame *Arbeitsvermittlung.* Eine industrielle Zentralkommission und dazu Bezirksämter für einen *paritätischen* Arbeitsstellennachweis. Und zwei Tage später folgte eine Vollzugsanweisung für die Gewährung von *Arbeitslosenunterstützungen.* Wohl nur Hilfen für die ärgste Not, aber Hilfen eines Staates, dem selbst niemand auf Erden half, der im Register der Sieger von 1918 noch als Feindstaat geführt wurde.
Der 19. Dezember 1918 war ein erster Höhepunkt dieser Ent-

wicklung, er brachte die Einführung des *achtstündigen Arbeitstages.* Seit Jahrzehnten in unzähligen Versammlungen, Petitionen und Resolutionen verlangt, wurde er in der Stunde höchster Not Wirklichkeit. Und da war wieder die Rücksichtnahme auf den Partner: Das Kleingewerbe sollte nicht betroffen werden. Damals vom Gegner als bloße Wahltaktik der Roten disqualifiziert, rückschauend ein Eingehen auf die Risiken des gewerblichen Mittelstandes und eine Gesellschaftsordnung, für die in der sogenannten Wohlstandsgesellschaft nach 1945 nur wenig getan wurde – angesichts der Gigantomanie von Großmärkten und dergleichen.
Im Notjahr 1919, als sich ehemalige *Feindstaaten* der Österreicher annehmen mußten, damit ihnen diese nicht vor der Staatwerdung Deutsch-Österreichs in Massen wegstarben, verlangsamte Hanusch sein Tempo, ohne aufzugeben. Eine Verordnung (!) vom Juli 1919 regelte den *Urlaub* der gewerblichen Arbeiter. Hierin folgte Hanusch dem, was schon 1910 in Ansätzen vorhanden war, das aber erst jetzt mit der Legalisierung kollektivvertraglicher Regelungen die notwendige Verfestigung erfahren hat.
Das *Betriebsrätegesetz* vom Mai 1919 ging dem voraus. Seinerzeit sah man es als ein österreichisches Modell des im Osten herrschenden Systems der Arbeiterräte und ihrer Kader an. Und doch enthielt es mehr, nämlich Mitbestimmung der Arbeitnehmer an Ort anstatt des in der Zweiten Republik voll ausgebildeten Staatskapitalismus der *Republik,* ihrer *Länder* und *Gemeinden.*
Die bestehenden Handelskammern und die ihnen verwandten Kammern bekamen mit der Schaffung gleichberechtigter *Kammern für Arbeiter und Angestellte* die später besser genutzte Chance, Konfliktsituationen in wechselseitig geübter Verantwortung der Partner zu lösen.
Resch blieb nachher noch viel zu tun. Nicht nur die Verlebendigung des von Hanusch hinterlassenen Werkes mit den Methoden einer legalen Ordnung auf der Basis der staatlichen Wirtschafts- und Sozialpolitik wurde die wenig bedankte Arbeit Reschs, sondern auch die Einführung einer Vorsorge für eine *Invaliditätsversicherung* und die Zielsetzung einer nach 1945 zustandegebrach-

ten *allgemeinen Sozialversicherung,* die auch den Alten zugute kommen sollte.
Wie alle revolutionären Leistungen hatte auch dieses Gesamtwerk den Rang einer Pioniertat an sich. Es war jedoch auch ein Anfang einer Expropriation der Expropriateure. Und so lag in dem Ganzen die Frage, bis zu welchem Grad diese, insbesondere in der Zweiten Republik, betrieben werden kann. Zumal in Zeiten, in denen die überdimensionierte defizitäre Gebarung der Unternehmungen des Staatskapitalismus die Steuerträger nicht nur als Beitragsleister zu den diversen Ausgliederungen des Sozialstaates belastet, sondern auch als Retter verstaatlichter Betriebe in langanhaltenden Zeiten der Depression.
Für die von der Mehrheit der Bevölkerung gestützten Parteien der politischen Gegner der Arbeiterpartei, welche letztere in der Ersten Republik niemals die in der Zweiten Republik zu Zeiten errungene absolute Mehrheit der Parlamentssitze für sich hatte, war das alles zunächst erschreckend. Man ließ es geschehen, weil die Brandstifter der Rätebewegung vor der Tür standen. Und man erlebte, wie diese im Frühjahr 1919 im benachbarten Bayern und in Ungarn Revolution machten und nicht »bloße« Sozialreform. Die christlichsozialen Politiker aus der Zeit vor 1914 sollten ihre Nachgiebigkeit zu Beginn der Republik später gegen Ende der zwanziger Jahre mit einem krassen Mißtrauen einer jungen Generation von Neuerern in den eigenen Reihen bezahlen. Zuletzt mit dem totalen Untergang der Lueger-Partei in den dreißiger Jahren, als von links und rechts der Ruf nach der Diktatur laut wurde.
Auf die Dauer konnte es nicht bei einer Provisorischen Nationalversammlung, bei einem Provisorischen Wiener Gemeinderat und Provisorien dieser Art in den Ländern und Gemeinden bleiben. Für den 16. Februar 1919 wurde die Wahl einer Konstituierenden Nationalversammlung anberaumt.
Die wahlwerbenden Parteien gaben den Plakatkünstlern »Feuer frei«. Dementsprechend fiel auch aus, was bald an den Wänden klebte.
Die SDAP warb für sich mit einem Totentanz auf dunklem Grund. Die Toten des Weltkrieges, als dessen Urheber quasi die

bürgerlichen Parteien, sicher zu Unrecht, hingestellt wurden, sollten mahnen. Sie sollten nicht vergeblich gestorben sein. Ein blutendes Herz auf eben diesem Plakat pochte ans Herz derer, die unmittelbar betroffen waren: Eltern, Geschwister und Freunde der Toten. Vor allem die Mütter wurden aufgerufen. Ein Motiv, das an Maria am Grab ihres Sohnes erinnerte, gemahnte, sozialdemokratisch zu wählen, wenn sie keinen Krieg mehr wollten.
Die Christlichsoziale Partei vertraute sich einem Künstler an, der verabsäumte, sich eine der Elendsgestalten der Heimkehrer genauer anzusehen. Hätte er das getan, so wäre auf dem Plakat der Heimkehrer, der sein Kind hochhebt, nicht ein schmucker Soldat gewesen, wie es seit 1914 nur noch wenige im Feld gegeben hat. Die Lueger-Partei wollte für das Deutschtum eintreten und damit den Deutschnationalen das Wasser abgraben, ihnen, die 1911 in Wien den »Schwarzen« eine scheußliche Niederlage im Verein mit der SDAP beigebracht hatten. Wahre Freiheit und Wohlfahrt für alle ehrlich denkenden Männer und Frauen versprachen die Epigonen des Doktor Lueger. Ob Ehrlichkeit ohne Zielansprache inmitten einer Hungersnot ein Parteiprogramm ausmachte? Zwei Generationen später, in der Wohlstandsgesellschaft, war Ehrlichkeit im Politischen schon eher ein Programm, für das zu kämpfen es sich lohnt. Und da war die Angst, die die rote Farbe als Reizfarbe wählte: Ein knallroter Bolschewik, oder das, was sich ein Künstler darunter vorstellte, schlich sich mit einer Bombe in der einen und mit einer Brandfackel in der anderen Hand heran. Und: Wer an Gott glaubte, der sollte christlichsozial wählen. Prompt plakatierte die SDAP mit Zitaten aus den Zehn Geboten: Du sollst den Namen Gottes nicht eitel nennen, du sollst nicht töten, und du sollst kein falsches Zeugnis geben wider deinen Nächsten. Also sollte ein Christ nicht christlichsozial wählen.
Längst verlief aber der Parteienstreit weitab von der unverrückbaren Markierung der Zehn Gebote Gottes. So wie Marxens Sozialismus sein erstes und tiefstes Fundament im *Atheismus* besaß, so geriet auch in der Ersten Republik der Materialismus der Linken in Formulierungen und in Plakattexte, die Unvereinbarkeiten verdecken sollten. Das Gesetz, unter dem die SDAP nach 1918

auf dem Gebiet der Familien- und Schulpolitik antrat, gestattete keine Einigung im Sachlichen mit einer Partei, die ein wenn auch säkularisiertes Christentum namens eines doch noch im Kern religiös fundierten Volkes vertrat. Die Zeit war nahe, und es war noch nicht die Zeit des sogenannten Prälaten ohne Milde, Ignaz Seipel, in der Karl Renner formulierte:

»Schlacht um die Schule, um den Staat, der frei ist von der Kirche ...«

Otto Glöckel, nach dem Ende der großen Koalition von 1918 bis 1920 nur noch Präsident des Stadtschulrates für Wien, pointierte diese Formel noch schärfer:

»Man kann nicht Sozialist und Kirchengänger (!) zugleich sein. Heraus aus der Kirche, werdet konfessionslos!«

Das waren Parolen, die lange vor jenem 15. Juli 1927 fielen und ehe Ignaz Seipel Worte im Mund verdreht wurden, an die die Propagandaphrase vom »Prälaten ohne Milde« geknüpft wurde. War der politische Tageskampf in der Zweiten Republik erfüllt vom Ringen und von der Polemik in wirtschafts- und sozialpolitischen Fragen, so verblieb es bis 1938 bei einer ganz anderen Gegnerschaft, die sich vertiefte, je mehr die Linke ihre *kulturpolitischen* Forderungen verstärkte.

Der 16. Februar 1918 brachte der SDAP mit 40 Prozent der Stimmen eine relative Mehrheit in der Konstituierenden Nationalversammlung. Gestützt auf ihre vor allem in Wien mit Macht auftretenden außerparlamentarischen Kampfbewegungen, konnte sie sich damit ohne Gefahr in eine Regierungskoalition begeben; obwohl ihren 72 Mandaten im Hohen Haus nicht weniger als 69 christlichsoziale plus 36 großdeutsche Mandatare gegenüberstanden. Am Regierungstisch machte die Mehrheitspartei die Koalitionspartner mitverantwortlich – und oft mundtot.

Das war der Sieg der Strategie Otto Bauers und der Linken in der Partei: Die totale Kommassierung des Linkspotentials in *einer* Partei, die der Kommunistischen Partei nie jenen Wirkungskreis ließ, den im Deutschen Reich die SPD der dortigen KP nolens volens bis 1933 überlassen hat.

Im Kampf um den *Staat* war für die SDAP seltsamerweise der

Kampf um *Wien* zunächst nicht viel mehr als der an einer Nebenfront.
Triumphierend schrieb aber dennoch am 4. Dezember 1918 die »Arbeiter-Zeitung« über den geänderten Zustand im Wiener Gemeinderat. Dort mußte der letzte Bürgermeister der Lueger-Partei, Weiskirchner, am 20. November dem Artikel 10 des Gesetzes über die Staats- und Regierungsform der Republik Deutsch-Österreich und einer dazu ergangenen Vollzugsanweisung Rechnung tragen. Ohne auf die Ergebnisse einer Neuwahl des noch vor 1914 nach dem Kurienrecht der Liberalen gewählten Gemeinderates zu warten, ergab sich die christlichsoziale Mehrheit im Stadtrat. Sie schuf eine neue verhältnismäßige Zusammensetzung, sie legalisierte, was Weiskirchner und seine Freunde schon auf Parteienebene mit der SDAP vereinbart hatten. Nämlich die unvermeidliche Kapitulation.
Am 22. November 1918 verabschiedete Weiskirchner jene seiner Freunde, die ihren Sitz frei machen mußten für eine entsprechende Komplettierung des Gremiums mit starken Vorhuten der künftigen *absoluten Mehrheit der Linken.* Wieder redete der Bürgermeister, so wie im »Grünen Tor«, von einem breiten demokratischen Wahlsystem und von Pforten, durch die neue Männer eintreten sollten. Im Gemeinderat herrschte lautlose Stille. Noch einmal wurde den Scheidenden die Salvator-Medaille des kaiserlichen Wien verliehen und den Stadträten eine Pension von 8400 Kronen. Und so sah laut »Arbeiter-Zeitung« am 4. Dezember der Sitzungssaal aus:
Wo einmal die engsten Mitarbeiter des Doktor Lueger saßen, besetzten die linksseitigen Bankreihen jetzt die Sozialdemokraten. Unbelastet von der Mitverantwortung für die Notzeiten des Krieges waren sie die Sieger, noch ehe die erste Gemeinderatswahl nach dem neuen Wahlgesetz ihre Herrschaft in der Stadt in ungleich größerem Maße befestigte als im November 1918. Und da saßen zum ersten Mal Frauen im Arcanum der Politik. Als die ersten von ihnen den Saal betraten, hob der Bürgermeister die Sparmaßnahmen in puncto Prunkbeleuchtung auf. Man war halt ein Kavalier von gestern. Es fügte sich, daß unter den Damen der christlichsozialen Fraktion Frau Doktor Seitz, also namensgleich

mit Karl Seitz, rangierte. Sie hat ein halbes Jahrhundert lang die Erinnerung an die Präsenz der alten Partei im Rathaus, auch unter den ganz veränderten Zuständen im Österreich von 1945, aufrechterhalten.
Dr. Kienböck, Finanzminister der unseligen Austerity-Periode der dreißiger Jahre, trug das neue Wiener Wahlrecht gemäß dem Zuschnitt, der die Linke vollauf befriedigte, als Referent vor. Dazu mußte – noch war Wien kein eigenes Bundesland – vom Wahlausschuß der niederösterreichischen Landesversammlung die Bestätigung erteilt werden.
Der Auftakt, den die SDAP wählte, bekam durch einen Artikel, den Max Adler, Bauers Mitarbeiter am System des Austro-Marxismus, schrieb, die Fassung, die fortan in der Wiener Kommunalpolitik den Ton angab:
»... es liegt in der Hand des Proletariats, aus dieser Wahl einen revolutionären Akt zu machen, sie wird eine Rekrutierung für die sozialistische Umwälzung werden.«
Drei Wörter zeichneten diesen Satz aus: revolutionär, Rekrutierung und sozialistisch. Der militante Ton, später in der Beurteilung eher verharmlost, schreckte die Gegner, lähmte ihre Widerstandskraft, provozierte aber auch in ihren Reihen eine neue Generation zu Taten, die von Männern aus der Zeit vor 1914 gescheut wurden. Weil die Alten einfach nie dazu erzogen worden sind, gegen den Staat, zumal in der ehemaligen Haupt- und Residenzstadt, zu frondieren.
Verglichen mit der Versammlungstätigkeit in der Blütezeit der Zweiten Republik waren einschlägige Erlebnisse in den zwanziger Jahren farbiger, turbulenter, und die freie Rede produzierte damals unvergeßliche Stilblüten. Sichtlich lebten damals Politiker von ihrem eigenen Sprachschatz und nicht vom Vorgekauten aus den Parteisekretariaten. Weniger erfreulich waren die krassen Beschimpfungen des politischen Gegners:
Tiernamen als Aufputz einer Beleidigung waren an der Tagesordnung; die Standardbezeichnung schwarzer beziehungsweise roter *Hund* bürgerte sich dermaßen ein, daß sie fast nicht mehr im strengen Sinn als eine herabwürdigende Anrede galt. Es gab aber

Entgleisungen, die von den Parteien nicht rechtzeitig abgestellt wurden und daher beim Gegner nicht nur Narben, sondern dauernde Wundschmerzen hinterließen:
Etwa die der jeweiligen Intelligenz der beiden Großparteien zugedachten Charakterisierungen wie Hetz-Pfaff oder Sau-Jud. Arbeitermörder oder Ausbeuter konnte bald ein politischer Gegner als Image angehängt bekommen, der selbst nicht davor zurückschreckte, Sozialisten durchwegs als Bolschewiken und dergleichen hinzustellen. Karikaturisten, die als Illustratoren im Wahlkampf herangezogen wurden, hatten meistens ein eher kleines Repertoire von Feindbildern. Der gemästete Kapitalist erschien auf Plakaten der Christlichsozialen ebenso wie auf jenen der Sozialdemokraten. Hier hektisch gestikulierende Geistliche, dort aufgeregte Juden, hier Offiziere von gestern, dort der Klassenkämpfer mit der unvermeidlichen Brandfackel. Die KP war einmal ehrlich genug, den Proletarier in der typischen Gebärde zu zeigen, mit der roten Fahne und der Brandfackel, da er mit festem Tritt das Parlamentsgebäude zertritt.
Juden befleißigten sich, solange sie eigene Kandidaten aufstellten, eines eher dezenten Gehalts ihrer Plakate. Der Löwe, der Zionstern und die konkrete Aufforderung: Juden, wählt jüdischnational, sagten alles. Mehr Aufregung verursachten unter den Juden in Österreich Vorgänge in der jungen Republik Polen. 1914/15 und dann 1916 sind Zehntausende Juden aus Ostgalizien vor den eindringenden Russen geflüchtet. Aber schon Ende November 1918 tauchten Gerüchte von Pogromen auf, die im polnisch gewordenen Galizien stattfanden, Gerüchte, denen bald ein neuer Zustrom von Ostjuden folgte. Demnach hat am 23. November 1918 das Judenviertel in Lemberg lichterloh gebrannt. Im ehemals österreichischen Lemberg, das einmal Zuflucht für Juden aus Rußland war, wenn jenseits der Grenze Pogrome stattfanden. In einer dortigen Trafik, sie war vom alten Österreich geblieben, waren Leichen aufgeschichtet und wurden am nächsten Tag auf Lastautos wegbefördert.
Man gewöhnte sich an, nicht mehr von Bewegungen zu sprechen, sondern von Wellen: Eine rote Welle ergoß sich, so die Christ-

lichsozialen, über Österreich. Daher war in diesem Fall fast jeder Wahlausgang für ganz Österreich von »umwälzender Bedeutung«. Dem folgten bald Demonstrationen gegen die Welle der nach Wien strebenden Ostjuden und einschlägige Plakataufmachungen. Bürgerliche Demokraten sahen die dunkle Welle des Klerikalismus auf die Stadt Wien zukommen. Sie lehnten sowohl die Figur des roten Rattenfängers wie die des feisten Pfaffen ab. Die Alten schockierte derlei Propaganda noch, sie meinten, so etwas habe es vor dem Krieg nicht gegeben. Die Heimkehrergeneration erschütterte der Plakatkrieg und das Geschimpfe weniger, sie hatte einen anderen Lärm im Ohr. Und die Jugend bekam ein merkwürdiges Demokratieverständnis, das sie Ende der zwanziger Jahre dazu brachte, gegen die Alten in der eigenen Partei kräftig aufzubegehren.

Eines war seltsam: Die SDAP führte 1919 den Wahlkampf in Wien die längste Zeit mit der linken Hand. Ihre Versammlungen waren schlecht besucht. Erst Ende April 1919 fing die »Arbeiter-Zeitung« an, ihren Lesern und Sympathisanten einzuhämmern, es ginge um die *Macht in Wien.* Wahlenthaltung, bisher eine Sünde im bürgerlichen Wählervolk, schien auch in den Reihen der Linken zu grassieren. Bürgermeister Weiskirchner wußte längst, woran er war, und räumte zwei Wochen vor der Wahl die Dienstwohnung im Wiener Rathaus, die er seit 1912 innegehabt hatte.

So kam es, daß die SDAP bei einer eher geringen Wahlbeteiligung am 4. Mai 1919 die Macht in Wien eroberte. Sie errang 100 Gemeinderatsmandate, die Christlichsoziale Partei 50, die deutschnationalen Gruppen zwei, weniger als die Jüdischnationalen (!), die linksgerichtete Wahlgemeinschaft der Tschechen acht (!), die winzige Nachhut jener Liberalen, die einmal den Hausherrn im Rathaus gestellt und Wien ein unvergängliches Profil gegeben haben, nur zwei.

Es war Leopold Kunschak, der an die Spitze der arg gelichteten Vereinigung christlichsozialer Gemeinderäte trat. Die SDAP schickte jene Garnitur ins Rathaus, die sich bis zum Jahr 1934 in der Verteidigung der einmal so beiläufig errungenen Position bewährte. Für wie bedeutend die SDAP letztlich ihre Position in

Wien angesehen hat, geht unter anderem aus dem von Karl Renner im November 1933 verfaßten Verhandlungsentwurf hervor, der auf eine Entspannung am Vorabend des offenen Bürgerkrieges abzielte. Mit an der Spitze der unabdingbaren Forderungen Renners, die als Voraussetzungen für ein Staatsnotstandsgesetz gelten sollten, stand die Unantastbarkeit der Position seiner Partei in Wien.

Am 22. Mai 1919 leitete der künftige Bürgermeister Jakob Reumann die konstituierende Sitzung des neugewählten Gemeinderates. Kein billiger Triumph klang aus seiner Rede. Bei der Angelobung erzielte der tschechische Gemeinderat Fiala einen Sensationserfolg, der in Prag beifällig, dann mit Zorn registriert wurde: Er leistete die abverlangte Angelobung auf tschechisch. Reumann meisterte den aufkommenden Tumult und erklärte Fiala, sein Mandat sei ungültig, wenn er nicht in deutscher Sprache angelobt würde. Geschickt wich Fiala aus, indem er nach der deutschen Version auch die tschechische anbrachte. Das hinderte die Tschechen jedoch nicht, Jakob Reumann bei der Bürgermeisterwahl ihre Stimmen zu geben.

Und es dauerte nicht lang, da stießen die tschechischen und die jüdischen Wähler zur kompakten Mehrheit derer der SDAP. Die Christlichsozialen aber legten Trauer an, die sich mit der Zeit in ein fatales Desinteressement der Gesamtpartei an Wien und den Aufgaben der dortigen Kommunalpolitik verwandelte. Den Bauerngenerälen konnte es als nunmehrigen »Landesherren« nur recht sein, wenn ihre maßgebende Bedeutung nicht mehr durch eine Persönlichkeit, wie der Doktor Lueger eine war, geschmälert wurde. Nur manchmal drohte ein Grollen über die Berge, und nach Mussolinis Marsch auf Rom gab es tatsächlich einige Dreiviertelhirne, die von einem *Marsch auf Wien* redeten und es dem späteren Bundeskanzler und Parteiobmann Seipel oft nicht leicht machten, seine Österreich-Politik zum Tragen zu bringen.

Seipel, der im Dezember 1918 in einer in der »Reichspost« abgedruckten Artikelserie die Einheit der Christlichsozialen Partei in dem Moment erhalten wollte, als verbitterte Monarchisten und auf gewisse Neuerungen eingestellte Realpolitiker einer Ausein-

andersetzung nahe waren, deren Ausbruch die alte Lueger-Partei vielleicht auf den Rang einer Mittelpartei reduziert hätte. Die politische Linke beobachtete seither den gewesenen k.k. Minister für soziale Fürsorge und Universitätsprofessor mit einem wohlverdienten Unbehagen, noch ehe Seipel Obmann der Partei und Bundeskanzler wurde. Mit Seipels Hervortreten in den Jahren 1919 und 1920 erwuchs in der seit dem Umsturz in ihrem Gefüge erschütterten Partei ein ausgleichender Machtfaktor, eine moralische und intellektuelle Instanz, an der die geschlossene Phalanx der Linksintellektuellen nicht mehr ohne weiteres vorbeikam. Damit verflüchtigte sich aber auch die Aura der Umsturztage, die zeitweilige Führerlosigkeit der Verlierer von 1918.
Das Frühjahr 1919 ging vorüber, und in Österreich, insbesondere am Ballhausplatz, wartete man sehnsüchtig auf den Abruf einer österreichischen Delegation in einen jener Pariser Vororte, wo die Sieger von 1918 den Verlierern das ihnen jeweils aufgebürdete Diktat verkünden wollten. Die früher einem Verlierer, selbst nach dessen schwerer Niederlage im Feld, erwiesene Höflichkeit, daß man zu Friedensverhandlungen gemeinsam zusammentrat, galt 1919 nicht mehr. Es sollte ja nicht verhandelt werden, sondern nach Aburteilung des Kriegsgegners diesem gesagt werden, woran er war. In Wien mußte man aber auch deswegen warten, weil unter den Nachfolgestaaten sowie zwischen Italien und Jugoslawien schwere Konflikte ausgebrochen waren: Es herrschte Uneinigkeit darüber, wie die Portionen des bereits tranchierten Österreich-Ungarn aufgeteilt werden sollten. Österreich hatte nichts mitzureden, es wird nur Folgen dieser Verteilung der Beute zum Teil auf sich nehmen müssen. Und die Entente zerstritt sich mit den USA, Italien mit der Entente, kurz gesagt: Die von Wilson angekündigte Abschaffung der Macht- und Geheimdiplomatie erfolgte nicht. Weil den Siegern schon lange davor einander widersprechende Abmachungen über die Aufteilung der den Mittelmächten abgenommenen Beute im Weg standen, ein Wirrwarr von Verträgen, mit denen sich die Sieger gegenseitig betrogen hatten, als ihre Heere noch gegen die der Mittelmächte kämpften. Man hätte gerne das Rußland Lenins in Paris dabeigehabt, um die-

sen unheimlichen Faktor mit an die Longe zu kriegen. Aber die Russen waren klug genug, weder nach Versailles noch nach Saint-Germain zu kommen und auch nicht nach Sèvres, wo die betreffenden Dinge mit den Türken abgehandelt wurden.

Um 1918/19 waren viele Menschen in Europa noch der altväterischen Meinung, daß nach einem *Waffenstillstand* im Krieg die Diplomaten sich rasch zusammensetzen, um die für die *Zeit des Friedens* angemessene Ordnung wiederherzustellen. Das verlangte ja auch die Geschäftswelt, verlangten die Notwendigkeiten des Warenverkehrs. Oft geriet es so, daß sich nach einem Krieg einer aus der Partei der Verlierer mit einem enttäuschten Sieger zusammentat, um, so wie beim Tarockspiel, mit wechselnder Spielpartnerschaft das alte Spiel der großen Politik weiter zu betreiben. Niemand hätte sich vorstellen können, daß man, so wie nach 1945, dem großen Verlierer, Deutschland, einen Friedensvertrag überhaupt nicht mehr zubilligt. Noch weniger aber, daß in den 40 Jahren nach 1945 Kriege und kriegsähnliche Handlungen, jeweils jenseits der Basis des Völkerrechtes ausgetragen, den betroffenen Völkern etwa ein Drittel der Opfer abverlangen werden, die der Zweite Weltkrieg gefordert hat. In gnadenlosen Kriegen, in denen Soldaten oft lieber an die Front gingen, als in der Heimat die Gefahr des gegnerischen Terrors über sich ergehen zu lassen.

Erst sechs Monate nach dem Waffenstillstand vom 3./4. November 1918 langte am Wiener Ballhausplatz eine Note des Obersten Rates der alliierten und assoziierten Mächte ein, wonach für den 12. Mai das Eintreffen einer Delegation der Republik in Saint-Germain-en-Laye erwartet wurde. Man möge die Namen der Vertreter bekanntgeben und sich bereitmachen für die *Prüfung der Bedingungen.* Das Wort »Verhandlungen« ist sichtlich im Umgang mit den Österreichern vermieden worden. Die Deutschen hatten nicht etwa den Reichskanzler oder den Reichsaußenminister nach Versailles geschickt, um dort ihren Teil abzubekommen, sondern einen Berufsdiplomaten. Einen Grafen, der einmal ein großes Verdienst bei der Verbringung Lenins aus der Schweiz nach Rußland erworben hatte. Eine versative, aber sehr zu gewissen Ausbrüchen neigende Persönlichkeit, die sich in un-

erwarteten Exzessen gefiel. Die Konstituierende Nationalversammlung in Wien beschloß dagegen, den Staatskanzler Renner zu entsenden und ihm einen Stab von Politikern, Diplomaten und Fachbeamten samt dem Hilfspersonal beizugeben. Die bereits von der Feindbesatzung beziehungsweise Annexion betroffenen österreichischen Länder stellten Landespolitiker bei, hoffend, es wäre doch noch möglich, die ärgsten der drohenden Gebietsamputationen dem Land zu ersparen.
Als am 12. Mai 1919 die Mitglieder auf dem Wiener Westbahnhof den Zug bestiegen, umstanden die altbewährten und die neuernannten Gehilfen des Ballhausplatzes den Einstieg in den ehemaligen Hofwaggon. Die Eisenbahnbeamten und das Zugpersonal erschienen noch in den Uniformen der k.k. Vergangenheit. Es war, als würde diese Zuggarnitur das alte Österreich endgültig abschubieren.
Man rief: Bringen Sie einen guten Frieden mit! Oder: Wir wollen den Anschluß an das Deutsche Reich!
Zwei Tage später nahm der Präfekt des Departements Seine-et-Oise die Österreicher in Empfang. Man war in Österreich noch nicht gewohnt, daß der eigene Regierungschef im Ausland von einem Bezirkshauptmann empfangen wird; offensichtlich wollte man den Österreichern gleich vorweg deutlich machen, daß es sich bei ihnen um Feinde handelt, die man, wenn man sie schon ins Land läßt, der örtlichen Sicherheitsbehörde überantwortet.
Und dann sperrte man die Österreicher hinter Stacheldraht. Eine Wegkreuzung und die anliegenden Wohngebäude sowie ein Stück Park wurden den *autres chiens* zugewiesen. Die Verbindung mit der im Schloß Saint-Germain tagenden Friedenskonferenz besorgte der örtliche Militärkommandant. Irgendwie bewiesen die Franzosen ein ausgeprägtes Geschichtsbewußtsein: Die Deutschen haben sie ins Schloß Versailles geholt, wo 1871, während des letzten Krieges der Franzosen gegen die Deutschen, der König von Preußen zum Deutschen Kaiser ausgerufen wurde. Im Schloß Saint-Germain plante einmal König Ludwig XIV. – vor seiner Übersiedlung nach Versailles – seine Raubkriege gegen das Reich und das Haus Habsburg. Das war der richtige Platz, um

den bisher großtuerischen Österreichern den Garaus zu machen. Denn es ging bei dem Ganzen vor allem darum, der Republik in Wien die *Rechtsnachfolge* nach dem Habsburgerreich aufzulasten, um dem Land dann außerdem die Kriegsschuld aufzuladen. Und so die eigene Kriegsschuld außer Diskussion zu stellen und den Österreichern abzuknöpfen, was noch nennenswert war. Renner sorgte mit der ihm eigenen Gewissenhaftigkeit und seinem unermüdlichen Fleiß dafür, daß sogleich eine brauchbare Arbeitseinteilung erfolgte und keine Zeit vertrödelt wurde. Naiverweise erwarteten die Österreicher, daß man sie bald zur Verhandlung vor das Tribunal der Sieger laden werde. Dem war nicht so. Denn, wie gesagt, die Sieger hatten zwar das Gebiet der Donaumonarchie längst tranchiert, aber die Portionen noch nicht verteilen können, weil es dafür Interessenten gab, die untereinander schon ärger im Hader lagen als mit den elenden Österreichern. Am 24. Mai wies Renner in einer Note darauf hin, daß eine Verzögerung der Verhandlungen – Renner gebrauchte tatsächlich ein wenig hoffnungsvoll diese Worte – ärgste Not und die äußerste Gefährdung der jungen und unfertigen Republik bedeuten würden. Clemenceau antwortete wenige Tage später mit einem unfertigen Entwurf des Diktattextes. Renner ließ sich nicht beirren; seine Herren beugten sich mit Eifer über das erhaltene Elaborat. Tage später hieß es, jetzt sei es soweit, und die Österreicher möchten am 30. Mai kommen. Die Betroffenen machten sich fertig; da wurde ihnen eröffnet, sie müßten noch zwei weitere Tage oder mehr warten. Renner wandte ein, daß jetzt jeder Tag Blut koste, weil die Grenzen Deutsch-Österreichs von fremden Truppen überschritten würden und die Österreicher sich mit Freiwilligenverbänden – noch gab es kein komplettes Heer – wehren müßten. Daraufhin gab man diesen widerborstigen Österreichern eins drauf und belehrte sie, daß ihr Staat nicht Deutsch-Österreich heiße, sondern Österreich. Auch gutgläubige und zahme Typen in der aus Wien gekommenen Delegation fingen an, das Heil der Zukunft nicht mehr in der Geltendmachung eines Selbstbestimmungsrechtes zu suchen.

Die Österreicher nutzten in Paris jede Lücke ihres Käfigs, um an

Ort Verbindungen aufzunehmen, weil sie hofften, so Hilfe zur Linderung der Hungersnot in der Heimat zu bekommen. Längst war ein erster Kredit zur Einfuhr von Nahrungsmitteln aus Übersee verbraucht, die benachbarten Agrarländer gaben den Wienern kaum eine Brotkrume. Da mußte die Pariser Kammer nach dem Willen Clemenceaus einen Kredit von 15 Millionen Dollar bewilligen, sollte Clemenceau nicht einen Staatskadaver statt eines noch lebenden Staatskörpers zur Verhandlungsprozedur bekommen. Vorsichtshalber verlangte man Sicherheiten: Alles in Österreich befindliche Gold- und Silbergeld mußte liquidiert werden, auch die Auslandsguthaben. Auf die Wälder wurden Hypotheken bestellt, die Erträge des Holzexportes mit Beschlag belegt, so auch der Ertrag der Salinen. Wien sowie alle Städte mit mehr als 50000 Einwohnern hatten zusätzliche Bürgschaften zu leisten. Etwaige Staatseinnahmen sollten in erster Linie der einschlägigen Schuldentilgung dienen. Die Bestände des Kunsthistorischen Museums in Wien wurden ohnedies von der italienischen Besatzungsmacht in Wien leicht überplündert. Und die Hungerblockade dauerte an.
Nachdem die Delegation in Paris diesen Schock überstanden hatte, wurde ihr eine Vorladung für den 2. Juni zugestellt. Zugleich wurde festgehalten, daß es keine mündlichen Verhandlungen geben werde, sondern nur schriftliche.
Die Sieger saßen an einem U-förmigen Verhandlungstisch, die Verlierer abgesondert an einer Art Katzentischerl. Wo waren die Zeiten, als nach den fast ein Vierteljahrhundert währenden Napoleonischen Kriegen der Vertreter des Verlierers, Frankreichs, beim Betreten des Verhandlungssaales im Palais am Wiener Ballhausplatz erhobenen Hauptes die Reihen durchschritt, um am oberen Ende Platz zu nehmen!
In Saint-Germain saßen den abgesondert plazierten Österreichern ihre früheren Landsleute und Nachbarn am nächsten: der Tscheche Kramář, seit 1881 bis zu seiner Aburteilung im Jahr 1916 Mitglied des österreichischen Abgeordnetenhauses; der wieselflinke Beneš, allzeit der Entente zu Diensten; der Dalmatiner Trumbić; der gewesene Sektionschef und k.k. Minister Zolgar;

nicht zu vergessen der serbische Ministerpräsident Pasić, der nur die eine Sorge hatte, daß man auf Sarajevo zu sprechen kommen könnte.

Aber Renner hielt eine gut ausgewogene Rede, unterließ es, die Sieger so zu harangieren, wie es in Versailles der deutsche Vertreter getan hatte – und er erntete einiges Vertrauen bei der örtlichen Presse. Das nun rief Beneš auf den Plan, der eilfertig verlautete, Renner sei genauso hinterhältig wie die früheren k.u.k. Minister des Äußeren Aehrenthal und Czernin (in dessen Prager Palais bereits die Mitarbeiter von Beneš amtierten), und die ČSR denke nicht daran, als Nachfolgestaat der Monarchie etwa gar daraus kommende Verpflichtungen zu übernehmen. Der Tscheche Kramář, längst von Kaiser Karl trotz begangenen Hoch- und Landesverrates völlig rehabilitiert, schaffte einen Eklat, indem er gegen die Anwesenheit des seinerzeitigen k.k. Justizministers Klein protestierte; dies in dem Irrtum, sein Prozeß sei unter der Ägide des damaligen Justizministeriums abgeführt worden; während Kramář doch vor einem Militärgericht gestanden hatte.

Bepackt mit der ungeheuren Last der unfertigen Bedingungen reiste Renner zuerst nach Feldkirch, um sich mit den dorthin bestellten Wiener Kabinettsmitgliedern und Parteifunktionären zu beraten. Die Herren wurden sich einig darüber, daß die Republik unter den ihr jetzt zugemuteten Bedingungen nicht lebensfähig sei. Wie kurzsichtig müssen doch hierin die Tatzeugen des damaligen Geschehens gewesen sein, wo doch in der Zweiten Republik ihnen der Mangel des rechten Glaubens in besagte Existenzfähigkeit des Staates angelastet und ihnen haarklein bewiesen wurde, daß das Österreich von damals sehr wohl lebensfähig gewesen wäre. Woher wissen das die Epigonen? Nun, die tschechischen Herren haben schon 1919 Renner und seiner Regierung vorgeworfen, es wäre ihr Versagen schuld an den damaligen Notzuständen in Österreich. Auch so kann Vergangenheit bewältigt werden – in Österreich.

Man einigte sich in Feldkirch in Anwesenheit des ressortzuständigen Doktor Bauer über einen Operationskalender, nach dem man in Saint-Germain versuchen wollte, die drohende Katastrophe

doch noch abzuwenden. Am 10. Juni lieferten die Österreicher eine erste zusammenfassende Antwortnote; ein gutes Stück Arbeit, das aber nur den Effekt hatte, der an einer Wand entsteht, gegen die man eine Handvoll Erbsen streut.
Die Österreicher hörten nicht auf, wider den Stachel zu löcken. Jetzt verlangten sie, daß in den in der ČSR liegenden deutschen Siedlungsgebieten gemeindeweise und in Abwesenheit tschechischer Truppen abgestimmt werden sollte. Einfach über die Frage, ob die dortigen Bewohner Bürger der ČSR oder Österreichs sein wollten. Sicher ein gewagtes Unternehmen, wo doch erst vor wenigen Monaten Militär der ČSR in die Massen deutscher Demonstranten geschossen hatte. Prag replizierte trotz Wilsons Absage an die Geheimdiplomatie: Masaryk bat jedenfalls den Gesandten der USA in Prag, einen Verwandten seiner Frau, Wilson bei dem Wissen zu halten, daß es in der ČSR nur *Sprachinseln* mit deutscher Bevölkerung gäbe. Von den 3,5 Millionen Sudetendeutschen in der ČSR hat Wilson während der Friedensverhandlungen in Paris nichts gewußt.
Fleißig waren sie ja, die Mitglieder der österreichischen Delegation in Saint-Germain. Am 16. Juni entstand jene Note, in der sie die von ihnen beanspruchten Grenzen ihrer Republik auf Grund des von Wilson verkündeten Selbstbestimmungsrechtes genau aufzeigten. Hier ging es um die Sudetendeutschen und um die Burgenländer, wie man später allgemein sagte, um die nach 1945 vollends aus der Südsteiermark und aus Südkärnten vertriebenen Deutschen und um die aufs äußerste gefährdeten Südtiroler. Am selben Tag versuchten sich die Österreicher gegen die ihnen (und sonst nur noch den Ungarn) aufgebürdete Rechtsnachfolge der früheren Donaumonarchie zur Wehr zu setzen. Der nunmehrige Staat Österreich sei nie im *internationalen Leben* existent gewesen. Es war eine saubere, aber gänzlich wertlose Mühe, denn Ziel des Geschehens in Saint-Germain war es, Österreich als Rechtsnachfolger Österreich-Ungarns zu definieren; ihm die Kriegsschuld aufzuladen (jeden an sie gerichteten Vorwurf wiesen die Sieger entrüstet von sich, und die Österreicher selbst waren klug genug, diesen Vorwurf einigen anständig denkenden Kennern im

Lager der Entente zu überlassen). Beide Belastungen waren ja Voraussetzung dafür, der Republik ungeheure Lasten aufzuerlegen …

Um diese Zeit scheiterte endgültig der Versuch der Österreicher, in den Völkerbund aufgenommen zu werden. Ein ungeheurer Anschlag auf die Geduld der Sieger, wo doch die Österreicher im Jahr darauf, 1920, nicht einmal zu den Olympischen Spielen zugelassen wurden.

Renner und seine Gehilfen arbeiteten unermüdlich. Es war freilich nur Papier, was sie den Siegern entgegenhielten, aber reden wollten diese ja nicht mit den Österreichern, deren Verhalten im Krieg ihnen nicht viel besser erschien als jenes der Deutschen. Nun, man wird ihnen einen Abklatsch des Diktats dessen überreichen, was den Deutschen zugedacht war, und damit basta. Zwei Generationen später kann man nur mit Staunen lesen, mit welcher *Sachkenntnis* und strengsten *Sachlichkeit* die Männer im Konklave von Saint-Germain die Unhaltbarkeit der dem Land zugedachten wirtschaftlichen Bedingungen analysiert haben; wie sie der Lüge von der alleinigen Kriegsschuld auf den Grund gingen (um dafür von Epigonen nur den Vorwurf einer Voreingenommenheit einzuheimsen); wie sie sich um die Rechte der einzelnen Staatsbürger und um das zerfetzte Verkehrsnetz in Mitteleuropa kümmerten. Noch liefen letzte Versuche Doktor Bauers, Deutsch-Südtirol zu retten, da schlugen die Bestimmungen des zweiten Teiles der Vertragsbedingungen, die den Österreichern erst am 20. Juli zukamen, alle Hoffnungen zu Boden.

Nochmals reiste Renner nach Feldkirch. Man einigte sich dort, die Verlängerung der von Clemenceau gestellten Frist von zehn Tagen zur Beantwortung der Bedingungen zu erwirken; den Widerstand an der *ganzen Front* wollte man aufgeben und nur noch versuchen, sich auf Hauptpunkte des eigenen Begehrens zurückzuziehen. Um diese Zeit nahmen die Anschläge der Jugoslawen auf Gebiete in Kärnten zu, und man mußte nicht nur im freien Westen um die Existenz des neuen Staates ringen, sondern auch gegen den Süden. Und den Freiwilligenverbänden in Kärnten wenigstens moralische Hilfe zukommen lassen. Und da war ein bezeichnendes, unausweichliches Gambit notwendig: Otto Bauer, in Paris angefeindet wegen seiner Bemühungen um den Anschluß der Republik an das Reich und lästig wegen seiner Beharrlichkeit in puncto Südtirol, mußte das Außenressort abgeben. Was in Feldkirch vereinbart wurde, sanktionierten in Wien die beiden Koalitionsparteien (die Deutschnationalen taten da als Opposition nicht mit, sie sahen die Verletzung nationaler Belange kommen), und der Hauptausschuß genehmigte das alles.

Nach Paris zurückgekehrt, wollten die Österreicher vom Konferenzpräsidium wissen, wie man denn zu ihrer Kapitulation stünde: Ob sie nicht besser *den Dingen einen freien Lauf lassen sollten,* anstatt ihre Belange weiter zu vertreten? In diesem Wirrwarr liefen persönliche Bemühungen Renners, die in Einzelheiten bemerkenswerte Milderungen zur Folge hatten, die aber dem Sinn des Diktats keinen Abbruch tun konnten. Die Sieger und ihre in Österreich ausgehaltenen Medien sahen sich berechtigt zu schreiben, man habe sich doch ohnehin kulant gegen die Österreicher betragen. Und – hat man ihnen nicht, auf Kosten Ungarns, das spätere Burgenland zugedacht? Freilich, letzteres sollte eine Art Elsaß-Lothringen in den Beziehungen zwischen Wien und Budapest werden, den Haß in Ungarn gegen Wien und Österreich nochmals bis zum äußersten steigern.

Am 6. August lieferten die Österreicher letzte Vorschläge. Noch am selben Tag reiste die Delegation nach Wien ab.

Nach Frankreich zurückgekehrt, wurden den Österreichern am 2. September nachmittags die fertigen Vertragsbedingungen überreicht.

Schon tags darauf reisten die Österreicher wieder nach Wien, denn die Sieger hatten den Verlierern diesmal gar nur fünf Tage Bedenkzeit zur Annahme des über sie verhängten Urteiles eingeräumt. Indessen, man war gnädig und wollte der gestellten Frist noch zwei Tage hinzufügen. Noch zwei Monate, und es näherte sich der Jahrestag des Waffenstillstands.

Am 6. September präsidierte Karl Seitz die Plenarsitzung der Nationalversammlung. Seitz ermunterte einleitend Renner für sein Vorhaben, die Zustimmung für das Diktat zu erlangen, und er lobte die Arbeit aller Gehilfen des Staatskanzlers. So hätte man wenigstens in einigen Punkten eine Milderung der Bestimmungen erreicht.

Dann nahm Renner das Wort. Es war die bedeutendste Rede seiner langjährigen Tätigkeit im öffentlichen Leben. Nochmals faßte er die Bemühungen der Delegation und den Widerstand der Sieger zusammen. Das zweimal ausgesprochene Verbot eines Anschlusses an das Deutsche Reich bezeichnete er als das bitterste nationale Opfer. Da freuten sich die in Opposition befindlichen Deutschnationalen, daß ihnen erspart blieb, diesen bitteren Bissen auch zu schlucken. Renner vermied es, Emotionen zu wecken. Die Sprecher der Fraktionen erlegten sich freilich keinen Zwang auf.

Für die Christlichsozialen sprach Leopold Kunschak. Er nannte die Dinge beim Namen und mußte sich gefallen lassen, von Seitz belehrt zu werden, es sei unklug, Mächte zu beleidigen, auf deren Hilfe das Land angewiesen sei. Kunschak nahm das nicht einfach hin, sondern erklärte, ein *deutscher Mann* müsse bei der Wahrheit bleiben. Ach, es waren schon wieder Erbsen im Spiel, denn Kunschaks Partei war ja vorweg willens, dem Antrag Renners zuzustimmen.

Für die SDAP sprach Leuthner, einer der vehementen Vorkämpfer der Anschlußidee in seiner Partei. Auch er kam nicht an dem Finale vorbei, wonach man den Siegern die Verantwortung für das von ihnen angerichtete *Unglück* überlassen müsse, im übrigen sei der Staatskanzler zu beauftragen, das Papier zu unterschreiben.

23 Nationale, jetzt schon in einer Großdeutschen Vereinigung, stimmten gegen die Vorlage der Regierung Renner. 97 Abgeordnete stimmten dafür. Man hat nachher versucht, das Ganze und insbesondere die Enttäuschung wegen des Anschlußverbots als ein *Taktieren* angesichts vollendeter Tatsachen hinzustellen. Überlebende dieser Stunde sahen es anders. Es war die Stunde des Abschieds derer aus Südtirol, aus den Sudetenländern und aus anderen Teilen des Staatsgebietes, das am 12. November 1918 von der Republik reklamiert worden war.

Die Versammlung erhob nach der Abstimmung Protest. Und es

war nicht nur eine papierene Entlastung der Regierungsparteien angesichts der gegen sie von der Opposition erhobenen Vorwürfe. Man drückte selbst im Protest eingangs noch Hoffnungen aus. Aber man stellte den Verlust der sudetendeutschen Gebiete mit Worten heraus, die keinen Zweifel lassen, daß die Österreicher von 1919, anders als jene von 1945, das Schicksal ihrer sudetendeutschen Landsleute als Teil ihres eigenen Schicksals empfanden. Erschüttert schloß man:

»Dennoch bleibt uns keine Wahl: Land und Volk brauchen den endlichen Frieden ... sie brauchen den Frieden, der die Kriegsgefangenen endlich den Ihrigen wiedergeben wird; sie brauchen den Frieden, der die völkerrechtliche Anerkennung des Staates bringen wird ... Es bleibt uns deshalb keine Wahl, weil unser Land in der Versorgung mit Nahrungsmitteln, Kohle und industriellen Rohstoffen, weil es in der Wiederherstellung seines Kredits und seiner Währung *von den Großmächten abhängt.*«

Die Erklärung der Nationalversammlung zur Unterzeichnung des Diktats zeigte die haltlosen Angeln auf, in denen die Tür in die Zukunft hing: die totale Abhängigkeit vom Ausland. Noch nie ist in der Neuzeit ein Staat wissentlich in die Not getrieben worden – wie das Österreich von 1919.

Österreich – auch eine Räterepublik?

Mitteleuropa nach dem Krieg

Die in der Überschrift gestellte Frage hat Karl Seitz später mit dem Hinweis beantwortet, es hätte dazu oft nicht viel gefehlt. Seitz, 1918/19 einer der drei Präsidenten der Provisorischen Nationalversammlung und zugleich Staatsoberhaupt, 1920 bis 1934 Obmann der SDAPÖ, nach 1923 auch Bürgermeister von Wien, durfte als *Tatzeuge* von damals so sprechen. Er und der damalige Polizeipräsident von Wien, der nach dem 15. Juli 1927 als Arbeitermörder diffamierte Johannes Schober.

Tatsächlich hat Lenin nicht erst nach der Machtergreifung der Bolschewiken in Petrograd im Herbst 1917 alles in seiner Kraft Stehende getan, um in jenem Mitteleuropa, das unter den wuchtigen Schlägen der Westmächte und ihrer Verbündeten zusammenbrach, Feuer ins Gebälk der Haustrümmer zu werfen. Im Deutschen Reich rissen die Umsturzversuche der Kommunisten und ihrer Verbündeten bis ins Jahr 1923 nicht ab. Schon im Jänner 1919 wurde in Bremen eine Räterepublik ausgerufen. Um diese Zeit schlug in Berlin die von Rosa Luxemburg und Karl Liebknecht mit ins Leben gerufene KPD los. Sie putschte aus gutem Grund: In den bevorstehenden Wahlen für die Konstituierende Nationalversammlung hatte sie das Risiko, ebenso zu scheitern, wie es 1918 Lenin bei dem gleichen Anlaß in Rußland widerfahren war. Also bediente man sich lieber der Gewehre als des Vertrauens in hinreißende Wahlparolen. 1921 glückte beinahe ein kommunistischer Aufstand in Sachsen, und noch zwei Jahre später gab die KPD in Hamburg nicht auf.

Der sensationelle Erfolg Lenins war aber die Räterepublik in Bayern. Es ging im Herbst 1918 fast so zu wie ehedem in Rußland nach dem Ende des Zarentums. König Ludwig III. verzichtete angesichts bedrohlicher Vorgänge in seiner Hauptstadt auf den Thron, ging aber nach Salzburg ins Exil. Bis dahin hat keine Partei den König an Leib und Leben oder in seiner Herrschaft bedroht. Die beiden sozialistischen Parteien und die Gewerkschaften konnten am Vortag des Thronverzichts einige tausend Münchner zu einer Friedenskundgebung auf der Theresienwiese versammeln. Der Vorsitzende der SP Bayerns, Erhard Auer, den Welten von den Austro-Marxisten trennten, forderte seine Genossen nach Schluß der Kundgebung auf, in aller Ruhe heimzugehen, was die allermeisten Versammlungsteilnehmer auch taten, um die Muße eines Streiktages voll zu genießen.

Als der Abmarsch im vollen Gang war, schlug für Kurt Eisner die große Stunde. Eisner gehörte einer Runde von radikalen Linksintellektuellen an, die während des Krieges im Münchner »Café Stephanie« ihren sicheren Unterstand fernab von der Front gehabt hatten. Naiverweise nannte man dieses Kaffeehaus »Café Größenwahn«, weil nicht einmal die Sozialdemokraten der bayerischen Hauptstadt den dort gewälzten Ideen mehr als Wahnsinn zubilligten. Das war der Irrtum. Eisner war klug genug, in Bayern nicht einfach als Linksradikaler zu kommen. Am 6. November 1918 traf er sich in Großhadern mit den Brüdern Gandorfer. Die Gandorfer waren reiche Großbauern, aber sie haßten die einflußreiche klerikale Bauernpartei in Bayern dermaßen, daß sie sich mit Tod und Teufel verbündet hätten, um die Schwarzen dahin zu befördern, wo man sie insgeheim hinwünschte. Die beiden Gandorfer waren es, die den noch zögernden Eisner drängten, ja nicht mit dem Losschlagen zu warten. Eisner war von ihnen abhängig, denn er wollte nicht, daß sein Putsch als ein Exzeß einiger Intellektueller und Hinterlandtachinierer in den Kasernen vor der Bevölkerung dastand.

Als am 7. November die meisten Genossen aus der SPD schon beim Nachtmahl saßen, erhob sich auf der Theresienwiese der Ruf:

»Alle Soldaten her zu Eisner!«

Es ging ein wenig leninistisch zu. Linksintellektuelle Verschwö-

rer sicherten sich die Hilfe von Gewehrträgern, die den wilden Mann spielen sollten, und dann zog man los. Alles geschah wie in Petrograd: Man holte sich die Zaudernden aus den Kasernen; man besetzte die Waffendepots, man bewaffnete die Mitläufer, die sich jetzt erst trauten; und man bemächtigte sich des Landtagsgebäudes, das nach der Sitzung vom Tag nur noch vom Nachtpersonal besetzt war. Nach und nach rasteten die Zähne des leninistischen Getriebes pünktlich ein in die Maschinerie der Macht im Staat.
Ein sogenannter Zentralrat verbot die bürgerliche Presse, rief die Proletarier zu den Waffen und verhaftete 50 Geiseln aus Kreisen, in denen geringe Sympathien für Leute wie Eisner und Genossen bestand. Die Neue Linke der sechziger Jahre wird bei ihrer Glorifizierung der Münchener Räterepublik von 1919 die Geiselnahme als eine gegen *Konterrevolutionäre* gerichtete Aktion hinstellen. Aber es gab in dieser Stunde keine Konterrevolutionäre, weil erst die gereinigten Zeitungen vom nächsten Tag die Bevölkerung der Hauptstadt belehrten, die Räterepublik hätte die Macht im Staat ergriffen.
Die Geschichte des Regimes Eisners enthält lustige Episoden, wäre das Ganze nicht zum Unglück aller Beteiligten geraten. Es gab Wahlen, bei denen die Partei Eisners eine vernichtende Niederlage erlitt. Am 21. Februar 1919 wurde in Berlin der Sozialdemokrat Gustav Noske zum Wehrbeauftragten der dortigen Linksregierung ernannt. Seither hießen alle, die unter Noske die Putschversuche der Kommunisten bekämpften, Noske-Hunde. An diesem Tag im Spätwinter erschoß aber auch ein Graf Arco, der so wie Eisner eine jüdische Mutter hatte, den unglücklichen Eisner. Eisner, nicht eben hoch geschätzt in Kreisen der Linksradikalen, wurde so unverdientermaßen deren Märtyrer. Im Landtag feuerte dann ein gewisser Alois Lindner, eher Anarchist als Kommunist, von der Galerie auf die Männer, die als Regierungsmitglieder das Kommen Eisners erwarteten. Der Vorsitzende der SPD wurde schwer verletzt, dessen klerikalen Kollegen traf der Schütze besser. Und – die guten Parlamentarier, jene, die die Macht des Wortes schätzen und die Gewalt verabscheuen, wichen wieder einmal der Gewalt.

In einem Vakuum des Politischen versuchte sich die Abart einer Rätediktatur, in der Größen des »Café Größenwahn« mitmachten. Lenin, der immer der Überzeugung war, daß Parteilose nicht nur in der Politik, sondern auch in wissenschaftlichen Belangen Stümper sind, erteilte diesem Experiment nicht sein Agrément. Eugen Leviné, recte Nissen Berg, der als Sohn reicher Eltern mit brillantem Erfolg studiert und schon 1905 an der Revolution in Rußland teilgenommen hatte, erklärte dem seltsamen Räteregime in München, die KP könne diesem nicht den Charakter eines echten Räteregimes zuerkennen, solange Sozialdemokraten mitmachten, die mit der wahren Idee des Rätesystems nichts zu tun haben wollten.

Die USPD, Kommunisten und Anarchisten trieben die Entwicklung voran. So wurde denn am 6. April 1919 in München eine *echte* Räteregierung ausgerufen. Dieser liehen die Männer Lenins ihre Unterstützung, und sie legalisierten sie sozusagen im Sinne Lenins – weil schon die Konterrevolution in Bayern unterwegs war und die Linke einig sein sollte. Einer der Volksbetrauten war ein Geisteskranker namens Doktor Lipp. Der bediente sich gerne der Funkverbindungen, und also richtete er einen Funkspruch an Lenin. Er vermeldete große Erfolge in ganz Deutschland, beschwerte sich aber bei Lenin darüber, daß sein Vorgänger beim Verlassen des Postens den Abortschlüssel mitgenommen hatte.

Der Arme kam in eine Anstalt. Sein Kollege im Finanzressort aber verbreitete eine abstruse Geldtheorie, die er in Fachkreisen nie anbringen konnte; die er aber als Regierungsmitglied in aller Form promulgierte – als wirksame Waffe gegen den Kapitalismus. Und da war auch ein liberaler und antiklerikaler Bauernbündler, der auf Drängen das Justizministerium übernahm, damit es nicht einem Kommunisten zufiel (!). Es erwies sich, daß alle Intelligenz derer vom »Café Größenwahn« nicht ausreichte, um so ein Räteregime zu steuern. Lenin griff ein und schickte einige seiner Macher nach München. Es war höchste Zeit dafür, denn unter dem Vorsitz des Obmanns der bayerischen Sozialdemokraten hatte sich eine Gegenregierung gebildet, die bei Noske Hilfe für einen Marsch auf das rote München erbat. Die wahren Vertrauten Le-

nins, Leviné und Konsorten, erhielten aus Moskau folgende Anweisung:
Zuerst sollten in allen Stadtbezirken Arbeiter- und Hausangestelltenräte bestellt werden. Die beabsichtigte Stützung des Regimes aus den Reihen der Hausmeister war nicht originell, das geschah schon in der großen Französischen Revolution. Allen Bourgeois sollten die Waffen weggenommen werden, damit diese sofort zur Bewaffnung der Arbeiterschaft verwendet werden könnten. Fabriken sowie alle Lagerbestände, insbesondere Kleiderlager, sollten in Beschlag genommen und vor allem den Landarbeitern sofort der doppelte Lohn ausgezahlt werden. Zeitungspapier durfte nur Zeitungsverlagen überlassen werden, deren Redaktion Gewähr bot. Die Wohnungen der Bourgeois sollten sogleich mit Arbeiterfamilien belegt werden. Im übrigen sollte das Räteregime seine Propaganda bis ins letzte Dorf tragen.
Und: *Geiseln sollten genommen werden,* wie das 1871 die Kommune in Paris zu tun begann, um so die Grausamkeit der Geiselmorde und der darauf folgenden Racheakte zu einem schaurigen Wechselspiel für alle Zukunft zu machen.
Mit den Münchnern konnte selbst ein Lenin keinen Staat machen. Die Kommunisten traten aus der Regierung aus, als Ernst Toller, auch ein Besucher des »Café Größenwahn«, daranging, gewisse bürgerliche Zeitungen zuzulassen. Und er sich der Polizei von früher bediente, die doch in jeder Revolution zu allererst auszuschalten ist.
Je hektischer die Parolen des Räteregimes wurden, desto mehr wurde die Haltlosigkeit seiner Maßnahmen, wie Generalstreik und eine Rote Armee von 30000 Mann (alles nur auf dem Papier), erkennbar. Nur der Geiselmord funktionierte und sohin später auch die Rache dafür. Genauso wie 1871 in Paris. Der Kampf verlief blutig. Bei Weiß und Rot kämpften ja Frontsoldaten des Weltkrieges. Aber am 3. Mai 1919 war der Kampf aus. Der Rest ist Stoff für Bühnenautoren, die ja, nach der momentanen politischen Aura im Land, alle Motive ausnützen, in denen sich die Grausamkeit als Bühnenepisode ebenso eignet wie der Sex. Soweit München.

Östlich von Wien ereignete sich das Experiment einer Rätediktatur in Budapest. So wie in Petrograd der Liberale Kerenski, in München der Liberale Ganhofer, so riß in Ungarn der liberale Graf Károly die Tür auf, durch die die Männer Lenins an die Macht kamen. Das war im März 1919, noch ehe in München der Spuk stieg. In Ungarn war Béla Kun, Sohn jüdischer Bürger, Sachwalter Lenins. Kun verbrachte die Zeit seiner Läuterung in einem russischen Kriegsgefangenenlager. Er war einer jener Österreicher-Ungarn, die nur zu gerne die in Lagern verbreitete Lebensgefahr mit der Chance vertauschten, als Angehörige der Roten mit dem Leben davonzukommen. Ihn ernannte Lenin also zu seinem ersten Platzhalter in Ungarn. Stalin hat Béla Kun, der so oft seinen Verfolgern entkam, 1937 in Verwahrung genommen und wahrscheinlich der damals üblichen Behandlung zugeführt.
In Ungarn scharte sich im Frühjahr 1919 um das Räteregime eine buntscheckige Schar von Kollaborateuren unterschiedlicher Herkunft und Anschauung. Zum Beispiel ehemalige k.u.k. Offiziere, die, so wie Brussilow unter Lenin, ihre nationalen Belange höher bewerteten als die momentane Situation in einem kommunistischen Land. Und da war ein Sohn gutsituierter Eltern namens Georg Lukács, der sich Béla Kun als Kulturminister zur Verfügung stellte. Lukács ging auch zusammen mit besagten Offizieren ins Feld, um den verfluchten Tschechoslowaken das von ihnen geraubte ungarische Land abzunehmen. Später, in den sechziger Jahren, haben die in der Neuen Linken kämpfenden Enkel der Verlierer in den Revolutionen der Jahre 1918 bis 1923 ausgerechnet Lukács, dessen feinsinnige Dichtungen und Analysen bestrikkend sind, als die Personifizierung eines *humanen* Kommunismus verehrt, der noch nicht durch das System des Stalinismus beschmutzt war.
Im steirischen Feldbach vergatterten andere ungarische Offiziere der alten k.u.k. Armee jene Landsleute, die nicht so naiv waren, aus lauter nationalem Überschwang die Gefahren eines Rätesystems zu übersehen. Auch in Szeged und Arad entstanden solche Formationen; manchmal unterstützten die dort stationierten französischen Truppen diese Vorhaben. Unter einem Grafen Te-

leki bildete sich die erste Gegenregierung, der es darauf ankam, das Land sowohl von Kommunisten als auch von landräuberischen Ententetruppen zu befreien. Diese Männer freuten sich gar nicht darüber, daß die elenden Rumänen, die Ungarn soviel Land abgenommen hatten, jetzt als Befreier vom Kommunismus ins Land kamen. Erst als Vizeadmiral Horthy Kriegsminister der Gegenregierung wurde, bekam diese ein Profil. Neben Horthy tauchte ein Hauptmann Gömbös auf. Gömbös, ein fähiger Soldat, war eher auf eine Laufbahn in der Politik aus. Anders als Horthy, der immerhin einmal im Dienst Kaiser Franz Josephs I. gestanden war, verkörperte Gömbös einen rasanten Nationalismus, der bis zum Rassismus geriet. In ihm erzeugten die Herkunft und die nach 1918 forcierte Gesinnungsänderung einen Zwiespalt, der sich später, in den dreißiger Jahren, nicht nur zum Schaden Ungarns, sondern auch als Beitrag zum Verhängnis Österreichs ausgewirkt hat. Anfangs trat Gömbös in der Partei der Kleinen Landwirte auf, wo er gewisse christliche, aber wohl antisemitische, und nationale Elemente vermutete. Von dort her holte er sich erste Anhänger, mit denen gemeinsam er die vorwiegend auf wirtschaftliche Ziele ausgerichtete Landwirtepartei verließ. Gömbös war mit dem Schlagwort erfolgreich, daß Ungarn die ihm 1919 auferlegten Staatsgrenzen nie hinnehmen könne. Als Kaiser Karl seine Rechte als gekrönter König von Ungarn im Jahr 1921 wieder in Anspruch nehmen wollte und ins Land zurückkehrte, wandte sich gegen ihn bereits ein Anhängerkreis des »Erwachenden Ungarn«, Typen, denen sogar ein Anschlag auf das Leben ihres Königs nachgesagt wurde. Gömbös entwickelte seine Bewegung zu einer Einheitspartei im Stil der autoritären Staatsideologien der dreißiger Jahre.

In Wien geriet angesichts dessen der Sozialdemokrat Renner in Schwierigkeiten. Zunächst verwahrte sich der Staatskanzler gegen jeden Versuch Béla Kuns, in Wien Anlehnung oder doch Rückenfreiheit zu finden. Seltsames geschah indessen: Rumänien fragte in Wien an, ob es von dort erwarten dürfe, daß der Vorstoß der Rumänen aus dem Osten durch einen aus dem Westen, aus Österreich (!), ergänzt würde. Wien wies auf den Mangel an geeigneten

Truppen hin, enthielt sich aber auch deswegen, weil es ja auf den Erwerb der von Deutschen besiedelten Westkomitate Ungarns aus war. Das nun erzeugte den ersten Konflikt mit den Nationalisten im Lager Horthys, die nicht eine Handbreit Boden an die Österreicher abgeben wollten.

Am 16. November 1919 zog Horthy an der Spitze seiner Truppen als Sieger in Budapest ein. Béla Kun und viele seiner Mitarbeiter konnten nach Österreich flüchten. Ihnen kam die Spannung zwischen dem Sozialdemokraten Renner und dem Admiral Horthy zugute. Es waren aber zu viele Offiziere, Aristokraten und Rechtspolitiker daran, in Ungarn zu kurbeln. Und so dauerte es, bis nach der Liquidierung des Béla-Kun-Regimes eine einigermaßen konsolidierte Ordnung im Land entstand, eine, die jedem Linksintellektuellen und Sozialdemokraten mißfiel.

Noch im Juli 1919 war es den Kommunisten in der Slowakei gelungen, eine Räteregierung unter der Ägide Béla Kuns drei Wochen lang aufrechtzuerhalten. Und so wie bei Béla Kun Offiziere der k.u.k. Armee mitmachten, weil sie als national eingestellte Magyaren nicht zulassen wollten, daß sich die Herrschaft der stets verachteten Tschechen auf Gebieten ihres Königreichs Ungarn festsetzte, geschah es ähnlich auch in der Slowakei. Dort bestand im Sommer 1919 tatsächlich ein Räteregime, über das Béla Kun seine schützende Hand hielt. Dies, obwohl es im Land eine kompakte Mehrheit der klerikalen Partei gab. Die Slowaken haßten vielfach die ČSR des Professor Masaryk, der sie um die seinerzeit von Exilpolitikern in den USA ausgehandelte Autonomie betrogen hat, als er Staatspräsident und Macher in der ČSR von 1918 wurde. Einige dieser klerikalen Slowaken haben sich in Anlehnung an Béla Kun bloßgestellt; so wie andere es in Anlehnung an Hitler taten. Beide Experimente brachten der Slowakei nicht, was ihr an sich in der ČSR zustand: die Autonomie auf Dauer.

Dieser Wirrwarr von Ideologien, Staatsideen und Umsturzbewegungen brachte erneut alle jene Probleme ans Tageslicht, deretwegen die Sieger von 1919 die Donaumonarchie auslöschten; weil sie meinten, nachher würden sich die Nationalitäten des Habsburgerreiches im Besitz der staatlichen Unabhängigkeit verstehen.

Nichts dergleichen geriet. Was einmal als Sorge und Lebensaufgabe des alten Kaisers innerhalb des *Reichsverbandes* mehr oder weniger gut applaniert wurde, das geriet nach 1918 in jene *internationalen Verflochtenheiten,* die Mitursachen des Zweiten Weltkrieges wurden.
Was aber geschah der Idee Lenins und seinen Bemühungen in Wien? Hier hatte das Scheitern der in Bayern und in Ungarn versuchten Experimente mit dem Rätesystem der Bolschewiken kurze Zeit gefährliche Folgen:
Die Industriekapitäne waren an sich froh darüber, daß sie es in Österreich nach 1918 nur mit der milderen Form des Marxismus zu tun bekamen. Die wilden Reden der intellektuellen Größen des Austro-Marxismus, Max Adler und Otto Bauer, schreckten sie nicht. Noch besaß man ja, was man seit Großvaters Zeit über die Zeiten hinweg als Besitz gerettet hatte. Und im kleinen Kreis war man, so wie nach 1970 in der Ära Kreisky, froh, daß die SDAPÖ die Arbeitermassen unter Kontrolle hatte – ja daß in der Abwehr des Bolschewismus die Arbeiterpartei sichtlich einen besseren Schutz bot als die alternde Lueger-Partei. Die jungen Herren, auch Damen aus diesen Kreisen lebten selbstverständlich *modo capitalistico,* wer aber als ein Intellektueller gelten wollte, nahm zur Kenntnis, daß man eigentlich nur in Kreisen der Linken als Intellektueller atmen könne. Und so redeten diese Typen, die sich vorerst einmal ausgiebig den vom Amerikanismus erzeugten Unterhaltungen hingaben, viel unverdautes Zeug daher. Die Väter dieser Generation sahen sich nach dem Untergang der einstens machtvollen Bewegung des Liberalismus in Österreich, der ihre Väter und Großväter den Schutz ihrer gesellschaftlichen und wirtschaftlichen Ordnung anvertraut hatten, schutzlos. Sie überwanden ihren von Haus aus gewohnten Antiklerikalismus und versicherten sich für mäßiges Entgelt der *zweigeteilten* anti-marxistischen Bewegung: der alternden Lueger-Partei und der 1919 gegründeten Großdeutschen Vereinigung. Hieraus sollten sich bald neue Auspizien ergeben ...
In Wien vertraute man in die Fähigkeiten des Polizeipräsidenten Schober, in den Ländern den vom biederen Landvolk gewählten Bauerngenerälen, die jetzt in den Räumen residierten, die einmal

Arbeitssalons der k.k. Statthalter gewesen waren. In Wahlzeiten bot das Image, um es modern zu sagen, des roten Wien genug schreckhafte Züge, um dem Wählervolk die Ansicht zu erhalten: Alles – nur net die Roten.
Aber auch die einsichtigen Realpolitiker in der SDAPÖ machten während der Rätediktatur einen Lernprozeß mit. Es bestätigte sich wieder, daß es, so wie 1917, einer bürgerlichen Type wie Kerenski bedurfte, um am Ende die Partei Lenins auf unabsehbare Zeit am Hals zu haben. In Budapest übernahm die Rolle Kerenskis der körperlich schwer behinderte, ein wenig exotische Graf Michael Károly. Sein Fall wurde geradezu ein Schulbeispiel dafür, wie in Zeiten des Umsturzes einer bisherigen Ordnung ein gescheiter Liberaler sein Land an den Rand der Diktatur des Bolschewismus bringt, um dann selbst vor der Gewalt zu weichen und zu entweichen. Ähnlich verlief es in München: Der verbummelte Intellektuelle Kurt Eisner hätte nie die Tür zur dortigen Rätediktatur so rasch aufgemacht, hätten ihn nicht am 6. November 1918 die beiden Führer der liberalen und antiklerikalen Bauernpartei, die Brüder Gandorfer, in ihrer Wohnung in dem entscheidenden Gespräch geradezu dazu gezwungen.
Mehr noch: Die SPD in Bayern gab sich keineswegs so schreckhaft wie gewisse Genossen in Wien. Sie und die momentan noch ein wenig verschreckte klerikale Partei ließen Typen wie Eisner und die Macher der von Lenin nicht gesalbten Räteregierung vom April 1919 so lange gewähren, bis Lenin ernst machte und einige seiner russischen Macher schickte, die den Deutschen eine erste Lektion in Sachen bolschewistischer Methoden erteilten.
In Wien und in Österreich haben die Kommunisten bei der Wahl der Konstituierenden Nationalversammlung und des Gemeinderates überhaupt keine nennenswerte Rolle gespielt. Man darf hiezu annehmen, daß sie von Lenin vorweg das eine gelernt haben: Daß nämlich eine KP in einer nicht von ihr kontrollierten Wahl und ohne Terrorisierung des Wählervolkes nie an die Macht kommt. Schon deswegen nicht, weil an sich eine Revolution nur dann gelingt, wenn ihr als Minderheit das Durchbrechen der Schranken der Legalität gelingt, um sich dann abseits der bisheri-

gen Verfassung in ihrer Machtausübung über das ganze Land auszubreiten.
Nur mit anfänglichen Vorbehalten nahmen die Führer der SDAPÖ zur Kenntnis, was ihnen, besser: ihren Genossen in der Regierung, aus der Wiener Polizeidirektion zuging. Daß nämlich die Putschunternehmen der Kommunisten den an Ort befindlichen Schreihälsen und bloßen Unruhestiftern aus der Hand genommen und Emissären – aus Ungarn überlassen wurden. Eine später allgemein geübte Taktik Moskaus erfuhr 1919 ihre erste Bewährung in der Praxis. Um das Jahr 2000 wird die USA zum Beispiel eine diplomatische Vertretung der Sowjetunion in Regimentsstärke im Land haben. Washington aber wird erkennen müssen, wie diese geschulten Emissäre unter geschickter Ausnützung ihres diplomatischen Status Einfluß nehmen auf die Politik im Aufenthaltsstaat.
1919 gab es zwei bemerkenswerte Ansätze dazu, geradezu Lehrbeispiele. In Berlin war nach dem Frieden von Brest-Litowsk der Bolschewik Adolf Joffe Vertreter Rußlands im kaiserlichen Deutschen Reich. Er bezog waggonweise diplomatisches Gepäck aus Rußland, das mit großer Sorgfalt im ehedem zaristischen Botschaftsgebäude deponiert wurde. Es geschah nicht ganz zufällig, daß gewisse Typen unter den Packarbeitern mit einer der umfangreichen Kisten so hantierten, daß sie zu Boden fiel und zerbrach. Sie enthielt nichts anderes als bolschewistisches Propagandamaterial in deutscher Sprache. Der unglückliche Joffe beging später unter Stalin Selbstmord. Seine anfängliche Tätigkeit in Berlin trug aber reiche Früchte. Und das nicht nur durch die Verteilung von Propagandamaterial. In den Umsturzwirren tauchte nämlich in Berlin unter anderen ein gebürtiger Österreicher aus Galizien auf und nahm namens Moskaus die Gründung der KPD zum Jahreswechsel 1918/19 in die Hand. Sein Name war Sobelsohn, gebürtig aus Lemberg, und sein *nom de guerre* lautete Karl Radek. Aus der SPD hervorgegangen, vertrat er die KP Rußlands auf dem Gründungkongreß der KPD Ende 1918. Er war eine von Legenden und Tatsachenschilderungen umwobene Person im Deutschland der Nachkriegszeit, führend in der Kommunistischen Internationale

und endete, wie viele Kommunisten der ersten Stunde in Rußland, 1939 in einem Gefängnis Stalins.
Nach München entsandte Lenin nicht nur Macher, die an sich in Deutschland beheimatet waren und bereits 1905 Erfahrungen sammeln konnten, sondern auch einen gewissen Axelrod. Tovie Axelrod kam nach München und gab vor, Diplomat zu sein. Seine Stellung als führende Persönlichkeit während der Räterepublik war aber gefährdet, solange er nicht diplomatischen Status erwarb. Den erwarb er nie, dafür war er erfolgreich in dem Bemühen, einige der Linksintellektuellen aus dem »Café Größenwahn« davon zu überzeugen, daß es nicht ihrer Ideen, sondern der KP bedürfe, um durchschlagskräftig zu werden. Lenin befreite Axelrod nach dem Ende des Räteregimes in München für einen hohen Preis aus den Händen der Weißen.
Das Gehabe der Bolschewiken in München gefiel jenem Kreis von gebildeten Menschen, die, wie heute in den USA, damals für sich *modo capitalistico* lebten, aber Sympathie für die Ideen der Jünger Lenins zeigten. So Ricarda Huch, die auch in Zeiten der Kriegswirtschaft im Dritten Reich noch Papier für ihre Publikationen bekam, die sich aber 1919 enthusiasmiert zeigte im roten München. Nur die Methoden der Bolschewiken nahm sie mit Vorbehalt hin. Rainer Maria Rilke besang damals die »reife Zeit«; und im Vorfeld des Geschehens tauchte auch die Persönlichkeit Martin Bubers auf. Eine gespenstische Situation, deren Chancen für den Kommunismus noch bis dato von Könnern in vielen Teilen der sogenannten freien Welt ausgenützt werden. So wurden später in der katholischen Kirche wie in Kreisen eines sogenannten Nationalbolschewismus zwar keine echten Kämpfer gewonnen, dafür aber jenes Zwielicht erzeugt, in dem schon 1918/19 nicht wenige Politiker aus der Zeit vor 1914 die Orientierung verloren.
Räterepublik im Osten, Räterepublik im Westen, und in Wien das für solche Zeiten übliche Gerede. Auch die Polizeiakten aus jenen Tagen beweisen, daß die seit Metternichs Zeiten über die Maßen gelobte k.k. Polizei, jetzt in der Republik längst gleichgeschaltet, mit den neuen Kampfmethoden im Untergrund schlecht zu Rande kam. Es war ein reiner Glücksfall, daß der führende Kommu-

nist Karl Toman ein Lump war. Er gab sich als Macher im Umsturzgeschehen und arbeitete mit einem Herrn der Polizeidirektion Wien auf geschickte Weise zusammen. Toman war das, was man nach 1945 den »Herrn Karl« nannte, also nicht nur gesinnungslos, sondern charakterlos. 1938 bis 1945 war er als Nationalsozialist Bürgermeister in Eichgraben bei Wien. Er ging zwar den Truppen Stalins entgegen, die aber überließen ihn jenen Kameraden, die damals die Verschickung unerwünschter »Genossen« in die Sowjetunion besorgten. Von dort kam er nicht mehr ins Spiel.
Ehe die Diktaturen in München und in Budapest Format bekamen, blieb es bei dem, was die Polizei als bloße *Ausschreitungen* bezeichnete. Und da die KPÖ in der Masse der Arbeiterschaft keine Wirkung erzielte, bot sie, wie oft nachvollzogen, sogenannte unterprivilegierte Minoritäten auf; Karl Marx rechnete sie noch zum Lumpenproletariat.
Mitte Mai 1919 erschien in Wien ein Abgesandter Béla Kuns namens Ernst Bettelheim. Aus guter Familie stammend, war er Rechtsanwalt von Beruf. Von ihm war der Satz, er sei gekommen, die »lumpenproletarischen Elemente« der Parteiführung auszumerzen und die KP leningetreu zu reorganisieren.
Bettelheim und Genossen taten sich insoferne leicht, als sie eine feste Burg in der ungarischen diplomatischen Vertretung in der Bankgasse hatten. Hier hatten gewiegte Terroristen aus Ungarn ihren Unterschlupf und Schutz vor der Polizei. Die Gewalt der Tatsachen repräsentierten aber die Männer vom Volkswehrbataillon Numero 41, unter denen ein »Revolutionäres Soldatenkomitee« vor den Augen der militärischen Vorgesetzten seine Taten verrichtete. Die Zahl der Arbeitslosen in ganz Österreich betrug damals maximal 180000, davon lebten in Wien fast zwei Drittel. Weitab waren noch die Zeiten eines Sozialstaates der Wohlstandsgesellschaft, in dem viel höhere Zahlen von Arbeitslosen nur ein *finanzielles* Problem sind, aber keine gegen den Staat aufmarschierende Armee von Revolutionären. Hier müssen die Taten von Hanusch erwähnt werden, der mit den Methoden seiner Sozialpolitik in den Heimkehrern Hoffnungen erweckte, wo die

Emissäre der KP nur hetzten. Und Doktor Deutsch sprach in Versammlungen vor einem Publikum, das honette Bürger nur par distance und schielend in Augenschein nahmen. Eine Zeitlang war es der Regierung möglich, mit Lohnaufbesserungen etwa einen Streik der Bahnbediensteten hintanzuhalten. Bald aber verlief die Auseinandersetzung in ganz anderen Formen.

In Wien war der italienische Artilleriegeneral Umberto Segré ein wahrer Landvogt der Sieger. Kein Tag verging, an dem er nicht der Regierung Vorbehalte machte, dies und jenes abverlangte oder den Bilderdiebstahl im Kunsthistorischen Museum verteidigte. Er arbeitete dem Doktor Bettelheim mit der politischen Blindheit eines Nur-Militärs – Segré hatte nach der Katastrophe der Italiener im Jahr 1917 deren Artillerie reformiert – geradezu in die Hände. Segré beanstandete nämlich den hohen Stand der Volkswehr und übersah dabei, daß derlei Methoden des Doktor Deutsch ein Mittel waren, hungernde Tagediebe nicht in die Reihen der KP und zum Aufstand zu treiben. Zugleich bemühte sich die »Arbeiter-Zeitung« in einer Serie von Beiträgen aufzuzeigen, daß die Herabsetzung der Stände der Volkswehr nicht nur im Auftrag der Sieger erfolgte, sondern ein Schlag ins Antlitz des Militarismus war. Die Wiener Polizeidirektion versuchte die Siegermächte davon zu überzeugen, daß eine *totale Auflösung der Volkswehr* die Gefahren von links am besten beseitigen würde. Staatspolizisten, die so dachten, erkannten nicht, daß sie auf dem besten Weg waren, der KP neuen Zustrom zu verschaffen.

Die KP nahm ihre Chance wahr und konzentrierte in den Kasernen ihre Agitation darauf, den Wehrmännern das Ende ihrer derzeitigen Existenzgrundlage vor Augen zu halten. Anfang Juni 1919, als der Spuk in Budapest und in München schon verebbte, versuchten die Agitatoren aus dem Osten mit allen Mitteln, wenigstens in Wien einen Stützpunkt zu behalten. Um diese Zeit strömten aus den Balkanländern und aus Rumänien Kommunisten nach Österreich, weil sie hier vor dem Schicksal sicher waren, das ihnen in der Heimat vielfach drohte: der Strick.

Das Revolutionäre Soldatenkomitee verstärkte seine Tätigkeit, als durchsickerte, daß in Saint-Germain die Sieger der Republik ein verstümmeltes Heer zudiktieren wollten. Die momentanen Kaserneninsassen aber hatten keine Lust, Kost, Unterkunft und Bekleidung samt Sold zu verlieren, um in einem Berufsheer womöglich gezwungen zu werden, Soldaten der Republik zu werden, wie sich solche der Oberst Körner vorstellte: Also keine Truppe für den Bürgerkrieg, sondern eine ohne harten Drill disziplinierte Truppe im Dienst des Staates.

Béla Kun, nun schon gewitzigt, mahnte die Akteure in Wien: »Je später Sie die Macht in die Hand nehmen und mit der Umgestaltung der Gesellschaft beginnen, um so größer werden die Zerstörungen sein, die der Kapitalismus anrichtet, um so schwerer wird Ihnen der Übergang zum Sozialismus.«

Béla Kun wollte nach dem unangenehmen Effekt des in Ungarn angerichteten Terrors in Wien *kein Blut* fließen sehen. Er kannte die Wiener. Sie sind kein Volk, das wild wird, wenn es blutende Opfer sieht, sondern eines, das Mitleid bekommt.

Daß dem so ist, hatten die Wiener schon im April 1919, am Gründonnerstag, bewiesen. Nach einer Arretur gewisser Macher im Untergrund mußte die KP losschlagen. Denn: Nahm man ihr die Unterführer, besser: die Unteroffiziere, ihrer Bewegung weg, dann nutzte die ganze Genialität ihrer Führer und die Redebegabung wie jene der Elfriede Friedländer nichts. Und es war für die KP auch nicht zumutbar, daß ihre verdienten Genossen die Osterfeiertage 1919 im Polizeigefangenenhaus an der Elisabethpromenade verbringen sollten. Die Elisabethpromenade, kurz »die Liesl«, war bei dem raschen Wechsel herrschender Systeme im Nachkriegsösterreich Haftanstalt für die momentanen Verlierer im Bürgerkrieg. Dann standen Frauen und Mütter Schlange vor dem Eingang, um ihren Angehörigen an bestimmten Tagen Lebensmittel und Wäsche zu bringen. Solange »die Liesl« von alternden Sicherheitswachebeamten betreut wurde, war die Haft in den mäßig wohnlichen Zellen zwar keine Zeit der Erholung, keineswegs aber schon Durchgang zu üblen Haftanstalten und in ein jähes Ende.

Am Gründonnerstag 1919 boten die Kommunisten auf, was greifbar war. Sie belegten Autos mit Beschlag, um in allen Kasernen die Volkswehrleute aufzuputschen, diesmal aber ohne Erfolg. Die Männer waren zu klug, um sich auf einen bewaffneten Konflikt mit der Polizei einzulassen. Aber dann gab es Schießereien im Umkreis des Parlaments. Die Sicherheitswache hatte ihre ersten Toten. Ein Pferd der berittenen Polizei wurde mit gezieltem Schuß getötet, der Kadaver an Ort ausgeschlachtet und die Fleischteile als Zusatzverpflegung von den glücklichen Siegern nach Hause gebracht. Die Regierung verlangte von der Polizei, sie möge »in schonungsvoller Weise vorgehen«. Das nun taten andererseits die Angreifer nicht. Wieder wurde Friedrich Adler aufgeboten, um im Sekretariat der KP die Genossen von links davon zu überzeugen, daß es jedenfalls besser wäre, für den Tag Schluß zu machen.

Der Tag endete aber blutig. Die Angreifer büßten maximal 30 Verletzte ein. Die Polizei beklagte fünf Tote, einer von ihnen wurde grausam malträtiert, bevor er im Spital an den Folgen starb. 27 Polizisten und Stadtschutzwachmänner sowie zehn Angehörige der zuletzt aufmarschierten Volkswehr wurden verletzt. Die toten Polizisten verscharrte man rasch, denn seit Johann Nestroy räumt man in dieser Stadt die Toten weg, weil man Schlampereien dieser Art nicht sehen mag. Die KP erntete für ihr spontanes Vorgehen in Wien kein Lob, sie bekam einen aufsichtführenden Kommissar aus dem Osten. Es wurde weiter geputscht.

Auf dem flachen Land war man mit der Regierung unzufrieden, weil sie eine »ungarische Judenwirtschaft« duldete. Man war dort nicht so feig wie in besseren Wiener Häusern, wo dem Besitz Gefahr drohte. Auf dem Land versorgte man sich für den Überraschungsfall mit einem *Gewehr.* So hat die KP keinen geringen Beitrag dazu geleistet, daß viele Heimkehrer, die an sich nicht gewillt waren, im Wehrverband der »Frontkämpfer« mitzumachen, für einen Schutz sorgten: Für eine *Heimwehr*, andere nannten sich Heimatschutz, war die Zeit gekommen – und diese Bewegung wird auch übergreifen auf das rote Wien. In Wien aber versuchte es noch der Doktor Bettelheim:

Sein »Sturmtrupp der Revolution«, so der aufmunternde Name für die Putschisten, unterschied sich durchaus von den Männern, die einmal den Umsturz gemacht haben. Die Mehrzahl der Teilnehmer war noch nicht 21 Jahre alt, unter den älteren ragte die Zahl jener Kriegsinvaliden hervor, die noch einmal willens und jedenfalls fähig waren, ins Feuer zu gehen. Bettelheim blieb weit vom Schuß. Als sich der Zug der etwa 7000 Demonstranten nach vergeblichen Demonstrationen vor und im Parlament Richtung Hörlgasse bewegte, blieb der Doktor aus Budapest im Hintergrund. Er soll das nachher mit der weisen Voraussicht erklärt haben, daß es diesmal Arbeitern das Leben kosten wird. Wie so oft bei solchen Anlässen tat auch Bettelheim *vorher* nichts, um besagte Arbeiter nicht ins Feuer der Exekutive rennen zu lassen.

Nach den Ereignissen im Umkreis des Parlaments und der dort erhaltenen Auskunft, wonach sich ihre in Haft befindlichen Genossen nicht im Grauen Haus, sondern im Polizeigefangenenhaus am Donaukanal befanden, machten sich Demonstranten zur gewaltsamen Befreiung ihrer Genossen auf. Man darf annehmen, daß ihr Erfolg auch anderen Inhaftierten des Gefangenenhauses die Freiheit gebracht hätte, wie das eben zum Ritual einer Revolution gehört. In der Hörlgasse sperrte berittene Sicherheitswache und Stadtschutzwache den Weg. Es schien alles eher ruhig zu verlaufen, zumal die Exekutive einer Delegation der Demonstranten den Durchgang zur Polizeidirektion, die in einem ehemaligen Nobelhotel am Schottenring untergebracht war, gestattete.

Dann aber lief alles wie gewohnt ab. Es fiel der fatale erste Schuß. Bis heute wird darüber gestritten, welche Partei ihn abgegeben hat. Feststeht, daß nach diesem Schuß mehrere Schüsse aus den Reihen der Demonstranten abgegeben wurden. Die Männer der Stadtschutzwache, also eines nach 1918 entstandenen Konkurrenzunternehmens des neuen Regimes zur Sicherheitswache, gaben eine Salve ab, die niemanden treffen sollte. Die Schützen waren größtenteils sozialdemokratisch organisiert. Also keine gewöhnlichen Arbeitermörder. Die vordersten Demonstranten, die durch die in der Gasse aufgestaute Masse am Rückzug gehindert waren, flüchteten nach vorne. Vom Kordon aus sah das wie ein todesmutiger Angriff aus. Es folgte ein gezieltes Einzelfeuer der Stadtschutzwache, und diesmal bezahlten nicht, wie im April

beim Parlament, Polizisten, sondern Angreifer mit dem Leben: Sieben Tote und fast 30 Schwerverletzte blieben auf dem Platz. Ihnen setzte nach 1945 die KP ein Erinnerungsmal.
In Windeseile verbreitete sich die Schreckensnachricht in den Kasernen der Volkswehr. Blut war geflossen, jetzt wollten die Genossen der Toten die Rache vollziehen. Besonders tumultuös ging es in der ehemaligen Landwehrkaserne in der Siebenbrunnengasse zu. Aber die Vertrauensmänner des Doktor Deutsch bewährten sich diesmal: Sie verteidigten mit gezogenen Pistolen die Kasernentore und verhinderten so, daß es zu weiterem Blutvergießen in den Straßen kam.
Auch die Regierung tat etwas zur Beruhigung der Massen: Die inhaftierten Genossen der Demonstranten wurden aus dem Gefangenenhaus entlassen, nur die Ausländer blieben in Haft. Ein Teil der Angreifer aus der Hörlgasse eilte freilich den Ring entlang zum Donaukanal und versuchte von der Rossauerkaserne aus das Gefangenenhaus zu stürmen. Mehr als zwei Stunden dauerten die Tumulte. Als auch besagter Toman aus der »Haft« entlassen wurde und auf die erregte Menge einredete, ließen die Demonstranten, nachdem wieder Schüsse gefallen waren, von weiteren Angriffen ab.
Der Tag hatte insgesamt 20 Tote und 80 Verwundete gefordert. Die Exekutive verlor nur Verwundete. Das vergossene Blut zog einen unverwischbaren Trennungsstrich zwischen der Sozialdemokratie und den Kommunisten. Aber: Am 15. Juni 1919 bewährten sich eine Exekutive der jungen Republik, nämlich die sozialdemokratisch organisierten Stadtschutzwachmänner, und sozialdemokratische Soldatenräte in den Kasernen. Ein Unglück für die KP kam jetzt nicht allein. Gleichzeitig geriet in der Slowakei der Vormarsch der Roten Armee Béla Kuns ins Stocken. Zum erstenmal kämpften Sudetendeutsche in der Armee der ČSR; sie sind größtenteils anstandslos eingerückt, als die ČSR Altgediente zum Kampf gegen die Ungarn aufbot. Die Bürgerlichen, die sich seit 1918 in Wien noch keine einzige Tapferkeitsmedaille errungen hatten, priesen den Polizeipräsidenten Schober als Retter in höchster Gefahr. Tatsache ist, daß die SDAPÖ damals in solchen

Situationen den deutschnationalen Polizeipräsidenten ebenso gewähren ließ wie ihre Genossen in Berlin den später als »Bluthund« diffamierten Wehrbeauftragten Noske. Noske, der im Auftrag seiner Regierung die Aufstände der Kommunisten im Reich rücksichtslos mit dem Einsatz von Militär und Freikorps niederkämpfte, soll dazu achselzuckend gesagt haben, einer müsse es eben machen ...
Der Bürgerkrieg in Ungarn hatte seltsame Auswirkungen auf Österreich. Renner ließ den Kommunisten Rothziegel mit 1500 Österreichern in den dortigen Krieg ziehen, obwohl derlei gegen noch geltende Gesetzesbestimmungen verstieß. Andererseits bedeutete das jedoch, daß eine zahlenmäßig kleine, aber aggressive Truppe die Stadt und das Land verließ. Gleichzeitig gestattete Renner, daß im grenznahen Feldbach eine zum Einsatz gegen das Rätesystem in Ungarn bestimmte Truppenformation aufgestellt wurde, ein Kern der späteren nationalen Armee Horthys. Die Mannen Rothziegels kehrten bald heim, sie hatten bei Freund und Feind in Ungarn keine gute Nachrede. Die Erwartung, diesen Haufen für längere Zeit vom Hals zu haben, erfüllte sich also nicht.
Noch einmal wurde ein Versuch unternommen, auf gewerkschaftlichem Boden eine vereinigte Linke zu schaffen. Ende Juni trat in Wien eine Reichskonferenz der Arbeiterräte zusammen. Delegierte aus ganz Österreich. Es kam zu einer scharfen Konfrontation zwischen Kommunisten und Sozialdemokraten. Die Kommunisten taktierten mit einigem Erfolg; der Antrag, nach der bolschewistischen Methode (weil gestützt auf eine Minorität im Volk) sogleich die Macht zu ergreifen, drang nicht durch. Bettelheim drängte zum Putsch, denn in Ungarn ging die Ära Béla Kuns zu Ende. Beim Versuch, die Druckerei der »Reichspost« zu erstürmen, mußte sich die KP auf Spartakisten stützen, die im Deutschen Reich momentan keine Beschäftigung hatten. Die Zahl der kommunistischen Marschierer wurde von Mal zu Mal geringer. Einmal waren es 10000, zuletzt beim Sturm auf die »Reichspost« nur noch 2000. Es war eine früher undenkbare Peinlichkeit, daß Genossen von gestern uneins wurden bei der

Belagerung des Druckereigebäudes der »Reichspost«. Daß Kommunisten vor den Männern einer sozialdemokratisch organisierten Exekutive zurückwichen.

Jetzt trumpfte Doktor Deutsch auf: Die schon zum Volkswehrbataillon Numero 41 gewordene Rote Garde wurde in ihrer Ubikation zerniert – und gab auf. Dann marschierten 10000 Mann Exekutive über den Ring: Volkswehr, Polizei und Stadtschutzwache. Das war am 13. August 1919, der in ganz Österreich als Demonstration für die demokratische Republik gefeiert werden sollte. In den Ländern machte man mit unterschiedlicher Anteilnahme mit. Und dann geschah es: Bettelheim, der sich zur angeblichen Pflege in ein Spital der Kaufmannschaft, also in die Etappe der Bourgeoisie zurückgezogen hatte, wurde arretiert.

Die sogenannten Ausschreitungen hielten an bis zum letzten Tag der Republik vom 12. November 1918. Die Motive der Demonstranten änderten sich. In Innsbruck mußte man Verbände der italienischen Besatzungsmacht erbitten, um einer Hungerdemonstration Herr zu werden. Ja, es war schon Hunger, hieß es später, aber Lenins Arm reichte eben weit; und im benachbarten Deutschen Reich kämpften die Unbedingten seiner Weltrevolution weiter, und die halfen zuweilen den arg zerzausten Organisationen der KP in Österreich. In Graz war eine Demonstration gegen überhöhte Marktpreise Anlaß zu Unruhen. Die Linke schob Studenten und ehemaligen Offizieren die Schuld am Überhandnehmen der Unruhen zu, die Rechte kommunistischen Emissären. Am Murplatz geriet eine Gendarmerieabteilung in eine schwierige Lage. Der im Kommando befindliche Gendarmerieoffizier gab den Feuerbefehl: 15 Menschen, darunter zwei Mädchen, wurden erschossen. Mit Mühe gelang es, die Erbosten zu beruhigen, die Neugierigen und die Erschreckten vom Platz zu weisen. Der Gendarmerieoffizier kam bei der Untersuchung der Vorfälle glimpflich davon. Seiner nahm sich der damalige Landeshauptmann von Steiermark, Anton Rintelen, an. Rintelen, der in den dreißiger Jahren zu den Nationalsozialisten überging und 1934 deren Kandidat als Nachfolger des Bundeskanzlers Dollfuß werden sollte …

Was nach solchen Vorfällen blieb, war noch mehr Haß zwischen der Arbeiterschaft und der staatlichen Exekutive. Am 1. Dezember 1921 kam das bei den Unruhen, die in Wien ausbrachen, deutlich genug zutage: Dort war die Sicherheitswache nicht imstande, der Zerstörungen einer Massendemonstration Herr zu werden. Das geschah, als nicht mehr die in politische Bedeutungslosigkeit zurückgesunkenen österreichischen Kommunisten die Unruhe schürten, sondern die katastrophalen Folgen einer sichtlich unaufhaltsamen *Geldentwertung*. Die Reallohnverluste trafen in erster Linie die Industriearbeiter und die niedere Beamtenschaft, aber auch das Kleingewerbe verlor den Boden unter den Füßen. Im Deutschen Reich, und zwar in Bayern, nutzte Adolf Hitler diese Situation für sich und seine Partei aus. In Österreich setzte eine Kampagne gegen die Christlichsozialen ein, die nach dem Bruch der großen Koalition im Jahr 1920 und der darauffolgenden Wahlniederlage der SDAPÖ den Bundeskanzler stellte oder einen Kompromißkandidaten heranzog. Otto Bauer brillierte in jener Zeit als Versammlungsredner, der ein aufmerksames Publikum fand, ein Publikum, das noch hoffte. Es gab aber auch Redner, die Themen, die Bauer mit seiner intellektuellen Kapazität behandelte, mit einer oft verantwortungslosen Aggressivität hervorsprudelten. In rückschauender Betrachtung wird diese Angriffsphase der Linken in Österreich eher verharmlost. Es seien nur rednerische Drohungen gewesen, denen keine Taten folgten. Wer die Zeit erlebte, sah es anders.
An jenem 1. Dezember 1921 strömten die Massen aus den Arbeiterbezirken in die Innere Stadt. Der Hunger der Ihrigen trieb die Demonstranten an, keine Agitatoren; und leider nahm sich auch die Parteiführung der Arbeiterpartei nicht der Massen an. So kam es, daß zum Beispiel die aus Floridsdorf kommenden Kolonnen zuerst die Ringstraße mit ihrer Zerstörungswut überzogen, um dann auch die Mariahilfer Straße heimzusuchen. Die Innere Stadt war erfüllt vom Klirren der eingeschlagenen Fensterscheiben. Es gab damals Anlässe genug, die solche Exzesse der Empörung hervorrufen konnten, einer wurde fatal: Der *Not* der vielen Menschen standen die Nachhuten der Kriegsgewinnler, Börsenjobber

und Inflationshyänen gegenüber, die einer Vergnügungssucht frönten, deren Gewissenlosigkeit nur durch die ersten Auswüchse einer nie gekannten Geschmacklosigkeit des Nachtlebens übertroffen wurde.
Selten gelingt es dem Staat, solcher gemeiner Nutznießer in Notzeiten Herr zu werden. Kaiser Karl I. hat seinerzeit mit seiner Aktion gegen Schieber, Kriegsgewinnler und Konsorten nicht den erhofften Erfolg gehabt. Jetzt ging es der Republik nicht besser. Was aber tat die Polizei? Sie war gegen die Salven von Steinwürfen, mit denen die Fensterscheiben eingeschlagen wurden, machtlos. Das Klirren des zerbrochenen Glases erzeugte jene Hysterie, in der erst recht die Instinkte von krankhaften Unruhestiftern gedeihen, der Mut der Betroffenen ausläßt. So war der 1. Dezember 1921 eine Art Generalprobe für das, was am 15. Juli 1927 den Staat erschütterte: Die Massen der Arbeiterpartei überfluteten die Straßen der Hauptstadt, die Parteiführung ließ aus – und die Partei entzog sich auch bis 1934 jener Selbstkritik, die fällig gewesen wäre, nachdem die theoretische Erklärung praktischer Fehler nicht ausreichen konnte.
»Ohne daß man gewollt hätte, wurden dadurch der kritischen Beurteilung einer getroffenen Entscheidung Schranken gezogen«, schrieb im Jahr 1955 Adolf Schärf am Vorabend seiner Wahl zum Staatsoberhaupt.
Daß es sich hiebei nicht um einen Einzelfall in einer Partei handelte, sondern daß vielmehr keine der damaligen Parteien einer durchgreifenden und heilsamen Selbstkritik fähig war, machte den ganzen Umfang einer Krise aus, die nicht mehr bloß wahlentscheidend wurde, sondern den Staat ins Verderben zog.

Lebensunfähig – zum Leben verurteilt

Seipel ante portas

Auf der Heimreise von der Unterzeichnung des Diktats von Saint-Germain machte Renner in Linz Station. Der Presse erklärte er klipp und klar, daß die junge Republik ohne die Hilfen des Auslandes nicht existieren könne. In Anbetracht des Umstandes, daß außer den nordischen Staaten, jenen auf der Iberischen Halbinsel und den Niederlanden alle anderen Staaten Europas sowie, angeführt von den USA und Japan, einige in Übersee die Feindstaaten waren, bedeutete dies: Der Staat war auf ein Gnadenbrot der Sieger, seiner Schöpfer, angewiesen. Mehr noch: Sollten die Sieger tatsächlich das abverlangen, was die Republik in Saint-Germain zu leisten versprochen hatte, dann wäre es – das nun drückte Renner nicht gerade wörtlich aus – gleich besser gewesen, den eben gegründeten Staat in Liquidation gehen zu lassen.

Dreimal ist Renner während der Konfinierung in Saint-Germain heimgereist, um sich, je nach Entwicklung des Unheils, die Zustimmung der Volksvertretung und der Regierungsparteien für die Annahme dessen zu holen, was an sich unerbringlich war und eine ungeheuerliche Verstümmelung des am 12. November 1918 beanspruchten Staatsgebietes bedeutete. Und jedes Mal sah der Staatskanzler, daß seit seinem letzten Blitzbesuch aus Saint-Germain die Lage in der Heimat noch armseliger geworden war.

Warum ist Österreich damals nicht an seiner Lebensunfähigkeit zugrunde gegangen? Die internationale Solidarität der Arbeiterparteien half ja dem Land ebensowenig wie jene des Kapitalismus. Österreich lebte von Almosen, und die Österreicher mußten Gott danken, soweit sie ihn noch in Rechnung stellen wollten, daß es auch gute Menschen gab – selbst inmitten des ärgsten Versagens der Humanität. Die nordischen Länder, die Niederlande, selbst Belgien und sogar Rumänien nahmen Kinder aus Österreich auf und retteten sie vor dem Ärgsten. Ab dem Sommer 1919 waren diese Kinderverschickungen organisiert, und diese Organisation bewährte sich bis ins Jahr 1923.

Im März 1919 trat in Wien eine Unterstützungskommission der Sieger zusammen. Während in Paris und in gewissen Vororten der französischen Hauptstadt die Staatsmänner und die Diplomaten an der Verstümmelung und der versuchten Ausplünderung des unfertigen Staates arbeiteten, taten in Wien deren Landsleute das Menschenmögliche, um den Tod des lebensunfähig gemachten Staates zu verhindern. Sie taten es nicht aus reiner Nächstenliebe: Die Republik mußte für die Bezahlung der Lebensmitteleinfuhren – die meisten kamen aus Übersee – gutstehen.

Renner aber mußte sich wenige Monate nach Unterzeichnung des Friedensdiktats neuerlich nach Paris begeben und den Vertretern des Obersten Rates der Sieger buchstäblich das tägliche Brot für seine Landsleute abbetteln. So war die Wahrheit:

»Binnen drei Wochen wird Wien ohne Brot und Mehl sein ...«

Das war nicht nur ein Ergebnis der von den Siegern bis zur formellen Ratifizierung des Diktats von Saint-Germain gegen Österreich, den Feindstaat, aufrechterhaltenen Hungerblockade der Kriegszeit. Und nicht bloß Folge der kaltblütigen Rachsucht der Tschechen, der um das Burgenland gebrachten Ungarn und überhaupt der Nachfolgestaaten, die einfach die gewohnten Lieferungen einstellten. Auch die österreichischen Länder erklärten zum Teil offen, so Salzburg, sie sähen nicht ein, warum sie die Wiener versorgen sollten. Möge doch eine internationale Organisation es auf sich nehmen, diesen *unerwünschten Wasserkopf,* so bereits die stehende Redewendung, zu versorgen. Im äußersten Westen schickte sich das nun vollends von Tirol unabhängige Vorarlberg an, den Eintritt in den Staat vom 12. November 1918 rückgängig zu machen und zu versuchen, in die zum Teil stammesverwandte Schweiz zu übersiedeln. Das Fürstentum Liechtenstein, einstens reich dotiert aus Kaisers Gnaden und Wohlwollen in Zeiten, da Habsburg eine Weltmacht war, schwenkte mit einer eleganten

Kehre ab und verstärkte die Tangentialberührung mit der Schweiz soweit wie möglich.
Vor diesem düsteren Hintergrund des Jahres 1919 trat der frühere amerikanische Präsident Herbert Hoover hervor; ein Politiker der Vorkriegszeit, der 1919/20 die Hungergebiete Europas vor der Katastrophe zu bewahren verstand. Ohne sich zuviel um seine konservativen Freunde in der Heimat und deren Kritik zu kümmern, übernahm Hoover es auch, das von Kriegskommunismus, Bürgerkrieg und der beginnenden Ausrottung einer ganzen Klasse erschütterte Rußland vor einer Hungersnot zu bewahren. Moskau hat es schlecht gedankt und diese Hilfe nachher als eine der hinterhältigen Methoden des Kapitalismus angeprangert. Derlei üble Nachrede brauchte Hoover im Falle Österreich nicht zu befürchten. Mit seiner Gründung eines »International Committee for Relief Credits« half er bis 1921 über manche Krise am Rand einer Katastrophe hinweg. Es gab auch andere Prominente im Westen, die gleichzeitig zu amtieren anfingen. Im Frühjahr 1920 trat im Verband der Reparationskommission der Sieger eine eigene Sektion in Sachen *Reparationen Österreichs* zusammen und gleich in Aktion. Österreich war ja Hauptkriegsverschulder und daher verpflichtet, den selbst von der kleinsten Mitschuld reinen Siegern zu zahlen. Den Deutschen sagte man einfach wörtlich und ohne Umschweife, was an sich auch Österreich zugedacht war:
»Le boche payera tout.«
Und die Deutschen mußten zahlen. Denn ohne die Reparationszahlungen der Deutschen wären die Ententemächte nicht in der Lage gewesen, ihre Schulden bei den Lieferfirmen in den USA, die ihre Heere im Krieg ausgerüstet hatten, zurückzuzahlen. Aber wieder siegte auch das Gute: Der Mann, der den Österreichern die Reparationsleistungen abpressen sollte, hieß Sir William Goode. Welcher Österreicher erfährt diesen Namen heute noch im Unterricht in Zeitgeschichte? Goode sagte dem für die Reparationsleistungen zuständigen Sektionschef einmal:
»Ich soll Ihnen mit meiner *linken* Hand Kredite bringen und von Ihnen Reparationszahlungen mit der *rechten* empfangen; die Situation ist unlogisch.«

Ein wenig trübsinnig erwiderte der Österreicher:
»Schade, daß Sie nicht *zwei* linke Hände haben.«
Es wurde Tatsache, daß die in Österreich eingesetzte Reparationssektion, anstatt Geld nach Paris zu überweisen, die österreichische Regierung ermächtigte, Pfandbriefe auszugeben, um Hilfslieferungen gegen Entgelt zu bekommen. Damit das möglich war, mußte das in Saint-Germain errichtete Generalpfandrecht der Reparationsgläubiger seinen ersten Rang einbüßen. Unvermeidlich war, daß fortan die Finanzgebarung der Republik einer strengen Überwachung durch das Ausland unterstellt wurde.
Renner, auch nach 1945 immer für ein Bonmot im Unglück gut, fand 1919 für diese groteske, aber leider tragische Situation eines, das die Lösung von Saint-Germain als Unsinn bloßstellte:
»Unsere Reparationskommission wird jetzt ein wohlwollender Vormund, aber immerhin ein *Vormund.*«
Die alten Beamten aus der kaiserlichen Zeit dienten der Republik mit gewohnter Hingabe und vorurteilsfrei. Sie teilten vielfach die allgemeine Not; wie sie aber den Umzug aus der alten Hausherrnwohnung in die jetzige Souterrainwohnung eines Hausbesorgers seelisch überstanden, das haben nur Schwatzköpfe schamlos geschildert. Es kam die Zeit, da zum Beispiel im alten Haus am Minoritenplatz der gestrenge sozialdemokratische Schulreformer Otto Glöckel einen geeigneten Beamten für die Umwandlung der bisherigen Militärmittelschulen in Staatserziehungsanstalten suchte. Seine Wahl fiel auf Graf Scapinelli, bei Kriegsausbruch Präsidialvorstand des früheren k.k. Ministeriums für Kultus und Unterricht. Der Graf erinnerte den politischen Ressortleiter diskret an mögliche Meinungsverschiedenheiten in Erziehungsfragen. Glöckel erwiderte einfach:
»Ich vertraue auf Ihren Charakter.«
So entstanden unter der Hand des gewesenen Grafen die Bundeserziehungsanstalten der Ersten Republik ...
Renner stand am 30. Oktober 1918 bis zum 11. Juni 1920 an der Spitze von drei Kabinetten. Wie erinnerlich, war ein Erlaß des Doktor Deutsch für eine Wahlordnung, nach der in der Volkswehr die Vertrauensmänner gewählt werden sollten, Anlaß für

die Kündigung der Koalition von 1918 durch die Christlichsozialen. Nachdem noch kurz davor, im März dieses Jahres, ein neues Wehrgesetz gemäß den Vorschriften des Diktats von Saint-Germain mit den Stimmen aller drei Parteien im Nationalrat verabschiedet worden war, kam dieser Konflikt unerwartet. Nachträglich beurteilt, wäre es wohl besser gewesen, wenn Doktor Deutsch auf der Basis vom März auch im Juni fortgeschritten wäre. Aber er mußte mit den Resten des Rätesystems unter den Soldaten, wie es 1918 entstanden war, zu Rande kommen, und so geriet er unter Druck: Die *Räte* von gestern wollten jene Wahlordnung, die eine Fortdauer ihrer Funktion auch als *Vertrauensmänner* von morgen garantierte. Das nun war ein Aspekt, für den der Koalitionspartner nach seiner nicht ganz unbegründeten Ansicht über die Volkswehr und deren Geschichte nicht zu haben war.
Der Bruch der großen Koalition von 1918 brachte der Republik kein Glück. Die SDAPÖ wurde für die nächsten 13 Jahre auf die harten Bänke der Opposition verdrängt. Mit Hilfe der Marschierer ihrer außerparlamentarischen Opposition, vor allem mit den stets marschbereiten Gewerkschaften, machte es die Arbeiterpartei der Regierung schwer. Die junge und unfertige parlamentarische Demokratie wurde über Gebühr strapaziert. Ein Versuch – am Vorabend der Machtergreifung Hitlers im Deutschen Reich –, mit dem Otto Bauer und Ignaz Seipel nicht nur ein Gespräch der Feinde, sondern eine große Koalition zustandebringen wollten, scheiterte. Für Seipel bedeutete dieses Zusammengehen mit Bauer einen üblen Nachruf in Kreisen, die ihn einmal als »Retter« begrüßt und materiell unterstützt haben. In der SDAPÖ war es ausgerechnet Renner, der dem Projekt überkritisch gegenüberstand. So geriet das Schicksal der Ersten Republik vollends wie gehabt.
Renners Amt als Regierungschef übernahm der Archivdirektor und spätere Universitätsprofessor Michael Mayr. Im Alter von 55 Jahren stehend, galt er nach damaligen Ansichten als ein älterer Herr, zudem war es um seine Gesundheit nicht gut bestellt. Schon 1922 starb er. Nachhuten der SDAPÖ standen in seinem Kabinett.
Wichtiger für die Partei Mayrs war, daß sie Ignaz Seipel in diesem

Jahr zu ihrem Obmann wählte. Noch war Seipel in Kreisen der Linken längst nicht der üble »Prälat ohne Milde«, als der er 1927 nach dem Brand des Justizpalastes hingestellt wurde; wohl aber war er einer aus der letzten k.k. Regierung des Pazifisten Professor Lammasch.

Noch stand also die SDAPÖ mit einem Fuß im sogenannten Proporzkabinett der drei Großparteien unter dem Tiroler Mayr. Aber noch ehe diese letzte Brücke im Zusammenhalt aus 1918 einstürzte, zeigten die sozialdemokratischen Freien Gewerkschaften dieser Regierung, daß es nicht guttäte, in der Republik von 1918 gegen deren eigentliche Macher zu regieren. Während sich eine österreichische Delegation in London in erfolglosen Kreditverhandlungen abmühte, streikten in Österreich die Postbediensteten. Die Gewerkschaften hatten längst erkannt, daß die wuchtig geführten Schläge eines imposanten Generalstreiks zwar eine großartige Szenerie liefern; daß aber gezielt angesetzte Teilstreiks in der staatlichen Post- oder Bahnverwaltung die Regierung an einer viel verwundbareren Stelle traf, ohne daß die Streikfonds über Gebühr beansprucht wurden.

In London entstand damals, wie Friedrich Funder hinterließ, der Eindruck, als trieben die Dinge in Österreich der Anarchie entgegen. Es nutzte gar nichts, daß sich Sir William für die Österreicher verwendete und daß der österreichische Gesandte Franckenstein, der über gute Beziehungen an Ort verfügte, alles tat, um die Verhandlungen in Schwung zu bringen. Ein wenig resigniert schrieb Franckenstein an den Ballhausplatz, was hinter dem Stau der Verhandlungen steckte:

Verständlich war, daß London nicht einsah, warum es zugunsten Österreichs einen Alleingang in einem vorweg dubiosen Kreditgeschäft machen sollte. Das war bemerkenswert. Noch bemerkenswerter war aber, daß schon bei diesem Anlaß die beginnenden Differenzen der beiden Ententemächte in der Deutschlandfrage die Kriegsalliierten trennte. London blieb bis 1938 bei der Ansicht, es sei primär ein Anliegen Frankreichs, einen Anschluß Österreichs an das Deutsche Reich unter allen Umständen zu verhindern. Also möge sich Frankreich auch um die Finanzierung

seiner zum Teil auf Österreichs Rücken betriebenen Deutschlandpolitik bemühen.
In diesen düsteren Tagen kam endlich die Verfassung der jungen Republik zustande. Sie war das Werk Hans Kelsens, dessen Grundideen schon zum Teil in der bisherigen provisorischen Verfassung vom Herbst 1918 steckten. Kelsens Prinzip einer *parlamentarischen* Demokratie gab dem neuen Bundesstaat das Gepräge. Kelsen widersetzte sich, solange es ihm gegeben war, allen Versuchen, die Demokratisierung bis hinunter auf den Rang der Bezirkshauptmannschaften zu erstrecken. Die Populärphilosophie, wie sie zwei Generationen später seine Systematik zersetzt hat, wäre für Kelsen ein schlechtes Äquivalent für die um sich greifende Bürokratisierung und den Perfektionismus in der Gesetzgebung gewesen. Immerhin blieb, auch nach schweren Einbrüchen in die Denkweise von 1918/19 während der dreißiger Jahre, das Prinzip von 1920 schließlich doch erhalten: Demokratie, Rechtsstaatlichkeit und Föderalismus in einem Gesamtgebäude, in dem ein Kompromiß zwischen zentralistischen und föderalistischen Ordnungsfaktoren den Halt hat.
1920 siegte die sogenannte ideologiefreie »reine Rechtslehre« Kelsens. Allerdings um einen teuren Preis: In der politisch-weltanschaulichen Frage, wie in der Republik das *Schul-, Erziehungs- und Volksbildungswesen* beschaffen sein soll, war man sich damals aus gutem Grund einig, die hierin bestehende Uneinigkeit zwischen den Anschauungen der Sozialdemokraten und der Christlichsozialen ehrlicherweise verfassungsrechtlich als ein Faktum festzustellen. Hierüber sollte ein gesondertes Verfassungsgesetz Bestimmungen treffen. Dieses Gesetz blieb bis 1962 aus.
Kelsen verteidigte auch nach seinem Weggang an eine Universität im Deutschen Reich seine Lehre und deren Niederschlag in der Verfassung von 1920. Was Kelsen angesichts der zur Zeit des Zweiten Weltkrieges eher geringeren Bedrohlichkeit der kommunistischen »Weltrevolution« dieser beimaß, mußte unter dem System der Supermächte von 1945 erschreckend wirken:
»Soferne der Bolschewismus ein frei gewähltes (!) System ist,

bleibt er ganz in der Linie des Liberalismus. Wo die Glieder des Staates nichts anderes kennen als geschlossene Unterwürfigkeit unter den Diktator, geschieht ihnen in autoritären Maßnahmen Recht, selbst dann, wenn die Staatsautorität die freiheitlich Denkenden kalt niederschlägt.«

Eine derartige Verankerung der Demokratie, die an sich doch ein weltanschaulich freies System als Quasi-Weltanschauung exemplifiziert, wurde in ihrer Fatalität durch den angelsächsischen Rechtsgrundsatz ergänzt, der seine Bedeutung im Falle der Machtergreifung Hitlers im Jahr 1933 fand:

»Right is what a majority makes it to be.«

Aber im Jahr 1920 lebten in Österreich die Menschen eher nach dem Grundsatz: *»Primum vivere deinde philosophari.«* Geld zum Leben jedoch hatte weder der Staat noch jene, die sich bisher als die sogenannten *Ausbeuter* ihr Geld einfach von den Ausgebeuteten holten. Die immer rascher um sich greifende Geldentwertung erreichte in vielen Bereichen das, was die soziale Revolution nach 1918 noch nicht erreichen konnte. Das Besitzbürgertum, letzte Stütze der Gesellschaft vor 1914 und einer kulturellen Blütezeit, wurde jetzt ausgebeutet. Seine Aussteiger mischten sich mit den Aufsteigern aus der kleinbürgerlichen und proletarischen Umgebung, und es entstand in Österreich vielfach jene *amorphe Masse*, in der viele wertvolle Kulturtraditionen im Land erstickten. Und: Aus Wien zogen in den ersten vier Jahren der Republik viele zehntausend Menschen einfach weg. Ein Substanzverlust, der alles übertraf, was Folge der Emigrationen der dreißiger Jahre geworden ist. Nicht nur an Zahlen gemessen.

Das Jahr 1920 ging vollends trüb zu Ende.

In London scheiterten die Bemühungen um einen Kredit. Aus Paris bekamen die Österreicher von der Interalliierten Konferenz den Rat, anstatt die Staaten um größere Kredite anzugehen doch kleinere bei privaten Kreditinstituten zu erlangen. Der französische Politiker und Staatsmann Loucheur, an sich Österreich freundlich gesinnt, versuchte sich vergeblich bei der Empfehlung von Ersatzlösungen; zugleich machte er seine Freunde im eigenen Land darauf aufmerksam, daß ihre Österreich gegenüber gezeigte ablehnende oder mißtrauische Haltung die Republik unfehlbar in die Arme der Deutschen treiben wird. Die Dinge gerieten so weit, daß man erwog, ob man jenes Österreich des Clemenceau, nämlich *ce qui reste*, nicht besser von Truppen der Kleinen Entente besetzen lassen sollte, ehe sich die Deutschen seiner bemächtigten. Dabei dachte man in Berlin, allen pathetischen Äußerungen in nationalen Kreisen zum Trotz, seit dem Untergang der Monarchie, daß man angesichts der eigenen existentiellen Probleme sich die der Österreicher besser nicht auch noch aufbürdete. Vieles, was man von diesen »Brüdern«, wie man sagte, wußte, war nicht empfehlenswert. Man hörte sich an, was Heimkehrer aus dem Krieg erzählten; aber was sie an köstlichen Histörchen von diesem Völkchen berichteten war nur noch halb so lustig wie ehedem. Hindenburg war vor und nach 1918 absolut nicht für die Österreicher zu haben.

So wie im Jahr davor Renner machte sich 1921 auch Bundeskanzler Mayr auf nach dem Westen. Er versuchte es in London, wo noch immer Lloyd George das große Wort führte. Was der sagte klang so, als wollte man etwas tun, nur tat man nichts, weil man nichts tun wollte. Vor einer Wahl ist in den westlichen Demokratien kein unpopuläres Projekt bei der jeweils im Amt befindlichen Regierung anzubringen; und von der in die Regierung drängenden Oppositionspartei ist erst recht nichts zu erwarten. In dem Wirrwarr halbfertiger Bemühungen und unfertiger Pläne tauchten immerhin vage Umrisse künftiger Möglichkeiten auf:

Erstens sollten sich *mehrere Staaten* und nicht bloß ein bestimmter Interessent (Italien?) des Schicksals Österreichs annehmen; zweitens war in diesem Zusammenhang immer mehr vom Völkerbund die Rede; und drittens mußte Österreich zuerst einmal von den gewissen Lasten befreit werden, um selbst Garantien für die Rückzahlung neuer Hilfen und Kredite bieten zu können. Um sich in diesen Dingen Klarheit zu verschaffen, schickten die Westmächte ein Expertenkomitee nach Wien, das zwei Aufgaben hatte: die Prüfung der Wirtschafts- und Finanzlage des Landes und die Besprechung eines Planes für den Wiederaufbau der darniederliegenden Wirtschaft; letzteres in Gesprächen mit anerkannten österreichischen Fachleuten. Mit der Eröffnung dieser Gespräche kam eine Königsidee Clemenceaus ins Wanken, nämlich das *Generalpfandrecht* der Sieger von 1918 zugunsten ihrer Wiedergutmachungsforderungen an das Österreich nach dem Ersten Weltkrieg. Dieses Generalpfandrecht der Sieger mußte fallen, sollte irgendeine internationale Hilfe zugunsten Österreichs zustande gebracht werden. Kein Kreditgeber konnte Österreich Geld leihen, wenn der Schuldner faktisch überhaupt nicht in der Lage war, ein Pfand zu stellen. Dieses Politikum, also die Abschüttelung des Generalpfandrechtes, wurde 1922 für Seipel im Interesse der Verselbständigung des Landes fast ebenso wichtig wie die Sanierung der Wirtschaft und der Finanzen mit Hilfe des Völkerbundes. Das Ergebnis der in Wien geführten Unterredungen kam in Genf zu den Akten. Eine Aktion kam damit nicht in Gang. Im Gegenteil: Die Siegermächte waren erstaunt, Frankreich richtig zornig darüber, als im Frühjahr 1921 in Tirol und in Salzburg Volksabstimmungen stattfanden, die bei bescheidenem agitatorischen Aufwand imposante Mehrheiten für den Anschluß Österreichs an das Deutsche Reich ergaben. Berlin, eben mit eigenen düsteren Sorgen überhäuft, hatte Mühe, Paris und London davon zu überzeugen, daß es mit den spontanen Aktionen in den österreichischen Bundesländern nichts zu tun gehabt hat.

Der einzige Politiker, dem man im sogenannten bürgerlichen Lager angesichts der Situation zumuten durfte, eine Sanierung mit Hilfe des Völkerbundes zustande zu bringen, war Seipel. Für die Linke war die Kanzlerschaft eines *Pfaffen* eine unausstehliche Möglichkeit – ihre Propaganda malte also den Teufel an die Wand, nämlich alle Übel in einer Kanzlerschaft Seipels. Zur allgemeinen Überraschung »machte« sich Seipel aber vorerst nicht zum Regierungschef. Warum geschah dies?

Die mit internationaler Beteiligung in Wien gefaßten Kommissionsbeschlüsse hatten ein brauchbares Modell zur Lösung des Sanierungsproblems erbracht. Was abging war die Überwindung schwerer Bedenken, wie sie im In- und im Ausland nicht nur in Staatskanzleien, sondern vor allem in Bank- und Wirtschaftskreisen bestanden. In diese Zeit fiel die Fühlungnahme Seipels mit

zwei Persönlichkeiten, die nach Herkunft und Anschauung völlig verschieden waren von der Persönlichkeit des Prälaten:
In Wien war es der Rechtsanwalt und Bankier Gottfried Kunwald. Von Geburt an schwerstens körperbehindert, entfaltete er eine intellektuelle Kraft, die ihm in den beengten Verhältnissen der Republik kaum zu überbietende Mächtigkeit verschafft hat. Ihn nannte man die Graue Eminenz der Ära Seipel, und Kunwald hat tatsächlich einiges dazu beigetragen, daß die Völkerbundanleihe 1922 zustande kam. Aber Kunwald war Jude, und also schien in diesem Fall wieder einmal die geheime Bundesgenossenschaft jesuitischer und jüdischer Mächte am Werk zu sein. Den anderen Haltepunkt gab es in Prag. Dort hing viel vom zwischendurch amtierenden Ministerpräsidenten Eduard Beneš ab. Beneš, in vielen Kreisen als einer der erfolgreichsten Zerstörer des alten Österreich gehaßt, besaß aus der Kriegszeit ausgezeichnete Beziehungen zu westlichen Staatskanzleien; insbesondere aber gerade dort, wo seine Kontakte zu Freimaurerkreisen zogen. Man hat Seipel diese beiden Verbindungen nie verziehen; in der Propaganda der Linken in Österreich nannte man sie nicht, weil derlei ja eine Agitation gegen Juden und Logenangehörige bedeutet hätte.
Für die Zeit der Vorbereitung der Genfer Anleihe bastelte man im bürgerlichen Lager, jedenfalls dort, wo *wirtschaftliche* Interessen mehr galten als ideologische, an einem Übergangskabinett. Dafür gewann man einen Mann mit Vorkriegsanständigkeit, wie man einmal sagte, als Bundeskanzler. Nämlich den Polizeipräsidenten von Wien, Johannes Schober. Schober, der als Student der Universitätssängerschaft »Ghibellinen«, also einer Verbindung des späteren »Waffenringes«, angehört hat, besaß als Fachbeamter internationalen Ruf. Er brachte den Sitz der von ihm geschaffenen Interpol nach Wien. Schober bildete für die Zeit vom Juni 1921 bis zum Mai 1922 zwei Regierungen, in denen Fachmänner anstatt Parteipolitikern sich bewähren konnten ...
Ehe in diesem Buch von Schobers Rolle am 15. Juli 1927 die Rede ist, muß eine in der Zweiten Republik hochgespielte Kritik an der Persönlichkeit Schobers und der neben den beiden Großparteien bestehenden dritten Kraft der Nationalen und Freisinnigen ausge-

räumt werden. Es darf nicht dabei bleiben, Schober und die dritte Kraft einfach als Vorläufer Hitlers hinzustellen; als Vorläufer, die bloß zu schwach und unbedeutend waren, um den fatalen Ruf eines Wegbereiters der Folgen des Jahres 1945 für Österreich zu behalten. Schobers Schicksal war es, daß er im politischen Leben mehrmals das Staatsinteresse über die Interessen einer Partei oder einer der sogenannten Bewegungen von damals stellte. Gleich zu Beginn seiner Kanzlerschaft fiel ihm, über dessen lautere Gesinnung als ein Nationaler im alten Österreich kein Zweifel bestand, die undankbare Aufgabe zu, den Anschlußkundgebungen und -abstimmungen ein Ende zu bereiten. Das mußte geschehen, sollte nicht der Weg nach Genf versperrt sein, ehe ihn die österreichische Regierung einschlagen konnte. Schober tat sich im eben genannten Fall um so schwerer, weil er der auf nationale Belange abgestimmten öffentlichen Meinung keinen anderen Erfolg zur Linderung der *allgemeinen Not* bieten konnte. Denn die Zahl der Arbeitslosen stieg, die Entwicklung der Wirtschaft näherte sich dem Punkt der Ausweglosigkeit. Zwischenkredite aus dem Ausland gab man aber nicht einem Staat, der sich in der miserablen Verfassung des Österreich von 1921/22 befand. Im Gegenteil:

Nach einem kurzen Stau der Inflation infolge einer vagen Hoffnung auf die Völkerbundanleihe sowie möglicher Aussichten auf Geldaushilfen von seiten Frankreichs flammte die Inflation wie nie zuvor empor. Ein Jahr nach den Hoffnungen, zu Beginn des Jahres 1922, stieg der Banknotenumlauf auf 182,2 Milliarden Kronen. Allein die Tilgung der Schulden aus der Kriegszeit betrug mehr als 10 Prozent der Budgetausgaben. Die Bundesbahnen zeitigten Ausgaben, welche die Einnahmen um das Doppelte überstiegen. Und jetzt schlugen die finanziellen Folgen der Sozialreform aus 1918 voll zu Buch. Dazu kamen die Lebensmittelzuschüsse.

Schober wagte es, die Lebensmittelzuschüsse zu kürzen. Dem folgten kleinere Umschichtungen. Im Ausland vermerkte man das als den Versuch der Österreicher, nicht nur mit dem Hut in der Hand im Ausland Kredite zu erbetteln. Es gab im Jahr zwar etwa 350 Streiks in Hunderten Betrieben, aber die Regierung hat-

te bewiesen, daß sie willens war, Opfer zu verlangen, um den Kredit zur Sanierung zu bekommen.
Verglichen mit heutigen Praktiken einer politischen Ressortleitung war die damalige, gestützt auf ein Minimum an technischen und personellen Hilfen, bewundernswert. Schober wollte persönlich mit Verantwortlichen der seinerzeitigen Feindstaaten und den Nachfolgestaaten in eine *geordnete Gesprächssituation* kommen. Die Bittgänge am Rand einer Katastrophe sollten aufhören.
Im ehemaligen Porto Rose tagten im November jene Nachfolgestaaten der Monarchie, die bereits einsahen, daß es besser war, den Kommunikationsraum der ehemaligen Donaumonarchie im Falle seiner reichen wirtschaftlichen Möglichkeiten auszunützen, anstatt ihn noch mehr zu segmentieren. Daß man die Österreicher dabei *anhörte,* war nach den beispiellosen Erniedrigungen, die man 1918/19 Wien zugemutet hat, geradezu ein Lichtblick. Mit diesen Ländern im Konflikt, hatte Österreich überhaupt keine Chance bei den Geldgebern im Westen.
Nicht einmal die Epigonen in der Zweiten Republik konnten bestreiten, daß Schober gut daran getan hat, in die Höhle des behmischen Löwen zu gehen. Das war ein Wagnis, denn das Betragen, das Prag nach 1918 Wien gegenüber an den Tag gelegt hat, war nicht ermutigend für diesen Gang. Zudem standen Beneš in nationalen Kreisen Österreichs und die ČSR im allgemeinen angesichts ihrer Politik gegenüber der dortigen Minderheit der Deutschen im schlechtesten Ruf. Renner war daher 1920 gut beraten gewesen, die Ordnung der unumgänglich notwendigen Beziehung zu Prag (die Stadt liegt zu Wien näher als Salzburg, sie war vor 1914 quasi im Einzugsgebiet der Hauptstadt) in einem *Geheimvertrag* unter Dach zu bringen. Schobers nunmehriges Abkommen, geschlossen in Lana, löste trotz aller Notwendigkeit dieses Unternehmens eine innenpolitische Krise aus. Die Großdeutschen zogen ihren Mann in der Regierung zurück, Schober wurde als ein Verräter der Sache der Sudetendeutschen angeprangert. Schober demissionierte, kehrte aber nach Ratifizierung des Abkommens von Lana richtigerweise an die Spitze der Regierung zurück.
Belastet mit dem ständigen Vorwurf, er sei überempfindlich ge-

genüber Angriffen von Gegnern, mußte man jetzt Schober immerhin zugestehen, daß seine gegenüber der ČSR betriebene »Realpolitik« der *einzige* Ausweg aus der momentanen Krise war. Der Vertrag brachte nämlich den dekrepiten Staatsfinanzen die Aussicht auf Geld, etwa 16 Millionen Dollar. Damit konnte man Kohle und Zucker ankaufen und importieren. In Prag sah man offenbar den erneuten Selbstbehauptungswillen Wiens mit eher positivem Interesse. Beneš wird in der Krise der Seipel-Sanierung den Österreichern über einige Hürden helfen. Das verstand sich von selbst: Denn eine schwächliche Regierung eines »selbständigen« Österreich war immer vorteilhafter für Prag als – die Deutschen in Wien. Die Geschichte hat 1938 dazu die Probe aufs Exempel gemacht.
Mit einem absterbenden Staatswesen vermeidet man zu Zeiten besser den Umgang. Das Jahr 1922 war jenes in der Frühgeschichte der Republik, in dem manchmal deren Todesanzeige in einigen Staatskanzleien erwartet wurde. Wer hörte schon auf anderslautende amtliche Mitteilungen aus Wien! Nun schaltete sich aber die im Westen als bestinformiert geltende Presse in Sachen Mitteleuropa ein, jene der ČSR. Zugunsten Österreichs! Beneš selbst gab mehrmals drastische Erklärungen ab, mit denen gewisse Stimmen im Ausland zum Schweigen gebracht wurden. Und: Seit dem Krieg fragte man immer gerne bei Beneš nach, wenn man in London oder in Paris über Österreich etwas erfahren wollte, was zutreffend war ...
Wie immer es geschehen sein mag: Die Westmächte begannen Österreich unter Umständen tatsächlich für lebensfähig zu halten. So gelang es einem Gehilfen des österreichischen Finanzministers, namens Rosenberg, bisherige Sperren zu durchbrechen und einen Kreditbetrag ins Land zu bringen. Vorbehalte, die da und dort allein der Name Rosenberg erweckte, wurden auf furchtbare Weise versachlicht: Denn die Republik mußte als Pfand die Gobelinsammlung des Kunsthistorischen Museums zur Verfügung stellen. Sie konnte das jedoch nicht aus eigener Machtvollkommenheit, vielmehr war es notwendig, für diese Pfandbestellung die Genehmigung der Reparationskommission zu erlangen. Die

sogenannte Selbständigkeit der jungen Republik war auf einen Stand gesunken, der unter jenem lag, den man vor 1914 als Minimum für die Gewährbietung eines Balkanstaates verlangt hat.
Sir William war es, der Lloyd George letztlich dazu brachte, die Tatsache zur Kenntnis zu nehmen, daß der *Zerfall* des Nachkriegsösterreich nicht nur eine Balkanisierung im Donauraum zur Folge hätte, sondern zugleich Chance für eine künftige Ordnungsmacht in dem so entstehenden Machtvakuum böte. So kam die Mißlichkeit der Friedensordnung von 1919 im Jahr 1945 tatsächlich der Sowjetunion zugute.
Immerhin versprach London mehr als 2 Millionen Pfund Sterling; der erwähnte Tschechenkredit machte Rom unruhig, und Italien beeilte sich, seine auf die Kontrolle des Donauraums abgestellte Politik mit 70 Millionen Lire zu beangaben; Frankreich wollte 55 Millionen Franc beistellen. Es war nicht nur *teures* Geld. Die Österreicher lernten, daß zwischen einem Kreditversprechen und der Liquidierung des Betrages eine relativ lange, von großen Risiken umwitterte Zeitspanne lag.
Bei vielen Österreichern erzeugte es ein ausgesprochen unangenehmes Gefühl, ihr Land jetzt sozusagen unter eine Mitvormundschaft der ČSR, also Beneš zu wissen. Und wenn Beneš jetzt das verstümmelte Österreich als einen *wichtigen Baustein für die Erhaltung des Gleichgewichts* in Europa hinstellte, dann erinnerten sich die Wissenden, daß die von London seit urdenklichen Zeiten verlangte Situation eines Gleichgewichts der Kräfte stets wenig Gutes für Österreich gebracht hat. Daß die Ententemächte im Jahr 1938 das selbständige Österreich, ihre dürre Konstruktion aus 1919, ohne große Bedenken Hitler überließen, war nicht bloß Ausdruck momentaner Schwäche oder Irrtümer. Schon nach der Machtergreifung Hitlers gab es in London Politiker, die es für untunlich hielten, Hitlers Expansionsbestrebungen in Richtung Südosteuropa, also über Österreich hinweg, Hindernisse in den Weg zu stellen. Leicht könnte sich dann der Drang nach dem *Osten* in einen gegen *Westen* gerichteten umkehren.
Vielerlei Umdenken und Neudenken wurde damals den Österreichern zugemutet. Bei einem Empfang für Diplomaten in Bern wa-

ren die Vertreter der Staaten des Kleinen Entente unter sich. Als sich der österreichische Vertreter dem Kreis näherte, rief der jugoslawische Vertreter mit sichtlicher Freude aus:
»Voici l'Autriche, le cercle de la Petite Entente est clos.«
Und die Kleine Entente streckte tatsächlich einiges vor für derlei Zielsetzungen, vage wie sie sein mochten. Jugoslawien steckte seine nie aufgegebenen Aspirationen auf die nach 1918 nicht unter seine Kontrolle gebrachten Gebiete Kärntens zurück. Das Dritte Reich wird Jugoslawien übrigens einschlägige Avancen machen; so wie es die Deutschen Südtirols in die Krim umsiedeln wollte, um die von unruhigen Nachbarn umwitterte Südgrenze zu pazifizieren. Es war Rumänien, das zuletzt im Verband der Kleinen Entente den Österreichern entgegenkommen wollte.
Und da war Rom, für das es unausstehlich war, jetzt nicht selbst im besiegten Österreich obenanzustehen. Man neidete Beneš seine vom Westen eingeräumte Vorzugsstellung. Und so wie man in Berlin nicht ohne Kritik vom früheren österreichisch-ungarischen Bundesgenossen der Kriegszeit redete, erinnerte man sich in Rom jener tschechischen Legionäre, Überläufer in einer Uniform, die eine fatale Ähnlichkeit mit der der italienischen Elitetruppe, der Alpini, hatte. Rom rechnete noch nicht mit dem Anschluß Österreichs an das Deutsche Reich, für Beneš war das ein Alptraum; Rom war aber auch entschlossen, der ČSR nie über Gebühr Raum zu geben für seine Politik im Donauraum.
All das ereignete sich in jenem Jahr 1921, als König Karl von Ungarn Ende März einen ersten und nachher im Oktober einen zweiten Restaurationsversuch in Ungarn machte. In Ungarn, wo einmal Graf Károly nach seiner Absage an Habsburg alle Hoffnungen auf die Westmächte gesetzt hatte. Das aber in Trianon einen Frieden zudiktiert bekam, der eine Zerstückelung des magyarischen *Kernlandes* zur Folge hatte.
In den sich vielfach kreuzenden und überschneidenden »Österreich-Lösungen«, die man in einigen Staatskanzleien wälzte, kam nicht viel an realpolitischen Chancen für Österreich heraus. Eines ereignete sich jedenfalls in diesem Jahr: Europa nahm das arme, schwer ums Überleben ringende Österreich auf in die definitive

Ordnung – soweit man jener von 1919 eine dauernde Gültigkeit zumessen will.
Schober hatte noch ein schweres Hindernis vor sich. Es war das seit Saint-Germain auf der Republik lastende Generalpfandrecht der Signatarmächte des Diktats. Es war daher ein heute in seiner Bedeutung nicht mehr meßbarer Erfolg, als am 13. August 1921 der Oberste Rat in Paris Mitteilung machte, daß 14 der demnach pfandberechtigten Staaten bereit waren, die Rückstellung besagten Pfandrechtes auf 20 (?) Jahre auf sich zu nehmen. Die USA waren wohl auch Signatarmacht des Vertrages von Saint-Germain, aber Wilson hat die Ratifikation dieses Vertrages im Senat nie durchbringen können. Auf dem Papier befanden sich also die USA, die den Hungernden in Europa und in Österreich nach 1918 am meisten geholfen haben, mit Österreich bis 1921 im Zustand des Waffenstillstandes vom 3. November 1918 (!). Dafür gaben die USA Österreich just im Jahr 1921 ein kostbares Douceur:
Am 24. August wurde am Ballhausplatz ein Friedensvertrag zwischen den USA und Österreich unterzeichnet. Und der unterschied sich sehr von dem in Saint-Germain diktierten. Die USA verzichteten auf die 1919 den Österreichern auferlegten Strafbestimmungen – und sie rückten ausdrücklich von der damals gemachten Grenzziehung ab. Außerdem stundeten die USA Österreich Schulden in Höhe von 126 Millionen Schweizer Franken auf 20 Jahre. Die Frist wäre 1941 abgelaufen. Aber in diesem Jahr gerieten die USA bereits wieder in einen Weltkrieg, und Österreich war in den Protokollen der Staatskanzleien gestrichen.
Genua 1922. Ein Frühlingstag, der Tag, an dem endlich auch die sowjetischen Vertreter an den Verhandlungstisch kamen. Der Ort wird Lloyd George in schlechter Erinnerung bleiben, denn die Deutschen arrangierten sich hinter dem Rücken der Westmächte im nahen Rapallo mit den Russen. Man verzichtete wechselseitig auf Verbindlichkeiten aus der Kriegszeit. Ein kalter Wind strich durch die Tagungsräume. Österreich erfuhr, daß die fragliche Verzichtserklärung auf die Pfandrechte zwar beschlossen, aber von den Staaten der Kleinen Entente noch nicht genehmigt war. Beneš ließ sich zu einem Nachgeben bewegen, Jugoslawien schien

geneigt zu sein, aber Bukarest wollte selbst nachschauen, ob nicht doch etwas aus den Österreichern herauszuholen war.
Die Stunde lehrte, daß die Zeiten vorbei waren, als die im Krieg gegen die Österreicher befindlichen Exilregierungen der jetzigen Kleinen Entente zu Füßen der Großen saßen. Jedes Winks gewärtig, um dienlich zu sein und jeden Eindruck zu vermeiden, als wolle man sein eigener Herr sein. Der Westen, insbesondere Frankreich, wird ein übles Ende seiner Beziehungen zur Kleinen Entente erleben. In München 1938 werden die alten Ententemächte die ČSR von 1918 Hitler zu einer ersten Ausschlachtung überantworten. Jugoslawien wird 1941 einen Pakt mit Hitler eingehen, und nur die Wachsamkeit Londons wird dann in Belgrad jene auf den Plan rufen, die ihre eigenen Staatsmänner nach der Heimkehr vom Paktabschluß arretieren, das Land aber in den Krieg führen werden. Rumänien aber wird 1941 an der Seite der Deutschen in den Krieg gegen die Sowjetunion ziehen. Doch es war dies nur eine *Phase* in der unablässigen Destabilisierung der Ordnung im Donauraum. Längst ging die Ordnung von 1945 darüber hinweg. Und längst ist diese in Europa umstritten.
Wo alle Schwierigkeiten machten, wollte schließlich auch Frankreich nicht fehlen. Es zog einfach die Vorbewilligung des Aufschubes der Pfandrechte zurück. Nicht so sehr den Österreichern zum Trotz, sondern um den Fall Österreich als Pressionsmittel für den Fall Deutschland zu haben. Und um die anderen Sieger besser bei der Stange zu halten, wenn es wirklich um die Vollendung ging – gemäß jenem Satz:
»Le boche payera tout.«
Wie so oft in der Geschichte Österreichs, widerfuhr es auch Schober im Jahr 1922. Was in Wahrheit ein endlicher Durchbruch der Republik auf die Plattform der internationalen Politik war, wurde Schober bei Gesinnungsfreunden als Standpunktlosigkeit, als Preisgabe nationaler Belange angerechnet. Und in diesem Fall ergab es sich tatsächlich, daß der aus der Beamtenschaft aufgestiegene Bundeskanzler nicht die dicke Haut hatte, die angeblich bei einem Politiker die unerläßliche Voraussetzung für den Erfolg ist. Seine Gesinnungsfreunde unter den Großdeutschen maulten we-

gen der Schwäche gegenüber den Tschechen, die eine andere Sprache wegen ihrer Behandlung der Sudetendeutschen verdienten, als sie Schober offenbar in Lana gebraucht hat. Die Christlichsozialen warfen dem Berufsbeamten vor, er hätte nicht die »Pratz'n«, um den aufgeblähten Beamtenapparat der Republik auf ein für einen verarmten Kleinstaat erträgliches Maß zu reduzieren. Die Sozialdemokraten machten vom Recht der Opposition Gebrauch und warfen der Regierung Schober die wachsende Teuerung, die Inflationsbeschleunigung und so ziemlich alles vor, was die Österreicher im Moment bedrückte. Die Berufspolitiker hetzten hinter den Kulissen gegen die Regierung aus Fachmännern, denen die Erfahrung in der Politik abging. Auch Politik sei ein Gewerbe, das erlernt werden müsse, wenn man darin Meister sein wolle. Und Beamte könnten auf ihren Schreibtischsesseln eben niemals das werden, was es brauche, um ein Politiker und Staatsmann zu sein.

Schober stürzte, als er sich auf Mr. Young stützte, der aus den USA nach Europa gekommen war, um sich die Sache der von aller Welt verfluchten Deutschen anzusehen. Immerhin war die Zahlungsfähigkeit der Verlierer auch Voraussetzung dafür, daß Frankreich und England ihre enormen Kriegsschulden an die USA zahlen konnten. Anders als die Franzosen erwartete sich Mr. Young wenig und das Wenige nur für kurze Zeit, wenn man den Deutschen bei dem miserablen Zustand ihrer Wirtschaft und ihrer Finanzen sowie der Putschgefahren von rechts und links alles Erreichbare einfach wegnahm. Der Amerikaner war überzeugt, es sei besser, die kranke Kuh, die man daran war auszuschlachten, zuerst einmal in einen besseren Zustand zu versetzen; in einen, in dem sie Milch geben kann. Mr. Young erwarb mit seinem Plan weder bei den Franzosen noch bei den Nationalen im Deutschen Reich noch bei den Großdeutschen in Österreich genug Ansehen auf Dauer. Mit der Zeit hielten die Österreicher nur wenig von den aus dem Ausland kommenden Experten und Inspekteuren, die Geld verdienten, aber keines ins Land brachten. Wäre es nach den Großdeutschen allein gegangen, hätte für das Kabinett Schober II jetzt die letzte Stunde geschlagen.

Es war Seipel, der Schober eine Verlängerung seines Auftrages als Bundeskanzler geradezu vorschrieb. Vorschrieb, weil Seipel eine mehr tragfähige Regierungskoalition zwischen den Großdeutschen und seiner Partei herstellen wollte, als sie das Fachmännerkabinett Schobers besaß.

Dieses wackelige Kabinett von Bürgerlichen und Beamten von gestern war just das richtige Angriffsziel für Otto Bauer. Fürchteten die Großdeutschen nach der Konferenz zu Genua eine Blockade des Anschlusses für unabsehbare Zeiten, so benützte Bauer eine Zolltariferhöung des amtierenden Finanzministers, um einen seiner ungezügelten Angriffe auf eine nichtmarxistische Regierung im Parlament vorzutragen. Den vereinten Bemühungen von Sozialdemokraten und Großdeutschen gelang es, die Regierung, die von den Christlichsozialen und den antiklerikalen Landbündlern abgestützt war, schließlich zum Sturz zu bringen.

Und das ereignete sich, während in Genua über das Schicksal der Alten Welt verhandelt wurde. Die Achse Großdeutsche – Sozialdemokraten hielt im Moment eisern. Nach der erwähnten Niederlage des Finanzministers und der Regierung im Finanzausschuß wiederholte sich dieselbe Taktik im Plenum. Am 18. Mai 1922 brachte der Finanzminister im Finanz- und Budgetausschuß eine Regierungsvorlage ein, die eine Kreditermächtigung in beträchtlicher Höhe beinhaltete. Die Beamten rumorten, der Finanzminister bekam im Hohen Haus nicht die Ermächtigung, die notwendigen Mittel teilweise zu liquidieren. Was im alten Österreich eine Ungeheuerlichkeit war geschah – und nicht zum letzten Mal. Nämlich daß die *Staatsbeamten* imstande waren, eine Regierung dermaßen in die Enge zu treiben, daß sie zu Fall kam. Es war kein Ruhmesblatt in der Geschichte der österreichischen Beamtenschaft, daß sie ein präsentables Fachmännerkabinett zum Sturz brachte. Noch dazu in einer Notzeit des Staates, dem zu *dienen* sie ja einmal aufgedungen wurde. Während bisher die Vermehrung des Banknotenumlaufs und der Anstieg der Lebenshaltungskosten annähernd parallel verlaufen waren, hatte sich im April 1922 eine krasse Erhöhung des Indexkurses ereignet, der Banknotenumlauf hatte den Dollarkursanstieg überholt.

Das Ausland erlebte diese Krise in Österreich mit einigem Erstaunen. Die Vorschüsse auf die zu erwartenden Auslandskredite waren erschöpft. Der Versuch, mit einer Bankengruppe in den USA ins Geschäft zu kommen, scheiterte. Die Banker rechneten damit, daß die Lösung der Krise in Österreich untrennbar verbunden sei mit der im Deutschen Reich. Sie warteten auf ihr Geld und die Zinsen. Schließlich hatten sie den Sieg über die Mittelmächte nicht finanziert, um jetzt auf ihre Gewinne zu warten, womöglich um sie geprellt zu werden. Das Mißtrauen, das abzubauen Schober große Mühe und sein Renommee gekostet hatte, kam aufs neue hervor. Man fragte bei Beneš an, was in Mitteleuropa los sei, und die tschechische Sphinx antwortete diesmal:
»Es könnte sein, daß Österreich einen Bankrott mitmacht. Dann wird man sehen, was noch an Aktiva in diesem Körper steckt ... Dann wird man neues Geld ausgeben. Aber das alles wird nicht ohne neue soziale Unordnung geschehen können.«
Um diese Zeit war die Journalistin Dorothy Thompson, eine der Großen ihres Faches, zum ersten Mal in Europa. Sie hat nie an die Legende geglaubt, die man Seipel anhängte. Nämlich, daß er Schober in dieses Schlamassel manövrierte. Zwei Generationen später ist diese Lüge kaum noch anbringlich. In der damaligen erhitzten Atmosphäre im Land verdeckte sie jedoch die Tatsache, daß die SDAPÖ und die Großdeutschen in einem ihrer regelmäßig wiederholten Bündnisse der Antiklerikalen in Österreich diesen Effekt zustande brachten. Die Linke sollte diesen Sieg bald bereuen. Statt mit Schober bekam sie es mit Seipel zu tun. Und die beinharte Schicht, welche die Persönlichkeit dieses Intellektuellen abschirmte, war selbst den wildesten Angriffen der Linken gewachsen. Bis Seipels geistliche Brüder nach 1945 das Renommee des Retters Österreichs zertrümmerten. Angeblich, um die *Kluft* zur Arbeiterpartei, die dann keine »Partei der Arbeiter« war, zu schließen. Und um den der Kirche längst durch den Marxismus entfremdeten Massen ein Tor zur Kirche und zum Glaubensleben zu öffnen, das angeblich Seipel durch seine Tätigkeit als politisierender Geistlicher verriegelt hat.

Der Seipel

Die Sanierung 1922

Zu seiner Zeit nannte man ihn *den* Seipel. Mit der Beifügung des bestimmten Artikels wollen zumal die Wiener zweierlei ausdrükken, allerdings von grundverschiedener Bedeutung. Den Doktor Lueger nannten seine Anhänger *den* »schönen Karl«, und das war mehr als ein Anzeichen von Popularität. Andererseits kann es geschehen, daß der bestimmte Artikel einer Namensnennung den Ausdruck grenzenloser *Verachtung* und unversöhnlichen *Hasses* beifügt.

Seipel hat beide Extreme zu spüren bekommen. Der Haß drückte einem Besucher einer sozialdemokratischen Parteikundgebung die Pistole in die Hand. Seipel, dessen Diabetes zu seiner Zeit noch unheilbar war, verlor durch diese Verwundung einige Jahre seines Lebens, wie ihm die Ärzte auf seine Fragen hin mit der gewünschten Offenheit sagten. Trotzdem geriet er nicht zu einem jener Politiker und Staatsmänner, die nach den wilden Auseinandersetzungen der Zeit ihres öffentlichen Lebens am Ende in einem etwas larmoyanten Ton ihr Selbstmitleid neugierigen Befragern eröffnen.

Todkrank sagte er 1932 zu einem katholischen Soziologen, dem späteren Universitätsprofessor der Zeit nach 1934 August Maria Knoll:

»Ich war mit 32 Jahren Universitätsprofessor, mit 42 Jahren k.k. Minister; ich war fünf Jahre Bundeskanzler, einige Zeit Bundesminister. Ich habe ein *schönes Leben* hinter mir.«

Was er Knoll nicht ausdrücklich zu sagen brauchte war, daß er 33 Jahre katholischer Priester war. Und daß er die Erfüllung dieses seines Lebensberufes, einer Berufung, unter keinen Umständen den Erfordernissen eines Politikers und Staatsmannes unterordnete. Nicht verständlich schien und scheint seinen Freunden, was Knoll dem Totgeweihten in den Mund legte. Etwa die sogenannten letzten Worte, das wiederholte Hervorstoßen der Aufforderung: Schießen! Oder die Genugtuung über ein erfülltes Machtstreben. Zwischen diesen Erzählungen und der Wesenheit Seipels steht der Nachruf, den ihm sein größter Gegner, Otto Bauer, in der »Arbeiter-Zeitung« im Jahr 1932 gewidmet hat.

Er kam aus dem Winkel des gesellschaftlichen Lebens jener Zeit, welcher der Herkunft Otto Bauers diametral gegenüberstand. Und beide trafen sich als Intellektuelle inmitten der Wirren des politischen Tageskampfes der beginnenden Bürgerkriegsära dort, wo sie zwar nicht das gleiche dachten, wohl aber imstande waren, gleich zu denken.

Ärmer als seine Jugend kann nur noch die eines Proletarierkindes der ärmsten Kategorie sein. Sein Vater diente beim k.u.k. Infanterie-Regiment »Hoch- und Deutschmeister« Numero 4 und bekam als Fiakerkutscher deswegen den Spitznamen: der Deutschmeister-Karl. Nicht einmal diesen bescheidenen Stand, noch weniger die körperlichen Anstrengungen desselben konnte der Vater durchstehen. Er sank im Berufsleben um eine weitere Stufe: Als Portier des Fürsttheaters im Wiener Wurstelprater, keiner fürstlichen Einrichtung, geriet er ins Ambiente des Proletariats. All das bedeutete im Leben Seipels, daß die Mutter dem Buben geben mußte, was halt da war, eine Mutter, die den Dreijährigen der Verwandtschaft überließ.

Im letzten Jahr des 19. Jahrhundert, als Albert Ehrhard Leuchte und Hoffnung der Wiener Theologischen Fakultät war, wurde Seipel zum Priester geweiht. Diese kurze Phase des sogenannten Reformkatholizismus in Österreich prägte ihn, trotz der Aufgeregtheit, die in Fachkreisen herrschte, kaum. Schicksal wurde ihm die menschliche und wissenschaftliche Begegnung mit dem Professor für Moral und Mentor der Führungsschicht der Lueger-Partei, Franz Martin Schindler. Schindler wurde sein Habilitationsvater, ihm verdankte er seinen Ruf an die jetzige Universität Salzburg, damals seit der Bayernherrschaft auf dem Status einer

bloßen Theologischen Fakultät. Salzburg, das war für ihn die Begegnung mit dem Pazifisten und großartigen Wissenschaftler Heinrich Lammasch, aber auch mit Kreisen um Hermann Bahr. Man darf aus guten Gründen annehmen, daß ihn dies dazu brachte, nicht nur mit Freimaurern, sondern auch mit Juden ohne alle Voreingenommenheit Umgang zu pflegen. Der Name Kunwald ist in diesem Zusammenhang zu erwähnen. Kunwald, ein Finanzfachmann mit Beziehungen, mit dem er am Vorabend seiner Sanierungsaktion im Jahr 1922 eine Serie von Gesprächen führte.
Zwei während des Ersten Weltkrieges verfaßte Arbeiten dokumentieren den Umkreis seiner damaligen politischen Betrachtungen: »Nation und Staat«, entstanden in Diskussionen über Wert und Unwert der dann 1918 vom Präsidenten der USA deklarierten Ideen über die Nachkriegsordnung in Europa, zugleich ein Richtstrahl späterer Bemühungen um die Verfassungsreform in der Republik. Und die Untersuchung »Kaisertum und Demokratie«, erschienen im Oktober (!) 1918.
Lammasch nahm ihn in sein Kabinett, in die letzte k.k. Regierung Österreichs. Als k.k. Minister für soziale Fürsorge erlebte er den eher beschämenden Verlauf der letzten Sitzung dieses Kabinetts am Vorabend des 12. November 1918. Jenes Feilschen um Großkreuze, Ruhegenüsse und Verleihungen der Würde eines Geheimen Rates. In diesem Abverkauf bekam der nur 17 Tage im Amt gewesene Sozialminister zusammen mit anderen diese Würde verliehen, und damit war er eine Exzellenz. Exzellenz, das war für viele die Beigabe zum Familiennamen, die in der Zeit der Republik eine Hoffnung ausdrückte, die Seipel selbst niemals als Bundeskanzler im Sinn hatte: die Wiederherstellung der Monarchie in Österreich. Bei allem Respekt vor der historischen Bedeutung der Casa d'Austria war er nach 1918 weder Monarchist noch Legitimist, was ihm von dieser Seite zuweilen als Verrat angelastet wurde.
Im Umsturz erfolgte seine erste geschichtlich bedeutsame Tat. Gemeint ist nicht der ihm später vorgeworfene »sinistre Eintritt« in die neue Ära anläßlich eines wohl überschätzten Einflusses auf das Verzichtsmanifest Kaiser Karls, sondern vielmehr der Kampf

um den Zusammenhalt zwischen der monarchistischen und der republikanischen Bewegung in der alten Lueger-Partei. Zu diesem Vorhaben überließ ihm Friedrich Funder im Dezember 1918 die Spalten seiner »Reichspost«. Bemerkenswert ist, daß damals in den Reihen der Monarchisten der christlichsoziale Arbeiterführer aus Wien Franz Spalowsky stand. Während die Parteiführer in Tirol und in Vorarlberg, aber auch in Oberösterreich und andernorts bereits weit ausholenden Schrittes den Weg der gegebenen Tatsachen mit vorangingen.

Eine Einstellung muß hier festgehalten werden: Angesichts der mit revolutionärem Schwung betriebenen Sozialpolitik Hanuschs bekannte Seipel sich hierin zu einer geordneten Vorgangsweise; klar erkannte er die Gefahr, wenn sie etwa auch in Österreich mit bolschewistischen Methoden betrieben worden wäre, aber auch die andere: den möglichen Mangel finanzieller Bedeckung.

Eines steht jedenfalls fest: Es wurde nicht der 1922 zum Bundeskanzler aufgerückte Abgeordnete zum römischen Prälaten, vielmehr wurde ein Prälat Regierungschef. Niemand hat diese Verschiedenheit an der Basis seiner Existenz besser erkannt als der politische Gegner. Zum Image des »Arbeitermörders« vom 15. Juli 1927 paßte eben nichts besser als der Schimpf: *Prälat ohne Milde;* eine Version, die nach 1945 auch in Kreisen des österreichischen Katholizismus kritiklos übernommen und einer ahnungslosen Jugend tradiert wurde.

Seipel hinterließ ein Tagebuch, das eher unergiebig ist für den, der hinter Sensationen her ist, und so gar nichts für die Storytellers der Publizistik. Das Jahr der Sanierung in Österreich, 1922, zeigt darin eher kalendarisch das Werden seines Planes sowie die entscheidenden Gespräche mit Freunden und Gegnern auf. Nachdem Seipel sich aus der letzten Kampfszene um das Kabinett Schober II für einige Tage zu einsamen Betrachtungen zurückgezogen hatte, trat er an. Entscheidend wurde der Beginn eines Brückenschlages zu den Großdeutschen, deren Führer der langjährige Bürgermeister von Linz in der Zeit der Monarchie Franz Dinghofer war, einer aus dem Richterstand. Das Scheitern der Bemühungen der Regierung Schober um die im In- und im Aus-

land gesuchte Kreditermächtigung forcierte den Umgang Seipels im Kreis der Spitzenpolitiker. Die Gespräche mit Seitz und Renner verliefen in einer eher unwirtlichen Atmosphäre. Seitz, ein seinerzeit unter Lueger gemaßregelter Lehrer und nunmehriger Obmann der SDAPÖ, war auf Seipel nie gut zu sprechen, noch weniger der vom Ministranten zum Agnostiker gewordene Doktor Renner, der aus der katholischen Kirche ausgetreten war. Wie oft in solchen Fällen eines Gesinnungswechsels sprach sich Seipel mit Männern, die sozusagen rot in der Wolle waren, besser als mit anderen, in denen die klerikale Tracht allein schon Ressentiments weckte. Dazu kam, daß es für Renner und Seitz bald klar wurde, daß Seipel daran war, eine bisherige Faustregel der österreichischen Innenpolitik auf den Kopf zu stellen:
Seit der Begegnung Adlers mit Schönerer bei der Abfassung des Linzer Programms der Deutschnationalen im Österreich von 1881 bestand selbst nach dem Konflikt der beiden Alten in der Frage des Antisemitismus eine Stahlsaite, die verband: Der *Antiklerikalismus*, der bis in die Zeit der Zweiten Republik Sozialdemokraten und Nationalliberale zusammenhält; eben als die Ultima ratio dieser clandestinen politischen Ehe. Seipel baute nun *seine* Brücke zu den Nationalen. Sie entstand aber keineswegs ad hoc. Ihr Ursprung war eine seltsame, von Friedrich Funder betriebene und beschriebene Begegnung der Jungen im Sommer des Jahres 1918:
Damals nahm Funder, Alter Herr der katholischen Studentenverbindung »Carolina« Graz, Fühlung mit einem ungenannt gebliebenen Angehörigen der Wiener Burschenschaft »Silesia«. Als nach der seit 1914 kriegsbedingten Pause am 15. Juni 1918, während der Piaveschlacht, zum ersten Mal wieder der sogenannte Farbenbummel an der Wiener Universität stattfand, geschah das für Dritte Unerwartete: Der Sprecher der Burschenschaft »Teutonia« trat auf den Senior der »Norica«, einen hochdekorierten Oberleutnant des Salzburger Hausregiments »Erzherzog Rainer«, zu und schlug vor, angesichts der allen gemeinsamen Bedrohlichkeiten an der Front und in der Heimat Solidarität zu bekunden: das Band der Frontgeneration, heute nur noch Gegen-

stand verständnisloser Mißachtung. Es war quasi eine Tangentialberührung, die harte Kämpfe zwischen Klerikalen und Nationalen bis zum Jahr 1938 nicht ausgeschlossen hat, aber in der Hinsicht eine Wende, als das, was seit dem Wahlbündnis der Sozialdemokraten mit den Nationalen vom Jahr 1911 nicht sein sollte, geschah.

Seipel, in seiner Studentenzeit anders als viele Studenten der Theologie nicht Mitglied einer Verbindung des CV, erlebte den Brückenschlag von 1922 gewiß nicht unter Bedachtnahme auf die erste Pilotierung von 1918. Aber die Scheidewand zu den Nationalen und Freisinnigen in der Großdeutschen Partei war so dünn geworden, daß es nur eines mächtigen Motivs bedurfte, um sie vollends zu durchstoßen.

Nichts illustriert diesen Durchbruch zu einer *Regierungskoalition* besser, als ein Rückblick auf den Verlauf des 3. Reichsparteitages der Großdeutschen in Graz vom Jahr 1922. In Graz, wo Seipel eben Mühe gehabt hatte, die Nationalen in der eigenen Partei davon abzubringen, gegen Schobers Politik zu frondieren, weil diese die Gefahr barg, den »Anschluß« auf lange Zeit zu vertagen.

Auf diesem Parteitag der dritten Kraft in Österreich, wie man nach 1945 sagte, war aber der Antiklerikalismus noch dermaßen präsent, daß Dinghofer seine ganze Persönlichkeit und seine ehrliche Überzeugung einsetzen mußte, um sein mögliches Zusammengehen mit dem römischen Prälaten verständlich zu machen. Einige Nationale kannten allerdings schon Seipels Einstellung zum Begriff Nation, wie er ihn 1916 in dem genannten Werk mit wissenschaftlicher Akribie untermauert hat. Diese Männer trauten Seipel. Anderen genügte das Kollar des Priesters, um sich abzuwenden. In Graz siegte damals, Ende Mai 1922, vor allem ein Argument Dinghofers:

»Weil es unser Grundsatz ist, die Volksinteressen über die Parteiinteressen zu stellen, sind wir der Ansicht, daß in dieser Notzeit alle, die wirklich die Gesundung unserer Heimat wollen, zusammenhelfen müssen. Nur darum sind wir bereit, an der Regierung mitzuwirken.«

Mit dem Sinn, den Dinghofer dabei dem Wort *Volk* unterlegte, wurde der Unterschied zu der Sinngebung erkennbar, die Sozialdemokraten bei ihrem Gebrauch dieses Wortes verwenden. 307 Delegierte gingen mit Dinghofer, bis auf 58 fiel zuletzt die Zahl derer, die anfangs nicht mitmachen wollten.
Dinghofer sprach offen aus, was er nach Herkunft und Anschauung aus der Zeit seiner Zugehörigkeit zur Grazer Burschenschaft »Ostmark« ins politische Leben mitbekommen hat: die Hingabe an den Zusammenhalt, jetzt schon *Zusammenschluß* aller Deutschen. Er verleugnete also diese Grundeinstellung nicht auf dem Parteitag 1922, ganz im Gegenteil. Aber er tat gut daran, das dieses Ideal zerstörende Risiko der Stunde allen klar vor Augen zu führen:
»... und zu verhindern, daß der wirtschaftliche und politische Zersetzungsprozeß des Staates den Zusammenschluß mit dem Bruderreich möglicherweise auf Jahrzehnte hinaus verzögert.«
Am 30. Mai war der Grundriß der Regierungskoalition der beiden Parteien des Kabinetts Seipel I fertig. Darin, im Koalitionsvertrag, findet sich fast wortgetreu die zitierte zwingende Notwendigkeit laut Dinghofer. Und der Wille, Fragen, in denen sich die beiden Parteien programmatisch gegenüberstehen, auszuschließen. Für Seipel bedeutete es viel, wenn in diesem Zusammenhang ausdrücklich die Frage des Verhältnisses zwischen Kirche und Staat genannt und – einstweilen zurückgestellt wurde. Hierin sollte es bleiben, wie es 1922 stand.
Und da war die Gretchenfrage an Seipel: *die deutsche Frage*. Seipels spätere ausdrückliche Formulierung: Keine Lösung ohne Deutschland, jede Lösung mit Deutschland, war hier herausgefordert. In der Anschlußfrage wurde den Großdeutschen die Freiheit ihrer Propaganda anheimgestellt; der Schutz deutscher Minderheiten in den Nachbarstaaten sollte Aufgabe beider Parteien sein. Und da war die Absage an den Cercle der Kleinen Entente. In der Innenpolitik bekam ein Satz eine damals kaum absehbare Bedeutung:
»Berücksichtigung des Grundsatzes der *nationalen Erziehung* bei der Schaffung der neuen Lehrpläne.«

Am 31. Mai 1922 zelebrierte Prälat Seipel in der Wiener Votivkirche eine Seelenmesse für den kurz zuvor verstorbenen Vorgänger Schobers, den Tiroler Mayr. Es war dies so etwas wie die Generalversammlung aller, die nicht oder noch nicht aus der Kirche ausgetreten waren und sich entschieden hatten, in der Politik zusammen mit Seipel zu gehen. Die Situation war eine von der im Jahr 1933/34 entstandenen grundverschiedene. Am Nachmittag dieses Maitages wurde Seipel im Hauptausschuß des Nationalrates mit den Stimmen der Regierungsparteien zum Bundeskanzler designiert. Im Nationalrat verfügte die Koalition über eine kompakte Mehrheit. Für ihr Nein bot die SDAPÖ nicht einmal alle ihr zur Verfügung stehenden Stimmen auf. Sie hielt ihr Pulver trocken. Bundespräsident Hainisch nahm die Angelobung vor, und der Tag schloß mit der Regierungserklärung. Seipel begann mit leichtem Spott:

Die Sozialdemokraten hätten ihn, den Prälaten, so lange wie den Teufel an die Wand gemalt, bis er, Seipel, wirklich gekommen sei. Und: Ihn dränge nicht törichter Ehrgeiz. Was bei dem Stand der Dinge im Jahr 1922 doch wohl glaubwürdiger ist, als das dem sterbenden Seipel in den Mund gelegte Bekenntnis seines Ehrgeizes. Er räumte auch 1922 vorweg ein, daß im Moment manch anderer besser den Platz einnehmen würde als er. Aber:

»*Gott hat eben mich auf diesen Platz geführt.* Auf ihn vertraue ich, daß es mir im Verein mit meinen Ministerkollegen gegönnt sein möge, dem Vaterland doch ein wenig zu nützen.«

Gott, das *Vaterland*, die *Unterspielung*, alles Dinge, die einmal die Epigonen nur zu zorniger Verneinung oder hämischer Kritik reizen sollten. Ein Bekenntnis wie zuletzt Julius Raab eines mit gleicher ehrlicher Überzeugung ausgesprochen hat. Anno 1955. Nicht darauf käme es an, wer beim Hoch auf die Republik lauter schreie, meinte Seipel, sondern wer in der Republik mehr (für den Staat) arbeite. Und schon kam der Kanzler zum wichtigsten Punkt: Ist die Republik lebensfähig? 1919 hat der Kanzler Renner in Linz ausdrücklich darauf geantwortet: *Nur mit Hilfe der Mächte.* Und muß Österreich an das Reich angeschlossen werden? Schon spürte in dieser Passage die Linke im Haus, vor allem

Otto Bauer, das Ergebnis der Stunde: nämlich Verrat. Sie nahm erst gar nicht zur Kenntnis, was Seipel hiezu erklärte:
»Darüber sind die Regierungsparteien verschiedener Ansicht.«
Die Linke merkte sich diese Lücke in der Front der Koalition. Sie wird an dieser Stelle einen Schwerpunkt ihrer Polemik bilden. Daher achtete sie zunächst auch weniger auf das, womit Seipel fortfuhr:
»Weiterleben muß das deutsche Volk in Österreich, und wir, die wir alle zusammen Fleisch vom Fleisch dieses Volkes sind und Volk von seinem Blut, müssen alles tun, was in unserer Macht steht, daß es lebe.«
Blut. Womöglich Blut und Boden? In keinem Punkt haben die Epigonen nach dem Ende des Dritten Reiches mehr Distanz zu dieser »Abart« eines Priesters gelegt als mit der Weglassung der Passage betreffend Fleisch, Volk und Blut. Und erst recht die Linke.
Angesichts der Flüsterpropaganda über den angeblichen Stich in den Rücken seines Vorgängers Schober strich Seipel heraus, daß sich seine Regierung in puncto ausländische Kredite in Fortsetzung der verdienstvollen Bemühungen Schobers einsetzen werde. Und dies ohne die Selbständigkeit des Staates anzutasten. Sie war seit Saint-Germain für Österreich unantastbar, und sie starb 1938, als ihre Schöpfer von 1919 froh waren, daß *sie selbst* für diesmal der furchtbare Hitler unangetastet ließ. Sie und die ČSR, wo Beneš im März 1938 noch einmal aufatmen konnte. Schließlich ist ihm aber der Satz: Lieber Hitler als Habsburg, doch im Hals stekken geblieben.
Die Redner der Opposition führte der Obmann der SDAPÖ Seitz an. Er blieb 90 Minuten am Wort. Nach wenigen Sätzen wurde der Punkt in der gemeinsamen Front der Regierungsparteien angegriffen, wo jeder Oppositionsredner jeder Oppositionspartei ansetzt: die Nahtstelle, wo die Gemeinsamkeiten schleißig werden oder gar Löcher bestehen. Die Presse der Linken hatte sich schon auf das Bild einer Lächerlichkeit der Großdeutschen eingeschossen, wie sie diese in einer »Prälatenregierung« sah. Und da war der Stehsatz von einer Einheitsfront der Bürger unter römi-

scher Führung (des Vatikans) gegen das Proletariat. Längst wird Epigonen vorenthalten, wo damals der Frontverlauf in der Ersten Republik bestand, ehe Seipel an die Spitze trat:
»Daß ein römischer Prälat Kanzler ist, ist die *Schande* unseres Bürgertums«, wurden die Großdeutschen belehrt.
Man sieht, daß die SDAPÖ 1922 noch nicht weit abgekommen war von ihrer Schußrichtung vor der Wahl im Elferjahr, wie sie damals die »Arbeiter-Zeitung« angegeben hat:
»Der österreichische Klerikalismus steht und fällt in Wien. Deshalb muß für die freiheitlichen Wähler wie für die sozialdemokratischen Arbeiter nur eine Aufgabe bleiben: Wien muß von den *Römlingen* befreit werden.«
Römlinge, Pfaffen und Volksbetrüger, das waren nur einige Zielpunkte im reichassortierten Vokabular des Antiklerikalismus. Unwillkürlich deckten sie aber für die Gebildeten auf, was denn eigentlich für Karl Marx das Fundament seiner geistigen Existenz war; *ehe* er sich der Idee des Klassenkampfes ergeben hat. Nämlich Absage an Gott, ein prinzipieller Atheismus, der im Gedankengebäude des Marxismus eine der Säulen wurde.
Seipels Politur war den Aggressionen im Parteienstreit besser gewachsen, als es die Schobers war. Die Diszipliniertheit seines Denkens gestattete ihm nicht, auf den erwähnten Rang von Polemiken hinabzusteigen oder auch nur im engsten Kreis politischer Freunde Aufhebens davon zu machen. Um so härter trafen derlei Angriffe des politischen Gegners die *priesterliche Existenz.* Seipel war sich bewußt, daß sein Hervortreten im Politischen ein Schußfeld eröffnete, das von der Linken reichlich genützt werden wird. Und das, noch ehe nach dem 15. Juli 1927 das Image vom »Prälaten ohne Milde« entstand.
Je schärfer die Angriffe auf die priesterliche Existenz gerieten, desto enger schlossen sich die Reihen der 1920 aus einem Verein zur Förderung der katholischen Presse hervorgegangenen »Volksbundes der Katholiken Österreichs«. In dieser religiös-weltanschaulich organisierten Bewegung des österreichischen Katholizismus fand Seipel einen Rückhalt, wenn das mehr auf sozialökonomische Fragen abgestellte Interesse seiner Partei zuweilen in

kulturpolitischen Fragen schleißig wurde. 1933 beorderte die Kirche die Geistlichen aus dem politischen Leben zurück. Der Volksbund wurde der nur vage organisierten Katholischen Aktion eingegliedert. Nie mehr haben in Österreich die unverlierbaren Anliegen des kirchlich-religiösen Lebens einen Halt gefunden, wie sie ihn einmal im Volksbund hatten.

Mit Seipel hatte die Christlichsoziale Partei zum ersten Mal seit dem Tod Luegers wieder den Mann an der Spitze, der zog. Eine Generation war 1922 seit dem Aufbruch der »Vereinigten Christen« vergangen. Es war Seipel, der bei allem Respekt vor Lueger dachte, und es auch ausdrückte, daß dieser Volksbürgermeister wohl eine unzerstörbare Erinnerung an seine Persönlichkeit und sein Wirken hinterließ; daß aber das sogenannte politische Testament Luegers, die klassenlose Volkspartei, zu seinen Lebzeiten weder programmiert noch durchdacht worden ist. Die Kriegsjahre, die vier Jahre nach dem Tod Luegers über das Land hereinbrachen, die anfängliche Unsicherheit der Nachfolger in der Betreuung der Hinterlassenschaft waren schuld daran, daß die Partei in der Zeit des Umsturzes praktisch führerlos war. Prinz Liechtenstein, der rote Prinz von einst, im 74. Lebensjahr, ermüdet und wohl auch enttäuscht, stand an der Spitze der Partei. Und Prälat Hauser, verwickelt in die Vorgänge des Umsturzes, aber immer wieder von seinen Landsleuten in Linz für Oberösterreich reklamiert; *römischer Prälat* wie Seipel: das war wohl die einzige Affinität dieser beiden Politiker im Typ, in den Methoden und wohl auch in gewissen Zielsetzungen.

Die solange führerlosen Wählermassen in Wien hatten nach dem Umsturz noch alle die Erinnerung und das politische Leitbild Luegers vor sich. Es ist fast nicht zu erklären, wie sich dieses an den Stil Luegers und seiner Gehilfen gewöhnte Wählervolk der Christlichsozialen an den ganz anders gearteten und doch viel anspruchsvolleren Stil Seipels nicht nur gewöhnte, sondern aufs neue Kraft schöpfte, je mehr Angriffe auf ihren jetzigen Parteiobmann niedergingen.

Vom ersten Sieg Seipels, vom Wahlsieg im Jahr 1920, war schon die Rede. Seither gingen in Österreich die Uhren anders. Und die-

sen Wahlsieg setzte Seipel bewußt aufs Spiel, als er sich an das opferreiche und strapazierende Werk der Sanierung machte. Otto Bauer zögerte nicht, angesichts des scheinbar unaufhaltsamen Zusammenbruchs seine Alternativen zur Diskussion zu stellen:
Zunächst versuchte Bauer einen Rückgriff auf seine Bemühungen im Jahr 1919. Nämlich eine Währungsunion mit dem Deutschen Reich, in der das Reich eine Notenbank errichten sollte. Notenbankgründung. Die Union mit Berlin ging nicht auf. Wien wird selbst danach sehen müssen. Als die Not am höchsten war, schlug Bauer vor, der Staat möge auf den Valutenbestand der noch nicht verstaatlichten Banken greifen. Das war, als sich in Graz bereits die vier Parteien angesichts der Not im Land unter dem Einfluß Rintelens zusammentaten und beschlossen, im Verein mit Kärnten den Ausweg aus der Krise zu suchen: entweder durch den Anschluß an das Deutsche Reich oder – unter der Patronanz Italiens.
In Wien waren in diesen Tagen die Schranken zwischen den Parteien und den Banken offen. Es bestand die Gefahr, bei Ausbleiben der Kohlenlieferungen aus der ČSR nicht nur die Städtischen Gaswerke, sondern den Betrieb der Industrie in der Hauptstadt stillegen zu müssen. Der Hinweis darauf durch den Finanzstadtrat Wiens Hugo Breitner war nicht einfach eine Pression des roten Wien zur Unterstützung der Opposition im Nationalrat und der von Bauer gehegten Pläne. Als die ohnedies in Etappen ausbezahlten Monatslöhne nicht mehr liquidiert werden konnten, war Geld nur da, wo Devisen anstanden. Und diese zu beschlagnahmen, war der Vorschlag von links. Oder, wie ihn Breitner später adaptierte, die »freiwillige« Hingabe dieser Bestände der Banken an eine neu zu gründende Bank.
Während Serien von Sitzungen, Rückfragen und polemischen Auseinandersetzungen mußte Seipel sich in Geduld fassen und die nach Wien gekommenen steirischen Abgeordneten Ahrer und Dantine dazu bringen, die geplante sensationelle Ausflucht zu unterlassen, weil damit jede Möglichkeit einer Kredithilfe aus dem Ausland verschüttet würde. Um diese Zeit griff Seipel nach dem Notseil, das Bauer, sicherlich nicht Seipel zuliebe, gespannt hatte: die Gründung einer österreichischen Notenbank. Ob diese Grün-

dung die erste und wirkliche Intention Bauers war oder ob dahinter nicht eine *zweite* Intention stand, also die Beseitigung der Regierung Seipel im allgemeinen Zusammenbruch, blieb umstritten. Aber derlei gehörte zu dem anwachsenden Wust an Verdächtigungen, der sich zwischen den beiden größten Parteien des Landes anhäufte.

Dann war es, als schlüge Moses an den Stein, aus dem Wasser quillt. In Paris säumte man nicht, einen Kredit*vorschuß* zu liquidieren. Der erwähnte Tschechenkredit wurde transferiert. Die atemlos geworden Inflation rastete ...

Und Österreich tat selbst etwas in seiner Not: Es erfolgte die Gründung der Notenbank, jener Instanz, die als erstes den wachsenden Banknotenumlauf zum Stillstand bringen sollte. Noch war der vor 1914 begonnene Neubau der damaligen »Oesterreichisch-ungarischen Bank« nahe dem Allgemeinen Krankenhaus unfertig. Der Rohbau des Druckereigebäudes war fertig. Aber der Patient war noch nicht transportfähig.

Eine Hoffnung. Eine furchtbare Realität war aber die Notwendigkeit eines Ämter- und Beamtenabbaues – ein bleibendes Stigma der Ersten Republik. Nach dem Zusammenbruch 1918 haben die Nachfolgestaaten der Monarchie das deutschsprachige Personal meistens an die österreichische Grenze überstellt. Es war nur gut, daß die Nordbahn, deren Geleise sich einmal bis an die russische Grenze in Ostgalizien erstreckten, nur noch die Kurzstrecke bis nahe des tschechischen Lundenburg zu betreuen hatte. In den leergewordenen Wiener Bürogebäuden der Nordbahn wurden die zahlreichen, man darf wohl sagen, heimatvertriebenen Angehörigen des bisherigen Personalstandes untergebracht. Schwieriger war es im Falle der Nordwestbahn. Als die Tschechen in Znaim einrückten, machten sie die deutschen Bahnbediensteten einrückend nach Österreich. Viele Familien mußte nachher auf Nebengeleisen dieser Bahnstrecke in Güterwagen die erste Zeit in der kleingewordenen Heimat verbringen.

Rein *rechnerisch* bot sich das Problem des Beamtenabbaues so dar: Von 250000 vom Staat Besoldeten sollten maximal 15 Prozent zwecks Einsparung von Personalausgaben aus dem Dienst scheiden. Ihre Versorgung im Falle der Pensionierung geriet zu einer schwärenden Wunde des Staatskörpers. Die sogenannten Altpensionisten, die nachher ihr Leben in beengten Verhältnissen fristeten, bildeten ein unerschöpfliches Reservoir von Unmut und Opposition gegen den Staat. Und doch waren diese Opfer vielfach oft die ehedem Getreuesten des alten Österreich.

Steigerungen der Lebenshaltungskosten, wie sie um das Jahr 2000 erschreckten Fernsehteilnehmern als warnende Beispiele aus dem Ausland gezeigt werden, waren im Sommer 1922 das Los der Österreicher. Innerhalb eines Monats stieg der Index um 71 Prozent. Dabei standen noch Teilbeträge der Bezüge des vorvorigen Monats zur Liquidierung an.

So wie 1933 schlugen auch 1922 die Vertrauensmänner des Bahnpersonals los. Sie verlangten, was an sich recht und billig war, nämlich ausstehende Lohnzahlungen. Aber im Moment war der angedrohte Streik im Falle der Nichterfüllung der Forderungen ein quasi unerfüllbares Ultimatum. So jedenfalls die Redeweise des sozialdemokratischen Sprechers Tomschik. Die positive Beantwortung des Ultimatums hätte eine Belastung von 10 Milliarden Kronen bedeutet. Seitz und Renner fragen den Bundeskanzler allen Ernstes, ob ihm ein rückständiger Monatsteilbezug die Gefahr einer Staatskrise im Falle des Streiks wert sei. Seipel erwiderte, nicht um diese Frage ginge es, sondern darum, ob sich der Staat dem Diktat *einer* Standesgruppe unterwerfen konnte, ohne eine Lawine loszutreten.

Man hat später gesagt, Seipel wäre in dieser Krise deswegen so fest geblieben, weil er damit rechnete, daß ein Sturz seiner Regierung eine von den Sozialdemokraten geführte zur Folge gehabt hätte. Sicher war das ein Aspekt, der den aggressiven Gegner zögern ließ, letzte Konsequenzen zu provozieren. Und – es gab Kohle und Lebensmittel in Reserve. Ein Gesetz zur Regelung der Bezüge der Bundesbediensteten ging dem Nationalrat zu, worin eine Indexlohnberechnung vorgesehen war. Die rascheste Erledigung der Vorlage tat ein übriges zur Scheu der Opposition, ihrerseits nach dem Sturz Seipels das den Betroffenen zumuten zu müssen, womit man Seipel zum Sturz zu bringen drohte.

Die Indexlohnberechnung brachte für die Regierung eine Entlastung: Sie und das Parlament wurden von der unablässigen Beschäftigung mit Lohnforcierungen im Gefolge der Inflation befreit.
Es war die Zeit, in der an zu vielen Ecken im Land Bankfilialen eröffnet wurden. Viele Offiziere hatten so Gelegenheit, bis zur nächsten Umwidmung des Banklokals einige Zeit ein Unterkommen zu finden. Im In- und im Ausland mehrten sich die Warnungen vor dieser Geilblüte, die so recht zum Parasitentum der Krise paßte. Um es gleich hier zu sagen, der erste Finanzplan Seipel führte zu keinem Erfolg. Es gab zu viele Reflektanten auf Gewinne im Unglück aller, und deren Verbindungen reichten oft bis in die Direktionsetage.
Jetzt kam eine Schlechtwetterzone über den Atlantik auch nach Österreich. Mr. Youngs Exspektanzen auf Hilfen seitens amerikanischer Banken erwiesen sich als trügerisch. In Deutschland trommelte Hitler gegen den Young-Plan, und die Unwissenden in den Massenversammlungen rissen Mund und Ohren auf, als sie erfuhren, welche dunklen Mächte hinter dem Plan stünden und was dem Reich drohte: Die Deutschen sollten sich verschulden, damit sie den Franzosen ihre Schuldigkeiten gemäß dem Versailler Vertrag entrichten und diese ihrerseits mit der Abdeckung der Kriegsschulden an Amerika beginnen konnten. Damit hätte Frankreich die USA als einen Bundesgenossen für die Eintreibung seiner Forderungen bekommen, und die Deutschen wären letzten Endes den Amerikanern ausgeliefert worden. Da die Entente der Briten und der Franzosen wackelig wurde, war die Teilnahme der USA an der Ausbeutung des Reiches ein wertvoller Gewinn geworden.
Schuldverzicht, das Wort kam andererseits nicht mehr aus dem Gerede, und es sollte die Lösung im Chaos der beginnenden dreißiger Jahre werden. London wollte auf nichts verzichten, was ihm nach Versailles zustand, und wenn – dann erst wenn Washington London gegenüber auf Forderungen aus der Kriegszeit verzichtete. In diesem riesigen Mahlstrom internationaler Verwicklungen trieb das Schiffchen unter der rotweißroten Flagge. Hilflos. Der

Gesandte in Washington berichtete dem Ballhausplatz, man habe drüben kein Vertrauen in Österreich, in ein Land, das, so wie der alte Staat, seiner Zersetzung zutreibe.

Am 9. Juli 1922 war es am Ballhausplatz aktenkundig, daß die amerikanische Bankengruppe Morgan, Grenfell & Co. bei der instabilen Lage Österreichs nicht willens sei, eine Anleihe für dieses Land aufzubringen. Der mit der Dechiffrierung der fatalen Depesche befaßte Beamte des Ballhausplatzes drang mit seiner Arbeit bis zum Bundeskanzler vor. Niemand wagte es, das unselige Papier aus der Hand zu geben. Im Palais am Ballhausplatz und an den üblichen Abhörstellen lauerte man auf Unheil. Die Regierung entschloß sich zu einer unter heutigen Verhältnissen im Zeitalter der Transparenz *unglaublichen Maßnahme:* Sie unterschlug dem Volk diese unheilvolle Nachricht. Man hätte sagen müssen, daß nach vertraulichen Informationen dieses Geschäft für Österreich nicht nur angesichts der Zustände im Land scheiterte. Sondern weil es nach den Interessen der amerikanischen Banken ein mieses Geschäft geworden wäre.

Eine Etage über dieser Ebene, in der es ums nackte Geld ging, manipulierten die Sieger das, was man große Politik nennt. Im Moment laborierte Österreich an mehreren Krankheiten, dazu aber mußte es auch noch die Auswirkungen dessen tragen, daß sich London und Paris in der Deutschlandfrage nicht mehr einig waren. Für Frankreich war jede Erwähnung des sogenannten Anschlusses Anlaß heftigster Reaktionen. Reaktionen, die auch Österreich zu spüren bekam. Als Bauer in Berlin wegen der Währungsunion sondierte, bedeutete man ihm, man möge nur ja alles unterdrücken, das irgendwie mit Anschluß zu tun hätte.

Anders in London. Lloyd George, immer für eine deftige Rede gut und daher zuletzt ein Bewunderer der von Hitler produzierten Kunst der Rede, sagte anläßlich eines hohen Besuchs aus Schweden freiweg: *Die natürliche Lösung des österreichischen Problems sei der Anschluß* dieses Landes an das Deutsche Reich. Aber: Das ließen die Franzosen leider nicht zu. Und diese natürliche Lösung hielt London buchstäblich bis zum 11. März 1938 evident, als man den Ballhausplatz an jenem Tag wissen ließ, man

könne nicht zu Dingen im Umgang mit Berlin raten, für deren Folgen die britische Regierung nicht gutstehen könne.
Jetzt war die Sache schon an die Militärs der Sieger herangekommen. Die ČSR ließ, trotz ihrer Schönwettervisage gegenüber Wien, in Paris bei Generalissimus Foch durchsagen, ihre Truppen stünden bei Ausbruch von Krisen im Deutschen Reich und in Österreich zur Verfügung. Gedacht war dabei an ein Versagen der *Deutschen* bei fälligen Leistungen von Reparationszahlungen (die spätere Ruhrbesetzung stand schon in den Papieren der Militärs); oder bei neuerlichem Aufquellen der Anschlußpsychose in *Österreich*. Nach außen hin dementierte man derlei. Und das angesichts der Versammlung von Truppen der ČSR im Raum Znaim und im Brückenkopf bei Bratislava.
Im Süden war die Rede von einsatzbereiten Freiwilligenverbänden auf jugoslawischem Gebiet, an sich keine Novität im Umkreis von Belgrad. In Kärnten tauchten Agitatoren auf, die unter Hinweis auf die Lage in Österreich eine Stimmung provozierten, die einen Einmarsch jugoslawischer Truppen begünstigen sollte.
Mit Ungarn war der Streit Österreichs um das Burgenland noch immer nicht ausgetragen. Für Budapest wäre ein Zerfall Österreichs eventuell das Ende jener Bestimmungen von Trianon gewesen, gemäß denen die gewissen westungarischen Komitate an Österreich fallen sollten. Gerüchte, die anderen widersprachen. Gab es da nicht eines, das von der endlichen Verwirklichung eines Korridors handelte, der, quer durch Mitteleuropa verlaufend, die nördlichen slawischen Länder mit jenen im Süden verbinden sollte? Ein phantastisches Unterfangen, dem einmal auch Masaryk am Anfang seiner Tätigkeit als Exilpolitiker verfallen ist, wie sich aus Karten ergab, die damals in seinem Arbeitszimmer hingen.
Es wäre keine echte Krise gewesen, wäre nicht auch schon das Projekt aufgetaucht, das noch nach 1945 in den USA erörtert wurde: Bayern – von Berlin losgetrennt und mit einem Restösterreich verbunden. Italien, noch nicht unter Mussolinis späten Plänen leidend, erklärte in Berlin ungefragt, daß es diese Nachbarschaft des Deutschen Reiches in Form einer bayerisch-österreichischen Dependance nie dulden werde. Das sei der Casus bel-

li. Wie viel und wie wenig derlei wog, Tatsache blieb, daß Österreich in diesem Sommer so etwas wie ein Experimentier- oder Versuchsobjekt zur Rektifizierung der übergroßen Zahl ungelöster »Rest-Probleme« aus der Zeit der Friedensabschlüsse von 1919 war.

An den Sommer 1922 erinnerten sich die damaligen Schulkinder deswegen ihr Leben lang, weil während der Ferien die sogenannte Schulausspeisung, Kakao und Weißbrot (!), Gaben hilfreicher Menschen im Ausland, unterblieb. Die Regierung Seipel aber befand sich auf einer Durststrecke, wie man später in Politikerkreisen sagte. Seipel hatte die Misere des Landes bei Besuchen in Prag, Berlin und Verona dargelegt, hoffend, von dort bei seinen Bemühungen auf internationaler Ebene Hilfe zu bekommen. Die »Reichspost« war nicht etwa das Zentralorgan der Partei Seipels, sondern laut Untertitel *für das christliche Volk*. Letzterem die prekäre Situation Seipels, verwickelt wie sie war, verständlich zu machen, übertrug Funder lieber einem Karikaturisten:

Da sieht man, wie Seipel in der damals üblichen, heute eher kompromittierenden Aufmachung eines katholischen Geistlichen einen Schubkarren in die Szene schiebt und an Hand einer Landkarte die Lage Österreichs zur Schau stellt. Im, wie man das später nannte, Stresemann steht der deutsche Reichskanzler Wirth, nach 1945 als roter Wirth abgewertet, da und zeigt sich seinem österreichischen klerikalen Gesinnungsfreund gegenüber sehr distanziert. Dafür langen der damalige Ministerpräsident in Prag Beneš und der italienische Außenminister Schanzer nach dem Dargebotenen. Die beiden letzteren bekämpften einander insgeheim bei der Einflußnahme in Mitteleuropa, also auch in Wien. Hinter einem Gatter gestikulieren ein Serbe und ein Ungar, die sichtlich demonstrieren wollen, daß Belgrad und Budapest nur am Rande am eventuellen Ausverkauf Österreichs beteiligt sind. Und fernab die Großen: Poincaré, den sichtlich Kummerläuse plagen, und Lloyd George, der mit bummelwitziger Teilnahmslosigkeit – Hände in den Hosentaschen – zuschaut.

So die Einschätzung Österreichs in der internationalen Lage. In der Innenpolitik war es so, daß die Linke nicht übersehen konnte, wie nahe die Regierung Seipels einem Untergang schon war. In der letzten Augustwoche diskutierte man in der SDAPÖ im engeren Kreis über den Preis einer eventuellen Teilnahme an einer Koalitionsregierung. Mindestpreis wäre unter anderem der Besitz der beiden Schlüsselressorts gewesen: Äußeres und Finanzen. Damit hätte man den Christlichsozialen mit ihren Sanierungsplänen das Heft aus der Hand genommen und sie zu Handlangern in der Außen- und in der Finanzpolitik des Staates gemacht. Nach 1945, als die damaligen Hauptakteure tot und begraben waren, urteilte man in Kreisen der Linken, diese Koalition mit den »Schwarzen« hätte ohnedies nur der Effekt gehabt, daß die (in der Mehrheit befindlichen) *Bauern* die (Minderheit der) *Proletarier* in den Städten an die Longe bekommen hätten. Der Klassenkampf wäre zum Stillstand gekommen oder doch mehr als tunlich prolongiert worden.

Heute ist es selbst in kirchlichen Kreisen fast unvorstellbar, daß Seipel die Koalition mit der Linken nicht aus sozial- oder wirtschaftspolitischen Gründen ablehnte, sondern allein aus politisch-weltanschaulichen. Gerade in diesem Jahr 1922 kamen die vom Wiener Stadtschulrat getragenen Reformideen Otto Glöckels erstmals voll zum Tragen. Und sie richteten sich nicht, wie das Image es darstellte, gegen die arbeiterfeindlichen Bischöfe und Hetzpfaffen, sondern gegen die Präsenz des Christlichen nach dem Schlagwort: Religion ist Privatsache. Das war so, als hätte man gesagt, Marxismus, der ja keine bloße Ideologie, sondern ein *Lebensprinzip* sein wollte, sei Privatsache. Otto Bauer brachte mit einem Mißtrauensantrag im Hauptausschuß des Nationalrates die absolute Verneinung der Absichten Seipels klar zum Ausdruck.

Fernab fiel eine wichtige Vorentscheidung. Die Londoner Reparationskonferenz kam in der Deutschlandfrage schlecht voran. Lloyd George, schon in der Endkurve seines Regimes, bereitete deren Gesamttagung aufs neue vor. Es war das Verdienst des österreichischen Vertreters Franckenstein, diesmal den Spieß umzukehren und aus der bisher eher untunlichen Junktimierung der Österreichfrage mit der Deutschlandfrage einmal einen Nutzen zu ziehen. Wenn schon diese Junktimierung, dann sollte die Österreichfrage auch auf die Tagesordnung der Konferenz gesetzt werden. Das zog. Man hat dann zwar in diesem schon arg zerstrittenen Gremium nicht viel über die Österreichfrage gesprochen, dafür aber war die Österreichfrage internationalisiert – zum ersten Mal seit dem Diktat von 1919.

Seipels Operationskalender für die Vollendung seines Sanierungswerkes ist seither oft genug erläutert worden, um dann heiß umstritten zu jenen Materien gezählt zu werden, die dazu beitrugen, die Kluft zwischen den beiden größten Parteien in Österreich bis in späte Zeiten der Epigonen zu vertiefen. Seipels Persönlichkeit und Werk wurden in den 1922 geführten Polemiken vom Gegner bereits dermaßen deformiert und vor den »kleinen Leuten« diskriminiert, daß all das später so recht im Bild des »Prälaten ohne Milde« gepaßt hat.

Am 8. September 1922 trat das Österreich-Komitee des Völkerbundes zum ersten Mal zusammen. Seipels Plan, der auf den Völkerbund und nicht auf einen oder mehrere Staaten abgestellt war, wurde anhängig. Insgesamt tagte das Komitee zwölfmal. Es wurde gründliche und rasche Arbeit geleistet. Am 4. Oktober 1922 erfolgte die Unterzeichnung der Deklaration der einschlägigen Protokolle. Sechs Jahre waren vergangen, seit das k.k. Landwehrdivisionsgericht Wien Dr. Karl Kramář wegen des Verbrechens des Hochverrats und als Urheber, Anstifter und Rädelsführer gegen die »Kriegsmacht des Staates« gemäß den einschlägigen Bestimmungen des Militärstrafgesetzbuches zum Tode durch den Strang verurteilt hatte. Nun unterschrieb Kramář zusammen mit den Vertretern Großbritanniens, Frankreichs und Italiens ein Protokoll, das österreichischerseits der gewesene k.k. Minister Ignaz Seipel unterfertigte.

Am 7. Oktober kehrte Seipel nach Wien zurück. Vier Tage später lehnte der Nationalratsausschuß für Äußeres einen von der Linken gestellten Mißbilligungsantrag ab. Am 12. Oktober schmetterten die Mehrheitsparteien im Nationalrat den Angriff der Linken mit einem Vertrauensvotum ab. Jetzt verlegte die Linke ihre Angriffe in das Gremium ihres am 14. Oktober zusammentreten-

den Parteitags; begleitet wurde die Kampagne durch gezielte, scharf pointierte Presseveröffentlichungen und Aufklärungsaktionen in den Betrieben, zumal in jenen, denen die Sanierung Seipels nichts Gutes zu bringen schien.
Die Kurzfassung der Zielansprache der Linken war: *Knechtungsvertrag*, eine Fassung, die auch deswegen gewählt wurde, weil sie die Wählerschaft der Großdeutschen in Unruhe versetzen, in deren Parteiführung die Deutsch*nationalen* gegen die Wirtschafts*liberalen* ausspielen konnte. Am 15. Oktober ging der Parteitag der SDAPÖ zu Ende; sofort breitete sich eine über das ganze Land gehende Agitation gegen Seipel und sein in Genf erzieltes Ergebnis aus.
Als am 16. Oktober 1922 eine provisorische Delegation des Völkerbundes in Wien eintraf, konnte sich diese selbst an Ort ein Bild vom Zustand der öffentlichen Meinung machen. Das hinderte die Herren aber nicht, die Verhandlungen mit der österreichischen Regierung aufzunehmen. Vier Tage später erfuhr die gespannt wartende Bevölkerung des Landes die erste noch unvollständige Fassung eines »Reform- und Sanierungsprogramms«. Zugleich wurde eine Kreditermächtigung in Höhe von 50 Millionen Goldkronen beschlossen, das waren 750 Milliarden Kronen des Jahres 1922. Fünf Tage später ist der Betrag auf 80 Millionen Goldkronen erhöht worden.
In Großbritannien verschied in diesen Tagen das 1916, in einer Stunde höchster Gefahr für Großbritannien, ins Amt gerufene Kabinett Lloyd Georges, dessen Beitrag zur Zerstörung der Donaumonarchie auch Hitler, den dieser Grand Old Man des Liberalismus zu Zeiten bewunderte, anerkannt hat. Es folgte das Kabinett des Konservativen Andrew Bonar Law, was der Sache Österreichs nicht zum Schaden gereichte.
In Italien schied der Außenminister Schanzer von der Szene, drei Tage später ernannte König Viktor Emanuel III. Benito Mussolini, just kein Freund Österreichs (wie sich zeigen sollte), zum Ministerpräsidenten. Ein seltsames Spiel vollendete sich im Nachkriegseuropa:
Drei aus der Sozialdemokratie der Vorkriegszeit hervorgegange-

ne Diktatoren kamen in Europa an die Macht: Nach Lenin in Rußland jetzt Mussolini in Italien und alsbald, im Dezember 1922, Pilsudski in Polen. Die Uhren gingen dementsprechend anders in Europa.

Jetzt machte auch wieder einmal zum Vorteil Österreichs die Reparationskommission mit. Sie gab gewisse österreichische Guthaben für den Pfanddienst einer kurzfristigen Anleihe frei.

Nach Allerheiligen brachte die Regierung den Entwurf eines Wiederaufbaugesetzes im Nationalrat ein, das sich im Rahmen des nach den Genfer Protokollen entworfenen Finanzplanes hielt. In diesen Tagen war es Spanien, ein Staat, der an sich nicht zu den Signatarmächten in Genf gehörte, das als erstes die dortigen Protokolle unterzeichnete und die fünfprozentige Garantie der Völkerbundanleihe mit übernahm. Das war, als Franco noch ein Stabsoffizier in Afrika war.

Nun folgte die Einbringung einer Bankgesetznovelle samt neuem Notenbankstatut im Nationalrat. Acht Tage später nahm der Nationalrat das Gesetz über die Errichtung der Nationalbank an.

Aber Seipel erlitt auch Verluste: Der ungemein seriöse und kenntnisreiche ehemalige Graf Ségur wurde in der Leitung des Finanzministeriums durch den Christlichsozialen Viktor Kienböck ersetzt. Die Banken quittierten den Wechsel allerdings mit der Finalisierung der Vergabe einer schon vorbereiteten inneren Anleihe in Höhe von 30 Millionen Goldkronen. Die Regierung aber trat jetzt einen gefährlichen Gang an:

Es brauchte nämlich zur Ausübung der außerordentlichen Vollmacht gemäß den Genfer Protokollen eines »außerordentlichen Kabinettsrates«, und dazu war eine verfassungsgesetzliche Neuregelung fällig. So stand es fortan durchaus im Ermessen der SDAPÖ, Seipels Vorhaben einfach dadurch zu Fall zu bringen, indem ihre Nationalratsfraktion ihre für die qualifizierte Mehrheit für dieses Gesetz notwendigen Stimmen verweigerte. Obwohl feststand, daß die SDAPÖ diese ihre Chance nicht nützen wollte, weil dann bei einer Katastrophe auch ihre Wirtschaftseinrichtungen zu Fall gekommen wären, setzte sie vor der Öffentlichkeit ihren Kampf gegen Seipel mit um so größerer Härte fort.

Jetzt war es Zeit, die Notenpresse stillzulegen. Und – aus Genf kam Hilfe: Der Präsident der provisorischen Völkerbunddelegation in Wien bekam von dort Ermächtigung, die österreichische Regierung zu mahnen, daß es notwendig sei, die Finanz- und Sanierungsgesetze bis zum 26. des Monats zur Verabschiedung zu bringen; weil sonst in Genf die ganz Aktion auf unbestimmte Zeit vertagt werden müßte ... Darauf paßte für die Linke am besten die neuerliche Hervorholung des schon oft benutzen Stehsatzes vom »Knechtungsvertrag«.
Längst stand dazu Bauers Vorwurf im Raum, wonach Seipel mit seiner Zustimmung zur Völkerbundanleihe *sein Land verraten* hat. Aber:
»Gegen offenen Landesverrat polemisiert man nicht; man gibt ihn der *Verachtung* preis, solange er ungefährlich ist, und man *schlägt ihn nieder,* wenn er gefährlich wird.«
Gesprochen am 14. September 1922 im Nationalrat. Und Doktor Renner wies erneut darauf hin, es gäbe nur einen Weg aus der Krise, nämlich über den Anschluß an Deutschland.
Die SA der NSDAP aber zog mit einem grausigen Sing-Sang durch die Straßen:
»Die Tore, Tore gehen auf, gehen auf / Die Tore vor dem Parlamente. / Und der Ignaz Seipel tritt heraus, tritt heraus / In seinem weißen Priesterhemde. / Haut hin, haut hin / So lang ihr könnt / Er hat Deutsch-Österreich in Genf verschenkt.«
Das Lied fand Anklang auch in Kreisen, die sonst wenig mit den Männern im Braunhemd zu tun haben wollten. Nur besang man dort nicht das Schicksal des in Genf verschenkten Deutsch-Österreich, sondern hielt sich an die Version, Seipel hätte »ganz Österreich in Genf verschenkt«. Diese Version ging konform mit dem Versmaß im Urtext.
Die Stimmung im Nationalrat war durch die wochenlange Polemik in der Öffentlichkeit gehörig angeheizt, als Ende November die parlamentarische Prozedur zu einem Abschluß kam. Auf dem Parteitag der SDAPÖ hatte Bauer seine Freunde aufgerufen, die Internationale des Proletariats gegen Genf zu mobilisieren. Demgemäß begab sich denn auch Doktor Renner nach Prag, um die

tschechischen Genossen, damals Regierungspartei unter Beneš, dazu zu überreden, gegen das einzuschreiten, womit die ČSR in Genf zu Hilfe kam. Renners Gewährsmann war der in Prag einflußreiche Genosse Vlastimil Tusař; aber Tusař versagte sich der Internationale der Proletarier und übte, wie ehedem die Tschechen im Reichsrat, die Pflicht zur nationalen Solidarität aus; man war Regierungspartei, und tschechische Sozialisten hielten seit jeher mehr von der nationalen Solidarität als von der internationalen.

Es lohnt sich auch heute, die sogenannte *verbale* Radikalität der Linken, wie sie damals formuliert wurde, in Protokollen und Zeitungsberichten nachzulesen. Hier soll aber nicht in alten Kriegstagebüchern des Kampfes um die Völkerbundsanierung 1922 geblättert, sondern das Ergebnis festgehalten werden. Am 24. November 1922 nahm der Nationalrat die Genfer Protokolle mit 113 gegen 68 Stimmen, also mit einer kompakten Mehrheit an. Zwei Tage später wurden mit 98 gegen 60 Stimmen auch das Wiederaufbaugesetz und mit der notwendigen Mehrheit das fragliche Vollmachtgesetz sogar ohne Gegenstimme angenommen (!). Trotz der versäumten Gelegenheit, dem Vollmachtgesetz die Zustimmung zu versagen und damit die ganze Aktion Seipels zu Fall zu bringen, hallte im Prunkgebäude am Ring des 12. November der Theaterdonner weiter. Nur beteiligten sich im *Bundesrat* die Regierungsparteien nicht an dem Getöse, und so ging dort die Opposition allein ins Rennen und durchs Ziel. Der so erzeugte Einspruch des Bundesrates bestätigte erneut, wie lahm die Länderkammer 1920 geraten ist. Der Nationalrat beschloß am 2. Dezember einmal mehr die einschlägigen Regierungsvorlagen.

Die Auslandstaaten ratifizierten bald. Die Schweiz, an sich kein Signatarstaat der Protokolle von Genf, beteiligte sich mit 20 Millionen Franken. Dann erfolgte in London die Ratifizierung der Garantie. Dem folgte die ČSR. Mussolini versprach ausdrücklich die Ratifizierung dessen, was Italien vor seiner Machtübernahme auf sich genommen hatte. Am Silvestertag 1922 ratifizierte Frankreich. Und eben an diesem Tag trat in Wien der fragliche »außerordentliche Kabinettsrat« zusammen.

In vielem war das Geschehen von 1922 eine Generalprobe für das, was 1926/27 über die Republik hereinbrach. 1926 wird Bauer auf dem Parteitag der SDAPÖ in Linz die Solidarität der Arbeiterklasse auf internationaler Ebene gegen jene des Kapitalismus aufbieten. Das sollte auf eine 1922 vollzogene internationale Einheit des Kapitalismus reflektieren, die den Sieg der Linken im Klassenkampf hinausschob. In Linz, 1926, konnte aber Bauer bereits für den Fall einer Wiederholung einer solchen Vorgangsweise des internationalen Kapitalismus die *Diktatur des Proletariats* androhen. Also eine außerparlamentarische Pression, die einer Minorität im Lande.
Aber auch im *Guten* nahmen die Geschehnisse vom Sommer und Herbst 1922 einiges von dem vorweg, was 1927 den tragischen Ereignissen beim Brand des Justizpalastes folgte: Wurden 1927 im Nationalrat kurz nach der heftigen Debatte über die Folgen des Brandes richtungweisende schulgesetzliche Reformen im Einvernehmen mit den Abgeordneten der SDAPÖ, also der Opposition verabschiedet, so folgte 1922 ein anderer wichtiger Beweis für eine Konsenspolitik im Schatten wildester parlamentarischer Auseinandersetzungen:
Am 15. Dezember 1922 beschloß der Nationalrat nach schwierigen Kompromißverhandlungen mit der Opposition eine Novelle zur Arbeitslosenversicherung. Im übrigen hatten Seipel und seine Partei freilich bei den nächsten Wahlen den Preis für die ungünstigen Auswirkungen der Sanierung zu bezahlen:
Für Seipels Werk sprach die nunmehrige Ordnung in den Währungsverhältnissen und darin fand der Bundeskanzler vor allem die Zustimmung der Banken, einschließlich der von Karl Renner eben geschaffenen »Arbeiterbank AG« sowie anderer im Vorfeld der SDAPÖ florierender Wirtschaftsunternehmungen. Das bisherige horrende Budgetdefizit wurde unter Kontrolle gebracht, 1924 konnte bereits ein Überschuß erzielt werden. Was später für die Finanzpoltitik Kienböcks typisch wurde, zeichnete sich ab: Des Guten wurde zuviel getan, und manches Gute verdorrte dabei in Österreich. Der Mittelstand, der nach 1918 schon arg unter die Räder gekommen und nicht gerade das Einzugsgebiet der

SDAPÖ war, erlitt schwerste Einbußen. 96000 Bundesbedienstete, Erben des Beamtenapparates einer untergegangenen Großmacht, mußten entlassen werden. Eine Aufnahmesperre verbitterte jene Jugend, die sich bald gegen die Alten in den alten Parteien, in allen Parteien, gewendet hat. Die 1923 eingeführte Warenumsatzsteuer, an sich ein Minimum im Vergleich zur Mehrwertsteuer der Zweiten Republik, führte zu einem erneuten Preisanstieg. Reallohnverluste traten ein. Der Kompromiß in der Arbeitslosenversicherung bedeutete eine finanzielle Sicherung, zugleich aber auch eine Kürzung des Staatszuschusses. Je weiter die Modernisierung der veralteten, aus der Zeit vor dem Krieg stammenden Industrieanlagen vorankam, desto mehr nahm die Zahl der manuellen Arbeitsplätze ab. Kurzarbeit und Arbeitslosigkeit boten fürs erste kein gutes Bild dessen, was man die Seipel-Sanierung nannte. Erst 1926 zeigten sich die reellen Folgen der Sanierung. Erfolge, die der Börsenkrach in New York von 1929 und dessen Auswirkungen auf Europa fast zunichte machten.
In Wien geriet die Arbeitslosigkeit nicht in Ausmaße, die in anderen Ballungsräumen der Industrie eintraten. Die Kommunalpolitik der sozialistischen Stadtverwaltung warb Wähler und konnte Auswirkungen der Seipel-Sanierung allein schon durch die forcierte Wohnbaupolitik zum Teil ausgleichen. Aber das ging freilich zu Lasten derer, denen das neue Steuersystem des Stadtrats Hugo Breitner nichts einbrachte, die sogar Einbußen erlitten, die blieben. Der Mittelstand in dieser Stadt erlitt so seit dem Ende der Monarchie den dritten Schlag. Kein Wunder, daß in dieser Bevölkerungsschicht vor allem unter der Jugend eine quasi-revolutionäre Stimmung entstand, die nichts Gutes erwarten ließ.

Aufrüstung zum Bürgerkrieg

1923 und danach

Es geschah 1923 nicht zum ersten Mal, daß in Österreich die Opposition jenen Staat verteidigen wollte, den sie seitens der amtierenden Regierung gefährdet sah. 1923 wollte die SDAPÖ mit der Aufstellung ihres Republikanischen Schutzbundes ihre Republik von 1918 gegen Anschläge verteidigen, die sie nicht nur im *Parteienkampf* vom Gegner erwartete, sondern womöglich auch von dem *Mißbrauch der Staatsgewalt,* die seit 1920 in den Händen ihrer Gegner war. Sie wiederholte so, was zwei Generationen vorher die aus der Regierung verdrängten deutschen Liberalen taten, die als Oppositionspartei die einzige durchaus verfassungstreue Partei im Abgeordnetenhaus am Franzensring in Wien blieb.
Von allen Bürgerkriegsarmeen in der Zeit vor 1938 war der Republikanische Schutzbund die einzige, die auf dem Boden einer politischen Partei, der SDAPÖ, entstand, von ihr organisiert und finanziert und mit ihrer ganzen Unterstützung versehen war. Das ging schließlich so weit, daß nur jene in die Lokalorganisation aufgenommen wurden, die eine zweijährige Mitgliedschaft in der SDAPÖ nachweisen konnten. Außerdem waren die Zugehörigkeit zum jeweiligen Verband der sozialdemokratisch ausgerichteten Freien Gewerkschaft sowie der Bezug der »Arbeiter-Zeitung« Voraussetzung. Anders als in den Uranfängen der Volkswehr, wurden die Schutzbundführer nicht gewählt, sondern von der Landesleitung ernannt. Julius Deutsch stand an der Spitze des Schutzbundes, er hatte einige bewährte Offiziere des Bundesheeres bei seinem Scheiden aus der politischen Leitung des Heeresressorts mitgenommen; zu diesen stießen dann der verabschiedete Generalmajor Theodor Körner und der ausgezeichnete Frontoffi-

zier, zuletzt Major des Bundesheeres, Alexander Eifler. Eifler wurde Körners Widerpart im Kampf um die Perfektion des Schutzbundes. Eifler glich aber in puncto Herkunft Körner durchaus, ja sein Vater war sogar General und ging als Eifler Edler von Lobenstedt in Pension.

Außer dem Schutzbund gab es in der Bürgerkriegsära nicht eine Wehrorganisation, die den gleichen Rückhalt bei einer mächtigen Massenpartei hatte. Die vom k.u.k. Oberst Hermann Ritter von Hiltl gegründete Frontkämpfervereinigung (FKV) war in der Führungsspitze monarchistisch ausgerichtet; sie stand schon deswegen im Konflikt mit dem von Seipel nach 1918 eingeschlagenen Kurs und hätte sich eine Einmischung der Christlichsozialen Partei in ihre Führung energisch verbeten. Gleiches galt für jene Formationen, die nach 1918 aus den örtlichen Ortswehren, Bürgerwehren und den Kameradschaftsverbänden der Heimkehrer hervorgegangen waren, freiwillige und *überparteiliche* Verbände, die sich später als Heimwehr, Heimatschutz und dergleichen vergeblich um eine haltbare gemeinsame Führung und ein verbindliches Aktionsprogramm bemühten – bis sie 1936 von der Regierung Schuschnigg aufgelöst wurden.

Allein der Charakter der Führerpersönlichkeiten der Heimwehren, zwischen denen nur zu oft eine erbitterte Rivalität bestand, kennzeichnet die Distanz dieser Bewegung zur Christlichsozialen Partei, letztlich zum Parteienwesen überhaupt. Anders als bei der FKV traten in der HW (diese Abkürzung wird hier verallgemeinernd gebraucht) zunächst zwei Männer auf, die sonderbarerweise keine Frontsoldaten im Krieg waren und die beide nicht einmal den bescheidensten Rang in der Truppe innegehabt hatten: Richard Steidle und Walter Pfrimer.

Pfrimer, Sohn eines Weingroßhändlers aus der Untersteiermark, war Protestant, studierte während des Krieges fertig und wurde nach kurzer Einberufung 1917 als untauglich entlassen. Von Haus aus national gesinnt, versuchte er sich schon 1917 als Gründer eines *parteifreien* »Volksrates für Obersteiermark«. Nach 1918 kurbelte er unter den Unruhigen, gründete da und dort Ortswehren, holte sich als »Stabschef« den ehemaligen Kaiserschützen-

Oberleutnant Rauter, der 1949 in den Niederlanden als Kriegsverbrecher gehängt wurde. Am 15. Juli 1927 hatte Pfrimer schon einen Namen, an den sich manche Erwartungen knüpften. Auch ungute und nicht nur in den Reihen der Gegner. 1928 wurde er Zweiter Bundesführer der HW. Er ging in den dreißiger Jahren zusammen mit Rauter und anderen Männern des Steirischen Heimatschutzes nach seinem total mißglückten »Marsch auf Wien« vom September 1931 ins Lager Hitlers. 1938 wurde er in den Reichstag gewählt, verlor aber so sehr jede politische Bedeutung, daß er nach 1945 zwar zunächst interniert, im übrigen aber vom britischen Besatzungselement, das seine politischen Instruktionen von einer Labour-Regierung in London erhielt, ziemlich unbehelligt blieb. Er wurde neuerlich als Rechtsanwalt zugelassen und starb hochbetagt 1968 in Judenburg. Der Steirische Heimatschutz, von dem er große Teile in die Kampfverbände der NSDAP führte, gehörte zum wilden Haufen des dortigen Landeshauptmannes Rintelen. Obwohl Anwalt, besaß Pfrimer wenig von dem, was ein Politiker als Mindestausstattung braucht. Er war ordinär, wenn er in Reden Gegner, selbst die in der HW, angriff. Sein Radikalismus war ein wenig von der Art, wie es nach 1938 ein nach Österreich gekommener Nationalsozialist ausdrückte: Der Mund um eine Kleinigkeit größer als das Hirn.
Neben Pfrimer stach der Südtiroler Richard Steidle hervor. Er studierte in Innsbruck Jus und trat dort der katholischen Studentenverbindung »Austria« bei. In Friedenszeiten untauglich, wurde er nach Kriegsausbruch Militär-Gerichtsakzessist. So stachen er und Pfrimer im Führungskorps der HW dadurch hervor, daß an ihrer Windjacke auch nicht eine Kriegsauszeichnung zu sehen war. Steidle diente sich in der Tiroler Volkspartei, also bei den dortigen Christlichsozialen, hinauf. Landtagsabgeordneter von 1919 bis 1934, auch Bundesrat und Landesrat, geriet er mit den Fraktionskollegen im Bundesrat 1930 in einen derartigen Konflikt, daß man sich seiner Mitgliedschaft entledigte. Steidle wurde 1920 Gründer der HW in Tirol. 1930, um die Zeit des sogenannten Korneuburger Eides, war er Erster Bundesführer der Selbstschutzverbände der Rechten in Österreich. Im Kampf gegen den

Nationalsozialismus zeigte er eine unerbittliche Härte. 1938 wurde er ins KZ eingeliefert, 1940 starb er im KZ Buchenwald. Als Redner war er Pfrimer überlegen. Im Umkreis von Pfrimer war er als Kathole und CVer unerwünscht. Man darf sagen, daß seine Art, im Heimatschutz und in der Staatspolitik aufzutreten, mit ein Grund dafür war, daß sein Bundesbruder Kurt von Schuschnigg um 1930 mit seinem Konzept der »Ostmärkischen Sturmscharen« (OSS) hervortrat und damit der HW eine mit äußerstem Mißbehagen wahrgenommene Konkurrenz, besser: eine Alternative, gegenüberstellte. Schuschnigg, ausgezeichneter Artillerieoffizier, kam nach dem 3. November 1918 in die langdauernde italienische Kriegsgefangenschaft, machte sich in Innsbruck einen Namen und wurde um die Mitte der zwanziger Jahre als jüngster Abgeordneter der Partei Seipels in den Nationalrat gewählt.

Steidle war es, der zusammen mit anderen Julius Raab, seinen Cartellbruder, in Korneuburg am 30. Mai 1930 zwang, dessen Mandat als Christlichsozialer gegenüber der Bindung an die HW hintanzustellen. Das führte zu jenem Bruch, der Ursache dafür wurde, daß Raab im Dezember 1930 aus der HW austrat, um eine *unabhängige* Niederösterreichische Heimwehr zu gründen, die im Fahrwasser der Christlichsozialen trieb. So geriet Raab damals öfters in Konfliktsituationen mit dem späteren Innenminister Oskar Helmer, der in der Führung des Schutzbundes in Niederösterreich hervortrat. Weil es aber Österreich war, wo sich dies abspielte, gerieten in Niederösterreich 1933/34 die Dinge so, daß der Hahnenschwänzler Raab und der Schutzbündler Helmer versuchten, den Widerstand des Reichsbauernführers und Landeshauptmannes von Niederösterreich Josef Reither gegen das Experiment des Ständestaates und den wachsenden Einfluß des nunmehrigen Bundesführers des Österreichischen Heimatschutzes, den Oberösterreicher Starhemberg, zu unterstützen.

Ernst Rüdiger, siebenter Fürst von Starhemberg erlebte als 19jähriger Fähnrich den letzten Waffenerfolg der k.u.k. Armee in Albanien im Kampf gegen Italiener und Franzosen. In Linz widerfuhr ihm dann, was jedem Frontkämpfer damals geschah, der sich nicht rechtzeitig der Merkmale eines solchen Heimkehrers entledigte. Das Studium in Innsbruck sowie die Zugehörigkeit zum Corps »Rhaetia« gerieten kurz. Sein Corpsbruder Ludwig Draxler, hochdekorierter Frontoffizier, nachmals 1935/36 Finanzminister, brachte ihn zum »Freikorps Oberland«. In diesem Verband marschierte Starhemberg am 9. November 1923 in München hinter Hitler; in Oberschlesien bewährten sich seine soldatischen Qualitäten, als Angehöriger der sogenannten »Schwarzen Reichswehr« diente er wieder als einfacher Schütze. Nie kämpfte er für den ererbten Besitz, im Gegenteil; er war einer der wenigen Politiker der Zwischenkriegszeit, die bei ihrem Einsatz ihren eigenen Besitz opferten. 1926 stieß er zur HW. Die Stegreifrede war seine stärkste und zugleich seine schwächste Seite. Nicht in wilden Saalschlachten, sondern als publikumswirksamer Redner diente er sich durch die örtlichen Gliederungen der HW in Oberösterreich. 1929 wurde er Landesführer.

In dieser Zeit hatte er sich schon auf die späteren Ziele seines Kampfes um Österreich eingeschossen: sichtbares Mißtrauen gegen die Demokratie im Parteienstaat, Bonzenwesen links wie rechts, nicht zuletzt Verrat an Deutsch-Österreich. Wie er nach 1933 im Kampf gegen den Nationalsozialismus nie seine beiden in Oberschlesien erworbenen Dekorationen des Adlerordens abgelegt hat, so weigerte er sich, sichtbare Auszeichnungen für die Teilnahme am Kampf gegen den Schutzbund, also im Bürgerkrieg erworbene Dekorationen, neben seinen Kriegsauszeichnungen zu tragen.

Er litt an neuralgischen Schmerzen bei jeder Berührung mit »Schwarzen«, für ihn eine Clique alter christlichsozialer Packler, CVer und Sakristeiwanzen. Dabei war er Sohn einer frommen Mutter und Mitglied einer Marianischen Kongregation bis zu seinem Tod im Jahr 1956. Was viele seiner jungen Anhänger begeisterte war nicht zuletzt seine äußere Erscheinung, die ihn allein schon vom Auftreten her von den angealterten Christlichsozialen unterschied. Als Innenminister und späterer Vizekanzler stellten ihn politische Gegner ziemlich leichtfertig als einen Star des Nachtlebens hin. Tatsache ist, daß er als erster aktiver Minister

den Flugzeugführerschein erwarb und bei einem ehemaligen Boxmeister im regelmäßigen Konditionstraining stand. Was ihm von nationaler Seite als Verrat an seinen Jugendidealen vorgeworfen wurde, war in Wirklichkeit Folge einer um 1930 eintretenden Änderung des Fontverlaufes. Kämpfte bis dahin die HW gegen den angreifenden Austro-Marxismus, so richtete sich nachher diese Abwehr gegen den bald mit aller Macht ins Land hereinbrechenden Nationalsozialismus. Kaum 37 Jahre alt, endete für Starhemberg die Laufbahn im Politischen. Das geschah 1936, als nicht nur Mussolini umschwenkte, um Österreich letztlich an Hitler auszuliefern, sondern auch Industriekapitäne in Österreich, in deren Familien schon die illegale NSDAP und deren Wehrverbände präsent waren, das Interesse an der HW verloren. Es machte also keine Mühe, wenn 1936 die Regierung Schuschnigg alle Wehrverbände auflöste, hoffend, damit einen Beitrag zur Befriedung, wie man sagte, zu leisten.
So miserabel die politische Führung der HW oft operierte, so hingebungsvoll waren die jungen Subalternoffiziere aus der Kriegszeit, Unteroffiziere als Ortsführer und unzählige junge Menschen, vor allem Studenten, die weder vor der Linken noch später vor Hitler kapitulieren wollten. Geführt von Offizieren des Ersten Weltkrieges wie Bauer und Deutsch auf der einen Seite, Starhemberg und dem Führer der Wiener HW Fey auf der anderen, marschierten die bewaffneten Wehrverbände in den Bürgerkrieg. Noch waren die Verbände der HW und verwandter Wehrverbände lose Haufen, die Einigkeit nur bei gemeinsamen Großkundgebungen zeigten, ohne zu einer genauen Zielerfassung erzogen zu werden, da standen schon 1924 in Wiener Neustadt 14 000 Ordner der SDAPÖ in Reih und Glied. Und 1924 war erst ein Jahr vergangen, seit der noch in Dienstesverwendung des Heeresministeriums stehende ehemalige k.u.k. Generalstabsoberst Theodor Körner gesagt hatte:
»Ich kann vor den Soldatenvereinigungen ohne Unterschied ihrer Einstellung nicht genug warnen.«
1924 aber hat Körner schon die Daseinsberechtigung des Schutzbundes energisch verteidigt. Es war nicht die glücklichste Tat des

christlichsozialen Heeresministers Vaugoin, den Konflikt mit dem temperamentvollen, als Militär hochbegabten Körner dermaßen auf die Spitze treiben zu lassen, daß Körner im Zorn aus dem Bundesheer ausschied. Körner, der 1914 wie viele begabte Offiziere der alten Armee mit großen Hoffnungen die Ära Franz Ferdinands ersehnte, damit die Donaumonarchie gerettet würde, war nach Herkunft und Anschauung einer jener Offiziere, die seit Joseph II. mit geringer religiöser Gläubigkeit ausgestattet waren. Als Zivilist wäre ihm damals das Fehlen einer repräsentativen liberalen Partei abgegangen. Im Krieg hatte er Kontakt mit sozialdemokratischen Journalisten, die an die Front kamen und in die Armeehauptquartiere. Der rote Körner, als der er später den Mißmut alter Kameraden zu tragen wußte, ist er bei seinem Ausscheiden aus dem Bundesheer noch nicht ganz gewesen.

Nie aber hat Körner etwas halb fertig sein lassen, was er einmal mit Überzeugung begonnen hat. Nach einer Ziehung halblinks stieß er, wie 1918, zu Julius Deutsch, der jetzt die Kritik der oppositionellen Sozialdemokraten in der Parlamentarischen Heereskommission vertrat. Und Körner begann das Prinzip zu verfechten, wonach es notwendig sei, den *Klassenkampf*, dessen Prinzip er aus Büchern studiert hatte, mit friedlichen Mitteln auszutragen. Noch brachte er von seiner Tätigkeit im Ministerium die durchaus richtige Ansicht mit, daß *allein* das Heer, die Polizei und die Gendarmerie den bewaffneten Schutz der Republik zu besorgen hätten. Daß das Bundesheer des Jahres 1923/24 aus einer Volkswehr hervorgegangen war, deren Schöpfer im Heer ein Instrument für den Klassenkampf sahen, schien Körner nun nicht mehr die Gefahr der Stunde zu sein. Er stellte sich resolut an die Seite der Arbeiterklasse, deren Aufstieg seiner Meinung nach vom Faschismus brutal verhindert werde und die daher gegen solche Anschläge zu sichern sei. Gesprochen in einer Zeit, in der in Österreich sich nicht einmal die genannten Führer der HW als Faschisten präsentierten, weil sie diese als die Feinde ihrer Landsleute in Südtirol haßten.

Bald wurde der gewesene Berufsoffizier Körner Vertreter des Standpunktes, wonach der Schutzbund keine Drohung mit Gewalt war, sondern gegen den Militarismus eingestellt. Es wäre unfair, hinter dieser Äußerung Körners den Versuch zu sehen, den aus einer sozialdemokratischen Massenpartei rekrutierten und in Formation gebrachten Schutzbund etwa als Friedensbringer zu tarnen. Noch gab es Situationen an den Grenzen der Republik, bei denen das Bundesheer imstande war, um das Heer Formationen der HW *und* des Schutzbundes für den Fall der Landesverteidigung zu sammeln. Der Schutzbund wie seine gegnerischen Wehrverbände hielten jene Waffendepots in Verwahrung, die man nach 1918 vor den Schnüfflern der Waffenstillstandskommission verborgen hat. Damals, als niemand daran dachte, daß einmal diese Waffen eine mörderische Wirkung im Bürgerkrieg haben werden.

Eifler, der Frontoffizier, und Körner, der geschulte Generalstäbler, waren sich bald uneinig darüber, wie der Schutzbund seine Beziehung zur SDAPÖ zu ordnen habe und wie er im Ernstfall operieren sollte. Eifler nahm sich die angebliche Situation der HW zum »Vorbild«: ein Wehrverband, dem keine Parteileitung etwas dreinzureden hat, was Eifler übrigens später fälschlicherweise von der SA der NSDAP vermutete. Körner sah in dieser Anschauung Eiflers ein Abirren in paramilitärische Formationen. Im Technischen Ausschuß des Schutzbundes kam diese Kontroverse schon vor dem Brand des Justizpalastes zur Austragung. Es trafen sich dort mehrere tüchtige Berufsoffiziere von gestern, man betätigte sich nicht im Sandkasten, sondern versuchte den Operationsplan für den Einsatz des Schutzbundes als *Ultima ratio im Klassenkampf* klar zu erfassen. Körner kümmerte sich in dieser Zeit vor allem um Fragen der Organisation, um die Ausbildung, aber auch um die politische Schulung und – um die Waffenbeschaffung.

Das Feindbild gab die HW ab, so unfertig und wenig gefährlich sie noch war. Es ist eine der Tragödien im Verlauf des Bestehens der Ersten Republik, daß in der HW Kampfkraft und Kampfbereitschaft des Schutzbundes und im Schutzbund jene der HW überschätzt wurden. Beide Formationen wähnten sich in der Abwehr und hielten das Renommiergehabe der anderen Seite für den Ausdruck überquellender Stärke.

Eifler und Körner machten es sich nicht so leicht, wie jene gewissen HW-Führer, die das Problem der Demokratie in wilden Stegreifreden abtaten, den Beifall der Enttäuschten und bisher Verschüchterten ernteten, nachher aber fleißig ihrer Partei dienten. Die in der HW-Ortsgruppe Gewehrübungen (oft noch mit Attrappen) und Feldübungen mit nachheriger Verpflegungsausgabe in Gasthäusern veranstalteten, bis die nächste Großveranstaltung Lkw-Ladungen einsatzbereiter HW-Leute an den Ort karrte, wo ein publikumswirksamer Führer sprach. Sicher war das von der SDAPÖ dem Schutzbund zur Seite gestellte Reservoir von Politikern besser geschult als das eben erwähnte.

Körner meinte, an sich müsse man die Machtverhältnisse in Österreich mit dem *Stimmzettel* ändern. Eifler begehrte auf. Er war zornig darüber, daß die in der Minderheit befindliche SDAPÖ ruhig zuzuschauen gewillt war, wenn etwa die Mehrheit des Gegners es für gut fand, ihre Macht mittels der Diktatur zu sichern. Das war, als Pfrimer und Steidle und andere redeten, als hätten sie tatsächlich schon eine Bewegung hinter sich, die nicht zum Schutz angetreten war, sondern als jenes Instrument zur Machtergreifung im Staat, wie das dann Jahre später, 1930, in Korneuburg in die Eidesformel der HW aufgenommen worden ist. Körner sah aber andererseits schon vor 1927 durchaus die Möglichkeit, daß der Klassenkampf »auch in Gewalt enden« kann. An sich wollte er aber Zusammenstöße der Arbeiterklasse »mit der bürgerlichen Gewalt« vorweg ausschließen. Die Arbeiterklasse sollte ihren Kampf so führen, daß sie nicht mit der staatlichen Ordnung in Konflikt geriet. Mit einer Ordnung, die sich im Moment, da Körner so dachte, in den Händen der Gegner der SDAPÖ befunden hat.

An diesem Punkt blitzte aber in der Argumentation das Denken des alten Militärs auf: Demnach sollte der Schutzbund gemeinsam mit den freigewerkschaftlich, also sozialdemokratisch organisierten Angehörigen der Polizei und der Gendarmerie jene Macht zusammenballen, die imstande wäre, ein »rotes Heer« zu sein. Ein Vorhaben, das sich nach dem 15. Juli 1927 nicht mehr verwirklichen ließ, weil die Wiener Sicherheitswachebeamten nach den Ereignissen dieses Tages (sie hatten die ersten Toten zu beklagen) scharenweise ihre Freie Gewerkschaft verließen und sich einer gegnerischen Gewerkschaft anschlossen. Die Polizei, die Körner vor dem 15. Juli 1927 noch als möglichen Kern eines »roten Heeres« in Rechnung gestellt hatte, gab es nach 1927 nicht mehr. Schutzbund und Polizei lieferten sich vielmehr opferreiche Gefechte. Wie bei jedem Putsch entschied 1934 das Heer, wer Sieger wurde. Wenn man bedenkt, daß der Putschversuch Pfrimers im Jahr 1931 dermaßen zur Farce geriet, daß er ohne Einsatz von Verbänden des Bundesheeres an Ort in der Obersteiermark erstickt wurde, dann war es sicher eine Fehlkalkulation, wenn vor 1933 im Schutzbund und in der SDAPÖ die Meinung entstand, die christlichsoziale Partei sei auf einen Putsch aus.

Wer den genauen Verlauf der angeblich von der HW herangezwungenen Verfassungsänderung 1929 kennt, der weiß, daß aus diesem spektakulären Akt nicht sie, sondern die Linke (!) als Sieger in einem Abwehrkampf hervorging. Und daß die Linke nie unter der Pression stand, etwa mit einem Putschversuch des Verhandlungspartners überrascht zu werden, solange Schober Bundeskanzler war.

Am Höhepunkt seines Einflusses im Schutzbund hat Körner noch mit seinem Kameraden aus alten Tagen Karl Schneller einen Meinungsaustausch gehabt. Nur ungern trennte sich Körner von der Grundannahme, daß ihm die freigewerkschaftlich organisierten Sicherheitswachebeamten im Ernstfall eine Kerntruppe stellen würden. Als im Juli 1927 diese Erwartung für alle Zukunft erlosch, mußte im Schutzbund ein neuer Plan gefaßt werden.

In Wien und in allen Gemeinden mit einem von der SDAPÖ gestellten Bürgermeister sollte eine *Gemeindewache* aufgestellt werden. Zu dieser sollte dann der Schutzbund als eine Art Hilfspolizei treten.

Tatzeugen jener Jahre werden an dieser Stelle bemerken, daß dem ziemlich genau jene Organisation eines »Freiwilligen Schutzkorps« entspricht, das 1933 die Regierung Dollfuß nach ersten Gewaltanschlägen der illegalen Nationalsozialisten aufstellte – und als Hilfspolizei (!) einsetzte.

Putsch und Gegenputsch, Revolution und Konterrevolution ereignen sich nach einem diesem Prinzip der Gewaltanwendung innewohnenden Gesetz, zu dem auch die Genialität Körners in der Zeit seiner Tätigkeit im Schutzbund keine wirksame Alternative erfinden konnte. Es blieb nur eines übrig: Die im Frühjahr 1933 primär zum Kampf gegen die Nationalsozialisten angetretene Regierung Dollfuß als *Putschregierung* hinzustellen und eine Lösung des Problems zu suchen, das entstehen konnte, wenn die Exekutive sich an die Seite der »Putschisten« von oben stellte.
Das war die 1934 gegebene Lage. Jahre vorher, als Körner noch seine Kenntnisse dem Schutzbund lieh, rechnete man allen Ernstes mit einem Putsch zwecks Errichtung einer monarchistischen (!) oder faschistischen Diktatur. Faschismus war dabei alles, was sich jeder Möglichkeit einer Diktatur des Proletariats *vorweg* entgegenstellte.
Aber die Monarchisten boten schon Mitte der zwanziger Jahre bei Gedenkfeiern nicht mehr als einige hundert, oft angealterte Demonstranten auf. Ihr Oberst a. D. Wolff, wieder ein Oberst im Bürgerkrieg (!), hätte, wenn er überhaupt hätte putschen wollen, nicht einmal mehr die FKV zur Verfügung gehabt. Jene einmal gefürchtete Frontkämpfervereinigung, die Ende der zwanziger Jahre mehr und mehr zu einem eisernen Kern der alten Generation zusammenschmolz. Und namens des Faschismus wäre in den zwanziger Jahren die HW kaum auf die Barrikaden gegangen. Noch füllten große Massen die ganze Weite des Wiener Karlsplatzes, wenn der Südtiroler Pater Adolf Innerkofler zum Kampf für die Freiheit Südtirols und gegen den Faschismus (dessen Symbol noch jetzt die Stadt Bozen schmückt) aufgerufen hat. Eifler aber gab die Argumentation nicht auf:
Nicht ohne guten Grund warnte er die Genossen davor, dem Bundesheer und der Bundespolizei jene Qualitäten zuzumuten, die einmal die k.u.k. Armee oder die k.k. Sicherheitswache der Hauptstadt Wien besessen hat. Mochte auch zutreffend sein, daß, nach Körner, eine moralische Zersetzung dieser Exekutivkörper fortschritt – an der Macht der an der Macht im Staat befindlichen Bourgeoisie konnte das nicht viel ändern. Körner und Eifler sahen

sich stets nur *Bütteln der Bourgeoisie* gegenüber, wenn sie mit der Feindschaft der HW sowie der Exekutive rechneten. Daß die Massen, jedenfalls die Mehrheit der Wähler in Österreich, ein sozialistisches, ein marxistisches, ein rotes Österreich – oder wie immer ihr gemeinsames Feindbild aussah – grundsätzlich ablehnten, daß in einigen Wahlgängen diese Tatsache immer wieder ihre Bestätigung erfuhr, wurde in der Agitation als die üble Folge der heimtückischen Verführungskünste gewisser Agitatoren der Industrie oder der Pfaffen hingestellt. Andererseits räumte man vorweg dem Proletariat ohne Rücksicht auf die Mehrheitsverhältnisse im Land das geradezu natürliche Recht ein, ihre Diktatur aufzurichten, wie es Karl Marx lehrt.
Wer aber waren die Menschen, die diese Diktatur mit geradezu naturgesetzlicher Notwendigkeit in die Hand bekommen sollten? Diese Frage hat schon 1903 die alte sozialdemokratische Partei Rußlands entzweit, als auf ihrem II. Parteitag im Exil die Frage Demokratie oder Gewaltanwendung zur Machtergreifung umstritten war. Damals wollte einer wissen, wie denn die Leute aussähen, die diese Diktatur quasi von der Natur der Dinge zugespielt bekommen. In Rußland beantwortete Lenin die Frage 1917 eindeutig und klar auf seine Art. Im Österreich der zwanziger Jahre sah es so aus, als würde gegebenenfalls die Führergarnitur der SDAPÖ die Macht des Proletariats ergreifen – und genau das wollte die Mehrheit damals nicht.
Aber, die HW marschierte doch, oder? Wie stark war die HW am Vorabend des 15. Juli? Mit Zahlen ging man in der HW sparsam um bei der Nennung in der Öffentlichkeit. Die Doppelreihen der HW waren manchmal schütter und die Abstände in der Front der bei Kundgebungen aufgestellten Kompanien oft sehr groß; mußten groß sein, sollte sich das Ganze nicht in einer Ecke des Platzes, meistens des größten einer Stadt, abspielen. Noch fand das Ganze vorwiegend im Saal statt: Vor allem die Versammlungen, wo man sich nach den Schrecknissen der Umsturztage an der deftigen Redeweise der von der HW gestellten Redner erfreute. Und bei den Ordnungsübungen gab es immer häufiger junge Männer, die nie beim Militär, geschweige denn an der Front gewesen waren und

deren Marschdisziplin den am Defilierungspunkt stehenden alten Soldaten viel Nachsicht abverlangte. Noch in der Zeit nach 1945 freuten sich Tatzeugen aus dem damaligen sozialdemokratischen Lager, wenn sie sich an die Anfänge der HW erinnerten: ein kümmerliches Dasein in Winkeln und Wirtshäusern. Und auch die Seipel-Sanierung tat der Heimwehr auf die Dauer nicht gut. Die Gefahren, die einmal in der Umsturzzeit brave Steuerzahler das Fürchten und die Dankbarkeit gegenüber den ersten, die sich den »Sozis« entgegenstellten, lehrten, waren vorbei. Man gab sich der Hoffnung hin, daß die Sache, die der Seipel angefangen hat, denn doch bald Früchte tragen wird. Man wird sich im Vergleich zur Vorkriegszeit einschränken; man wird hinnehmen, daß die Straße im roten Wien eben den »Sozis« und sonst niemandem gehört; und man wird es in den Betrieben in der Chefetage oft nicht gerne sehen, wenn irgendwelche Subjekte auftauchen, die in der sozialdemokratisch organisierten Arbeiterschaft im Verdacht stehen, bei irgendeinem nichtmarxistischen Wehrverband zu sein.
Ordner, wie die SDAPÖ welche hatte, die nicht nur als Saalschutz, sondern auch als Ordnungskräfte bei Massendemonstrationen auftraten, brauchten die Koalitionsparteien der Regierung Seipel nicht. Denn sie brachten keine Massen auf die Straßen, und wenn welche auftraten, dann marschierten sie nicht hinter Symbolen und Spruchbändern einer Partei – sondern hinter kirchlichen Symbolen beim Katholikentag. Und Ordnung hielt man von Haus aus, dazu brauchte es keine von einer Partei bereitgestellte Truppe.
Seltsam, daß Linz der Ort war, wo alle drei Großparteien Österreichs einmal Programme verlauteten oder nach dieser Stadt benannten: 1881 das Linzer Programm der Deutschnationalen in Österreich; 1923 das von Karl Lugmayer verfaßte Linzer Programm der Christlichen Arbeiterbewegung; 1926 das historisch gewordene Linzer Programm der SDAPÖ. Auch ohne Detailkenntnisse in der Geschichte des Parteienwesens wird man herausfinden können, daß jenes von 1881 und das von 1926 von weitreichender Bedeutung für die Vorgänge in Staat und Gesellschaft in Österreich waren. Für die betreffenden politischen Parteien,

deren Anhänger schon längst auf Distanz zum religiösen Leben gegangen waren, bedeuteten diese Programme so etwas wie Ersatzreligionen für den politischen Alltag. Umgekehrt verhielt es sich bei Parteien, die im Schatten eines säkularisierten Christentums vor manchem Wind und Wetter geschützt waren. Auch sie hatten zu Zeiten Programme, aber sie waren nur so etwas wie Ausführungsbestimmungen zu dem, was ihnen die mehr oder weniger geübte Teilnahme am kirchlich-religiösen Leben ohnedies mitgab. Der Gegner sah freilich nur den Mantel dieser Christianität und wußte wenig vom internen Problem solcher christlicher Parteien:

Nämlich daß sie das Engagement ihrer Anhänger mit der Kirche zu teilen hatten und oft die beste Politik nur als Nebenbeschäftigung unter anderen Obliegenheiten ihres Daseins ansahen. Und: Diese Parteien lebten vom Pressewesen, das im Vorfeld der Kirche entstand; das kirchliche Vereinsleben überließ nicht viel für jenes in der Partei; und viele echte Begabungen hielten sich an die Warnung, wonach die Politik ein schmutziges Geschäft sei.

Hat nicht auch Herr von Goethe, zu Zeiten selbst in Diensten seines herzoglichen Gönners politisch tätig, die Politik in seinem Werk »Faust« zu den garstigen Liedern gerechnet? Waren die Herren Studenten, die er ins Bühnenbild brachte, nicht froh, sich nicht ums Heil'ge Reich kümmern zu müssen? Ohne viel von Goethe zu wissen, lebte so die Masse derer dahin, die treue Gefolgsleute des Doktor Lueger waren und die nach 1918 im roten Wien Trauer trugen und gar nicht mehr damit rechneten, daß sich die Färbung der Stadt je ändern könnte.

Dementsprechend fielen, nachdem Luegers Mund verstummt war, die Reden der Epigonen aus. Also waren nach 1918 jene, die sich so gar nicht anfreunden konnten mit den Versprechungen und Leistungen der Austro-Marxisten, froh, wenn plötzlich ein Hahnenschwänzler (diese von der Linken aufgebrachte Spottbezeichnung wurde ungeniert im eigenen Lager gebraucht) das Wort ergriff. Und es den Sozis gehörig »einig'sagt«, also hineingesagt hat. Solche Reden enthielten wenig politisch-weltanschaulich Relevantes, die HW brachte überhaupt keine Ideologie ins

Spiel. Wer aber klug genug war und bei der Beurteilung einer Partei auf Typen, Methoden und Nahziele schaute, fand heraus, daß in dieser Hinsicht die von der HW halt ganz anders waren – anders als die Honoratioren der alten Lueger-Partei und erst recht verschieden von den Sozis.
Für die Christlichsozialen bedeutete das, daß die HW, vor allem jene Formationen wie der Steirische Heimatschutz, den bürgerlichen Parteien, wie die Austro-Marxisten ihre Gegner allesamt bezeichneten, einige Substanz wegnahm. In Oberösterreich geschah es zuerst, daß in den HW-Versammlungen gehörig losgezogen wurde über den christlichsozialen Landeshauptmann Schlegel. Und überall wurden die »Packler« diskreditiert, die unter der Hand mit den Sozis ihr Geschäft besorgten. Diesen erging es so wie nach Abschluß des österreichischen Staatsvertrages von 1955 den bisher in der großen Koalition tätigen Politikern, die als *Koalitionspolitiker* abgewertet wurden und denen junge Senkrechtstarter der Erfolgsgeneration seltsame Eigenschaften und Mängel zuschrieben. So in den sechziger Jahren, als in der ÖVP eine junge Generation, sie selbst nannte sich eine *andere* Generation, die traditionelle Linke *links* überholen wollte.
Mitte der zwanziger Jahre wollten jene, die zur HW gingen, die etwas lahm gewordene Lueger-Partei *rechts* überholen. Da war nur ein Unterschied: Die HW kam an Seipel nicht vorbei, sie respektierte seine Persönlichkeit, selbst die wilden Männer in den Bergen des Landes taten es.
Auch Bauer kam nicht mehr so leicht an Seipel vorbei, wie es am Anfang der Sanierung des Jahres 1922 ausgeschaut hatte. Es genügte nicht, den Effekt der Sanierung in der Tagespresse über die Maßen zu diskreditieren. Man mußte sich etwas einfallen lassen, was dem Prälaten endgültig den Weg versperrte und seine Leute irritierte. Und den sogenannten kapitalistischen Pfeffersäcken Angst einflößte.
Dem ersten Start dazu kam ein ärgerliches Ereignis in den Weg: Am 1. Juni 1924 feuerte ein gewisser Karl Jaworek zwei Schüsse auf Seipel. Die Verwundungen des Kanzlers waren nicht lebensgefährlich, der Schaden bestand darin, daß der Verletzte, so wie

Lueger, die damals so genannte »Politikerkrankheit« hatte. Also Diabetes, zu Lebzeiten Seipels unheilbar.
Sofort wies Bauer im Zentralorgan seiner Partei die unwillkommene Bundesgenossenschaft zurück. Hätten die Anhänger Seipels die »Arbeiter-Zeitung« gelesen, dann wären sie erstaunt gewesen. Da war nicht mehr vom Verrat Seipels bei der Sanierung die Rede und nicht von der Drohung, daß man staatsgefährlichen Verrat niederschlagen muß. Es war quasi eine teilweise Vorwegnahme dessen, was Bauer 1932 nach dem Tod Seipels schrieb. Und: Von der üblichen Kriegsbemalung im Politischen abgesehen, ein Ausdruck des an sich gegenseitigen Respekts vor der Person des Gegners, den sich beide nicht schuldig blieben, von dem aber – leider – die Massen in den Großparteien in jenen Zeiten so oft nichts erfuhren. Weil darüber der undurchsichtige Film wilder Polemik des Parteienstreits lag.
Es dauerte, bis man erfuhr, wie der Jaworek zu seiner Tatausführung kam. Der Täter war im Krieg Matrose gewesen, hatte die Meuterei in Cattaro im Februar 1918 mitgemacht, aber auf einem Kreuzer, der nicht unter der roten Flagge gestanden hatte. Mit Leo Rothziegel zog er als Freiwilliger nach Ungarn, um Béla Kun gegen die Anschläge der Reaktion zu Hilfe zu kommen. Zurückgekehrt, wollte er in die Stadtschutzwache aufgenommen werden. Das gelang ihm nicht, aber er wurde Mitglied der SDAPÖ und kurze Zeit Betriebsrat an einer der rasch gewechselten Arbeitsstätten. Aus den Parteiversammlungen brachte er die Überzeugung mit, daß an aller Not im Land und also an der eigenen »der Seipel« schuld war. Er kannte einige Schlager zu diesem Thema. Etwa:
»Wo g'hört da Seipel hin (Wiederholung) / Da Seipel g'hört in d'Wurschtmaschin / Durt g'hört da Seipel hin.«
So die läppischen, eher harmlosen Texte. Es gab treffendere. Nach der Tat hat Jaworek gesagt, man hätte ihm versprochen, es sich etwas kosten zu lassen, wenn einer den Seipel beseitigen würde. Man. Darüber im Verfahren befragt, sagte Jaworek: Die Gewerkschaft hätte das angeblich übernommen, nämlich für seine Angehörigen zu sorgen. Jaworek bekam eine längere Haftstrafe,

ging aber nach drei Jahren nach einer Intervention Seipels vorzeitig frei. Als ein routinierter Sandler erreichte er ein hohes Alter und überstand sogar die kurze KZ-Haft, mittels derer man damals das Straßenbild von un-wertigen Menschen befreite.
Was blieb von dem Zwischenfall war die bemerkenswerte Tatsache, daß Bauer zwar das Attentat auf Seipel verurteilte und dem Gegner ein in menschlicher Hinsicht tadelloses Verhalten bescheinigte; im übrigen aber dem *politischen Mord* als »allerletzte Waffe einer entrechteten, mißhandelten Klasse« unter Umständen die sittliche Rechtfertigung zubilligte. Er nannte nicht gerade den Mord an einem k.k. Ministerpräsidenten im Jahr 1916, wie ihn ein radikaler Linksintellektueller verübt hat. Wohl aber verteidigte er den im Kampf verübten Mord als »letzte Möglichkeit legaler Verteidigung primitivster Menschenrechte«. Und: In einer intakten Demokratie brauchte es keinen Mord. Da hat der Hahn zum ersten Mal gekräht.
Zwei Jahre danach, im Sommer 1926, fuhr den braven Steuerzahlern wieder der Schrecken in die Glieder, als über den Wiener Ring die Masse des Republikanischen Schutzbundes vor der Führung der SDAPÖ paradierte. Und es erschrak sogar die alte Tante des Liberalismus, die »Neue Freie Presse«, sonst nicht gleich alarmiert, wenn links »etwas los war«. Am Tag nach dem Aufmarsch zeigte sie in einem Leitartikel auf, was wenige Monate später tatsächlich die SDAPÖ aus dem Mund Otto Bauers zu hören bekam und dem sie mit großer Begeisterung zustimmte:
»Die Demokratie ist nur ein Mittel für die Klassenherrschaft, und auch dann kann es ein Weg der Gewalt sein.«
Das paßte ziemlich genau in die Strategie des Major Eifler und in dessen Zielansprache im Klassenkampf. Auch General Körner hat die Gewalt als Ultima ratio im Klassenkampf nicht ausgeschlossen. Und in weiser Vorhersage leitartikelte die »Neue Freie Presse«:
»Das Ziel ist die Diktatur des Proletariats.«
Um es gleich hier zu sagen: So bloßgestellt hat sich Bauer selbst nicht, und zwei Generationen später muß man ihm bei nüchterner Betrachtung zugute halten, daß es wieder einmal der Ton war, der

jene Musik machte, die so schrecklich in den Ohren der Gegner klang. An den Ton erinnerte man sich, als die Schüsse fielen. Am 12. Februar 1934 – in Linz.

1926 war die Straße frei für die Bataillone im roten Wien. Die HW in Wien befand sich noch in einem erbärmlichen Zustand. Um 1920 haben zwei bekannte Heerführer des letzten Krieges jeder seinen Wehrverband, wie man später verallgemeinernd sagte, zu gründen versucht. Zuerst General Metzger, der wohl begabteste Mitarbeiter des Feldmarschalls Conrad von Hötzendorf, nachher General Krauß, dessen deutschnationale Gesinnung ihn einmal ins Lager der Nationalsozialisten führen sollte. Seltsamerweise fanden die an sich noch mit Respekt genannten beiden Heerführer keine Gefolgschaft. Es folgten Jahre, in denen »HW-Wien« so etwas wie die Bezeichnung eines pausenlosen Richtungsstreites innerhalb derer wurde, die alle das gleiche Ziel, nämlich die Erwiderung auf die 1923 erfolgte Gründung des Schutzbundes, hatten, die aber einander im Weg standen, wenn es galt, dieses Ziel zu erreichen. Erst nach dem Brand des Justizpalastes ergab sich eine brauchbare Resultante dieser Bestrebungen, und da war der Mann der Stunde da: Emil Fey.

Nach 1945 hat ein sozialdemokratischer Publizist den alten Witz: Was ist das, nämlich ein Säbel, an dem ein Jud' hängt (Antwort: ein Stabsarzt), umgekehrt. Er nannte Fey einen »Säbel, an dem ein menschlicher Körper hängt«. Es gab nicht einen Sozialdemokraten von damals, der an Fey jemals ein gutes Haar gelassen hätte. Und diese Kritiker wurden schließlich glänzend gerechtfertigt. Sogar Starhemberg, der am Ende seines unlösbaren Konflikts mit Fey ein Duell der beiden heraufbeschwor, nannte Fey einen skrupellosen, instinktlosen Verräter, der Cliquen und eine Freunderlwirtschaft züchtete, und zieh ihn der Mitschuld am Tode Dollfuß'. Da es nun auf Erden keine derart vollkommene Personifizierung des Bösen gibt, die sich geradezu in der Schilderung einer Teufelsgestalt gefällt, muß es an dem Mann etwas gegeben haben, das anders geraten ist, als es seine geschworenen Feinde sahen oder sehen wollten.

Fey schuf die Wiener Heimwehr, abgekürzt WHW. Ihr Abzei-

chen war das Feldzeichen der Kaiserlichen, das Eichenlaub. Tradition war sein Fall.
Feys Vater kam aus Dresden nach Wien, die Familie war protestantisch. Der Sohn folgte einer Tradition der Familie und wurde Offizier. Im Krieg diente er im Wiener Hausregiment »Deutschmeister«. Er kämpfte vor allem am Isonzo und wurde viermal schwer verwundet. Nur gegen heftige Widerstände im Ordenskapitel des Militär-Maria-Theresien-Ordens erfolgte 1922 die Zuerkennung der Ordenswürdigkeit. An sich war man der Meinung, Feys außergewöhnliche Tapferkeit verdiene die Verleihung der Goldenen Tapferkeitsmedaille für Offiziere. Nicht aber den statutenmäßigen Lohn für »eine militärische Aktion, (die) eine außerordentlich wichtige Entscheidung herbeigeführt hat« – und das ohne konkreten Befehl für den Fall. Besser als Lob und Haß bei Freund und Feind kennzeichnet die Gesprächssituation im Ordenskapitel die Eigenheiten dieses zum Vizekanzler aufgerückten Frontoffiziers.
Fey kämpfte 1920 in Kärnten, wurde Herausgeber der seriösen »Österreichischen Wehrzeitung«, führte im Palais des verstorbenen Bruders des alten Kaisers, Ludwig Victor, das Militärkasino und gründete 1923 die »Deutschmeister-Heimwehr«. Unter denen vom Regiment »Deutschmeister« hatte er einen erbitterten Konkurrenten, nämlich Oberstleutnant Josef Seifert. Seifert, später Landesführer der Vaterländischen Front in Wien, ersparte Fey nichts, was sich ehemalige Kameraden antun können, wenn Kameradschaft in Feindseligkeit und böse Rivalität umschlägt. Aber: 1927, nach dem Brand des Justizpalastes, wurde die HW in Wien dank Fey ein Faktor, an dem die Führer in den Bundesländern nicht mehr vorbeikamen.
Es soll nicht verschwiegen werden, daß letztere alles, aber auch wirklich alles taten, um Fey ein schlechtes Image anzuhängen; selbst besagte Mitschuld am Tode Dollfuß', ja sogar mehr. Darin teilten sich Steidle, Pfrimer und Starhemberg die Arbeit. Am 12. *Jänner* 1934 erließ der damalige Innenminister Fey einen Aufruf zum Kampf gegen die illegalen *Nationalsozialisten.* Die von Gulick und anderen verbreitete Anschuldigung, seine Rede vom

12. *Februar* 1934 sei ein Befehl zum Kampf gegen links gewesen, ist unhaltbar. Der Aufstand des Schutzbundes vom 12. Februar 1934 traf die Heimwehr überraschend. Nicht einmal die Stabseinheiten waren an diesem Tag alarmiert. Tatsache ist, daß Fey die WHW raschest ins Gefecht führte.
Nichts widerlegt die Lüge vom Dollfußmord besser, als daß sich Fey, seine »rassisch nicht ganz einwandfreie« Frau und sein Sohn, Militärakademiker in Wiener Neustadt, in ihrer Wohnung im März 1938 den Tod gaben. Wahrscheinlich wäre Fey, so wie der damalige Staatssekretär für Landesverteidigung General Zehner, ansonsten vom selben Mordkommando erledigt worden. Wie damals der Fachausdruck lautete.

Programm, Aktionen und Ziele

Linz 1926

Am 1. Jänner 1923 eröffnete die im Juni 1922 gegründete »Arbeiterbank AG« ihre Kassenräume. Nach der Verstaatlichung der damals bestehenden Großbanken, Creditanstalt-Bankverein, Österreichische Länderbank AG und Österreichisches Credit-Institut AG, im Jahr 1946 war sie eine Generation später die einzige nicht verstaatlichte Großbank in Österreich. Der Anfang war bescheiden. Die Kassenräume waren die Räume der Großeinkaufsgesellschaft österreichischer Consumvereine (GÖC), gegründet 1905. Die erste Konsumgenossenschaft war 1856 in Teesdorf in Niederösterreich ins Leben gerufen worden. Heute nimmt der »Konsum Österreich« unter den Großwarenhäusern, die von winzigen Details des täglichen Bedarfs bis zur perfekten Ausstattung des menschlichen Lebens in der Moderne fast alles liefern, einen überragenden Platz ein.

Nach seinem Ausscheiden aus der ersten Riege der Staatspolitiker zeigte Karl Renner, daß seine Fähigkeiten auch noch auf ganz anderen Gebieten lagen als auf jenen, die er bei der Gründung der Republik vom 12. November 1918, bei den Friedensverhandlungen sowie nachher bei der gewissen Normalisierung der Lebensverhältnisse nach turbulenten Ereignissen in den ersten Jahren der Republik bewiesen hat.

Es ist bemerkenswert, daß vor allem die Christlichsoziale Partei den Anfängen und ersten Entwicklungen der verschränkten Wirtschaftseinrichtungen der SDAPÖ, Arbeiterbank, Konsumvereine und andere, kaum Bedeutung beimaß. Für ihre Wähler war der »Konsum« das Detaileinkaufsgeschäft, das jene Nachbarn frequentierten, von denen ohnehin bekannt war, daß sie die SDAPÖ wählten. Noch konnten die Greißler, die Bierwirte an den Ecken und die zahlreichen anderen Stützpunkte eines kleinbürgerlichen Mikrokosmos bis zur Milchfrau, wie sie einmal Alja Rachmanowa beschrieben hat, nicht nur ihre Existenz behaupten; denn die Inhaber und Käufer in diesem Lebenskreis waren jene braven Steuerträger, die einmal der Doktor Lueger für sich reklamiert hat. Kleine Leut', von den Intellektuellen als Banausen verachtet, im System des Marxismus sowie des westlichen Kapitalismus der Zeit nach 1945 nicht vorgesehen – und daher einer bösen Zukunft ausgesetzt.

Im Umkreis des »bürgerlichen Gasthauses« am Eck, des »kleinen Cafés«, wie es der Klavierhumorist Hermann Leopoldi in Hernals ausfindig gemacht hat, ereignete sich die kleine, runde, mehr oder weniger heitere Welt, die sicher mehr Kommunikationszentren bot als die um das Jahr 2000 mit krankhafter Wehmut bedachte »Bassena« am Gang des Miethauses; oder jenes Klosett am Gang, an dessen Existenz sich manche Debatte in Gemeindevertretungen jener Zeit entzündete, wenn es um den Fortschritt im Wohnbau ging, der die »Zinsgeier« der Vorkriegszeit obsolet machen sollte.

Zu dieser kleinen, runden und heiteren Welt gehörte ein reich gegliedertes Vereinswesen, dessen Zusammenkünfte kaum eine politische Gesprächsbasis hatten, wo aber der Sozialismus nur mühsam an Boden gewann. Vom letzteren Umstand aus beurteilt, war daher gegen das Verschwinden dieser Welt, woran sich nach 1945 sehr leistungsstarke privatkapitalistische wie sozialistische Wirtschaftsunternehmungen gleich erfolgreich beteiligten, nichts einzuwenden. Noch zeigt das Straßenbild Wiens letzte Reste von früher, Gräber jener versunkenen Welt: Läden mit einer Fensterachse für die Auslage und einer Achse für den Eingang, vor denen längst für immer die Rolläden heruntergegangen sind; oder die Behausung für Gastarbeiter wurden, die sich auch in Wien mit der Wohnkultur ihres bisherigen Heimatlandes begnügen.

So eine Reise in die Vergangenheit führt in die Anfänge einer ganz anderen Welt, die der Amerikaner Kenneth E. Boulding in seinem 1953 erschienenen Werk »The Organisation of Revolution« vorweg beschrieben hat, ehe um das Jahr 2000 auch in Europa die Gesellschaft der Verbände im Großverband des Staatskapitalismus zur vollen Entwicklung gekommen ist. Boulding deckt vor allem zwei gefährliche Konflikte auf:

Erstens den der organisierten *privaten* Interessen mit einem sich darüber zu ungeheurer Mächtigkeit auftürmenden »Allgemeininteresse«. Und zweitens die vermehrten Konflikte zwischen Freiheit und Zwang, wie sie die zwischen dem Menschen und dem Staat eingeschobenen Gruppen herbeiführen. Die *Machtpolitik der Verbände* nahm im Österreich von 1938 ihren Anfang, sie erreichte in der Zweiten Republik einen nie geahnten Höhepunkt und zugleich ihre Fixierung im heutigen Souverän Volk, also in dem vom Wählervolk beschickten Parlament.

So entstand auch der Wurzelboden für den Typ des »Funktionärs«, des bereitwilligen oder auch aufdringlichen Sachwalters eines Gruppeninteresses, der in zahlreichen Rängen in unzähligen mehr oder weniger manipulierten Wahlvorgängen entsteht und sich behauptet.

1919, in der Zeit, als man in Österreich daranging, über den Trümmern der im Krieg zerschlagenen Monarchie die Republik mit ihrer Form der parlamentarischen Demokratie aufzubauen, untersuchte der Münchner Soziologe und Wirtschaftshistoriker Max Weber die Einzelheiten eines Fehlzustandes, der, damals in Grenzen, in der parlamentarischen Demokratie entstand. Er sagte voraus, an Hand gewisser Anzeichen, was auch bis dato wirklich geschehen ist:

»Bei den nächsten Wahlen wird eintreten, was bei diesen sich erst im Keim zeigte: Die Berufsverbände (Hausbesitzer, Diplominhaber, Festbesoldete, *›Bünde‹ aller Art*) werden die Parteien zwingen, lediglich zum Zweck des Stimmenfanges deren [der Berufsverbände] besoldete Sekretäre (!) an die Spitze der Listen zu stellen. Das Parlament wird so eine Körperschaft werden, innerhalb derer solche Persönlichkeiten, denen die Sache ›Hekuba‹ [nebensächlich] ist, die vielmehr, der Sache nach, *unter einem imperativen Mandat von ökonomischen Interessen handeln,* den Ton angeben: Ein Banausenparlament, unfähig in irgendeinem Sinne eine Auslesestätte politischer Führer darzustellen ... Dies bedeutet eine unvermeidliche Schranke der rein politischen Bedeutung des Parlaments als solchem.«

Es ist ein Unglück, daß Wissenschaftler von Rang es zuweilen mit einem verfrühten Perfektionismus ihrer Systemanalyse den Betroffenen leicht machen, von sinnfälligen Tagesereignissen ausgehend eine grundsätzlich richtige Erkenntnis ad absurdum zu führen, ja die Erkenntnis der Lächerlichkeit preiszugeben. Max Weber rechnete noch damit, daß in Europa das vom Kommunismus und vom Faschismus herangezwungene System des Ein-Parteien-Staates und seines Führer- bzw. Diktatorenprinzips diese von ihm bloßgelegten Fäden einer laufenden Entwicklung für eine Generation lang überlagern werde. Nach 1945 wird sich aber eine voll entwickelte Funktionärsdemokratie gegenüber dem System der kommunistischen Kommandowirtschaft deutlich und vorteilhaft abheben. Nur wenige werden anfangs den Einzug der besoldeten Sekretäre ins Parlament, wie es nach 1945 auf breiter Front geschah, als bedenklich ansehen. Der in der Wohlstandsgesellschaft kulminierende Wohlfahrtsstaat schien gar keine Anlässe dafür zu bieten, die Funktionärsdemokratie als Nachfolgerin der von Honoratiorenparteien hinterlassenen zu bemängeln.

Wie weit reichten die Ursprünge der Funktionärsdemokratie zurück? Je perfekter das Wahlsystem und je anspruchsvoller die parlamentarische Tätigkeit geriet, desto besser schienen die hauptberuflich tätigen Verbandsfunktionäre geeignet, diesen Erfordernissen als Parlamentarier Rechnung zu tragen: Bereits nach der 1907 aufgrund des am 26. Jänner dieses Jahres durch Kaiser Franz Joseph I. sanktionierten Wahlrechts durchgeführten Wahl wies die berufliche Gliederung der Fraktion der deutschen SDAP einen bemerkenswerten Charakter auf:

Zu Krankenkassenangestellten aufgerückte Lohnarbeiter wurden immer noch als Gehilfen, Bauarbeiter, Setzer usw. ausgewiesen. Ebenso geschah es in Fällen von Abgeordneten dieser Herkunft, die längst als Redakteure von Parteizeitungen den Beruf gewechselt hatten. Dazu kamen Lohnarbeiter, die als Gewerkschafts-

funktionäre hauptberuflich tätig waren, und solche, die Angestellte einer Parteiorganisation wurden. Langsam sickerte der Nachwuchs an sozialdemokratischen Parlamentariern in die niedere Beamtenschaft ein (um 2000 wird die Hochbürokratie zur Prominenz des parlamentarischen Lebens gehören); noch waren Lehrer an Elementarschulen, die einmal die alte Arbeiterpartei groß gemacht haben, vertreten, auch Ärzte, wie Victor Adler und Wilhelm Ellenbogen, aber einsam ragte als höherer Beamter der Reichsratsbibliothekar Karl Renner hervor; relativ wenige Anwälte und einsam der Privatier Raimund Scabar.
Gleichzeitig gab es in der christlichsozialen Partei neben den selbständig berufstätigen Bauern, Gewerbetreibenden und Realitätenbesitzern prominente Rechtsanwälte und Juristen, die kaum mehr eine Kanzlei sahen: Doktor Lueger, Doktor Neumayer, Doktor Pattai und den leider aus dem Magistratsdienst geschiedenen, als Magistratsdirektor des Doktor Lueger bewährten Doktor Weiskirchner. Dann niedere Beamte und Privatbeamte, wie man Büroangestellte noch nannte. Ferner Lehrer und eine Nachhut von Geistlichen. Nur zwei Abgeordnete schienen ausdrücklich als Parteifunktionäre tätig auf: Richard Wollek, Sekretär des niederösterreichischen Bauernbundes, und der Redakteur Franz Spalowsky. Hier ist von der Beschickung des niederösterreichischen Landtages im Jahr 1908 die Rede.
Wie, wo und in welcher Partei immer es war – es geschah überall, daß in der Politik mehr und mehr das Politisieren als Nebenberuf oder -beschäftigung eines Honoratior unmöglich wurde. Je dichter nach 1918 das über die Gesellschaft gespannte Netz von Verbänden aller Art wurde, desto ergiebiger wurden diese Organisationen bei der Belieferung des Nachwuchses, wo immer Demokratie die *Spielregel* war. Vor 1938 konnte es geschehen, daß ein Landeshauptmann, zugleich Präsident einer Landeslandwirtschaftskammer, in Begleitung des Kammersekretärs anläßlich einer Konferenz mit sichtlichem Mißvergnügen die Diskussionsbeiträge seines Sekretärs wahrnahm. Nach langem Schweigen auf der Heimreise sagte der Präsident schließlich zum Sekretär, einem Doktor juris:

»Gelt, nächstes Mal bist stad, wann i eh da bin. Und a Bauer bist eh net.«
Das hat sich nun doch sehr geändert. Allenthalben. Zumal dort, wo die fachinformierten und fixangestellten Sekretäre die sogenannten Papiere ausarbeiten, an Hand derer die gewählten Funktionäre dann letzte Entscheidungen treffen und den Erfordernissen der Geschäftsordnung des betreffenden Gremiums Genüge tun.
Schon um 1930 geriet der Parlamentarismus in Österreich in einen Zustand, der den Jungen aller Richtungen zuerst merkwürdig, dann aber dringendst reformbedürftig zu sein schien. Diesen jungen Menschen gegenüber wurde von den Alten und Arrivierten die Demokratie als ein *Wert in sich* erklärt. Ein deutscher Verfassungsrechtler lieferte den Jungen das Stichwort, an Hand dessen sie ihre Einwände und ihre Widersätzlichkeit artikulierten:
»Sobald die Demokratie den *Inhalt* eines in ihr selbst ruhenden Wertes bekommt, kann man nicht mehr (im formalen Sinn) *Demokrat um jeden Preis* sein.«
Dem stand freilich entgegen, was Hans Kelsen, in Österreich als wahrer Schöpfer der Bundesverfassung von 1920 anerkannt, seit 1929 aber an der Universität Köln tätig, in der starren Verteidigung seiner reinen Rechtslehre, wie bereits zitiert, sagte:
»Sofern der Bolschewismus ein frei gewähltes System ist, bleibt er ganz in der Linie des Liberalismus. Wo die Glieder eines Staates nichts anderes kennen als geschlossene Unterwürfigkeit unter den Diktator, geschieht ihnen in autoritären Maßnahmen recht, selbst dann, wenn die Staatsautorität die freiheitlich Denkenden kalt niederschlägt.«
Geschieht ihnen recht. Dieser aus der Passage gerissene Satz bekam nach 1933 eine schauerliche Bestätigung. Der Bolschewismus ist im Herbst 1917 in Rußland nicht aus freien Wahlen hervorgegangen. Seine Macher von damals, vor allem Trotzki, haben denn auch triumphierend zugegeben, daß sie die einigermaßen frei gewählte Konstituierende Versammlung im Jänner 1918 auf den Misthaufen der Weltgeschichte gekehrt haben. Wohl aber wurde die Regierung Hitlers im März 1933 in scheinbar buchsta-

bengetreuer Erfüllung der parlamentarischen Prozedur gemäß der Weimarer Verfassung in die Macht gewählt. Angelsächsische Juristen haben die Rechtmäßigkeit dieses Vorgangs nach 1945 verschiedentlich bestätigt: *Right is what the majority makes it to be.* Dieser anscheinend einleuchtende Satz geht allerdings an der Tatsache vorbei, daß 1933 dem geschäftsordnungsmäßig einwandfreien Vorgang im Gebäude des deutschen Reichstags jene Terrorwelle vorausging, die nach dem vorher geschehenen Reichstagsbrand Serien von einwandfrei gewählten linksradikalen Mandataren die Freiheit gekostet hat. Die damit verbundene Einschüchterung jener, denen diesmal noch nicht das später gleiche Schicksal beschieden war, widerlegt die gefährliche Simplizität angelsächsischer Rechtsphilosophie.
Jener Rechtspositivismus, dem auch Kelsen und andere in der Vergangenheit folgten, hinterließ Spuren in der Geschichte, wie es sie blutiger in keiner Epoche davor gegeben hat.
1925 flammten erste Vorzeichen dessen in Wien auf, was später ein schauriges Fanal über den ganzen Kontinent wurde. Schon in der letzten Maiwoche dieses Jahres kam es in Mödling bei Wien zu einer schweren Auseinandersetzung zwischen der SA und Schutzbundmännern. Einer der Nationalsozialisten wurde schwer verletzt, der sozialdemokratische Gemeinderat Leopold Müller aber erlitt den Tod.
Während dieses schweren Zwischenfalles lief schon das Verfahren gegen den früheren SA-Mann Otto Rothstock. Früher deswegen, weil er die Hitlerbewegung nicht mit der Verantwortung für seine Tat belasten wollte, die er vorhatte: Nämlich die Ermordung des jüdischen Schriftstellers Hugo Bettauer, dessen Wochenschrift gleichen Namens von vielen Seiten als Pornographie und jüdische Sudelschreiberei hingestellt und so erst richtig bekanntgemacht wurde. Der Prozeß gegen den Attentäter fand unter starker Beeinflussung des Rechtsganges durch psychiatrische Gutachten statt. Die Strafhaft für den Täter fiel an sich erstaunlich gering aus; die Psychiater bemächtigten sich des Täters zwecks klinischer Behandlung, der Oberste Gerichtshof entschied sich für seine Freilassung. 40 Jahre später nahm sich das Fernsehen des Täters an.

Dieser meinte, nach allem, was geschehen war, er würde sich mit seiner nunmehrigen Lebenserfahrung nicht mehr so einen kleinen Schriftsteller aufs Korn nehmen. Um sich aber die Verantwortlichen für derlei Entwicklungen »vorzuknüpfen«, müßte er vielleicht eine Tonne Dynamit verwenden.
Das war die Aura, in der Ende August 1925 in Wien der Zionistenkongreß stattfand. Angeführt von Nationalsozialisten, demonstrierten hauptsächlich Studenten aller Richtungen gegen die Abhaltung des Kongresses. Es gab bei Zusammenstößen mit der Polizei mehr als 50 Verletzte, die Hälfte davon Polizisten. An sich war es neu, daß nach den unruhigen Zeiten des Umsturzes Polizisten rücksichtslos von Demonstranten angegriffen und schwer verletzt wurden. Und die Serie blutiger politischer Auseinandersetzungen riß nicht mehr ab.
Der Wiener Bezirk Leopoldstadt, wegen der großen Zahl der dort wohnenden Juden die »Mazzesinsel« genannt, wurde zugleich Zentrum der von jungen Nationalsozialisten tagtäglich gemachten Demonstrationen. Rund um das Tegetthof-Denkmal drehten sich die diversen Versuche, die Massen mit Reden und durch Verbreitung von Flugzetteln in diese Aktionen mit einzubeziehen. So auch am 1. August 1925, an einem Sonntag, dem Tag, an dem der Zustrom der Wiener zum Prater besonders groß und der Praterstern daher dicht bevölkert ist. Zu diesen Menschenhaufen stieß eine Abteilung des Republikanischen Schutzbundes, die von der Begräbnisfeier für den verstorbenen ersten sozialdemokratischen Bürgermeister der Hauptstadt, Jakob Reumann, abmarschierte. Nach dem Marsch durch die Praterstraße hielten die Schutzbündler, zwei Kompanien, am Praterstern an. Später sagte man, diese Männer hätten dem Nazispuk beim Tegetthof-Denkmal ein Ende bereiten wollen.
Dazu kam, daß gleichzeitig das »Leopoldstädter Anti-Faschisten-Komitee«, eine Nachhut der Linksradikalen der Umsturzzeit, eine Protestversammlung durchführte. Gerichtet gegen die bürgerliche Justiz (!), die reaktionäre Bürokratie und faschistische Mordverbände. Von der HW war keine Rede im Protestaufruf, denn die HW wäre damals in Wien noch unauffindbar gewesen.

Gegen sechs Uhr abends, als die antifaschistische Kundgebung noch lief, blieben zwei Burschen am Rand des Geschehens stehen. Ihr Gehabe erregte Mißfallen, weil ihr Gelächter und Gekicher sich als Hohn gegen die Kundgebung und den Umstand des Geschehens zu richten schien.
Einer der Burschen war der Sohn eines bürgerlichen Kohlenhändlers; zum Leidwesen seiner religiösen Mutter hatte er vom christlichen in den deutschen Turnverein gewechselt. Sein Begleiter war ein Buchhalter und als solcher freigewerkschaftlich organisiert. Diese Herkunft deutet kaum auf ein einvernehmliches Vorgehen gegen die Kundgebung am Tegetthof-Denkmal hin. Aber die Stimmung war erregt, die Redner hetzten gegen die Hakenkreuzlerbuben, und die beiden sahen aus, als wären sie solche in Zivil. Ein buckliger Mann, etwa 40 Jahre alt, trat auf sie zu und versetzte dem Buchhalter einen Schlag, wobei er rief:
»Hakenkreuzlerbagage, Mörderg'sindel, kehrt euch!«
Die üblen Typen des Praterpublikums nahmen den Ruf auf, und es ertönten Rufe wie:
»Haut's es nieder ... Stecht's es nieder ...«
Der Buchhalter ergriff die Flucht und entkam, der junge Mohapl rannte in eine andere Richtung und suchte Zuflucht in einem nahen Stundenhotel. Hinter ihm her war der polizeibekannte Messerstecher Franz Seidl, der erkannte, daß er es mit einer Situation zu tun bekam, die ihm zusagte. Seidl erreichte sein Opfer im Gang des Hotels, stach ihn nieder und schrie:
»Da hast!«
Einige Männer fielen über den tödlich Verletzten her und mißhandelten ihn. Wieder war ein Messer im Spiel. Später ergab sich, daß es nicht nur Praterpülcher waren, die sich an der Tat beteiligten, sondern auch Kommunisten und Sozialisten. Was ein Hakenkreuzler sei, wußte Seidl bei der Einvernahme nicht genau, mehrmals befragt, meinte er, so etwas wie ein – Monarchist.
Nach der Tat bewegte sich Seidl ungehindert in der Masse, rühmte sich seiner Tat. Ein Bekannter führte ihn ins nahe Lokal einer jüdischen Sektion der KP, wo man einen Arzt, Dr. Chaim Sommerstein, herbeiholte. Endlich brachte man das Opfer ins Spital,

zu den Barmherzigen Brüdern. Mohapl starb. In der Wallfahrtskirche Mariazell ließen die Eltern eine Gedächtnistafel anbringen, um den Toten der Fürsprache der Muttergottes zu empfehlen.
Die Presse hatte ihren Fall. Es war keiner der großen Tage im Leben Friedrich Funders, als er die »Reichspost« mit der Schlagzeile »Von Sozialisten hingeschlachtet« aufmachte. Von diesem Niveau weiter absinkend, ließen es sich andere Zeitungen nicht entgehen, der nationalen und nationalsozialistischen Gesinnung ihrer Redaktionsmitglieder volle Freiheit zu geben. Aus der tragischen Vermischung von Pülchertum und politischer Verhetzung entstand der Anlaß für ein pompöses Begräbnis des Opfers. Die »Reichspost« schrieb, es sei eine »herzerhebende Einheit« gewesen. Das Ganze wurde für die Dauer des Monats August ein Aufhänger; es war ja der Monat, in dem der Zionistenkongreß stattfand. Und die über dieses Zusammentreffen schrieben, wären nicht vom Fach gewesen, hätten sie nicht entsprechende Zusammenhänge und Verschwörungen aufgedeckt, wo es an sich nichts aufzudecken gab.
Die vier der Tat Mitbeschuldigten kamen mit kurzen Strafen, vier bis sechs Monate, davon. Für sie wog das *politische Moment,* und in politischen Prozessen zögerte die Justiz, die Möglichkeiten des Strafausmaßes auszuschöpfen. Der Mörder mußte die Strafe für gemeinen Mord einstecken. Wie üblich wurde ihm von den 15 Jahren ein Drittel nachgesehen. Er starb als eine der üblen Typen der Praterszene, in der er allen Wandel der Zeit überstand, 40 Jahre nach seiner Tat. Nach 1938 reklamierte die NSDAP Mohapl als ihren Blutzeugen. Die bisherige Tempelgasse in der Leopoldstadt bekam für die nächsten sieben Jahren den Namen des unglücklichen Kohlenhändlersohnes ...
Warum die blutrünstige Geschichte? Die Linke sah in der Tatsache des pompösen Begräbnisses einen infamen Streich Seipels. Erstens deswegen, weil sich dieser der nunmehrigen Kanzlerschaft des eher gentilen Salzburgers Ramek, eines CVers, entledigen wollte, wie man Seipel unterschob. Und zweitens, weil von Begräbnisfeierlichkeiten für Opfer im politischen Kampf ein gewisses Fluidum ausgeht, das die Reihen der Freunde des Toten fester

schließt, und die Erinnerung an den Tod noch lange im politischen Tageskampf verwertbar ist. Das hat sich in Rußland im Frühjahr wie im Herbst 1917 gezeigt, als von dieser propagandistischen Wirkung sowohl die Sieger in der Februar- als auch jene der sogenannten Oktoberrevolution ausgiebig, wenn auch mit verschiedenem Geschick Gebrauch machten.

Die Regierung Seipel hatte damit rechnen müssen (und ihre Gegner hatten es ohnehin getan), daß ihr im nächsten Wahlkampf die unterschiedlichen, in jedem Fall nicht immer vollends zum Vorteil gereichenden Folgen ihres Sanierungswerkes von 1922 angerechnet würden. Dazu kam, daß Bundeskanzler Ramek, seit November 1924 Nachfolger Seipels, keineswegs ein Motor im Politischen und es gar nicht sicher war, daß seine eher auf eine Verbesserung der Beziehungen zur Opposition angelegte Politik seiner eigenen Partei Vorteile bringen würde.

Es war Funder, der das kalkulierbare Risiko der Regierung Ramek früh erkannte und auch nicht zögerte, jene Mitglieder der Regierung Ramek aufs Korn zu nehmen, die nach seiner Ansicht Schwachstellen der Regierung waren. Funder schoß sich systematisch auf die Person des aus Vorarlberg gekommenen Unterrichtsministers Schneider ein. Schneider unternahm es, die Lücke, die in der Bundesverfassung von 1920 bezüglich der verfassungsrechtlichen Regelung des Schul-, Erziehungs- und Volksbildungswesens bestand, wenigstens teilweise zu schließen. Dazu bedurfte es der Stimmen der sozialdemokratischen Opposition im Parlament, um zuerst einmal eine verfassungsgesetzliche Basis der Teilreform herzustellen. Die Schulfachleute der SDAPÖ, vor allem der frühere politische Ressortleiter am Minoritenplatz und nunmehrige Präsident des Wiener Stadtschulrates Otto Glöckel, erkannten die momentane Möglichkeit, mit ihren Reformplänen ein Stück voranzukommen. Funder aber fand heraus, daß Schneider dem politischen Gegner viel zuviel Entgegenkommen einräumte, ja daß Schneider, endlich ein Lehrer an der Spitze des Ministeriums, zu nachgiebig war im Umgang mit seinen Verhandlungspartnern. Insgeheim hatte Funder bereits einen Kandidaten für die Nachfolge Schneiders in petto: Richard Schmitz, Direktor des Volksbundes der Katholiken Österreichs. Schmitz kam im Herbst 1926 mit dem Kabinett Seipel IV ins Amt des Unterrichtsministers. Er schloß noch während des heftigen politischen Unwetters, das dem 15. Juli 1927 folgte, den Kompromiß ab, den im Wesen bereits sein Vorgänger hinterlassen hatte. Dafür erntete er, im Gegensatz zu seinem Vorgänger, einen guten Nachruf und im Unterrichtsministerium eine langandauernde Erinnerung an eine starke, im Umgang mit der Beamtenschaft eher harte Hand. Die sozialdemokratischen Verhandlungsteilnehmer scheuten sich nicht, trotz der unausstehlichen Polemiken, die ihre Freunde im Parlament Seipel bereiteten, das Gesetz auf sich zu nehmen. War es doch nichts weniger als der erste Schritt zu Erfüllung ihrer Reformpläne: Der Aufbau jener vierjährigen Sekundärschule im Verband des künftigen Ganzen, des Grundkonzepts, wie es bereits 1792 der Marquis de Condorcet als »Nationalerziehungsplan« der damaligen Pariser Nationalversammlung vorlegte: eine vierjährige Grundschule, darüber eine vierjährige Hauptschule und zuletzt eine vierjährige Oberschule.

Nicht nur Schneider litt in der Ära Ramek unter der schließlich erfolgreichen Kritik jener, die der Regierung Schwäche und Energielosigkeit vorwarfen. Auch der Finanzminister Kollmann, der populäre Bürgermeister der Kurstadt Baden, stand auf der Austauschliste. Für ihn war als Nachfolger Viktor Kienböck vorgesehen, dem man eher zutraute, die finanzielle Sanierung aufgrund der Völkerbundanleihe 1922, zu deren Beginn Kienböck bereits das Ressort geleitet hatte, mit der notwendigen Entschiedenheit zum endgültigen Erfolg zu führen.

Rameks Kanzlerschaft erlitt den entscheidenden Schlag von einer Seite, an der man gegen Streikmaßnahmen eher geschützt zu sein glaubte als im Umgang mit der Industriearbeiterschaft. Noch war es in Österreich nicht Brauch, daß Staatsbedienstete der Regierung mit einer Streikdrohung kamen. Ramek erlebte es, und er quittierte den Vorgang mit der Demission seines Kabinetts.

Nun war Seipel wieder obenauf. Er war entschlossen, ein Sparprogramm, wie Genf 1922 versprochen, rigoros durchzuführen. Dazu hatte er ja Kienböck an seiner Seite, dessen Austerity-Poli-

tik vor 1938 dazu führte, daß nach dem Anschluß die deutsche Reichsbank den Gold- und Valutenschatz, Stützen des legendären Alpendollars, kassieren konnte, weil die Regierung Schuschnigg die Kunst des Deficit-spending, die eine Generation später im sozialistisch gewordenen Österreich reichlich zur Anwendung kam, so gar nicht mochte.
1926 fing das Sparen im Staatshaushalt daher beim anderen Ende der Finanz- und Budgetpolitik des Staates an. Nach Seipels Vorstellung mußte es möglich sein, mit weniger Ministern als bisher das Auslangen zu finden, und das geschah denn auch. Die Praxis, Sonderinteressen einer bestimmten Bevölkerungsgruppe durch die Bestellung eigener Staatssekretäre zugunsten solcher Wählergruppen zu gewinnen, bestand noch nicht. Ein erster Ansatz zu einer Verwaltungs- und Verfassungsreform wurde unternommen: Die Kontrolle des Rechnungshofes wurde auf die Länder ausgedehnt; das Land Wien entzog sich freilich sehr erfolgreich dieser Maßnahme, indem es seine Finanzkontrolle einem eigenen Kontrollamt übertrug, dessen beamteter Leiter von jenen gewählt wird, deren Tätigkeit er im Effekt kontrollieren soll. Die Länder mußten sich ein Einspruchsrecht des Bundes gegen ihre Finanz- und Steuergesetze gefallen lassen. Wien verstand es, seine Finanzierung der Wohnbautätigkeit solchen Einflüssen zu entziehen.
Zwei Momente kommen in dieser Neuerung zutage: Die Verfassungsreform ist nicht, wie nach 1929 behauptet, von jener HW herangezwungen worden, die erst 1929 den Höhepunkt ihrer Einflußmöglichkeiten erlangte. Und zweitens: Die Verhandlungskunst der Vertreter der sozialdemokratischen Opposition war der Praxis der Regierung bei weitem überlegen. Selbst dort, wo es schien, als wäre der mangelnden Entschiedenheit in der Ära Ramek jetzt die Tatkraft der Männer des Kabinetts Seipel IV gefolgt, fiel, auf die Dauer gesehen, der politische Erfolg der Linken zu.
Das Wiedererscheinen Seipels im Vordergrund hatte eine schwerwiegende Folge: eine aufsehenerregende Phase im Leben Bauers. Schon während der Ära Ramek gefiel es der Propaganda der Linken, trotz der Harmlosigkeit dieser Regierung immer lautstärker

zu trommeln und den Teufel an die Wand zu malen. Der Teufel trat in zweierlei Gestalten auf: Einerseits sollte den großstädtischen Massen und dem Kern der alten Arbeiterpartei eingehämmert werden, sie müsse nur ja auf der Hut sein vor einem *Anschlag der Monarchisten.* Daß es gelungen ist, mit dieser Aufmachung tatsächlich eine gewisse Alarmstimmung in den Massen zu erzeugen, war ein Meisterstück der Propaganda. Tatsache war, daß die »Kaisertreuen«, wie man die Monarchisten und Legitimisten im Volk nannte, bei ihren Kundgebungen in Wien nur einige hundert Menschen auf die Straße brachten. Und wenn auch bei solchen Anlässen der ehemalige k.u.k. Oberst Wolff demonstrativ in Uniform in Erscheinung trat und das Hoch auf den Kaiser ausbrachte, war doch der Effekt gering: Der jeweils diensthabende Polizeikonzeptsbeamte trat auf den alten Herrn zu und forderte ihn zur Ausweisleistung auf. Das geschah ohne Zwischenfall, und damit war der Einsatz der Polizei gegen die »Putschisten« zu Ende. Seipel hat nie seine Politik als Kanzler auf die Restaurierung der Monarchie abgestellt.

Der zweite Teufel an der Wand war die HW. Als 1923 der Schutzbund im Verband der SDAPÖ gegründet wurde und dieser schon im Jahr darauf mit 14000 Mann (!) in Wiener Neustadt aufmarschierte, war die 1920 gegründete Frontkämpfervereinigung schon auf dem absteigenden Ast ihrer Bedeutung, die HW aber in den westlichen Bundesländern ein Haufen rivalisierender Gruppen, deren Führer ihr Bestes taten, um die angebliche Versammlung einer Bürgerkriegstruppe und deren Bereitstellung für einen Putsch mit ihren Rivalitäten und der vorherrschenden politischen Ziellosigkeit zu unterbinden. In Wien gab es 1926 keine HW, und was sich damals unter den alten Deutschmeistern für diesen Zweck hergab, war kaum nennenswert; wäre es wahrscheinlich auch geblieben, hätte es nicht in dieser Stadt im Jahr darauf den Brand des Justizpalastes gegeben.

Das auf die Partei Seipels niedergehende Trommelfeuer leitete der glänzende Redner und Programmatiker der Partei Otto Bauer und im Verband des Schutzbundes der frühere Artillerieoffizier Deutsch. Beide dachten und redeten mit gebotener Vorsicht und

Klugheit, was die rechte Hand Deutschs im Schutzbund, Major Eifler, längst dachte und nachher mit soldatischer Geradlinigkeit ohne Rücksicht auf Verluste ausdrückte:

»Daß die Arbeiterschaft erst dann zur Gewalt greifen darf, wenn sie nach erfolgten Wahlsiegen die Mehrheit im Parlament errungen hat, ist ganz neu ...«

1927 war ein Wahljahr. Die SDAPÖ und die Christlichsozialen bereiteten sich darauf mit neuen Programmen vor. Seltsam genug, wurde wieder wie seit 1881 Linz der Ort, nach dem die Programme nicht nur genannt, sondern auf dortigen Parteitagen unter der politischen Steuerung Bauers und Seipels entstanden sind. Oberösterreich ist etwa nicht nur so etwas wie die geographische Mitte des Landes zwischen West und Ost (Bregenz liegt näher zu Paris als zu Wien), sondern seit 1918 ein Land, in dem unter den christlichsozialen Landeshauptleuten Hauser und Schlegel ein politisches Klima entstanden ist, für das andernorts nicht immer die genügende Toleranz, die Ordnung in der Gesprächssituation und die ehrliche Bereitschaft zur Einigung im Sachlichen gewährleistet war. Starhemberg ist 1926 nach seinem langjährigen Engagement in Freikorpsverbänden endgültig nach Hause zurückgekehrt. Sein Vater starb 1927, und dann erst begann sein Aufstieg, und zwar im Dorf. Landesführer der HW wurde er erst 1929. Seine Gegnerschaft zu den alten »Packlern« in Linz war so entschieden wie jene der jungen ÖVP nach dem Tode Raabs gegenüber »Koalitionspolitikern«. Ging letztere daran, die etablierte Linke links zu überholen, so versuchte es die HW rechts. Wenn schon 1926 auf dem Parteitag der Linken die HW als bedrohliches Feindbild aufgezeigt wurde, dann war es wirklich so, als male man den Teufel an die Wand.

In den Monaten der Jahreswende 1926/27 warfen Bauer und Seipel zwei Worte in die überschäumende Polemik, die eine verheerende Wirkung bekamen. Die jeweiligen Parteiorgane nahmen diese Stichworte auf, und die Journalisten in beiden Lagern leisteten ihr Bestes bei der Interpretation dessen, was angeblich *hinter* einem momentanen Ausbruch der einen oder der anderen Seite gestanden hat.

Bauer gebrauchte in Linz Ende Oktober 1926 das Wort »Diktatur« im Zusammenhang mit dem Klassenkampf. Und er setzte gegen geringen Widerstand der damaligen Parteitagsdelegierten seine Ansicht durch, wonach unter bestimmten Voraussetzungen die *Ausübung der Diktatur* des Proletariats, also der Arbeiterpartei, eine Notwendigkeit sein kann, welche die Partei auf sich nehmen wollte. Dafür bekam er von der Gegenseite das Image eines *Bolschewiken.*

Seipel nahm nach dem Justizpalastbrand im Parlament von der Regierungsbank aus zum Thema *Milde im Bürgerkrieg* Stellung. Ausdrücklich lehnte er Milde ab, wo diese Grausamkeit gegenüber der am 15. Juli 1927 verwundeten Republik gewesen wäre. Das Wort »Milde« aber stand in einer Satzverbindung, bei der Opfer und Schuldige in einem Atem genannt wurden. Es nützte nichts mehr, wenn der Bundeskanzler in Nachsätzen feststellte, es läge der Regierung nichts ferner, als hart sein zu wollen. Sie wolle fest sein. Und fest sein bedeute so wenig hart sein, als Milde schwach sein muß. Der Gegner wäre höchst ungeschickt gewesen, hätte er nicht sofort das Bild des *Prälaten ohne Milde* aufgezeigt. Mehr noch: Die »Arbeiter-Zeitung« hakte nach und schrieb, selbst Christus wäre erschossen worden, wäre er am 15. Juli 1927 durch die Straßen Wiens gegangen. Um noch eines draufzugeben, setzte die »Arbeiter-Zeitung« die Haltung der Regierung Seipel zugleich in eine Linie mit der damaligen Hinrichtung der beiden Anarchisten Sacco und Vancetti in den USA. Was nicht in die Zeitung kam und was heute noch unter Verschluß bleibt, um die beiden Anarchisten als Märtyrer hinstellen zu können, ist die Tatsache, daß sie als Raubmörder verurteilt waren. Und zwar in den USA, als ob Österreich seine Rechtstradition von dort her zu beziehen gehabt hätte.

1927 war das Jahr in Österreich, in dem die Zeitungen anfingen Politik zu *machen* und die Politiker immer mehr in die Versuchung gerieten, solche Vorfabrikate zu übernehmen, um sich die Gunst der Journalistik zu erhalten oder wenigstens nicht zu verscherzen.

Bauer ahnte in Linz im Oktober 1926 nicht, wie sehr gerade er in

den Reihen der politischen Gegner eine Alarmstimmung erzeugte. Er hat in seinen Reden stets die Industriellen und die Großbankiers im Fadenkreuz seiner Waffe, der Dialektik, gehabt. Für ihn waren jene Wählermassen, die nicht seiner Partei die Stimme gaben, nicht mehr als Lakaien und Büttel von feisten Kapitalisten und hektischen Hetzpfaffen. Und so sah auch das von gewissen Künstlern erfaßte Feindbild in den Karikaturen aus. Das erklärt, daß eine als Beruhigung gedachte Passage, wo Bauer vorhersagte, wie das Proletariat die Diktatur nach Eroberung des Staatsapparates ausnützen wird, schreckhaft wurde:
»Werden wir die Demokratie aufheben? Keine Rede. Wir werden sie *ausnützen, um den Staatsapparat nach den Bedürfnissen der Arbeiterklasse umzugestalten*, um schrittweise den Produktionsapparat den Kapitalisten und den Grundbesitzern zu entreißen.«
Das aber bedeutete die Schaffung jenes Staatskapitalismus, worin Österreich nach 1945 in der freien Welt allen anderen Ländern voraus ist. Und – einen Mißbrauch des Staatsapparates nicht nur gegenüber den Kapitalisten und Großgrundbesitzern, sondern gegenüber jener bis 1933 in Wahlen bestätigten Mehrheit der Bevölkerung, die in politische Parteien gespalten war, insgesamt aber die im Anschluß an Karl Marx entstandene und 1926 von Bauer neuerdings angebotene Lösungsvariante grundsätzlich ablehnte. Bauer befand sich so, was den Gebrauch der Diktatur betraf, in Linz in einem Zweifrontenkrieg:
Im Kreis der austro-marxistischen Intellektuellen war es Max Adler, der schon 1919 im Wahlkampf anläßlich der ersten Gemeinderatswahl in Wien sagte:
»... es liegt in der Hand des Proletariats, aus dieser Wahl einen revolutionären Akt zu machen, sie wird die Rekrutierung für die *sozialistische Umwälzung* sein.«
Revolution, Klassenkampf und Diktatur, das waren Worte, die einige Teilnehmer am Parteitag 1926 nicht immer im Mund führten, wenn sie ihrer Partei neue Wählerschichten zuführen wollten. Neue Wählerschichten, an die sie nicht einmal auf Rufweite herankamen, wenn es sich um den Kern der damaligen Gegner ihrer Partei handelte: die Bauernschaft, die noch nicht zermalmt

war in den unaufhaltsamen Zerstörungen der industriellen Revolution.
Nach 1945 hat man Bauers Großkampf gegen die Großbetriebe und die Großgrundbesitzer als einen gegen die Finanziers der HW geführten hinstellen wollen. Davon konnte 1926 noch nicht die Rede sein. Diese Gruppen finanzierten die beiden Regierungsparteien der Ära Seipel, aber sie setzten noch nicht auf die HW. Und sie werden schließlich die Christlichsoziale Partei 1933 ebenso preisgeben wie 1936 die HW, als sie anfingen ihre Interessen am Vorabend des Anschlusses dem Hitlerismus anzuvertrauen.
Julius Deutsch hat nach 1945, als er nicht mehr in den Reihen der unbedingten Konformisten seiner Partei stand, die Linzer Rede Bauers, mit dem gemeinsam er 1934 den Aufstand des Schutzbundes in Wien zu leiten versuchte, als die Absicht hingestellt, *die Demokratie mittels der Diktatur zu verteidigen.* Nach 1945 wurde es immer leichter, Bauers Haltung günstiger zu interpretieren, Seipel aber alle möglichen Schlechtigkeiten nachzusagen. Dies um so mehr, als sich in der Zweiten Republik die Epigonen der Seipel-Partei und die sogenannte Amtskirche bemühten, nur ja nicht in jenes Zwielicht zu geraten, in das Seipel seither auch im Unterricht in Zeitgeschichte von Amts wegen gestellt wird. Die Bewältigung der Vergangenheit hat denn auch schließlich Seipels geschichtliches Bild überwältigt.
Während 1926 in der Öffentlichkeit der laute Trommelschlag der Polemiken der Medien beider alarmierten Großparteien hörbar war, rief Seipel seine Freunde im November 1926 zu einem Parteitag in Linz zusammen, um der Partei für den Wahlkampf 1927 ein deutlicher erkennbares Profil zu geben. Seipel, der die Tagung präsidierte, ging bei der Programmierung nicht auf die Kampfansage ein, die Bauer im Monat zuvor ausgesprochen hatte. Mit anderen Worten, er schlug sich nicht mit Polemiken herum, um Bauer und seine Partei in dem zu fassen und bloßzustellen, wo sich Bauer vergaloppiert hatte. Vergaloppiert. Das Wort darf gesagt werden. Denn sowohl Karl Renner als auch Adolf Schärf gingen in ihren nach 1945 geschriebenen Erinnerungen nicht auf Linz 1926 ein. In Renners Buch »Österreich von der Ersten zur Zwei-

ten Republik« findet sich *kein einziges Wort* zu dem, was Bauer 1926 in Linz ins Gewoge der Polemiken und der Auseinandersetzungen geworfen hat. In Adolf Schärfs 1955 erschienenen Untersuchungen über das erste Jahrzehnt der Zweiten Republik unter dem Titel »Österreichs Erneuerung 1945–1955« finden sich zwar eingehende und sehr scharfe Kritiken des Verhaltens der Führung der SDAPÖ bei den Ereignissen des 15. Juli 1927 und des 3. März 1933 – aber *kein* Wort über Linz 1926 und Bauers damalige Alarmierung. So ist ein Stigma der Zweiten Republik entstanden:
Als Bundespräsident nahm Adolf Schärf an der Feier der Beisetzung der sterblichen Überreste Friedrich Adlers nahe dem Grab seines Vaters Victor teil. Und die Öffentlichkeit wurde auf dieses Bekenntnis politischer Redlichkeit aufmerksam gemacht; sie wurde auch als gesinnungstreu anerkannt; keiner der Prominenten, von denen einige auch vor 1938 schon einigermaßen prominent waren, gestattete sich nach 1945 ein solches Bekenntnis zu seinen Idealen von damals.
So wirkte das längst verschollene Ereignis des Jahres 1926 nach. Denn Geschichte ist laut Friedrich Heer Gegenwart und Tradition Verpflichtung.

Brandgeruch, der blieb

Schattendorf und Justizpalast 1927

Es ist ein schönes Land, durch das das unterderennsische Österreich verbunden ist mit den Weiten des pannonischen Raumes, der – klimatisch wohltemperiert – am Ostabhang der Alpen beginnt. Im Kleinen ist es das, was einmal in guten Zeiten der große Kommunikationsraum der Donaumonarchie gewesen ist. Farbige, lebendige Vielfalt in einer Gemeinsamkeit. Eine Bevölkerung, aus drei Nationen geformt: Schwaben und Salzburger, die einmal, noch vor der Türkennot, ins Land kamen; Kroaten, die den Mut hatten, auszuharren an den Heerstraßen, über welche die Soldaten aus Ost und West zogen; Magyaren, die daran erinnern, daß es einmal unter dem Segen des heiligen Stephan und seiner Krone stand. Und drei Konfessionen: Katholiken, Calviner und Lutheraner. Über manchem Ghetto hat sich der Schmauch übler Taten noch nicht verzogen.

Das Burgenland ist das jüngste Bundesland der Republik Österreich. Und doch gehörte das Land längst zur Ländermasse des Habsburgerreiches, als zum Beispiel Salzburg und Trient noch Reichsfürstentümer des mittelalterlichen Reiches der Deutschen waren.

Eine Romantik des Andersseins liegt über dem Land, die so anheimelig ist für seine Nachbarn im Westen. Längst ist die industrielle Revolution über das uralte Agrarland hinweggegangen. Als bei der Landnahme anfangs der zwanziger Jahre das Wiener Hausregiment »Deutschmeister« mit Teilen im Land lag, wollte der damalige sozialdemokratische Bürgermeister von Wien Jakob Reumann seinen Wienern zu Weihnachten Besuch machen. Aber das Auto bewältigte die vom alten Nachbarn hinterlassenen Straßenverhältnisse nicht. Heute ist das Land von Autostraßen durchzogen; mit einem mächtigen Ruck wurde das einmal auf eine West-Ost-Verbindung abgestellte Straßennetz umgedreht in eines in Nord-Süd-Richtung. Wochentags kommen die aus dem Burgenland nach Wien, am Wochenende kommen die Wiener und viele andere Gäste ins Land. Noch hat das Land etwas von der gastfreundlichen Offenheit an sich, die im Westen in der Fremdenverkehrsindustrie untergegangen ist.

Wie kein anderes Land hat das Burgenland jenes Leid erleben müssen, das aus dem Osten kam; und die ungebrochene Angriffslust der Türken, die immer wieder nach Westen hin angriffen, nach Osten flüchteten. Es gab Zeiten, in denen es den ohnehin stets wackeligen Frieden zwischen Wien und der türkischen Hauptstadt nicht störte, wenn auf Raubzügen keine Kanonen (!) mitgeführt wurden und die Banden mit Raub und Mord auskamen, indem sie mit Säbeln und Pulver und Blei wüteten.

Mächtige Burgen entstanden im Land, und die reichsten Familien der Hocharistokratie erwarben Latifundien, wie es solche kaum in einem der Erbländer der Monarchie gab. Die hochfürstlichen Häuser wurden Mittelpunkte hoher Kultur. Dies ist das Land, in dem die Musikalität Haydns wie eine Selbstverständlichkeit entsprungen ist. Aber hier entstand auch eine Volkskultur, etwa jenes anonyme Bauen, das unwiederholbar ist: Bäume beschatten die Giebel langgestreckter Häuserreihen im Dorf. Weißgekalkte, schilfgedeckte Bauernhäuser mit Barockgiebeln und Ziehbrunnen in der Gegend um Illmitz.

Das Jahr 1526 gilt als das Jahr des Entstehens der Donaumonarchie. Diese Größe wuchs über unendlichem Leid. In eben jenem Jahr wurde das Heer des ungarischen Königs von den Türken geschlagen, der König fand auf der Flucht den Tod, und sein Schwager in Wien, Ferdinand I., sollte die Hinterlassenschaft nach uralten und erst unlängst zuvor erneuerten Erbverträgen als König aus dem Hause Habsburg beherrschen. Damals entstand aber auch jene unselige Dreiteilung Ungarns: Die Masse in der Mitte des Landes fiel an den Sultan, dessen Pascha fortan in Ofen residierte. Siebenbürgen behielt unter der Oberherrschaft des Sultans eine gewisse Selbständigkeit. Und nur ein schmaler Streifen Landes, der südlich der Donau etwa dem Burgenland entspricht, wurde die Basis des habsburgischen Königreichs Ungarn. Erst Prinz Eugen eroberte das ganze Land und errang einen militärischen Sieg über Irrungen und Wirrungen, die im Land blieben. In Krisen der Monarchie waren die Herren im Land, die Hocharistokratie, meist Verbündete der Feinde des Hauses Österreich. Zu Beginn des 18. Jahrhunderts entstand als Schutz der Vorstädte Wiens gegen Überfälle aus dem Ungarischen der Linienwall, heute noch im Umkreis der Gürtelstraße im einstigen Verlauf erkennbar.

Denn das ist Wien: Der Ring dort, wo einmal die Festungswerke der größten Festung des Abendlandes bestanden, für deren Erhaltung flandrische Prälaten und protestantische Reichsfürsten Geld hergaben, hoffend, die Wiener würden sich dann schon selbst der Türken erwehren. Und der Gürtel, Erinnerung an eine jener Epochen, in denen die ungarischen Herren es für gut fanden, ihren König aus dem Hause Habsburg des Thrones für verlustig zu erklären. Esterházy, das ist ein Signet für kulturelle Höhepunkte und deren Förderung im heutigen Burgenland. Am Hof zu Wien war es der Name eines der getreuesten Geschlechter, das nur selten gegen Wien und Österreich opponierte. Ein Esterházy ging in der Zeit, als der Linienwall um Wien entstand, zum hohen Schutzherrn der ungarischen Aufständischen, dem König von Frankreich. Einer seiner Nachkommen war jener Hauptmann in der französischen Armee, der das Falsifikat lieferte, das dem jüdischen Hauptmann Dreyfus die Verschickung in eine Strafkolonie eintrug. Ein Ereignis, das Theodor Herzl bewußt machte, daß er nicht nur ein ausgezeichneter Publizist war, der so ganz dem deutschen Kulturkreis verhaftet war, sondern ein Jude. Ein Jude, der noch knapp vor seinem Tod vorhersagte, es gäbe nicht mehr viel Zeit für sein Volk, um eine Heimstätte in Palästina, fernab von den zerstörenden Kriegen in Europa, zu suchen.

1918 wurde die unglücklich verlaufende Ehe zwischen Österreich und Ungarn getrennt. Was gemeinsam blieb, war die Erinnerung an zwei Kaiserinnen: Maria Theresia, der die ungarischen Herren

Hilfen gegen den Preußenkönig lieferten. Und Elisabeth, umwittert von Gerüchten, aber strahlend in der Erinnerung an die hohe Frau, der man in Ungarn selbst nach 1945 Denkmäler erhält oder aufs neue errichtet. So wie im ganzen ungarischen Land jene Denkmäler alle politischen Veränderungen überdauern, die Helden gewidmet sind, deren Siege solche über die Österreicher waren.

Es war ein klug erdachter Streich der Sieger von 1918, zwischen den damals für immer geschiedenen Überresten der Donaumonarchie ein Streitobjekt zu schaffen, wie es in den Beziehungen zwischen den Deutschen und den Franzosen zuletzt die 1871 mit dem Deutschen Reich vereinigten Reichslande Elsaß und Lothringen wurden. Vergeblich haben die Österreicher in Saint-Germain und die Ungarn in Trianon im Jahr 1919 versucht, gegen die Erinnerungen der im Jahr zuvor auf den Schlachtfeldern Europas zerschlagenen Donaumonarchie andere, den habsburgischen entgegengesetzte, als Schutzbehauptungen den Siegern entgegenzuhalten. Unbestreitbar war, daß es vier Jahre und vier Monate gedauert hatte, bis die Großmächte jener Zeit, das Deutsche Reich ausgenommen, imstande waren, den Widerstand der Armee dieses Großreiches zu zerschlagen. Und die Ungarn, die schon vor 1918 gar nicht genug weitab von Wien und Österreich ihre Eigenständigkeit zu vervollständigen suchten, waren im Völkerheer der Donaumonarchie um so widerstandsfähiger, als sie einsahen, daß auch ihr eigenes Reich aus dem Mittelalter unter den Trümmern der Donaumonarchie zerschlagen werden wird.

So geschah es, daß das Burgenland das *einzige* Beispiel dafür wurde, daß einer der Verlierer im Friedensvertrag nicht nur ungeheure Gebietsansprüche aufgeben mußte, sondern zugleich einen Landstrich hinzubekam; einen, der nie österreichisch war, der nur im Verband der Ländermasse des Habsburgerreiches Teil hatte am unersetzlichen Kommunikationsraum der Donaumonarchie. Ungarn widersetzte sich diesem Gebietsverlust mit allen Mitteln. Bis in den Herbst 1922 dauerte es, um die endgültige Landnahme des Burgenlandes durch die Republik Österreich zu vollziehen. Aufs neue war das Land von Unruhen in Mitteleuropa

umwittert. 1922, als Österreich einem Zusammenbruch nahe war, ist wieder ein zuletzt von Masaryk in der Emigration entworfener Plan ventiliert worden: Ein Korridor zwischen den Ländern der Nord- und jenen der Südslawen, gezogen durch den Osten Österreichs, also über Gebiete des heutigen Burgenlandes hinweg.
Im Kampf um das Burgenland sind die ersten Angehörigen des aus der Volkswehr hervorgegangenen österreichischen Bundesheeres gefallen. Es ging ein wenig zu, wie ehedem vor dem Krieg bei Manövern, nur schossen die Parteien mit scharfer Munition aufeinander. Oberbefehlshaber auf österreichischer Seite war der ehemalige Rittmeister beim Train Carl Vaugoin, Nachkomme einer aus Frankreich ausgewanderten Familie. Für den Einsatz des Bundesheeres hatte er von der Bundesregierung, es war dies das Kabinett Seipel I, die Ermächtigung zu erbitten. Die Dispositionen wurden unter dem Amtsleiter des Heeresministeriums Oberst Theodor Körner getroffen, den noch Julius Deutsch 1918 hiezu berufen hatte. Körner, geboren 1873 in einem Vorort der in der Revolution 1849 heißumkämpften Festung Komorn, also auf *ungarischem* Gebiet, war Sohn eines damaligen Artilleriehauptmanns. Die ungarischen Freischärler führte Oberleutnant Taby Árpad, hochdekorierter Frontoffizier und Ritter des Militär-Maria-Theresien-Ordens.
Die Gegner ersparten einander keine Härte in der Führung des Gefechts. Im übrigen trugen die Österreicher bereits Uniformen im Schnitt der deutschen Reichswehr, die Ungarn erschienen in Räuberzivil, einige von ihnen in alten Uniformsorten. Waffen und Munition sowie die Führung der Truppen im Gefecht waren auf beiden Seiten von der im Krieg erprobten Art. Sieben Österreicher fielen im Kampf, sie wurden in einer Ecke des Friedhofes von Kirchschlag beerdigt. Zwei Unglückliche fielen den Freischärlern in die Hände. Nachher hieß es, sie seien als kommunistische Emissäre entlarvt worden. Wie immer es war: Sie wurden ermordet, der eine gehängt, der andere erschossen ...
Bis zuletzt, jedenfalls viel zu lang, haben die Sieger von 1918 den Österreichern verboten, die Landnahme mit dem Einsatz des

Bundesheeres zu vollziehen. Dieses Verbot kostete Blut. Die ungarischen Freischärler jagten die ins Land kommenden österreichischen Gendarmen und Zollwachebeamten kurzerhand davon, drangen bei Kirchschlag auf niederösterreichisches Gebiet vor. Narben blieben bei denen, die den geheiligten Boden des Apostolischen Königs von Ungarn gegen österreichische Bolschewiken verteidigten (oder wie sonst die Feindbilder auf beiden Seiten aufgezeigt wurden). Lange war das Volk im heutigen Burgenland verschreckt, wenn die österreichischen Gendarmen ins Dorf kamen, weil sie wußten, daß diese schwächlichen Vorhuten der österreichischen Landeshoheit bald von der Übermacht der ungarischen Freischärler, die den Schutz der Regierung in Budapest hinter sich hatten, vertrieben werden würden.
Und dann mischte sich Italien in die Auseinandersetzungen; Italien, das später in den dreißiger Jahren den unseligen Pakt mit Österreich und mit Ungarn schloß, um die ČSR von der Kontrolle des Zentrums im Donauraum auszuschließen. Nach dem Ende der Rätediktatur in Ungarn und der Restauration der Monarchie unter dem Reichsverweser Horthy schien Mussolini dieses Land ein besserer und verläßlicher Stützpunkt im Donauraum zu sein als die Republik Österreich. Und Budapest tat nach 1918 auf internationaler Ebene alles Mögliche, um seine Rolle im letzten Krieg vergessen zu machen und in Rom, vor allem aber in Paris daran zu erinnern, daß Ungarn so oft der Verbündete im gemeinsamen Kampf gegen die Habsburger gewesen war. Die Unterstützung, die der gekrönte König Karl von Ungarn, in der Republik nur noch Exkaiser im Exil, 1921 von französischer Seite bei seinen beiden Versuchen, seine königlichen Rechte wiederherzustellen, erhielt, war zu schwach. Die sogenannte Kleine Entente, die ČSR, Rumänien und Jugoslawien, verband mit der in Paris herrschenden Meinung das gemeinsame Interesse, alles zu unterbinden, was in Mitteleuropa an die vor 1918 bestandene Ordnung anknüpfte.
Großbritannien, Frankreich, Italien wurden sich nach dem zweiten Restaurationsversuch des Königs noch einmal einig, der ungarischen Regierung in kategorischer Form aufzutragen, die not-

wendigen Maßnahmen zu ergreifen, um den Exkönig aus seinen früheren Staaten (so der Wortlaut der Note vom 22. Oktober 1921) von neuem zu entfernen. Die Verbitterung, die dieses tragische Zwischenspiel in Ungarn erzeugte, reichte weit und lang in gewisse Kreise des späteren Burgenlandes hinein.
War doch das 1921 noch umstrittene Gebiet in diesem Jahr Stützpunkt der beiden Unternehmungen König Karls. Im Raum um Eisenburg (nachher Eisenstadt) und Ödenburg versammelte der letzte Kommandant des k.u.k. Infanterie-Regiments Numero 106 Anton Lehár, der Bruder des weltbekannten Komponisten (der 1918 noch den Regimentsmarsch der 106er komponierte), eine königstreue Kerntruppe. Diese stieg nach westlichen Meldungen auf 10 000 Mann. Nicht wenige aus dem späteren Burgenland waren unter diesen Freiwilligen. Lange noch nährte in Wien die Sozialdemokratische Partei die Erinnerung an diesen für sie höchst unerfreulichen Zwischenfall:
Als nach 1945 im Kabinett Raab II der Antrag vorlag, den noch lebenden Rittern des Militär-Maria-Theresien-Ordens, so wie den Inhabern der Tapferkeitsmedaillen, einen Ehrensold zu bewilligen, erhob der sozialistische Vizekanzler Einspruch dagegen. Mit der Verwirklichung des Antrags wäre nämlich auch Oberst Lehár zum Zug gekommen. Ein Beweis dafür, wie weit und in welch feine Kanäle längst verschollene Vorgänge ihre Nachwirkung selbst in Details haben können.
Da endlich Ende 1922 die Landnahme mit dem Einmarsch des Bundesheeres unaufhaltsam wurde, sah sich vor allem Italien genötigt, den diesmaligen Verlierern, also Ungarn, ein Douceur auf Kosten der Österreicher zukommen zu lassen. Eine der Städte, denen das Burgenland den Namen verdankt, nämlich die natürliche Hauptstadt Ödenburg, und das umliegende Gebiet sollten nicht, wie in Saint-Germain und Trianon entschieden, ohne weiteres Österreich zugeschlagen werden. Dem Druck der Freunde Ungarns unter den Siegermächten nachgebend, wurde in dem fraglichen Gebiet eine Volksabstimmung anberaumt. Unbehindert von den Aufsichtsorganen der Sieger strömten aus vielen Landesteilen des Königreichs Wähler nach Ödenburg. Sie sicher-

ten denn auch die kompakte Mehrheit von 65,08 Prozent derer, die das Gebiet als Teil des Königreichs erhalten wollten. Hier muß eingefügt werden, daß auch nach 1945 im Burgenland nicht wenige Prominente überlebten, die ihre Loyalität für den gekrönten König von Ungarn nicht vergaßen, als sie bereits loyale Bürger und Politiker der Zweiten Republik Österreich waren.
Die 1922 auf dem Tiefpunkt ihrer Verarmung nach 1918 angelangte Republik Österreich gab sich alle Mühe, dem jüngsten Bundesland die Zugehörigkeit zu Österreich frei von untunlichen Reminiszenzen zu machen. Sie schickte den früheren Hofrat im ehemaligen k.k. Ministerium für Inneres, den späteren Sektionschef Dr. Robert Davy, als Landesverwalter ins Burgenland. Davy traf kein Verdacht, dem klerikalen Regime Seipels verbunden zu sein. Vor 1918 hatte man dem bewährten Verwaltungsfachmann die Leitung des Büros der Kommission für die damals gedachte Verwaltungsreform anvertraut. In Wien tat man noch mehr: Man wurde sich zwischen den Regierungsparteien und der Opposition einig, einen Beschluß der politischen Parteien des Burgenlandes zu unterstützen. Demnach sollten im Burgenland in den nächsten Jahren keine paramilitärischen Wehrverbände errichtet werden. Die HW kam dort die ganze Zeit ihres Bestandes nie recht an. Dafür waren die Kader derer, die sich in Ungarn für die Rückkehr des Königs eingesetzt hatten, intakt; sie bildeten 1926 die ersten Ortsgruppen der Frontkämpfervereinigung (FKV). Der Schutzbund fand in der Masse der Kleinbauern und Kroaten einen beträchtlichen Anhang. Spaltungen von gestern wirkten in der Bevölkerung fort, hieraus entstehende Konflikte führten zu schweren Folgen für den ganzen Staat. In den Dörfern sammelten sich verfeindete Gruppen in den beiden verfeindeten Wehrverbänden und trugen so alte Streitigkeiten und Haß in die neuen Verhältnisse im Land.
Die FKV schritt, wie gesagt, erst 1926 an die Gründung von Ortsgruppen im Burgenland. Das war, als sie in anderen Bundesländern schon auf dem absteigenden Ast ihrer Entwicklung war. Die Hoffnung, gerade im ehemals ungarischen Burgenland Zustrom zu bekommen, trog. Der Schutzbund war ihr mit seinem Organi-

sationsausbau voraus, und anders als in anderen Bundesländern verfügte der Schutzbund in den Dörfern über einen starken Anhang. Wo schlechte Erinnerungen an die ungarische Zeit bestanden, kam die FKV besonders schlecht an. Das Räteregime Béla Kuns, grausam wie es war, ging wie eine Regendusche vorüber. Was aber nachher blieb war die Reichsverweserschaft Horthys, gegen die sich die Genossen in Wien und im Burgenland einig waren. Die unter Béla Kun begonnene Aufteilung des Großgrundbesitzes in Ungarn war nach dem Ende dieses kommunistischen Agrarexperiments ganz zum Stillstand gekommen. Grund und Boden für die Neugründung landwirtschaftlicher Betriebe oder für Arrondierungen waren nur zu erhoffen, wenn die Republik daran ging, die Latifundien des Hochadels im Land kräftig anzufassen. Und das traute man im Dorf eher den »Roten« zu. Verläßliche Rekrutierungsbezirke für den Schutzbund waren Orte, in denen die Kroaten eher zur Assimilierung neigten, und solche, in denen die reformierte Kirche der Prälatenregierung in Wien wenig Sympathien entgegenbrachte. Das Burgenland wurde denn auch in der Zweiten Republik das einzige ursprüngliche *Agrarland* Österreichs, in dem die Mehrheit des Wählervolkes schließlich der SPÖ die Mehrheit im Landtag einbrachte.
Für die zuerst ins Land kommenden Österreicher ergab sich oft ein verwirrendes Spiel der Kräfte. Kräftelinien, die sich vielfach kreuzten und überschnitten, gab es genug und das nach Motiven, die für Landfremde nicht immer erkennbar wurden. Eine Seltsamkeit wäre vorbildlich für ganz Österreich gewesen. In Schattendorf bestand wie in anderen Orten eine Abmachung zwischen dem zahlenmäßig überlegenen Schutzbund und der FKV, an Sonntagen *niemals gleichzeitig aufzumarschieren.* Der jeweils an der Reihe befindliche Wehrverband meldete seinen Aufmarsch bei der Behörde an, und der andere respektierte diesen Termin. Der Bruch dieses Abkommens durch den Schutzbund führte zur sogenannten Schattendorf-Affäre.
Am 30. Jänner 1927 war die FKV Schattendorf an der Reihe aufzumarschieren. Sie meldete die Veranstaltung der Behörde und glaubte, damit wäre dem Abkommen mit dem Gegner Genüge

getan. Nun bestand aber in der Zeit des organisatorischen Aufbaues der Wehrverbände die Übung, daß die veranstaltende Ortsgruppe Genossen oder Kameraden benachbarter Ortsgruppen einlud, um ihr Auftreten vor der Öffentlichkeit am Ort eindrucksvoller zu gestalten. Die FKV gab solchen Veranstaltungen meistens durch eine Heldenehrung einen besonderen Charakter. Diese Variante war in ganz Österreich für die Linke ein Ärgernis, weil sie darin eine Wiedererweckung des Militarismus erblickte. Sie ging konform mit dem ehemaligen Amtsleiter im Heeresministerium Oberst Körner, der überzeugt war, daß die sogenannte Traditionspflege dem Aufkommen einer absolut republikanischen Gesinnung im Heer im Weg war. Für den 30. Jänner 1927 hatte sich die FKV Schattendorf noch dazu einen prominenten Redner aus Wien eingeladen, nämlich den Führer der FKV, Oberst Hiltl. Außerdem hieß es, daß der Oberst mit einem Begleitkommando aus Wien kommen werde. Und aus Loipersdorf war ebenfalls ein Zustrom von Frontkämpfern angesagt.

Die Schutzbundführung in Schattendorf sah sich düpiert. Das Abkommen, wonach der Sonntag von gleichzeitigen Veranstaltungen der beiden Wehrverbände freibleiben sollte, war ihrer Meinung nach für den Normalfall gedacht. Wenn jetzt sogar aus Wien Frontkämpfer kamen und der übel beleumundete Monarchist Hiltl das Wort ergreifen sollte, dann war das etwas ganz anderes. Der Schutzbund von Schattendorf beschloß, diesen unerwünschten Zuzug von Frontkämpfern zu unterbinden und selbst aufzumarschieren. Die vorgeschriebene Anmeldung des Vorhabens bei der Behörde unterließ man, weil man ahnte, daß die Behörde es wohl kaum zulassen würde, daß bei der am Vorabend einer Wahl im Land herrschenden Spannung in dem kleinen Ort an der ungarischen Grenze *beide* rivalisierenden und verfeindeten Formationen aufziehen. Vorsichtshalber luden die Schattendorfer auch die Genossen aus Klingenbach, Baumgarten und Draßburg zu ihrer Verstärkung ein.

Der 30. Jänner 1927 begann in Schattendorf mit einer Rauferei. Das heißt, früher einmal wäre derlei als Rauferei abgetan worden, jetzt war es , wie es im Polizeibericht zu stehen pflegte, *ein politi-*

scher Zusammenstoß. Im Ort gab es zwei Wirtshäuser; die Männer der FKV waren im Gasthaus Tscharmann zu Gast; der Wirt und sein Sohn waren selbst Mitglieder der FKV. Schließlich haben auch Männer in Uniformen einen gesunden Durst, und Tscharmann übernahm es, jenen der Frontkämpfer zu löschen und dabei seinen Umsatz zu steigern. Als am Morgen des Unglückstages 200 Schutzbündler anfingen, vor dem Gasthaus Tumult zu machen, und der Schutz der FKV ausblieb, gab einer der Söhne zwei Schreckschüsse ab, die niemanden verletzen sollten.
Inzwischen marschierten die Männer der FKV zum Bahnhof, um die Kameraden aus Loipersdorf zu empfangen. Sie kamen nicht dazu, denn die Schutzbündler vertrieben sie, wobei sie ihre Überschwungriemen kräftig einsetzten. Schon in Friedenszeiten benutzten bei Wirtshausraufereien im Dorf die Soldaten im Kampf mit ihren zivilen Konkurrenten den Überschwungriemen. Derlei war für die Gendarmerie kein Anlaß einzuschreiten. Wie überhaupt der Brauch entstand, daß damals die Exekutive bei Dorfraufereien nur dann einschritt, wenn unübliche, gefährliche Weiterungen entstanden.
Man kann sich die Stimmung unter den Männern der Schattendorfer FKV nach ihrer am Bahnhof erlittenen Abfuhr vorstellen. Alles sah aber noch immer eher wie eine riesige Rauferei aus. Ohne Verwendung von Stich- und Schußwaffen. Der nächste Akt endete nicht weniger blamabel für die FKV.
Zunächst ergab es sich, daß Oberst Hiltl nicht gekommen war. Statt der erhofften nennenswerten Verstärkung kamen nur zehn Mann aus Wien. Es wäre noch möglich gewesen, daß der örtliche Schutzbund sein taktisches Ziel als erreicht angesehen hätte: Hiltl kam nicht, der Glanzpunkt und das Attraktivum der geplant gewesenen FKV-Veranstaltung war verpatzt. Indessen bekamen auch die aus Wien gekommenen Frontkämpfer die Überschwungriemen der ihnen feindlichen Schattendorfer zu spüren. Zwei Gendarmen – das war alles, was die Obrigkeit in Erwartung eines eher ruhigen Verlaufs einsetzte – sahen den Raufhandlungen gelassen zu, bis sie sich entschlossen, einen Waffenstillstand zwischen den streitenden Parteien herzustellen. Man könnte sich

denken, daß ein *früheres,* entschiedenes Vorgehen der Exekutive das Unglück des Tages hätte verhindern können. Wie immer man diesen Ausgang abschätzt, man wird nicht übersehen können, daß die FKV um den Effekt ihrer behördlich genehmigten Kundgebung gebracht wurde, der Schutzbund aber ohne diese Genehmigung als Sieger in den Ort zurückkehrte und dementsprechend auch die weiteren Schmäh- und Drohrufe ausgefallen sind. In den Akten sind sie in der Schriftsprache festgehalten, sichtlich unter Vermeidung der ortsüblichen Ausdrucksweise:

»Nieder mit den Frontkämpfern! Nieder mit den christlichen Hunden [an Ort hieß es wohl: schwarze Hunde]! Nieder mit den monarchistischen Mordbuben [Bube, das war ganz unüblich]!«

Die Situation der Frontkämpfer wurde brenzlich. Etwa ein Dutzend von ihnen suchte Zuflucht in ihrem Stammlokal beim Tscharmann. Hinter ihnen waren doppelt so viele Schutzbündler her. Wieder wurden aus dem Obergeschoß des Hauses Warnschüsse abgegeben, die niemandem Schaden zufügten. Vor dem Gasthaus, wo die Masse der Gegner stand, sah es gefährlich aus. Aus dem Fenster des ersten Stockes des Hauses, das auf die Straße ging, sah ein gewisser Pinter die bedrohliche Lage. Er und der Tscharmann Josef ergriffen Jagdgewehre und gaben Schrotschüsse ab. Sicher nicht gezielte Schüsse, denn getroffen wurde der weit abseits der Szene in einem Hauswinkel stehende Schulbub Josef Grössing. Dann aber auch der in der Nähe der Toreinfahrt stehende Kriegsinvalide Matthias Csmarits, einer der Kroaten unter den Schutzbündlern.

Es entstand eine Panik. Die Hausinsassen ergriffen die Flucht. Während ihrer Verfolgung fiel ein Schuß auf sie, der einzige gezielte Schuß dieses Tages. Wer auf die Flüchtenden geschossen hat, blieb lange Zeit umstritten. Getroffen wurde niemand. Die Tscharmanns wurden später aus der FKV ausgeschlossen. Man sagte nachher, es wäre besser gewesen, sie nie aufzunehmen.

Die Presse im ganzen Land brachte das Geschehen in großer Aufmachung. In der hohen Zahl der Gewalttaten, die sich zwischen 1918 und den dreißiger Jahren in allen Teilen des Landes ereigneten und bei denen laut einer Statistik die Blutopfer beider Parteien etwa gleich groß waren, ragte das Geschehen in Schattendorf wohl hervor, leider war es aber kein Einzelfall.

Auch die bürgerlichen Zeitungen brachten mit großer Aufmachung ihre Montagausgabe vom 31. Jänner 1927 heraus. Es schlichen sich sogleich Unrichtigkeiten in die Berichterstattung ein. Fatal war, daß die »Neue Freie Presse« von Gewehr*kugeln* und nicht, wie es richtig gewesen wäre, von *Schrot*schüssen schrieb. Das erweckte den Eindruck, daß die Opfer nicht im Schrothagel der ungezielten Schüsse gefallen, sondern mit gezielten Schüssen getötet worden waren.

Die zu erwartenden Folgen waren danach. Im Industriegebiet von Wiener Neustadt traten die Arbeiter in einen Proteststreik. Im Burgenland gab es damals noch keine industriellen Zentren. Am 2. Februar kam es zu einem von der SDAPÖ ausgerufenen viertelstündigen Generalstreik, wobei die Streikparole bemerkenswert war: Sie richtete sich gegen *promagyarische Organisationen in ganz Österreich.* Kein Wort von der HW, die später auch in diesem Fall verallgemeinernd genannt wurde. Tags darauf fand im Parlament eine Auseinandersetzung statt, die nicht darauf schließen ließ, wie das Finale der Tragödie von Schattendorf am 15. Juli 1927 ausgehen sollte. Die Täter kamen ja vor ein Geschworenengericht. Also übten in diesem Fall einfache Leute aus dem Volk das kostbare Erbe der Revolution von 1848 aus: die Teilnahme des *Volkes* an der Rechtsprechung, und es urteilte nicht bloß der gewisse Richter aus den Reihen des Klassenfeindes.

Für den 24. April 1927 war die Neuwahl des Nationalrates ausgeschrieben. In dem wilden Durcheinander der Wahlwerbung ging das Geschehen im Burgenland in Serien von Propagandaexzessen unter, in denen sich beide Seiten zu übertreffen suchten. Merkwürdig war, wie sehr sich oft die Feindbilder, die in beiden Lagern aufgezeigt wurde, glichen. Die SDAPÖ verteidigte die vom Gegner scharf verurteilten »Breitner-Steuern« in Wien, indem sie eine starke Hand (in roter Farbe) zeigte, die einem prassenden feisten Kapitalisten samt seiner Begleiterin die Sektflaschen aus dem Kübel reißt. Auch die »andere Seite« zeigte auf Plakaten regelmäßig wiederkehrend den reichen Prasser, nur bemerkte man an dessen Gesichtszügen eine Kleinigkeit, die darauf hinwies, daß in diesem Fall der jüdische Kriegsgewinnler im Fadenkreuz der Propaganda stand. Namen wie Castiglioni und Bosel waren damals in vieler Munde; von einer solchen Type ging das Gerücht, sie hätte das Geld dafür hergegeben, um die Wiener Sicherheitswache nicht länger in den abgetragenen Uniformen aus der Kaiserzeit, sondern in neuen khakifarbenen auftreten zu lassen. Die SA, die schon einige Male die Schlagkraft dieser Polizei zu spüren bekommen hatte, nannte daher die so neuuniformierten Wachmänner »Bosel-Garde«.

Für die Aprilwahl wollte Seipel der auf der Linken bestehenden Einheit in der SDAPÖ eine Einheitsfront all jener gegenüberstellen, die zwar untereinander im Kleinkrieg des Parteienwesen zerstritten blieben, in einem aber einer Meinung waren, wenn sie dabei blieben: Ich gebe meine Stimme jedenfalls keiner marxistischen Partei. Sollte es gelingen, mit dieser »Einheitsfront« einen Wahlerfolg zu erringen, dann wollte man, soweit einigte man sich innerhalb der beiden Regierungsparteien, den Erfolg zum Vorteil beider Parteien verteilen; die Großdeutschen sollten aber unabhängig vom Wahlausgang ihren Mandatsbesitz behalten.

Vergeblich haben erfahrene Wahltaktiker Seipel vor diesem Experiment gewarnt. Seipel war neben dem Doktor Lueger der einzige Mann in jener längst vergangenen Zeit, der imstande war, aufs neue Wählermassen für sein Programm zu gewinnen. Und zwar auch dann, wenn gewisse Wähler keineswegs das gleiche wie er dachten; wenn sie nur in einem gleich zu denken verstanden: Wir wollen, nachdem es schon ein rotes Wien gibt, nicht auch noch ein rotes Österreich. Die Zeit war gekommen, da zitterten die Nationalen schon um ihr Grundmandat. Zu viele ihrer Parteigänger, die als Wirtschaftsliberale eher zur Politik Seipels neigten, waren ihr schon entgangen. Die »Einheitsfront« sicherte ihnen jedenfalls einen über dem Grundmandat aufgebauten Mandatsbestand – wahrscheinlich sogar auf Kosten der Christlichsozialen, wie der Kanzler gewarnt wurde. Dazu kam eine andere Ungereimtheit:

Seit einem Jahrzehnt wetterte die SDAPÖ gegen die kaiserlichen Verordnungen aus der Kriegszeit, deren Zustandekommen für sie ein krasser Affront gegen den Geist der Demokratie war. Eine dieser Verordnungen verteidigte sie aber mit Zähnen und Klauen: Diese ging 1917 vom gerechten Schutz der Mietwohnungen derer aus, die eingerückt waren und deren Familien nicht im Falle von Notständen das Dach über dem Kopf verlieren sollten. Der so mit kaiserlichem Mandat eingeführte Mieterschutz in Wien wurde eine der Säulen der Wohnbaupolitik im roten Wien. Dieser versteinerte zugleich die Friedensmietzinse und ruinierte die privaten »Zinsgeier«, wie man die Hausbesitzer verallgemeinernd nannte. Die Änderungen der Zeit brachten es mit sich, daß in der Zweiten Republik das rote Wien bei seiner Wohnraumbewirtschaftung in die gleiche Lage kam, in der während der Zwischenkriegszeit der private Hausbesitz und damit eine Säule aus der Luegerzeit zugrunde ging.

Die Mietenfrage war für die SDAPÖ eine reine Mezzie, denn nur dieses Wort aus dem Jiddischen kann die Tatsache klar zum Ausdruck bringen, daß eine *kaiserliche Notverordnung* für die Christlichsozialen der Strick, für die Linke ein reines Massel wurde. Von Wahl zu Wahl verloren die Christlichsozialen wegen des Mieten- und Wohnungsproblems Stimmen, die mühelos dem Gegner zufielen. 1927 aber verloren die Christlichsozialen im Verband der Einheitsliste *neun Mandate*, die vorher vom Totalverlust bedrohten Großdeutschen bekamen zwölf, und der Landbund für Österreich rückte neun Mann stark ins Parlament ein.

Das nach langen Verhandlungen am 19. Mai 1927 zustande gekommene Kabinett Seipel V, das letzte des Prälaten, geriet ein wenig buntscheckig. Vizekanzler wurde der Landbündler Hartleb, der Unglücksrabe vom 15. Juli 1927, wie noch zu erklären sein wird. Unterrichtsminister blieb Schmitz, der während des furchtbaren Gewitters, das nach dem 15. Juli 1927 im Parlament niederging, im Windschatten der Ereignisse den Schulkompromiß mit der Linken einging. Jenen, dessentwegen sein Vorgänger um seinen Ministerposten gekommen war. Der Wahlsieger, die SDAPÖ, verblieb im Parlament auf den Oppositionsbänken. Langsam entwickelte sich in dieser Existenz im Abseits eine Sprengladung, deren Explosion nur des geeigneten Anlasses bedurfte. Wie schon 1926 auf dem Parteitag in Linz angedeutet und im Schutzbund von Major Eifler vertreten, waren in den Massen der sozialdemokratischen Parteigänger Teile zu der Ansicht gelangt, es stünde ja nirgends geschrieben, daß die Arbeiterpartei erst dann zu den Mitteln der Gewalt greifen dürfe, wenn sie im Parlament die Mehrheit errungen hätte. Wer von der Diktatur des Proletariats redete und nachdachte, mußte vielmehr zu der Ansicht kommen, daß man die Stimmzetteldemokratie (diese Wortprägung war im Mund vieler Unzufriedener in allen Parteien) für eine Weile in den Winkel stellen könne, um sie nach der Machtergreifung wieder hervorzuholen. Was man 40 Jahre später als die »außerparlamentarische Demokratie« der Neuen Linken gepriesen hat, war im praktischen Denken der Parteistrategen im Werden. Links wie rechts.

Renner hat nach 1945 erklärt: Im Sommer 1927 stand nach seiner Ansicht die Regierung Seipel vor dem Fall. Mehr noch: Im *Freundeskreis* Seipels wußte man, daß es um den Gesundheitszustand des Kanzlers nicht zum besten stand. Stürzte also das Kabinett Seipel V, dann war für die Linke endlich der Fall gegeben, daß man Seipel vom Hals hatte. Mit dem großen Haufen der Christlichsozialen hoffte man dann leichter fertig zu werden und sie von der Regierungsbank zu verjagen. Renner meinte nach 1945, Seipel hätte im Sommer eines Anlasses bedurft, um sein Regime zu retten, und nach Renners Ansicht war das »rettende Moment« das Geschehen vom 15. Juli 1927. Es gibt andere Vertreter der Zeitgeschichte in der Zweiten Republik, die genau das Gegenteil feststellten. Viktor Reimann, der nach 1945 die Rekonstruktion der dritten Kraft in der Zweiten Republik mit zustande brachte, schrieb 1968: Es sei nicht die Regierung Seipel gewesen, die einem Ereignis wie dem 15. Juli 1927 zusteuerte. Und: Dieser Tag sei freilich die Peripetie des Dramas des Politikers Seipel gewesen.

Aber dem 15. Juli 1927 waren schon einige Akte im Drama des »Prälaten ohne Milde« vorhergegangen. Das Attentat im Jahr 1924 hat, wie Seipels Ärzte unbefangen sagten, seinen Lebensfaden verkürzt, zuletzt die Spannkraft erheblich herabgesetzt. Das Experiment der Einheitsfront gegen den mit immer mehr Macht-

fülle in Österreich auftretenden Austro-Marxismus war in den Wahlkämpfen des Jahres 1927 gescheitert. Die im Land entstehende HW, später einfach als die infame Mache des in der Demokratie gescheiterten Prälaten hingestellt, erwies sich – anders als der Republikanische Schutzbund – nicht als ein *Block*, sondern als ein *wirrer Haufen*, in dem die Führer den Idealismus der Nachkriegsgeneration und den letzten Aufruf an die Kriegsgeneration oft schändlich vertan haben. Und dann traf Seipel ein besonders schmerzender Schuß aus nächster Nähe: Es war ein für die priesterliche Existenz Seipels überraschender Anschlag. Denn er wurde von einem Geistlichen seiner Kirche ausgeführt, dessen wissenschaftliche Begabung ihn zu einer der größten Hoffnungen der Wiener Theologischen Fakultät machte: Michael Pfliegler, anfangs Religionsprofessor an einem Wiener Realgymnasium und Privatdozent für Moral- und Pastoraltheologie. Im Fach Moraltheologie also Fachkollege Seipels, auf seine Art genauso einem integralen Intellektualismus verhaftet wie der Bundeskanzler. Aber im Fall Pflieglers kam etwas hinzu, worin er sich von Seipel *unterschied* und diesem am Beginn einer neuen Zeit *voraus war.*
Vor dem Krieg trat der Student der Theologie Karl Rudolf voller Begeisterung der Wiener Verbindung des CV »Amelungia« bei. Im Krieg war Rudolf ein mehrfach dekorierter Feldkurat. Er war einer der Heimkehrer, die nach 1918 nicht dort aufs neue beginnen wollten, wo sie 1914 aufgehört hatten. Er lehrte am Priesterseminar der Diözese und bildete dort junge Priester heran, denen die altstudentische Art des Verbindungswesens zuwider wurde. Als Studenten-, später als Akademikerseelsorger wirkte Rudolf im gleichen Sinn. Zusammen mit Pfliegler gründete er 1923 den »Bund Neuland«, der im katholischen Lager sofort und da zuerst in der Studentenschaft eine Spaltung aufriß. Nach 1918 lebte im deutschsprachigen Raum die Idee des »Wandervogels« wieder auf. Vor 1914 hat es unter dem Namen »Freideutsche Jugend« einen gewissen Zusammenhalt, eine Klammer für viele an sich unterschiedliche Gruppen dieser Bewegung gegeben. In der Monarchie faßte die Bewegung in Prag unter den deutschen Studenten der dortigen Universität Fuß. Prag war aber nicht die einzige

Keimzelle des Neuen. In Leitmeritz, Reichenberg, Eger und Teschen waren es auch nicht weniger Studenten, die sich am Aufbruch beteiligten. 1911 fand der erste österreichische Gautag des »Wandervogels« in Himberg in Nordböhmen statt. Bis nach Siebenbürgen reichten Wellen des Neuen. Noch bewegten aber eher nationale als soziale Belange die Jungen. Michael Hainisch, der spätere Bundespräsident, wurde Förderer der Bewegung.

Nach 1918 geriet die Bewegung aus den Fugen. Dafür wirkte sie schließlich in zionistischen Kreisen zeitweise ebenso *typenbildend* wie in katholischen. Parteipolitisch war die bündische Jugend in Österreich neutral. Pfliegler führte sie unversehens ins denkbar gefährlichste Spannungsfeld des Österreich der zwanziger Jahre: ins Niemandsland zwischen der SDAPÖ und den Christlichsozialen, jedenfalls in einen nie mehr versöhnten Gegensatz zum CV in Österreich. Um 1930 erwuchs im »Jungkatholischen Hochschulring« eine Erneuerungsbewegung, die Teile der Jugendbewegung »Neuland« ins Vorfeld, später ins Lager des Nationalsozialismus entließ. Der 15. Juli 1927 war für Pfliegler Anlaß, den *Brückenschlag zur Arbeiterschaft* zu versuchen. Längst sah er die Abwendung der Masse der Arbeiterschaft von der Kirche als *den* Skandal seiner Zeit an; ein Vorwurf, den er nicht einfach nach links richtete. Der Konflikt zwischen »Neuland« und dem CV in Österreich war der Anfang vom Ende dessen, was noch als Rest des »katholischen Österreich« um 1945 vorhanden war. Das waren die Wolken, die über dem Horizont der letzten Lebensjahre Seipels aufkamen, die sein Gewissen als Priester bis zuletzt nicht bewältigen konnte.

Zunächst aber erschütterten Ereignisse, wie sie Wien seit der Revolution von 1848 nicht gekannt hat, die Szene des Jahres 1927 in einem unermeßlichen Ausmaß.

Der Schwurgerichtsprozeß gegen die drei wegen des Geschehens in Schattendorf Angeklagten fand Mitte Juli 1927 seinen Abschluß. Die Parteizeitungen hatten vorher nichts unterlassen, was geeignet war, die Spannung wegen des möglichen Prozeßausgangs zu erhöhen. Je nach Anschauung wurden dabei entweder die Frontkämpfer oder die Schutzbündler vorweg mit schwerer

Schuld belastet oder das völlig einseitige Verschulden des einen Gegners herausgestrichen.

Geschworenengerichte sind eine der Forderungen gewesen, die in der Revolution von 1848 die damaligen Altliberalen durchsetzten und deren Fixierung im österreichischen Strafrecht die vielen seither in Österreich stattgehabten Verfassungsexperimente überstanden hat. Die Sozialdemokraten haben dieses Erbe nach den Liberalen übernommen, und als ein Heiligtum im Arkanum ihrer Grundsätze geschätzt.

1927, vor dem Schattendorfer Prozeß, war dieses *Prinzip* längst nicht mehr umstritten, wohl aber die *praktische Anwendung.* Die SDAPÖ verteidigte es jedoch mit aller Heftigkeit und verdächtigte alle, die es bemängelten, als Anhänger einer bourgeoisen Klassenjustiz. Tatsache war, daß unzählige *politische* Delikte, die nach der Verfassung vor einem Schwurgericht zu verhandeln waren, mit ungleich leichteren Strafen belegt wurden als gleiche Verletzungen, denen nicht der besondere Charakter eines politischen Motivs zukam. In der Zeit nach 1918 stieg die Zahl der Fälle, in denen *Gewalt in der Politik* eine verhängnisvolle Rolle spielte. Und die Geschworenen ließen es sich oft angelegen sein, im Falle eines politischen Verbrechens oder Vergehens eine seltsame Gelassenheit gelten zu lassen, wenn sie über die Schuld des Angeklagten zu befinden hatten.

Erst in der Zweiten Republik, in der Zeit der großen Koalition, konnte sich die SPÖ entschließen, einer Gesetzesvorlage zuzustimmen, die eine grundsätzliche Änderung des Begriffs Geschworener zur Voraussetzung hatte. Spät, aber doch wirkte sich die Lehre aus dem sogenannten Schattendorfer Prozeß aus. Fortan galt nicht mehr das Prinzip, daß die an der Strafrechtspflege beteiligten Laien nur über die Schuldfrage, und zwar nach dem System der »Alleinberatung«, zu beschließen hatten. Nach der einschlägigen Bestimmung der Strafprozeßordnung aus 1964 nehmen an den Beratungen der Geschworenen auch die Berufsrichter teil, und die Geschworenen haben ihre Entscheidung zu *begründen.* Andererseits beschließen die Geschworenen gemeinsam mit dem Berufsrichter die Strafe.

Es wäre den verschiedenen Agitatoren im Jahr 1927 sicher schwerer gefallen, den Freispruch im Schattendorfer Prozeß als einen Akt der Klassenjustiz hinzustellen, wären schon vor dem 15. Juli 1927 diese Verbesserungen im Strafprozeßrecht eingeführt gewesen. Denn einerseits fällten damals den reinen Schuldspruch keine Angehörigen aus den Reihen des sogenannten Klassenfeindes, sondern größtenteils Bauern und Arbeiter; und zweitens war ja *das Fehlen jeder Erklärung der Verneinung der Schuld* eine der Hauptursachen dafür, daß die Propaganda der Linken in der Lage war, dem Freispruch jede Nichtswürdigkeit zu unterstellen. So entstand das Motiv, wonach hiemit die Geduld der Arbeiterklasse nach diesem unerklärlichen Freispruch erschöpft sei. Daß das Volk in einer Art Levée en masse gegen diesen krassen Exzeß der Klassenjustiz aufbegehren und daß man es denen am Sitz der Macher der Klassenjustiz, dem im Gebäude des Justizpalastes untergebrachten Bundesministerium für Justiz, zeigen müsse. Bundesminister für Justiz war der langjährige Bürgermeister von Linz, der Rechtsanwalt Franz Dinghofer, zuletzt Präsident des Obersten Gerichtshofes, 1927 Vorsitzender der Großdeutschen Partei; ein Mann, dessen Name noch heute mit Achtung genannt wird. Er blieb bis 1938 im Amt.
Am Abend des 14. Juli 1927, nach 21.30 Uhr, verbreitete sich in Wien und in Österreich mit Windeseile die Nachricht, daß im Schattendorfer Prozeß der Freispruch aller drei Angeklagten erfolgt sei. Ab diesem Moment waren die Freigesprochenen »Arbeitermörder«, die Teilnehmer an der Rechtsprechung im Prozeß ausnahmslos verbrecherische Anhänger der »Klassenjustiz«.
Redaktionen von Zeitungen, die nicht die krasse Urteilsschelte der »Arbeiter-Zeitung« teilten und es wagten, das Alleinverschulden der Frontkämpfer im Falle Schattendorf zu bestreiten, erlebten bis zum Nachmittag des 15. Juli 1927 ein böses Schicksal. Die Verlagsräume der national ausgerichteten »Wiener Neuesten Nachrichten« wurden überplündert, jene der »Reichspost« in Brand gesteckt. Die Ehre, nun schon zum zweiten Mal seit 1918 gewissen Insulten seitens der Linken ausgesetzt zu sein, widerfuhr Friedrich Funder höchstpersönlich; dessen Stil vor 1938 war

auch noch ein anderer als jener, mit dem sich der Gründer der »Furche« nach 1945 allgemeine Achtung erwerben konnte.
Initiatoren des tragischen Geschehens dieses Tages waren die Mitarbeiter in der Direktion der Städtischen Elektrizitätswerke. Also nicht die Arbeiter im Werk, sondern die Manager und das Kanzleipersonal. Die E-Werke hatten, wie es Julius Deutsch 1960 nochmals in seinen Lebenserinnerungen festgehalten hat, eine besondere Aufgabe im Alarmplan der Linken. Die Abschaltung des Stroms führte zur Stillegung des Straßenbahnbetriebes in Wien. Oder, wie es die ständige Redeweise in der Bürgerkriegsära wurde, zur Vermutung: *Es tut sich was.* Im Februar 1934 wurde so das vereinbarte Alarmzeichen zum Aufstand des Republikanischen Schutzbundes gegeben.
In den ersten Stunden des Tages, des 15. Juli, faßten die Männer in der Direktion der E-Werke den Entschluß, einen Proteststreik auszulösen. Der Beschluß wurde im Zimmer des Betriebsrates gefaßt. Ein Vorschlag Besonnener, die Parteileitung, die im Gebäude der Redaktion der »Arbeiter-Zeitung« untergebracht war, um deren Pläne zu befragen, wurde befolgt. Das Ergebnis dieser Vorsprache im historischen Gebäude des »Vorwärts-Verlags« in der Rechten Wienzeile war eher verwirrend.
Otto Bauer vermied es, entweder zur Tat oder zur Mäßigung aufzurufen. Der im Haus anwesende spätere brillante Sprecher der KPÖ im Nationalrat, Ernst Fischer, sprach aus, was nachher als die allgemeine Erwartung der Beteiligten hingestellt wurde: Generalstreik im ganzen Land. Die Massen auf die Straßen. *Nachher* würde man schon sehen, wie es weiterging. Fischer war ein begabter Mitarbeiter des wortgewaltigen Chefredakteurs der »Arbeiter-Zeitung«, Friedrich Austerlitz, seine Meinung galt aber dem geschickten Leitartikler wenig. Um so merkwürdiger ist, daß Fischer und Austerlitz, jeder auf seine Manier, dem gleichen Ziel zusteuerten. Nämlich der momentanen Erregung freien Lauf zu lassen, angestaute Aggressionen abzulassen. Was Austerlitz in seinem Leitartikel schrieb, hörte sich so an, als ob die Geduld der Arbeiter erschöpft sei. Alle Schuld läge, wie immer, bei den anderen, die Toten in Schattendorf seien schuldlose Opfer, die Front-

kämpfer und ihre Hintermänner Arbeitermörder. Der Leitartikel mußte in den Betrieben aber auch den Eindruck erwecken, als ob man in der »Zentrale«, in der Wienzeile, etwas von den eigenen Leuten erwarte. Was nun? Jedenfalls kein Warten auf eine Weisung der Parteiexekutive. Also, dann los. Man marschierte.
Im Rathaus hatte der zentrale Betriebsrat der Gemeindebediensteten, alles verläßliche Genossen, einen Stützpunkt. Und in der Beletage des Rathauses war die Dienstwohnung des amtierenden Bürgermeisters und Vorsitzenden der SDAPÖ, Karl Seitz. Niemand hat je nachgewiesen, daß in der Nacht zu jenem Tag zwischen der ebenen Erde und dem ersten Stock eine Kontaktaufnahme stattgefunden hat. Niemand konnte aber den Gegnern einreden, daß es da eine Sperre gegeben hätte, die es dem Parteivorsitzenden und Bürgermeister verwehrte, von der Zentrale aus die örtlichen Betriebsräte, zumal jene in den Städtischen Betrieben, dazu zu bringen, zuzuwarten, bis die Parteiexekutive eine Parole für den Tag ausgeben würde. Jahrelang ging es ja in Wien nach der Parole zu:
»Alle Räder stehen still / Wenn dein starker Arm es will.«
Und dann fand wieder einmal eine parteipolitisch orientierte Massenkundgebung statt. War andererseits nicht zu erwarten, daß auch im gegebenen Fall die Genossen in den Straßen Disziplin halten würden, wie so oft zuvor?
Die erste Marschkolonne, die den Ring erreichte, war jene aus der Direktion der E-Werke. Der Versuch, das Universitätshauptgebäude zu erstürmen, scheiterte. Nach und nach erreichte Kolonne auf Kolonne den Ring. Nach 1945 warf man der Wiener Polizei allen Ernstes vor, sie, die Knüppelgarde der Arbeitermörder, hätte für den 15. Juli keine besonderen Sicherheitsvorkehrungen getroffen. Hätte sie aber welche getroffen, dann wäre das der gelungene Beweis dafür gewesen, daß die Klassenjustiz und ihre Büttel in Gewärtigung eines Freispruches unter einer Decke steckten ...
Karl Renner hat Monate nach dem 15. Juli, auf dem Parteitag im Oktober 1927, seine stets geübte Besonnenheit nicht verleugnet, indem er sagte:

»... wenn am Morgen des 15. Juli die Arbeiter-Zeitung gesagt hätte – breiter und wirksamer, als was ich in drei Worten sage –: ›Das Urteil ist furchtbar (!), morgen wird die Parteivertretung Stellung nehmen, bis dorthin Gewehr bei Fuß‹, so wäre vielleicht nach menschlichem Ermessen das Ärgste verhütet worden.«
Anders der spätere Bundespräsident Adolf Schärf, 1927 im Parlamentsklub der SPÖ tätig. 1955, im letzten Jahr seiner Tätigkeit als Parteivorsitzender und Vizekanzler einer Koalitionsregierung, schrieb er im Rückblick auf 1927, was heute selten auf Seiten der Linken zitiert wird: Demnach haben an jenem Tag *einige wenige Personen* wichtige Entscheidungen getroffen, ohne daß sie im Augenblick die Folgen übersahen, und:
»In der Beurteilung gefällter Entscheidungen kam man jedoch manchmal – in unbewußter Verteidigung oder Selbstverteidigung – dazu, einer nicht vorbedachten, mehr oder weniger zufälligerweise zustande gekommenen Entscheidung Dauerwert und Dauercharakter zuzuschreiben; man beweist gerne, daß es so kommen mußte. Das führte faktisch zur theoretischen Rechtfertigung praktischer Fehler ...«
Geschrieben unter der Überschrift: Mängel in der Willensbildung.
Der Marsch der Massen ging über in Angriffe in gelöster Formation. Noch am Vormittag wurde angesichts der Dienstwohnung des Bürgermeisters das Polizeiwachzimmer in der Lichtenfelsgasse angegriffen. Es wäre denkbar gewesen, daß aus dem nahen Rathaus wenigstens einer der dort amtierenden hohen Parteifunktionäre eingegriffen hätte. Nichts dergleichen geschah. Die Wachebeamten mußten vor der gewaltigen Übermacht das Wachzimmer räumen und vor der wütenden Menge in die oberen Stockwerke des Gebäudes flüchten. Ein Schuß, abgegeben zur *Verteidigung*, traf einen der Angreifer tödlich.
Eine andere Angriffskolonne zog in das nahe Redaktionsgebäude der »Wiener Neuesten Nachrichten« und verwüstete die Lokalitäten. Einmal, in der Monarchie, wurde Georg von Schönerer, der in heller Aufregung allein die Redaktion einer bürgerlichen Zeitung erstürmte, zu vier Monaten schwerem Kerker, verschärft

durch zwei Fasttage im Monat, und fünf Jahren Verlust der bürgerlichen Rechte verurteilt. Das war einmal. Aber 1927 folgte der Sturm auf die Redaktion der »Reichspost«. Schon einmal zuvor unter Führung von Spartakisten, die aus dem Deutschen Reich gekommen waren, ist so eine Erstürmung versucht worden. Diesmal glückte der Sturm. Anders als beim Brand des Justizpalastes gelang es hier, der Feuerwehr die Zufahrt frei zu machen und das Übergreifen des Brandes zu verhindern.

Das Parlamentsgebäude war von einem schütteren Kordon der Sicherheitswache zerniert. Als die Schmähungen in Bedrohlichkeiten ausarteten und die ersten Steinwürfe auf die Polizei erfolgten, ritt eine Abteilung der berittenen Sicherheitswache gegen die Demonstranten an. Diese zogen sich in nahe Parkanlagen zurück und fuhren fort, die Polizisten mit Steinen zu bewerfen. Dann aber holten sich die Angreifer Balken und Latten von einer nahen Baustelle und fingen an, gegen die Polizei Barrikaden zu errichten, um sich gegen die Reiter zu schützen. Die erwähnte Baustelle befand sich in nächster Nähe des Justizpalastes. Nach 1945 wird man zum Teil sagen, daß es eigentlich die Polizei war, welche die Demonstranten vom Parlamentsgebäude abdrängte und so quasi eine Ersatzhandlung vor dem Justizpalast provozierte.

Um 11 Uhr räumte die Polizei die Fläche vor dem Haupteingang des Justizpalastes. Eine Abteilung des Republikanischen Schutzbundes zog auf, ein Teil der Männer beteiligte sich auf eigene Gefahr als Ordner, um die Menge von Exzessen zurückzuhalten; der andere Teil machte aber auch in den Reihen der Angreifer mit. Um 12 Uhr stiegen erste Vorhuten der Angreifer nach dem Einschlagen der Fensterscheiben ins Parterre des Gebäudes. Sie fingen an, die Einrichtungen zu zerstören, sie warfen Akten und Einrichtungsgegenstände auf die Straße, und schließlich wurde die Parole durchgesagt: *Akten verbrennen. Die Wachleute ausräuchern.*

Die folgende Szene ist von zwei hervorragenden Tatzeugen beschrieben worden: Einerseits vom Standpunkt des Schutzbundes vom späteren Bundespräsidenten Theodor Körner. Und andererseits vom Polizeivizepräsidenten von Wien Ignaz Pamer.

Pamer kommt in seiner Darstellung zu dem Schluß, daß das von der Polizeidirektion in den Schutzbund gesetzte Vertrauen sich nicht erfüllt hat. In der Polizeidirektion erwartete man sich nämlich, daß Körner und seine Schutzbündler mäßigend auf die bereits in Exzesse verwickelte Masse einwirken würden. Beides traf laut Pamer nicht zu. Dagegen richteten Schutzbündler an die im Justizpalast befindlichen Wachebeamten die Aufforderung, ihre Waffen, meistens ohnedies nur ungeschliffene Säbel, abzuliefern. Nach der nun einmal gegebenen Lage weigerten sich die Wachebeamten, wehrlos vor den Demonstranten dazustehen.
Hier ist einzufügen, daß nach dem 15. Juli auch von sozialdemokratischer Seite eingeräumt wurde, daß sich »Mob«, wahrscheinlich waren auch kriminelle Elemente gemeint, in der Masse befunden hatten. Körner soll die Weigerung der Wachebeamten, die Waffen abzuliefern, mit der in der gegebenen Situation mehrdeutigen Bemerkung quittiert haben:
»Dann gibt es eine Schlächterei.«
Ein Polizist wurde im Verlauf des Tages auch tatsächlich massakriert. Pamer sah die Situation anders:
Der Stiegenaufgang zu den Stockwerken des Justizpalastes war von einer mit Schutzbündlern besetzten Sperre gesichert. Hinter diesem Kordon befanden sich befehlsgemäß Wachebeamte, die zunächst zurückgezogen wurden, nachdem das Gerücht durchdrang, allein ihre Uniformen machten die Menge rasend. Pamer wollte diese Wachebeamten einsetzen, um die Brandstifter und Plünderer aus dem Gebäude zu vertreiben. Darauf Körner: Hier handle es sich nicht um Brand und Einbruch, sondern um die Rettung von Menschenleben.
Körner ging einen anderen Weg. Er befahl einigen Schutzbündlern, die Windjacken auszuziehen, damit die wenigen Wachebeamten, die sich im Haus befanden, in dieser Verkleidung unerkannt flüchten könnten. Andere ließ er auf Bahren wegschaffen, wobei die über die Bahre gelegte Decke eine schwere Verwundung vortäuschen sollte. Der Versuch Körners, mit einer Ansprache beruhigend auf die Menge einzuwirken, scheiterte. Keiner der sozialdemokratischen Funktionäre, die jetzt ihr Renommee so

aufs Spiel setzten, hatte bei den eigenen Leuten noch Erfolg. Als Körner die Behauptung Pamers, es würde Feuer gelegt und geplündert, zurückwies, bat ihn Pamer, in das bereits geräumte Wachzimmer des Justizpalastes zu kommen. Dort war eben ein Eindringling dabei, Feuer zu legen. Der Attentäter konnte in dem herrschenden Wirrwarr entkommen.

Die Lage war auch deswegen undurchsichtig, weil es neben jenen Schutzbündlern, die sich um Wiederherstellung der Ordnung bemühten und gegen die Plünderer und Brandstifter vorgingen, andere gab, die eine dahindeutende Aufforderung mit der Bemerkung abtaten, sie seien da, um ihre *eigenen* Leute zu schützen.

Die Aussagen Pamers und Körners widersprechen sich in vielem, sicher ist aber, daß Körner versuchte, Menschenleben zu retten, und sei es um den Preis, daß der Justizpalast in Flammen aufging. Darauf konnte sich Pamer nicht einlassen, denn er und seine Wachebeamten wurden von der Republik dafür bezahlt, Verbrechen zu verhindern und Verbrecher dingfest zu machen.

Die maßgeblichen staatlichen Funktionäre amtierten inzwischen an verschiedenen Stellen der Stadt: Bundeskanzler Seipel und Vizekanzler Hartleb, ein liberaler Landbündler, im Palais am Ballhausplatz, der Polizeipräsident Schober im Präsidium am Schottenring, Bürgermeister Seitz im Rathaus. In der Krise des Tages stellte Schober an Seitz das telefonische Ansuchen, die Assistenz des *Bundesheeres* anzufordern. Seitz lehnte ab. Der Bundesminister für Heerwesen Vaugoin ging gleichfalls nicht auf den Plan ein. Die Polizei verfügte aber 1927 keineswegs über jene Infanteriewaffen sowie die Kampfausrüstung ihrer Kollegen von 1985.

Jahre später wurden Risiken und Möglichkeiten der Militärassistenz abgewogen. Nach den zahlreichen Opfern, die der Einsatz der schließlich mit Gewehren ausgerüsteten Sicherheitswache forderte, wäre angeblich das Auftreten einer militärischen Formation in geschlossener Ordnung ein Mittel gewesen, den Exzessen rasch ein Ende zu machen und Blutopfer fortan zu vermeiden. Andere sagen Vaugoin nach, er wäre 1927 noch nicht soweit gewesen, um aus dem »roten« Heer der Ära Deutsch ein »schwarzes« Heer unter seiner Ministerschaft zu organisieren. Es gibt

auch Überlebende, die nicht zu Unrecht sagen, daß der Einsatz des Bundesheeres dazu geführt hätte, diesem jenen Ruf, den es nach dem 12. Februar 1934 bekam, schon in abgeschwächter Form am 15. Juli 1927 zu verschaffen: Reguläres Militär im Einsatz gegen Arbeiter, das wäre wohl eine Fatalität geworden.
Vizekanzler Hartleb blieb in allem schwerfällig und überließ es eher Schober, den fortschreitenden Exzessen in der Stadt ein Ende zu machen. Schober forderte bald Gewehre aus Heeresbeständen an. Hartleb, der 34 Jahre später über seine Erinnerungen an den 15. Juli 1927 interviewt wurde, legte als nunmehriger Abgeordneter der FPÖ zum Nationalrat keinen Wert mehr darauf, die 1927 bestandene Koalitionsgesinnung zu Seipel zu bestätigen. Von ihm stammen aus 1961 einige Schnurren, dazwischen die unbewiesene Behauptung, es wäre Seipel gewesen, der die Gewehre für die Polizei verschafft hatte.
Schobers Ankündigung, er werde bei weiteren Behinderungen der Feuerwehr bei der Brandbekämpfung im Justizpalast den Platz davor mit Waffeneinsatz säubern lassen, beantwortete Seitz damit, daß er versuchte, selbst von einem Löschwagen aus die Demonstranten dazu zu bringen, die Feuerwehr arbeiten zu lassen. Der Versuch scheiterte, auch Julius Deutsch hatte nach Dutzenden Versuchen keinen anderen Erfolg. Sein Hinweis in den Erinnerungen, das Schießen der Polizei sei in dem Moment losgegangen, als er fast dabei war, einem Löschwagen die Zufahrt frei zu machen, wird seiner Haltung an jenem Tag gerecht. Aber weder er noch der ihm unterstehende Schutzbund konnten den Feuerwehrleuten wirksam helfen. Im Gegenteil: Schlauchleitungen, die abseits vom Brandherd gelegt wurden, um genug Wasser an die Brandstelle zu bringen, wurden von Demonstranten zerschnitten.
Bürgermeister Seitz mußte die Stunde erleben, in der er selbst erwog, ob nicht der Waffeneinsatz notwendig sei. Mit ihm war das Glück: Als der Schutzbund aufgab und der Bürgermeister und Vorsitzende der SDAPÖ hätte handeln müssen, fielen die ersten Schüsse. Schober hatte es auf sich genommen, diesen fatalen Befehl durchgeben zu lassen. Was folgte, wird je nach Herkunft und Standpunkt verschieden geschildert:

Die um diese Zeit Schober nicht unbedingt ergebene »Neue Freie Presse« schrieb, die mit Gewehren ausgerüstete Abteilung der Sicherheitswache sei *fest geschlossen* vorgegangen; zuerst wären Salven über die Köpfe der Demonstranten hinweggefeuert worden; als die Menge ihrerseits johlte und bedrohlich wurde, fielen die Schüsse ...

Bauer sah vom Parlamentsgebäude aus dieses Einschreiten. Nach seiner Beschreibung entledigten sich die Polizisten ihrer Aufgabe mit Hüftschuß (!); das aber heißt, sie gaben kein gezieltes Feuer ab. Und 1961 erzählte der 1927 eher untätige politische Ressortleiter Hartleb, ein wenig bummelwitzig, es sei zugegangen wie bei einer *Hasenjagd.* Für die Sicherheitswache handelte es sich darum, eine bereits in Brandstiftungen, Plünderungen und Gewalttätigkeiten an Polizisten verwickelte Masse, die durch den Zuzug von Nachzüglern, Neugierigen und Passanten auf Zehntausende angestiegen war, gegen die Vorstädte abzudrängen. Inzwischen konnte die Feuerwehr, die endlich an den Brandherd heran kam, den Brand des Großteils des Gebäudes und die Vernichtung wertvoller Akten und Archivbestände nicht mehr verhindern. Noch einmal flackerte in radikalen Kreisen der Wille auf, die Waffenlager des Schutzbundes freizumachen und der Staatsgewalt die eigene gegenüberzustellen. Das nun wollten die meisten Funktionäre der Partei und der Freien Gewerkschaft nicht.

Einmal hat Körner den Schutzbund und die freigewerkschaftlich organisierten Angehörigen der Polizei und der Gendarmerie als den Kern eines »roten Heeres« gedacht. Nach dem 15. Juli 1927 folgte den Ereignissen des Tages der massenhafte Austritt der Genossen Sicherheitswachebeamten aus der Freien Gewerkschaft. Und die Gründung ihrer eigenen Interessenvertretung.

Körner aber schritt an die Reorganisierung des Schutzbundes. Der Zulauf zur HW erreichte bisher nie gewohnte Zahlen. Seit die HW in großen Teilen Österreichs den von der SDAPÖ proklamierten Generalstreik zunichte machte, erlosch der Horror aus der Umsturzzeit. Schon am 19. Juli 1927 verliefen der Bahn- und der Postverkehr normal. Im Moment sah es so aus, als hätte die Linke diesmal verloren.

Verloren hatte die Republik. Weit gingen die beiden imposanten Trauerzüge auseinander, als sie ihre eigenen Opfer zu Grabe trugen. Ein Meer von roten Fahnen wogte über den Unzähligen, die ihre Toten zur gemeinsamen Grabstätte auf dem Zentralfriedhof geleiteten. Der Ernst der Stunde dämpfte noch die Reden derer, die anstatt des Geistlichen das letzte Wort hatten.
Während 1919 die von den Kommunisten in der Hörlgasse getöteten Angehörigen der Exekutive mehr oder weniger unter Ausschluß der Öffentlichkeit in Reihengräbern abseits der Straßen des Zentralfriedhofes beerdigt wurden, bekannten sich 1927 die höchsten Würdenträger des Staates zur Würdigung des Opfers derer, die »in treuer Pflichterfüllung« den Tod gefunden hatten. Bundespräsident Hainisch, die gesamte Bundesregierung, Polizeipräsident Schober an der Spitze vieler Kameraden der Toten, aber auch Abordnungen von Angehörigen des Heeres und der Gendarmerie nahmen an der Zeremonie teil.
So begann die Zeit, in der die eine wie die andere Seite »ihre« Toten hatte, die Erinnerung an sie und ihre Opfer wach hielt. Und das Gemeinsame nur noch in der Prozedur der Demokratie einen gewissen Ausdruck erfuhr.
Immer wieder wurde darauf hingewiesen, daß »nur« vier Sicherheitswachebeamten ums Leben kamen, aber 89 Zivilisten. Bis zum Einsatz der mit Gewehren ausgestatteten Sicherheitswachebeamten bestand zwischen den mit Säbeln ausgerüsteten und nur in Notwehr zum Schußwaffengebrauch ermächtigten Polizisten und der Menge eine *Waffengleichheit.* Man geht, nach allem was seither und vor allem im Europa der Nachkriegszeit geschehen ist, nicht fehl in der Ansicht, daß eine zahlenmäßig weit überlegene Masse, deren Kombattanten mit Stangen und langen Latten sowie mit Steinwürfen angreifen, den Polizisten überlegen ist, solange die Exekutive nur den Säbel (!) zur Hand hat. Das bestätigt die Tatsache, daß bis zum Einsatz der Gewehrträger die Zahlen der Opfer auf beiden Seiten ziemlich gleich hoch waren: 120 Polizisten erlitten schwere, 480 leichte Verletzungen. Nach dem Polizeibericht wurden 548 Zivilisten verwundet. Es ist verständlich, daß die Linke die Zahlen aufrundete. *Hundert Tote.* Das hört sich

übler an als eine niedrigere, bis auf den Einzelfall abgestellte Zahl. Und daß die »Arbeiter-Zeitung« schlankerhand die Zahl der Verwundeten auf das Doppelte erhöhte, damit mußte man nach allem, was geschehen war, rechnen.
Was war geschehen? Etwas, das in allen Kreisen der Bevölkerung unfaßbar war. Seit der Revolution im Jahr 1848 war dergleichen in Wien nicht geschehen. Hätte man am Morgen des Unglückstages einem zur Bereitschaft einberufenen Sicherheitswachebeamten gesagt, er werde am heutigen Tag mit einem Gewehr auf Demonstranten schießen, er hätte abgewunken. Und keiner der Unglücklichen, die ins Feuer liefen oder erschreckt davonrannten, als es zu spät war, hätte an so ein Ende gedacht. Es war kein Ende, es war der Anfang großen Unglücks.

Keine Milde

Aufrüstung ab 1927

Die Parteizeitungen schossen Vergeltungsfeuer. Und die üblen Kläffer am Morgen und am Abend trieben es noch ärger. Die RAVAG war nach dem 15. Juli einige Tage daran gehindert, ihr Programm zu senden, weil das Heer den Sender im Ministerium am Stubenring für seine Zwecke verwendete. Nachher setzte die Direktion im Einvernehmen mit dem Radiobeirat zum Zeichen der Trauer für einen Tag ihre Sendungen aus.

Der Generalstreik, der den Bahn- und den Postbetrieb lahmlegen sollte, brach in einigen Bundesländern zusammen, zum ersten Mal intervenierte dort die HW gegen diese von der SDAPÖ angesetzte politische Protestmaßnahme. Die Parteiexekutive ließ verlauten, ihre Initiative hätte zu einem Ende des Streiks geführt.

In Wien kam es am 16. Juli in den Vororten noch zu Ausschreitungen, wie die Unruhen nun wieder in den Polizeiberichten genannt wurden. Insbesondere riefen zahlreiche Verhaftungen von Teilnehmern an den Exzessen vom Tag zuvor örtlich Widerstände in der Bevölkerung hervor. Die Polizei bekam die Situation unter Kontrolle. Trotz eines Verlangens der SDAPÖ wurde mit der Strafverfolgung von Hauptbeteiligten begonnen. Die Freien Gewerkschaften veranstalteten eine Sammlung für die Opfer des 15. Juli und die Hinterbliebenen sowie die Familien der Inhaftierten. Bis in die Zeit der zweiten Augusthälfte wurden insgesamt 2 Millionen Schilling, damals eine sehr große Summe, aufgebracht.

Die im Schattendorfer Prozeß Freigesprochenen sollten in Schutzhaft genommen werden; damals tatsächlich noch eine behördliche Maßnahme zum Vorteil des Inhaftierten. Angeblich lie-

fen Drohungen ein, die auf Racheakte schließen ließen. Als die Gendarmerie an Ort die unter Schutz gestellten Typen abholen wollte, war deren Nest leer. Sie hatten es vorgezogen, nach Ungarn zu flüchten. Als sich die Zeiten beruhigt hatten, kehrten die Flüchtlinge nach Schattendorf zurück. Alsbald wurden sie wegen des Verdachtes der Hehlerei verhaftet. Die FKV schloß sie aus. Leider zu spät. Für die bei den Zwischenfällen in Schattendorf zu Schaden gekommenen Mitglieder der FKV spendete die wohlhabende Familie Tscharmann ganze 20 Schilling.
Die SDAPÖ hoffte, die tragischen Ereignissen vom 15. Juli würden genügen, um Seipel und seine Regierung zum Rücktritt zu zwingen. Die »Arbeiter-Zeitung« stellte das Ganze ihren Lesern im Lichte einer *einseitigen Schuld der Regierung, letzten Endes Seipels,* dar. Jeder Versuch, eine auch nur geteilte Schuld für das Unglück dieses Tages den maßgebenden Faktoren im Land, also auch der Linken, anzulasten, scheiterte bis auf den heutigen Tag am kategorischen Widerstand der Linken. So wurde es im österreichischen Bürgerkrieg üblich, bei ähnlichen tragischen Fällen auf beiden Seiten die unhaltbare Theorie zu vertreten, es läge Alleinschuld vor, und zwar jene des politischen Gegners. Bauer wollte zwar in der nächsten Sitzung des Nationalrates Fehler seiner eigenen Genossen aufzeigen; allerdings nur solche Fälle, in denen er nachträglich belehren wird, wie es seine Genossen zu ihrem Vorteil hätten besser machen müssen. Die Parteistrategie der Linken lief darauf hinaus, nach dem Sturz der Regierung Seipel eine vorwiegend aus Beamten zusammengesetzte »Regierung der Versöhnung« zu bilden; diese auszumanövrieren schien leichter zu sein als Seipel zu stürzen.
Der Bundeskanzler zeigte sich ohne Zögern bereit, Verhandlungen mit dem politischen Gegner zu führen. Man traf einander zweimal am Tag. Bauer gegenüber erklärte er, die Regierung wolle der Opposition in gewisser Hinsicht bei der Führung der Staatsgeschäfte entgegenkommen; die geforderte Regierungsumbildung, die Amnestie für Delikte, die am 15. Juli begangen worden waren, lehnte er ab; ebenso die Einsetzung einer parlamentarischen Untersuchungskommission. Nur für die Teilnehmer am

Verkehrsstreik, bei dessen Durchführung es (so wie 1933 vor dem Ende des Parlamentarismus in Österreich!) zu Zwischenfällen gekommen war, wollte der Kanzler nachgeben. Ebenso stimmte er der Aufstellung einer Stadtschutzwache in Wien zu, wie dies Bürgermeister Seitz forderte; aber dieser Wachkörper sollte nur für die Dauer der Gefahr neuerlicher Unruhen versammelt bleiben. Von interalliierter Seite wurde gegen die Aufstellung der SCHUWA, wie man den Wachkörper später nennen wird, Einspruch erhoben. Der Bürgermeister und der Gemeinderat trugen dem Willen der Regierung und der interalliierten Kommission zunächst Rechnung; die SCHUWA wird in der Folge nicht für den Streifendienst eingesetzt werden, wohl aber für den Wachdienst in den Ämtern, Anstalten und Betrieben der Gemeinde Wien. Ihr Bestand wird bis zum 12. Februar 1934 Anlaß für Querelen zwischen der Bundesregierung und der Gemeinde Wien sein. Im Alarmplan des technischen Beraters des Schutzbundes, Theodor Körner, hat die SCHUWA eine besondere Rolle gehabt, von der noch die Rede sein wird.
Am 25. Juli trat der Nationalrat zusammen. Der Präsident Wilhelm Miklas eröffnete die Sitzung mit einer Trauerrede. Die im Hohen Haus vertretenen Parteien waren darüber einig geworden, daß eine Diskussion über den Inhalt dieser Ansprache, die vorher informell mit den Fraktionen abgesprochen worden war, nicht stattfinden sollte. Für das, was folgte, hatten Regierungsparteien und Opposition die für derlei Anlässe üblichen Kampfmittel bereits in Vorbereitung. Die Opposition hatte den Vorteil, andere meinten den Nachteil, daß bei der Erörterung der Vorfälle vom 15./16. Juli der Bundeskanzler das erste Wort hatte.
Seipel begann mit einem Largo. Er erinnerte an den versöhnlichen Tenor der vorangegangenen Traueransprache; an die Trauer über die blutigen Ereignisse; an die Toten und Verwundeten. Dann ging er resolut auf den Kern der Sache ein: *Gott sei Dank befände sich die Republik nicht unter den Toten,* sondern unter den Verwundeten. Und mit den Wunden am Staatskörper müsse man sich jetzt befassen; ihretwegen müsse man auf die traurigen Ereignisse zurückkommen; müsse man untersuchen, wie es dazu gekommen

ist, wie sie verlaufen sind und – vor allem – was in Zukunft zu tun sein wird, damit sie nicht wiederkehren. Und schon hatte er die Opposition im Fadenkreuz seines Visiers:
»Ich richte an die Opposition in diesem Haus der verwundeten Republik die dringende Bitte: *Ziehen Sie einmal einen Trennungsstrich zwischen einer demokratischen Opposition und Schützern von Revolten.*«
Auch die SDAPÖ hatte sich nach dem 15. Juli anfangs in einem gewissen Sinn von jenen Exzessen distanziert, die sie nicht billigen konnte. Diese schob sie allerdings den Kommunisten und dem bei solchen Ereignissen immer an die Oberfläche kommenden Mob (!) zu. Nun war es aber so, daß bei Wahlen auf die Liste der KPÖ in Wien stets nur einige tausend Stimmen entfielen. Die zu Zehntausenden in die Innere Stadt marschierten Demonstranten waren daher fast nur Parteigänger und Sympathisanten der SDAPÖ, zu denen erst später Neugierige und Passanten stießen. Es war also untunlich, von Exzessen der Kommunisten und gewisser Typen zu reden; und Bauer wird daher in seiner Rede im Hohen Haus diese Version eher vermeiden müssen.
Seipel wußte am Tag seiner historisch gewordenen Rede nicht, daß es Bauer war, der in der Morgendämmerung des 15. Juli die aus der Direktion der E-Werke zu ihm gekommene Delegation ohne Ratschlag entlassen hatte. Und da die Delegation berichtete, *was* in den Städtischen Betrieben im Anlaufen war, zumal in der Direktion der E-Werke, war den zu Bauer gekommenen Genossen klar, daß die Parteiexekutive einer wilden Demonstration nicht in den Weg treten wollte. Das entsprach auch der bis heute geübten Rechtfertigung der Haltung der Parteiexekutive am Morgen des 15. Juli: Man konnte doch nicht *immer* und in jedem Fall die aufgestaute Wut der Arbeiterschaft auf Kosten des Renommees der Partei besänftigen. Von Sanftheit war denn auch seitens der Demonstranten am 15. Juli nicht die Rede. Seipel hielt jedenfalls seine anfängliche Zielrichtung im Fadenkreuz, und es ergab sich sogleich, daß er seine Angriffe *nicht gegen Personen* richtete, sondern *gegen das System der Oppositionspartei:*
»Hohes Haus! Und noch eine Bitte habe ich an Sie alle. Verlangen

Sie nichts vom Parlament und von der Regierung, was den Schuldigen gegenüber milde scheint, aber grausam wäre gegen die Republik. Verlangen Sie nichts, was ausschauen könnte wie ein Freibrief für solche, die sich empören. Verlangen Sie nichts, was Demonstranten und denen, die sich ihnen anschließen, um zu plündern und Häuser in Brand zu setzen, Mut machen könnte, ein anderes Mal wieder so etwas zu tun, weil ihnen ohnehin nicht viel geschehen kann. Es liegt uns nichts ferner, als hart zu sein, aber fest wollen wir sein ...«

Die Opposition kehrte die Logik dieser Passage der Rede Seipels einfach um. Der Bundeskanzler war ausdrücklich zu dem Schluß gekommen, *nicht hart zu sein.* Dafür erntete er von der Linken und zuletzt gar von geistlichen Amtsbrüdern bis auf den heutigen Tag den Vorwurf, er sei der *Prälat ohne Milde* gewesen.

Vielleicht wäre es besser gewesen, wenn Seipel anstatt dieser wortreichen Passage mit jener kurzgefaßten Brutalität geredet hätte, die Bauer im Jahr 1922 anläßlich der Genfer Sanierung gegen den Kapitalismus und deren Sachwalter Seipel zornigen Tons gefunden hat. Zornig, weil ja auch die Seipel-Sanierung den angeblich unausweichlichen Sieg der SDAPÖ im Klassenkampf weiter hinausgeschoben hat. Und weil in Wien damals bekannt war, daß die Herren im Völkerbund die damalige Anleihe nur einem Staat gegeben hatten, der *kein marxistisch regierter war* ...

Damals, 1922, hatte sich Bauer zu der Anschuldigung verstiegen, mit dieser Sanierung würde *Landesverrat* betrieben. Und:

»... gegen offenen Landesverrat polemisiert man nicht; man gibt ihn der *Verachtung* preis, solange er ungefährlich ist, und *man schlägt ihn nieder,* wenn er gefährlich wird.«

So gesprochen am 14. September 1922 laut stenographischem Protokoll der damaligen 134. Sitzung des Parlaments.

1927, nach dem 15. Juli, replizierte Bauer, indem er seinen Genossen drei Fehler vorwarf (nicht solche, die Adolf Schärf 1955 in seinen Erinnerungen anmerkte!): Die Partei habe zunächst versagt, als sie nicht *selbst* eine große Demonstration nach Bekanntwerden des Freispruchs im Schattendorfer Prozeß veranstaltete.

Ja, gerade das hat an jenem Morgen Ernst Fischer gewollt, aber – leider – vergebens. Bauer entließ vielmehr die Delegation der Betriebsräte in der Direktion der E-Werke, ohne ihnen eine Direktive zu erteilen; er hat andererseits aber auch nichts getan, um die Parteiexekutive dazu zu bringen, von sich aus die Massen in gewohnter Ordnung auf die Straßen zu bringen. Der zweite Fehler seiner Partei war laut Bauer, daß sie versäumte, gleich den *ganzen Schutzbund zu alarmieren* (also den in ganz Österreich). Dazu wäre es am Morgen des 15. Juli schon zu spät gewesen, denn an diesem Morgen marschierte die Elite des Republikanischen Schutzbundes von Wien schon in den Reihen derer, die in den Städtischen Betrieben die Arbeit niederlegten und sichtlich auch ohne Rat oder Weisung von oben wußten, was zu tun war. Als später Schutzbündler unter Anleitung Körners versuchten, die Exzesse in und um den Justizpalast unter Kontrolle zu bekommen, folgten viele Genossen diesem Auftrag; andere aber vermeinten, sie seien nicht zu diesem Zweck ausgerückt, vielmehr sähen sie ihre Aufgabe darin, ihre Genossen zu schützen.

Und da war ein dritter Fehler, den laut Bauer seine Partei am 15. Juli gemacht hat: Sie hat nicht sofort aus den Reihen des Schutzbundes die SCHUWA rekrutiert und eingesetzt. Sicher nicht waffenlos eingesetzt. Einen Fehler seiner Genossen erwähnte Bauer nicht: Bis zum 15. Juli waren die meisten Angehörigen der Wiener Sicherheitswache freigewerkschaftlich, also faktisch sozialdemokratisch organisiert. Ihr Vertreter war der spätere Revierinspektor Schabes, den nach den Frühjahrswahlen 1927 die Mehrheit des Wiener Gemeinderates in den Bundesrat, also ins Parlament, entsandte. Nach dem 15. Juli war eine langjährige Erfolgsserie Schabes' vorbei. Bis zu diesem Tag konnte er unter den Augen des Polizeipräsidenten Schober und mit stiller Duldung dieses zeitweise zum Bundeskanzler aufgerückten Beamten fast das ganze Korps der ehemaligen k.k. Sicherheitswache für seine Gewerkschaft gewinnen. Nach dem 15. Juli änderte sich das. Ohne viel um die Meinung ihres Präsidenten zu fragen, verließen die Wachebeamten die Freie Gewerkschaft und gründeten eine unabhängige Standesvertretung. Dieser Ausfall für die Linke hat nach

1927 im Alarmplan des Schutzbundes eine wichtige Rolle gespielt.
Im Hohen Haus gelang Bauer am 26. Juli 1927 ein brillanter dialektischer Kniff. Zunächst mußte die Version des Bundeskanzlers unschädlich gemacht werden, womit dieser nicht jene, von denen viele als Verwundete und Tote die *Opfer* des Tages waren, als die *Schuldigen* des Tages bezeichnete, sondern jene, die sich als *Schützer von Revolten* hergaben, und diesen gegenüber wollte der Kanzler keine Milde zeigen. Bauer verfälschte diesen Angriff, indem er aus den Worten Seipels das Wörtchen »milde« herausklaubte. Und dieses Wort verband er mit dem Bild der Opfer des Tages. Die Schlußfolgerung des Kanzlers, wonach ihm und seiner Regierung fernlag, hart zu sein, brachte Bauer mit seiner Entgegnung praktisch für alle Zukunft in der Polemik, die er im Grunde gegen den Prälaten ohne Milde eingeleitet hat, außer Evidenz.
Längst hat es um 1927 den Gegnern Seipels nicht gepaßt, daß dieser nach dem 1924 von einem Mitglied der SDAPÖ auf ihn verübten Pistolenattentat den Täter vor der Reaktion des empörten Publikums *geschützt* hat. »Nicht schießen«, sagte Seipel damals. 1932 will freilich einer der Schüler Seipels, der an seinem Totenbett die letzten Worte des Sterbenden gehört zu haben behauptet, dem Stöhnen des Prälaten so etwas wie: »Schießen ... Schießen ... Schießen«, entnommen haben. Nein, so einen politisierenden Geistlichen hat später die katholische Jugend, der man diese Legende erzählte, nicht mehr haben wollen. Man hat ihr aber nicht gesagt, daß Seipel für die vorzeitige Haftentlassung des Attentäters eingetreten ist. Mit Erfolg. Derlei Milde paßte nun einmal nicht zum Prälaten ohne Milde. Und daher blieb es bei dem Image aus der Bürgerkriegszeit, wie es die Agitation der Linken unablässig eher noch verschlechtert hat.
Am 26. Juli 1927 verdrehte Bauer im Hohen Haus buchstäblich Seipel die Worte im Mund. Indem er ihm unterstellte, dieser habe den Opfern *und* den Schuldigen gegenüber Milde abgelehnt. Obwohl der Kanzler wörtlich diese Milde ausdrücklich im Umgang mit den *Schuldigen* abgelehnt hat, also jenen, die am Morgen dieses Tages versagten, vielleicht versagen wollten, als sie ihre Leute

von der Leine ließen. Geschickt weitete Bauer das Bild derer, denen Seipel angeblich die Milde versagte: denen in den Kerkern, den der Hungernot überantworteten Hinterbliebenen, den 85 von der Polizei Getöteten, den Frauen, die um den Gatten weinten, den Kindern, die um den Vater weinten, den Eltern, die um den Sohn weinten, denen, die den Ernährer verloren hatten, die der Not ausgesetzt wurden.
Diese Bilder des Elends und der Not sollten das Hohe Haus von der Behandlung der Frage ablenken, wer denn die unglücklichen Opfer in den katastrophalen Zusammenstoß mit der Exekutive des Staates manövriert hatte. Unverständlicherweise unterließen es die Wissenden unter den Christlichsozialen, die Tatsache zu erwähnen, daß in der Krise des Unglückstages der Bürgermeister der Stadt, Karl Seitz, Vorsitzender der SDAPÖ, selbst einen Moment lang erwogen hatte, mit Waffengewalt den Ausschreitungen in der Inneren Stadt ein Ende zu machen. Der ressortzuständige liberale Vizekanzler Hartleb, der nach 1945 Schnurren vom Geschehen des Tages verbreitete, hielt klugerweise den Mund, wenn die Debatte zum Thema Schießen kam; daß er ohne weiteres die Ressortkompetenz hätte ausnützen können, um den Waffengebrauch der Polizei zu unterbinden, wurde nicht einer näheren Erörterung unterzogen. So blieb der Makel des Blutsäufers an der Person des Polizeipräsidenten von Wien Schober hängen, dem man nach 1945 nur insofern eine Schuldentlastung zugute kommen ließ, als dann das falsche Gerücht genährt wurde, Seipel habe mit einem faulen Trick seinen »Konkurrenten« um das Kanzleramt in eine Falle laufen lassen.
Bauer kam in dieser Debatte deswegen gut davon, weil niemand unter den politischen Gegnern die Tatsache kannte, daß er es gewesen war, der in den frühen Morgenstunden des 15. Juli 1927 die Männer aus der E-Werke-Zentrale ohne Weisung für den Tag entließ. Worauf die Marschierer das Geschehen bestimmten. Der Ruhm des Tages, wonach sich das Volk, das Proletariat, mit einer Spontanaktion ohnegleichen der Fesseln entledigt hatte und gegen die Klassenjustiz aufmarschiert war, hielt lange an. Besonders unter den Kommunisten, denen immerhin zugute zu halten ist, daß

in ihrem Fall Parteiführung und Parteigenossen einig waren in der Absicht, dem Ausbeutersystem und der Klassenjustiz eine Schlacht zu liefern.

Der 15. Juli 1927 war anerkanntermaßen Anlaß zu einer gründlichen Reform des Schutzbundes zwecks Erhöhung seiner Schlagkraft. Im Hohen Haus machte Körner zusammen mit Julius Deutsch in der Parlamentarischen Heereskommission dem amtierenden Heeresminister Vaugoin (einem Gegner der HW!) das Leben sauer. Im Schutzbund gab es einen Streit zwischen dem ehemaligen Generalstäbler Körner und dem Frontoffizier Eifler über den bestmöglichen Einsatz des Wehrverbandes der SDAPÖ. Es ging den beiden Militärs um die *Sache*, nicht um den Krieg der Mäuse gegen die Frösche, wie ihn auch gewisse Dreiviertelhirne in der HW ausgetragen haben.

Körner warf Eifler vor, dieser und die mit ihm gekommenen Offiziere seien daran, eine *Militarisierung* des aus der Ordnertruppe der Partei hervorgegangenen Schutzbundes zu versuchen. Eifler vermeinte irrtümlicherweise, die Hakenkreuzler hätten ihre Wehrorganisation einem »eigenen«, von der Partei unabhängigen Kommando überantwortet. Und also müsse es auch dem Kommando des Schutzbundes zustehen, seine militärische Disziplin unter eigenem Kommando aufrechtzuerhalten. Körner bezeichnete das als einen Abklatsch dessen, was bei den Frontkämpfern, Hakenkreuzlern usw. bestand. Bemerkenswert ist in diesem Zusammenhang, daß um die fragliche Zeit Körner die HW noch gar nicht erwähnte. Diese humpelte ja noch hinter der FKV und der SA her.

Körner sah bei der Überführung der Ordnertruppe der Partei in den Schutzbund diese als Kader von 10 000 *opferfreudigen* Genossen an; er sollte dem Proletariat bewußt machen, daß es unter Umständen notwendig ist, für die Ideale (!) des Sozialismus *auch mit der Waffe in der Hand zu kämpfen.* In dieser Hinsicht hatte die nach dem 15. Juli entstandene Wiener SCHUWA eine sehr große Bedeutung. Nie hat Körner bei solchen Überlegungen vorweg gleich ans Schießen gedacht, nie aber in letzter Konsequenz übersehen, daß es zum Schießen kommen konnte. Nach dem

Vorbild der SCHUWA sollte eine solche bewaffnete Einheit in allen Gemeinden aufgestellt werden, in denen es (nach den damaligen Mehrheitsverhältnissen an Ort) einen sozialdemokratischen Bürgermeister gab.
Als technischer Berater des Schutzbundes dachte Körner in diesem Zusammenhang auch an die Feuerwehr der Stadt Wien, deren Branddirektor sich nicht immer des Ruhmes erfreute, verläßlicher Parteigänger der Rathausmehrheit zu sein. Ihm wollte Körner seinen früheren Kameraden im k.u.k. Generalstab Oberst, nachher General a. D., Schneller beigeben. Schneller war jenes Mitglied der k.u.k. Waffenstillstandskommission in Padua, das aus dem Abschluß des Vertrages eine Waffenniederlegung der Kaiserlichen mit zustande gebracht hat; jenen Palawatsch, der es den Italienern erlaubte, einen gewaltigen »Endsieg« zu erringen, Hunderttausende Österreicher-Ungarn für lange Monate in Gefangenschaft zu halten und die Ausrüstung zweier Heeresgruppen als im Kampf errungene Beute hinzustellen. Übrigens hat Schneller, anders als nach 1918, nicht mehr mitgemacht.
Körner kam nicht aus der Arbeiterschaft zur Partei, sondern aufgrund seiner intensiven Studien, die er nach 1918 anstellte. Er wußte also, was Friedrich Engels und Lenin in militärpolitischer Hinsicht gedacht haben; und er studierte die verschiedenen Schübe der Levée en masse in Frankreich. Diesen Ausdruck gebraucht er auch an einer bestimmten Stelle als nachahmenswertes Beispiel. Dabei ging er aber wieder von dem Grundsatz aus, daß es nicht tunlich sei, wenn die Arbeiterklasse mit der bürgerlichen Gewalt im Staate in Konflikt gerät. Das Schicksal der Pariser Kommune von 1871 war hierin eine ernste Warnung, aber auch der Mißerfolg der Petrograder Bolschewiken bei ihrem verfehlt angelegten Juliputsch 1917.
Körners Strategie im Klassenkampf folgte, und das ist nicht zu übersehen, trotz gewisser Abweichungen immer wieder den theoretischen Erwägungen sowie den praktischen Erfahrungen der Linken, zumal auch jenen der Bolschewiken in Rußland. Die freigewerkschaftlich, also sozialdemokratisch organisierten Angehörigen der staatlichen Exekutive sollten die moralische

Kampfkraft ihrer Verbände im Falle eines Einsatzes gegen die Linke bereits dermaßen demoralisiert haben, daß einer bürgerlichen Regierung nichts anderes übrig bliebe, als aufzugeben oder den Einsatz erst gar nicht zu wagen.
Körners Linie ging also nicht geradewegs auf ein Ziel los. Immer wieder kam er darauf zurück, »reaktionäre« Bestrebungen mit *demokratischen* Mitteln zu bekriegen. Dabei gelang es ihm keineswegs, die politische Führung seiner Partei vollends zu der Praxis zu bewegen,
»... selbst partiellen *Ungesetzlichkeiten* der Regierung ... nur mit demokratischen Mitteln entgegenzutreten ... Die SDAPÖ muß unbedingt auf dem Boden der Gesetzlichkeit bleiben.«
Und: Ein Bürgerkrieg kam nur dann in Betracht, wenn die sozialdemokratische Partei durch Wahlen die Mehrheit erreicht hat. Mißtrauisch, wie Eifler in diesem Punkt die Lage in Österreich betrachtete, gab der erfahrene Grabenkämpfer jenen in der Partei recht, die damit rechneten, die Bourgeoisie könnte in der Gefahr, die Macht im Staate zu verlieren, imstande sein, selbst die demokratische Republik zu stürzen und eine monarchistische (!) oder faschistische Diktatur aufzurichten.
Bekanntlich hat aber Bundeskanzler Schuschnigg nicht einmal in der Endkrise des Staates von 1934 das Angebot Otto von Habsburgs angenommen, an seiner Statt an die Spitze der Regierung zu treten, also einem Monarchistenputsch, wie es die SDAPÖ sah, Vorschub zu leisten. Eifler dachte *für sich* viel radikaler, als er es parteiintern in der Auseinandersetzung formulierte:
Zunächst machte er die Genossen darauf aufmerksam, es sei ihm ganz neu, daß die Arbeiterschaft erst dann zur Gewalt greifen dürfe, wenn sie nach erfolgten Wahlen die Mehrheit im Parlament errungen habe. Und dazu:
»Der Fall des Bürgerkriegs kann also heute oder morgen gegeben sein, er kann eintreten, wenn gerade niemand ihn erwartet [zum Beispiel am 12. Februar 1934], u. z. wegen irgendeines beliebigen Anlasses ..., wenn die Gegner einsehen, daß für sie alle Aussichten auf einen Sieg im Wege von Wahlen geschwunden sind.«
Nach der »Selbstausschaltung« des Nationalrates im März 1933

sowie angesichts der Machtergreifung Hitlers im Deutschen Reich und der Auswirkungen des Machtanstiegs der NSDAP in Österreich seit 1931 war dies für Dollfuß *das kalkulierte Risiko* jener Tage.

Aber niemand in Österreich dachte schon unmittelbar nach dem 15. Juli an die entscheidende Rolle der NSDAP im Bürgerkrieg in Österreich. Alles deutete auf einen Frontalzusammenstoß der Linken mit einer von »bürgerlichen« Parteien gestellten Regierung und den der Regierung ergebenen Wehrverbänden. Im Streit um die Strategie des Klassenkampfes in Österreich hatte Körner allerdings ein unwiderlegbares Argument für sich: Noch nie war in einer Revolution der Sieg gegen das Militär errungen worden. Wann immer in Frankreich eine Revolution siegte, ereignete sich das erst dann, wenn die ersten Linienregimenter dem bisherigen Regime den Gehorsam versagten oder anfingen, mit »dem Volk« gemeinsame Sache zu machen. Körner wollte daher keinen Straßen- oder Häuserkampf in der Hauptstadt; er wollte vielmehr dahin kommen, daß die »militärischen Führer den Kopf verlieren« (siehe Rußland 1917) und die Mannschaft den moralischen Einflüssen derer, die Revolution machen wollen, unterliegen. Ferner durch ständige Beunruhigung der allgemeinen Lage und die dadurch entstehende Zermürbung im ständigen Bereitschaftsdienst (in den Kasernen!), durch Verwirrung (mittels eingeschleuster Agenten in die Truppe, vor allem auch in die Kanzleien), durch Verwirrung der Befehlsgebung sowie Diffamierung des Befehlsapparats, durch Reibungen bei der Truppenverpflegung (Potemkin 1905), durch Terror, gerichtet gegen Familienangehörige. In vielen dieser Methoden der Kampfesführung hatte Julius Deutsch aus der Zeit des Kampfes seiner geheimen Militärorganisation gegen die Kaiserlichen eine reiche Erfahrung. Mehr oder weniger stand er trotzdem zuweilen auf der Seite Körners, wenn ihn eine humane Grundeinstellung vor blutigen Putschunternehmungen zurückschrecken ließ. Für Körner war und blieb der »Kampf um den *Geist* der Heeresangehörigen *auch* ein Klassenkampf«.

Vorbei waren jene Zeiten, in denen Körner als Amtsleiter im Heeresressort vor einer Volkswehr gewarnt hatte, in der Vorgänge im russischen Heer von 1917 Vorbild sein könnten. Damals war für ihn der Dienst in der *republikanischen* Wehrmacht eine öffentlich rechtliche Angelegenheit, er sollte also keinem Parteivorhaben dienen.

Klassenkampf unter Einbeziehung des Heeres in den Kampf des Proletariats war in den Augen Körners überhaupt nur so lange möglich, als das Heer unter Vaugoin um die Zeit des 15. Juli 1927 »nach wie vor *gespalten* und von Sozialdemokraten *durchsetzt*« blieb. Dieses Heer von 1927 hielt auch Eifler für eines, das keinen Vergleich mit der Qualität der k.u.k. Armee aushielt. Und auch die Polizei der Republik hielt Eifler für moralisch minderwertiger als jene vor 1918. Warum also nicht den offenen Kampf mit diesen schwächlichen Formationen aufnehmen?

Körner und Eifler und die anderen Offiziere im Schutzbund, nicht zuletzt Deutsch als dessen Obmann, hatten eine zutreffende Einschätzung der allgemeinen Lage und der inneren Haltung der Exekutive des Staates um die Zeit des 15. Juli. Deutsch sah auch ganz klar das Risiko für die eigene Sache in dem Falle, wenn es der Regierung gelingen sollte, die Verläßlichkeit der Exekutive zu stärken, freigewerkschaftliche Einflüsse auf Gendarmerie und Polizei abzubauen und dazu den Nachersatz für das Offizierskorps und die Mannschaft aus Kreisen der Bevölkerung zu holen, die noch nicht vom »Geist des Marxismus« und seiner Klassenkampflehre »infiziert« waren.

Im Bundesministerium für Heerwesen, in der Generaldirektion für öffentliche Sicherheit des Innenministeriums und in der Bundespolizeidirektion Wien blieben derlei Zielsetzungen des Schutzbundes natürlich nicht unbekannt. Spionierten die Männer der »roten« Nachhut im Heer, in der Polizei und in der Gendarmerie für ihre Genossen in der politischen und paramilitärischen Organisation ihrer Partei, so ergab andererseits die Ergänzung der staatspolizeilichen Überwachung durch eine Abwehrorganisation im Heer genug Informationsmaterial, das die jeweiligen politischen Ressortleiter mahnte, bei Zeiten vorsorgend nach dem Rechten zu sehen.

Mehr und mehr setzte sich im Heer die Werbung für den vom

Heeresminister Vaugoin geförderten »Wehrbund« der Christlichsozialen Partei durch. Man hat in der Zweiten Republik Vaugoin den Vorwurf gemacht, er hätte sich nach Übernahme der Ressortleitung, die er zehn Jahre lang innehatte, nicht mit der *Entpolitisierung* des Heeres begnügt, sondern dessen politische Um- und Neuorientierung in seinem Sinn betrieben. Wie anders hätte er aber die erwähnten Anschläge der Linken auf das Heer unschädlich machen können? Es wiederholte sich eben im Heer, was die Linke in der Schulstube nach 1918 begonnen hat: Der Kampf, also der Klassenkampf sollte schon in der Schule ausgefochten werden und genauso im Heer der Republik.

Bemerkenswert für diesen Zeitabschnitt war und ist, daß sowohl Körner als auch Eifler bei ihrer Mißachtung der HW die in dieser Wehrformation vor sich gehende Verfestigung des Zusammenhalts und die zahlenmäßige Verstärkung der HW unterschätzten. Das zusammengefaßte Feuer der Linken richtete sich in der Parlamentarischen Heereskommission gegen Vaugoin und dessen Personalpolitik; den Kampf gegen die HW-Führer Steidle, Pfrimer, Starhemberg und nachher Fey überließ man zu lange den Versammlungsrednern, die an Ort die ersten Kämpfe der Partei und des Schutzbundes gegen die HW ausfochten.

Das mochte seinen Grund wohl darin haben, daß im Zusammenhang mit Schattendorf und dem Schattendorfer Prozeß sowie den Folgen der in diesem Prozeß gefällten Freisprüche die FKV, *und nur sie,* aufschien. Wohl hat schon damals die HW außerhalb Wiens, vor allem in der Steiermark, beim Abbruch des Streiks der Eisenbahner eine Rolle gespielt. Julius Deutsch schrieb darüber viele Jahre später, als faktisch nur die Konfrontation von HW und SDAPÖ zur Debatte stand, große Teile der Parteiführung und der Freien Gewerkschaften hätten nach dem 15. Juli dermaßen Druck ausgeübt, daß man sich entschloß, wegen der HW (!) den Verkehrsstreik abzubrechen. Und so seien die eigentlichen Sieger in den Kämpfen vom 15./16. Juli nicht die Regierung Seipel oder der Polizeipräsident Schober gewesen, sondern die HW.

So entstand eine Legende, und diese blieb eine Fundgrube für

zeitgeschichtliche Darstellungen sowie den Unterricht in Zeitgeschichte in der Zweiten Republik, zumal nach 1970.
Die Wahrheit ist, daß die HW bis zu ihrem Untergang im Ständestaat unter der Regierung Schuschnigg nie eine gemeinsame, effiziente Führung hatte, die der Republikanische Schutzbund seit seiner Gründung in der von Julius Deutsch geleiteten Zentrale in Wien besaß. Nicht einmal die paramilitärische Organisation der HW war der Willkür von Ortsgewaltigen entzogen, die oft ungeeignete Kompanie- und Bataillonskommandanten ins Kommando brachten und befähigte Militärs im Hintergrund ließen. Der aus dem Bundesheer als General ausgeschiedene Bundeswehrführer der HW, Feldmarschalleutnant Hülgerth, also in etwa Körners Pendant, war Soldat, das Politisieren der HW-Führer lag ihm nicht. Als Held der Abwehrkämpfe in Kärnten stand er über den Parteien, in der HW aber hilflos da; angesichts der Mißbräuche der Bewegung durch gewisse Parteipolitiker, die am Sonntag die Windjacke überzogen, um unter dem Hahnenstoß wilde Reden gegen die »Stimmzetteldemokratie« zu führen – und am Montag die Revenuen aus ihren in der Demokratie besetzten Posten zu genießen.
Während der Schutzbund materielle Unterstützung aus den Einkünften der Wirtschaftsunternehmungen bezog, die von der SDAPÖ geführt wurden, war die HW auf Subventionen angewiesen, die sie in vielen Fällen zum Nachtwächter gewisser Industriekapitäne degradierte. Der »Mann in der Doppelreihe« zahlte, so wie der Angehörige des Schutzbundes, seinen Beitrag an den Wehrverband; in der Wiener HW mühte man sich als Student oder Arbeitsloser ab, die Kosten für die Windjacke und die Schirmkappe abzustottern; Postenvermittlung zugunsten der Arbeitslosen gab es in der HW in den zwanziger Jahren keine.
Am ärmlichsten stand das Pressewesen der HW da. Eigene Organe, oft wahre Eintagsfliegen, hatten nicht einmal jene Bedeutung, die einmal als »klerikale Käseblätter« verschriene Zeitungen im Vorfeld der Lueger-Partei gehabt haben. Einige dieser in den Bundesländern erscheinenden katholischen Zeitungen ließen es sich angelegen sein, das katholische Volk davor zu warnen, seine Söhne zur HW gehen zu lassen, wo es auch »nicht besser zuginge

als bei den Roten«. Die Restbestände des Klerikalismus in Österreich waren um den 15. Juli 1927 absolut nicht dafür, bei einem monarchistischen oder faschistischen Anschlag, wie ihn die Linke als Teufel an die Wand malte, mitzumachen.
Es klingt fast wie später Hohn, wenn man feststellt, daß von allen publikumswirksamen Kundgebungen in der Öffentlichkeit vor allem die Leitartikel des Chefredakteurs der »Arbeiter-Zeitung«, Friedrich Austerlitz, den Agitatoren der HW oft zugute kamen. Mit einem Leitartikel dieser Art in der Tasche konnte jeder einigermaßen tüchtige Stegreifredner der HW seine Rede anläßlich eines Sonntagsaufmarsches aufputzen, wie sein eigenes rednerisches Ingenium gleiches nur selten zustande gebracht hätte. Vor allem Starhemberg hat man Exzesse bei derlei Anlässen in den Fundgruben zeitgeschichtlicher Forschung evident gehalten. Austerlitz' von der Parteilinie der Linken oft abweichende, aber brillant aufgemachte Formulierungen wurden, zumal nach 1945, von Koalitionspolitikern der SPÖ als die bedauerlichen Exzesse eines überbegabten Intellektuellen achselzuckend abgetan. Und doch hallte mancher Satz Austerlitz' nach, wenn eine kluge staatsmännische Bemerkung Renners längst vergessen war. Etwa jener Satz in der »Arbeiter-Zeitung« zur Beisetzung der Opfer vom 15. Juli:
»Was wir am Grab den Toten geloben werden, ist nicht Versöhnung, sondern leidenschaftlicher Kampf gegen die bürgerlich-kapitalistische Welt ... Wir werden das ganze System vernichten ... Versöhnung? Es gibt keine Versöhnung.«
Serien solcher auch in Provinzblättern nachgeahmter Stilblüten gaben schließlich sonst furchtsamen Müttern und Vätern den Mut, ihren Buben doch lieber zur HW gehen zu lassen als etwa in den »Reichsbund der katholisch-deutschen Jugend Österreichs«, der, vor seiner Zersetzung durch die kirchliche Obrigkeit am Vorabend des Anschlusses 1938, lange Zeit die Präsenz des Katholizismus in Österreich besorgt hat.
Redner und Publizisten der Linken, die als Feindbild fast nur den Kapitalismus und die Kapitalisten, die Bourgeois und den Wohlstandsbürger aufzeigten, provozierten eine nie versöhnte Feind-

seligkeit in Kreisen jener Studenten, die damals weder von Staats wegen ins Studium geschickt wurden noch vom Geld der Familie zehrten. Ehe um 1930 in der Hochschülerschaft ein Umschwung eintrat, die faszinierende Kraft der Heimwehrbewegung der zwanziger Jahre erlosch und der Nationalsozialismus allen *anderen Sektoren voran* an den Hochschulen zur bestimmenden Kraft wurde, war die HW tatsächlich eine *Volksbewegung*. In dem Maße, in dem christlichsoziale Arbeiterführer vergebens gegen den »Betriebsterror« auftraten, wurden Arbeiter in jenen Betrieben hellhörig, deren Inhaber es nicht nur duldeten (wie vielfach bis dahin), sondern förderten, wenn im Sog der HW die sogenannten Unabhängigen Gewerkschaften mehr und mehr Zustrom bekamen. Bis zur Seipel-Sanierung vereinigten die sozialdemokratischen Freien Gewerkschaften mehr als 80 Prozent aller gewerkschaftlich Organisierten. Um das Jahr 1930 war dieser Prozentsatz auf 72 Prozent gesunken. Was den Unabhängigen Gewerkschaften fehlte, waren Alternativlösungen, die mehr versprachen als den Sieg im Klassenkampf, wie ihn die Freien Gewerkschaften heranzwingen wollten. In diese Lücke sickerte die NSD-Arbeiter-Partei später ein.
Es dauerte Wochen, bis nach dem 15. Juli die HW auf einer Tagung so weit kam, daß auch ihre Landesführer von Wien, Niederösterreich und dem Burgenland den Beitritt zum »Bund österreichischer Selbstschutzverbände« anmelden konnten. Und es verging noch fast ein Jahr seit dem Brand des Justizpalastes, bis am 17. Juli 1928 die Wahl einer Bundesführung der HW gelang: Steidle und Pfrimer wurden gleichberechtigte Bundesführer; kurz danach wurde Feldmarschalleutnant a. D. Hülgerth Erster Bundeswehrführer und Generalmajor a. D. Lustig-Pream Zweiter Bundeswehrführer. Die FKV, die seit dem Tag in Schattendorf in aller Munde war, lehnte konsequent die Eingliederung in die HW ab. Der Versuch, nach der Frontgeneration auch die erste Nachkriegsgeneration für die FKV zu gewinnen, scheiterte. Teile wanderten nach 1933 ins nationale Lager ab. Sie wurden in der Zeit der Illegalität Zufluchtstätten für Nationalsozialisten. 1935 wurde dieser Rest der FKV wegen *staatsfeindlicher* Betätigung von der

Regierung Schuschnigg verboten. Damals waren acht Jahre seit dem Geschehen in Schattendorf und dessen Folgen vergangen. Angesichts der ungeahnten Weiterungen im österreichischen Bürgerkrieg war dieses auslösende Geschehen in der Öffentlichkeit schon fast vergessen. Erst in der Zweiten Republik rückte man es mehr und mehr in den Vordergrund zeitgeschichtlicher Betrachtungen.

Im roten Wien der zwanziger Jahre, in der Hochburg des Marxismus in Österreich oder wie immer in gegnerischen Kreisen die Hauptstadt des Staates bezeichnet wurde, tat sich die HW trotz der ihr zugute kommenden Nachwirkungen der Geschehnisse des 15. Juli besonders schwer.

Ein Jahr nach dem Brand des Justizpalastes bot die HW ein für die Linke geradezu beruhigendes Bild: Es gab einen Dachverband der scheinbar auf ewig Veruneinigten. Und zwar ausgerechnet unter dem Verfasser der damaligen Standard-Biographie Schönerers: Hofrat Pichl. Selbstverständlich wurde der Wert dieser Lebensbeschreibung des »Vorläufers Hitlers« von letzten Nachhuten der Schönererbewegung und ersten Vorhuten der Hitlerbewegung nicht für voll genommen, zum Teil abgelehnt. Was gelten sollte, wurde erst nach 1938 in Österreich publiziert.

Wer in Wien *national* dachte, lehnte die schließlich erfolgreicher aufkommende WHW des Major a. D. Fey, da sichtlich eher christlichsozial eingestellt, ab. Im Aufwind der nationalen Nonkonformisten in Wien, die auch anstatt der Kappe im altösterreichischen Schnitt den Hut trugen, erfreuten sich der »Verband Deutsche Wehr« (darunter viele Angehörige des Deutschen Turnerbundes), der »Bund Oberland«, die eigenen Wehrzüge des Deutschen Turnerbundes und Freikorps für Hochschüler und Mittelschüler der Förderung durch den *Steirischen Heimatschutz;* letzterer ging später tatsächlich den Weg in die Hitlerbewegung konsequent zu Ende. So kam zum Beispiel der Landesstabsleiter dieses Verbandes, der hochdekorierte Oberleutnant Otto Gallian in einen Sog, der ihn im Kampf gegen das Dollfuß-Österreich in die Reihen der »Österreichischen Legion«, also ins Exil ins Reich führte. Er fiel 1930 als Hauptmann des Heeres in Frankreich. Ein

Beispiel zum Unterschied von anderen Männern der ersten Stunde des Steirischen Heimatschutzes, die nach Kriegsausbruch 1939 bei Ausübung des deutschen Besatzungsregimes in die Reihen derer gerieten, die als Kriegsverbrecher hingerichtet wurden.
Bevorzugtes Gebiet jener sogenannten *Kurbler,* die in Kaffeehausecken sich zerstritten oder einigten, über den Austritt einer Formation aus einem Verband oder den eventuellen Wiedereintritt, die manchmal vermeinten, eine Sammelbewegung wie die HW müsse eben Platz für alle haben, waren Intrigen; aber auch Ehrenhändel, gegenseitige Beschimpfungen als Sakristeiwanzen oder Preußenseuchler (wie ehedem). Kurz, sie waren das Gegenteil dessen, was die »Arbeiter-Zeitung« als furchterregende Bilder von Horden des Terrors, der Reaktion und des Faschismus an die Wand malte.
Es bedurfte schon eines Mannes mit eiserner Energie, um nicht nur selbst solche Schlammschlachten mit Möchtegerns zu bestehen, sondern eine zahlenmäßig starke Wiener HW auf die Beine zu bringen. Um 1928 war die WHW Feys *die* wenn auch kurzlebige HW in der Bundeshauptstadt. Ihre zahlenmäßige Stärke stieg bis zum Zeitpunkt ihres jähen Falls im Jahr 1930 auf sechs sogenannte Regimenter.
Sogenannt, weil es tatsächlich Kompanien mit ansehnlicher Stärke gab und andere, die ihre militärischen Übungen mangels genügender Stärke nach der Vergatterung mehr in die Schanklokale verlegten. Immerhin wurde im Winter auf 1929 in den ausgedehnten Räumlichkeiten des »Zweiten Kaffeehauses« in der Prater-Hauptallee fleißig exerziert. Außer bei Ordnungsübungen durften ausgesuchte Leute als *Zuschauer* ans MG. Der militärische Wert dieser Regimenter war praktisch gleich null; aber die frischgeweckte Begeisterung der Jungen, für die damals in fast allen Lagern die Uniform eines Wehrverbandes dermaßen »in« war wie für ihre Enkel Blue Jeans, ist oft grenzenlos gewesen. Man hing an den Worten der Führer, und man war unglücklich, den oft eher verwirrenden Appellen nicht das entnehmen zu können, was alle jungen Menschen dieser Ära wollten: *eine Erneuerungsidee.*
Die von den Kommunisten unternommenen Putschversuche, die

im ganzen Land verbreitete Angst vor einer Rätediktatur kamen zuletzt der SDAPÖ zugute. Sie verlor in dieser Zeit das Image einer staatsfeindlichen Partei, das sie in der Monarchie in den Augen der Mehrheit der Bevölkerung gehabt hat. Und die in der großen Koalition unter dem Staatskanzler Renner mitbeteiligten sogenannten bürgerlichen Parteien, zu denen jetzt von den Sozialdemokraten auch die alte Lueger-Partei gezählt wurde, boten für die Ängstlichen kaum die Gewähr dafür, daß Österreich das erspart blieb, was Bayern und Ungarn getroffen hat: ein eventueller Sieg des Kommunismus. Nach dem Scheitern der kommunistischen Umsturzversuche zerfielen deren Räteorganisationen, Garden und vorgeschobene Verbände von »Unterprivilegierten«; wer links stand und links dachte, war in den meisten Fällen geradezu *gezwungen,* die SDAPÖ, die einzige Linkspartei, zu wählen. Dieser Einheitsfront der Linken gegenüber entstand keine in sich geschlossene Alternative; vielmehr kehrten klerikale, liberale, nationale und andere Parteiführer mit Eifer die Eigenständigkeit ihrer Partei und Sonderinteressen heraus. So bekam die SDAPÖ nicht zuletzt dank dem von Renner ausgeklügelten Wahlsystem äußere Geschlossenheit und innere Festigkeit: 1923 im Kampf gegen die Seipel-Sanierung 68 Mandate, 1927 im Kampf gegen die »Einheitsfront« 71 Mandate und 1930 in der letzten Wahl der Ära der Ersten Republik 72 Mandate, dazu den Rang des Ersten Präsidenten des Nationalrates. Im letzteren Jahr war es die selbständige Liste des »Heimatblocks«, welche der Christlichsozialen Partei Mandate und den ersten Rang im Hohen Haus kostete. Ein Mißerfolg, der in der Zeit des mit Macht aufkommenden Nationalsozialismus nicht mehr aufzuholen war.

Die Desordre von 1933 schuf tatsächlich der Heimatblock, ein legitimes Kind der einstens auch von Seipel mit Wohlwollen bedachten Sammelbewegung der HW.

Am Vorabend des Tages von Korneuburg 1930, im April des Jahres, gelang es Fey noch einmal, den ganzen Haufen der HW in Wien für kurze Zeit zu vereinigen. Als Fey im Herbst bei der Nationalratswahl nicht mit dem Heimatblock ging, sondern sichtlich im Fahrwasser der Christlichsozialen trudelte, zeichnete sich ein

vorläufiges Ende der Ära Fey ab. Nur einmal, am 14. Oktober 1928, konnte die HW mit einer Demonstration auf der Ringstraße das »Monopol der Marxisten auf die Straße« brechen. Da wirkten noch Bauers Erklärungen auf dem Parteitag in Linz 1926 nach, ebenso die bedrohlichen Töne nach dem 15. Juli 1927 und heute unglaubliche Verbalinjurien gegen den immerhin noch allseits anerkannten Seipel.
Aber schon im nächsten Jahr erhob Leopold Kunschak, in Kreisen der HW als Béla Kun-schak abqualifiziert, scharfe Angriffe gegen die HW. Er warnte vor der *Gefahr* eines Bürgerkrieges, was nicht ganz aktuell war, weil man sich schon mitten in den Vorhutgefechten des Kampfes um die Macht im Staat mittels Gewaltanwendung befand. Versammlungen Kunschaks brachten die letzten christlichsozialen Kombattanten auf die Beine, als die HW anfing, auch Versammlungen der »Schwarzen« zu stören. Um diese Zeit gab es schon kleine Trupps des »Freiheitsbundes«. Ihr Führer Josef Dengler, ein guter Freund des Heimwehrführers Julius Raab, zögerte nicht, der HW vorzuwerfen, was nachher die Linke des näheren darlegte: *Faschismus.* Ende Mai 1930 rückten Dengler und seine 800 Mann aus, um an jener legendären Kundgebung der HW in Korneuburg teilzunehmen. Das war, als den Aufmarschierten der »Korneuburger Eid« auf ein HW-Programm abgefordert wurde. Raab ließ sich dazu breitschlagen, trennte sich aber bald von dieser Linie. Und so war Dengler, der mit einem langen Kavalleriesäbel in der Rechten seine Mannen führte, der *einzige* »Führer«, der an Ort den fraglichen Eid verweigerte. Auch der Freiheitsbund schloß mit einem für ihn ungünstigen Image ab: Nach endlosen Querelen wurde er Zuflucht für jene sozialdemokratischen Bediensteten des Wiener Magistrats, die nach 1934 in einem Wehrverband Schutz vor der HW und vor Postenjägern suchten – und fanden. Ja es kam zuletzt sogar das Gerücht auf, wonach der 1934 nach Wien gekommene Gesandte Hitlers, Franz von Papen, den Freiheitsbund geldlich subventioniert haben soll. Um damit der HW in die Quere zu kommen. Tatsache ist, daß es Trupps des Freiheitsbundes gab, in denen die Zahl derer erstaunlich groß war, die einmal auch das

Braunhemd getragen hatten oder ihre Hoffnungen auf eine »Erneuerung« bei Hitler geborgen sahen.
Die hochgehenden Wellen verrauschten. Um 1930 konnte niemand in Wien ahnen, daß sich 1934 Schutzbündler und Männer der HW sowie anderer Verbände blutige Gefechte liefern werden. Auseinandersetzungen, die wieder einmal bewiesen, wie sehr Körner recht hatte, als er, 1934 längst nicht mehr Berater des Schutzbundes, sagte: Gegen das intakte Militär kann eine Revolution nicht siegen.
Die stille Zeit des Bürgerkrieges in Österreich begann. Sie sollte dauern, bis anfangs 1933 Hitler im Deutschen Reich die Macht ergriff. Einmal mehr wird sich dann auch ergeben, daß Deutschland für Österreich das Schicksal ist.
Inmitten dieser Wirren, die nur zu oft blutige Zusammenstöße auslösen sollten, bewahrte der Schutzbund seine Stärke und ein Format, das sich doch sehr vom Aussehen gewisser HW-Verbände unterschied. Er wird, 1934, den einzigen Putschversuch unternehmen, der mehr war als etwa eine mutwillige Herausforderung der Opferbereitschaft der Männer in der HW. Und doch ahnte Körner frühzeitig, daß auch der Schutzbund einer Krise entgegenging, deren Beherrschung mehr erforderte als Diszipliniertheit und die Zugehörigkeit zur alten Arbeiterpartei. Es war Körner, der die Ursachen dieses Unheils folgendermaßen vorhersagte:
»... ich war absolut gegen das geschlossene Exerzieren, die ständigen Bereitschaften in den Arbeiterheimen, gegen die Terrainübungen und das ganze bombastische Getue (!), das die Bürgerlichen erschreckte. Es war doch ganz selbstverständlich, daß dem gegenüber sich die Staatsgewalt vorbereitete und zuletzt die *Heimwehr zur Notpolizei* machte ...«
Notpolizei: Das war dann das Ziel jener Wellen von Begeisterung, die nach dem 15. Juli einen kurzen Höhenflug der HW zustande brachte.
Was aber brachte die »stille Zeit« dem Schutzbund ein? Körner hat es so diagnostiziert, wie es nach 1938 die von der anderen Seite der Barrikade des Jahres 1934 ihren einstigen Gegnern erzählten:

»Jeder fand sich mit der Beitragszahlung für den Schutzbund ab, fühlte sich gesichert, war froh, nichts mit Gewalt zu tun zu haben, niemand dachte überhaupt daran, sich mit dem Wesen der Gewalt zu befassen, jeder hatte doch das Gefühl, daß der Schutzbund alles machen werde und die gewaltsame Auseinandersetzung niemand etwas angehe.«
Es ging alle an, das *Wesen der Gewalt*, dem eine ganze Generation verfiel. *Bis es zuletzt wirklich keine Milde mehr gab.*

1927 – Die Mittelschulzeit

Sozialismus, das war für mich der achtungsgebietende, aber auch ätzende Eindruck von Massenaufmärschen und Demonstrationen unter der roten Fahne. Die Demokraten der Ersten Republik waren nicht zimperlich in Lied und Wort. Auch nicht die Sozialdemokraten. In der Ära des Bundeskanzlers Ignaz Seipel hörte ich ein Lied, das mich wild machte. Es ging so:

Die Tore, Tore gehen auf, gehen auf.
Die Tore vor dem Parlamente.
Und der Ignaz Seipel tritt heraus, tritt heraus
In seinem weißen Priesterhemde.
Haut hin, haut hin, so lang ihr könnt,
Er hat ganz Österreich in Genf verschenkt.

Zehn Jahre war ich alt, als ich in der Inneren Stadt zum ersten Mal jenes verhängnisvolle Scheppern hörte, das beim Zerschmeißen von Fensterscheiben entsteht. Ich blickte in unzählige leere Fensterrahmen und hörte dann, als die Polizei anritt, das Klappern der Hufe. Hufgeklapper und Fensterklirren blieben mir im Ohr. Als Elfjähriger sah ich mir die Parade des Bundesheeres an, die am 12. November, am Staatsfeiertag, auf dem Wiener Ring stattfand. Als zum Schluß eine Kavallerieschwadron defilierte, erhob sich unter den Zuschauern ein ohrenbetäubendes Schreien, Johlen und Pfeifen. Die Ursache des Ganzen erfuhr ich später: Die Reiter trugen ihre Pelzröcke über die rechte Schulter gehängt, so daß die linke Brustseite der darunter getragenen Uniformbluse sichtbar blieb. Auf dieser linken Brustseite haben damals, am Tag jener Parade, vor fünfzig Jahren, die österreichischen Soldaten ihre im Ersten Weltkrieg erworbenen Kriegsauszeichnungen wieder getragen. Jene Auszeichnungen, die man 1918 den Heimkehrern heruntergerissen hat. Bei den Fußtruppen blieben die Dekorationen unsichtbar, weil sie Mäntel trugen. Bei den Reitern wurde dieser

Anschlag auf den Geist der Republik, wie es nachher hieß, sichtbar. Ich stand als Bub mitten in der tobenden Menge, sah auf die Reiter und verstand nicht, warum man sie auspfiff. Noch begriff ich nicht, daß sich jeder politische Kampf in der Auseinandersetzung über Symbole orientiert. Im 18. Jahrhundert fingen die Revolutionen der Amerikaner und der Franzosen nicht mit dem Sturm der Hungernden auf die Getreide- und Brotspeicher an, sondern mit der organisierten Zerstörung der Standbilder englischer und französischer Könige. Mit der Zerstörung einer Bastille, in der sich jene politischen Gefangenen nicht fanden, deren es nach dem Sieg der Revolution jede Menge geben sollte.

Vier Jahre nach der Parade am Ring erlebte ich den 15. Juli 1927. Den Tag, an dem der Justizpalast und die Druckerei der »Reichspost« in Brand gesteckt wurden. Ich hörte von Unruhen, die es in der Stadt geben sollte. Und ich wußte, daß mein Vater an diesem Vormittag nicht nach Hause gekommen war, weil er Bereitschaftsdienst hatte.

Es war einer jener schwülen Julitage in Wien, an denen eine graue Dunstwolke über der Stadt liegt, die Sonne unsichtbar bleibt und eine hitzige Atmosphäre die Menschen entweder niederdrückt oder unruhig macht. An solchen Julitagen kommt das Verhängnis über Österreich: 1866 bei Königgrätz, 1914 bei Kriegsausbruch, 1927 beim Brand des Justizpalastes, 1934 bei der Ermordung des Bundeskanzlers Engelbert Dollfuß.

Zu Mittag saß ich mit der Mutter allein beim Essen in der Küche. Wir sprachen kein Wort. Die Mutter kannte die Gefahren solcher Tage. Nachher hielt ich es nicht länger aus, zu warten. Ich mußte in die Innere Stadt und erfahren, was geschah. Aber ich kam nicht weit, nur bis zur nächsten Ecke der Schönbrunnerstraße. Dort kam es mir entgegen. So wie vor zehn Jahren, als mein Bruder vor einem dunklen Wagen den Hut zog und sagte: »Die Kaiserin.«

Diesmal war es ein Mann. Er war groß gewachsen. Sein Oberkörper war entblößt, auf Brust und Armen traten kräftige Muskeln hervor. Er trug einen Verband um die Brust, durch den Blut sikkerte. Es war zum ersten Mal in meinem Leben, daß ich einen im Kampf verwundeten Menschen sah. Eine neugierige Menge ver-

sammelte sich um den Mann. Er blieb stehen, um auf Fragen zu antworten. Der Verwundete sprach weder aufgeregt noch aufrührerisch. Viel hörte ich von seiner Erzählung nicht. Aber ich wußte nachher, daß es in der Inneren Stadt brannte, daß von der Polizei geschossen wurde und daß es viele Tote und Verwundete gab. Als vom Schießen die Rede war, verzogen sich die Neugierigen rasch in ihre Geschäfte und Wohnungen. Der Mann stand allein da. Er sah mich, einen Halbwüchsigen, an und ging dann weiter.
Ich lief zum Naschmarkt und immer weiter gegen den Ring zu. Dann hörte ich Schüsse. Manchmal war es ein einziger Knall. Manchmal hörte es sich an wie der Hagelschlag auf dem Blechdach des Fabrikgebäudes unseres Hauses. Ich konnte nicht zu meinem Vater vordringen. In großen Haufen drängten die Massen aus der Stadt. Ich ging heim. In der Nacht schlug man uns die Fensterscheiben ein. Im Nachthemd stand ich neben der Mutter, die mir ihre verletzte Hand vor das Gesicht hielt. Die Mutter hatte keine Angst. Gemeinsam durchwachten wir den Rest der kurzen Julinacht.
Erst nach Tagen erfuhr ich von meinem Vater und viele Jahre später von prominenten Tatzeugen, wie das Furchtbare geschehen konnte: Im Burgenland hatten an einem Sonntag der sozialdemokratische Schutzbund und der Frontkämpferverband ein damals übliches Kräftemessen veranstaltet: Sie marschierten zur gleichen Zeit im gleichen Ort auf. Es kam zu Zwischenfällen, und aus einem Haus, dessen Insassen sich angegriffen wähnten, wurde geschossen. Ein Schutzbundmann und ein Kind kamen ums Leben. Das war Arbeitermord. Aber das Wiener Schwurgericht, das die des Mordes Angeklagten freisprach, versagte die Sühne des Arbeitermordes. Und das war Nachtäterschaft der bürgerlichen Klassenjustiz bei einem Arbeitermord. Das Geschworenengericht, einmal als der große Fortschritt im Gerichtswesen gepriesen, dessen Wahrspruch der Geschworenen als Ausdruck der Volksjustiz galt, war am Tage nach dem Freispruch, am 15. Juli 1927, in der Propaganda der politischen Linken Handlanger der Arbeitermörder. Und also wurde der Aufruhr dagegen geprobt.
In derselben Morgenstunde des 15. Juli 1927, in der jene Ausgabe

der »Arbeiter-Zeitung« herauskam, die eine Klassenjustiz zugunsten von Arbeitermördern anprangerte und das schon damals strapazierte gesunde Volksempfinden herausforderte, kam aus dem sozialdemokratisch regierten Rathaus ein Stichwort an die Städtischen Betriebe Wiens: Streik und Massendemonstration vor dem Justizpalast. An jenem Tag kam der Vater nicht vom Dienst heim. Er gehörte zu den Mannschaften, die das Parlamentsgebäude zu schützen hatten.
Am 15. Juli 1927 seien die Massen, so erzählte mein Vater, nicht wie sonst in geordneten Zügen gekommen, sondern in Haufen. In diesen Haufen gab es Trupps, ausgerüstet mit Werkzeugen aus Städtischen Betrieben, die bald hier, bald dort einen Angriff auf bestimmte Objekte versuchten. Der Angriff auf das Universitätsgebäude am Ring schlug fehl, dagegen gelang es, in die Druckerei der »Reichspost« einzudringen und dort Brand zu stiften. Noch besser gelang der Angriff auf den Justizpalast. Die dortigen Archivbestände wurden in der Annahme, es seien Strafakte, vernichtet oder in Brand gesteckt. Das Gebäude brannte zum größten Teil aus. Um diese Zeit war es bereits geschehen, daß die Wache des sozialdemokratisch kontrollierten Rathauses tatenlos zugesehen hatte, wie die Polizisten der Wachstube Lichtenfelsgasse – einige davon sozialistisch organisierte Gewerkschaftler wie sie – von den Massen terrorisiert wurden. Der freiheitliche Ressortleiter des Inneren forderte Militärassistenz an. Aber das Heeresministerium wollte nicht das Heer in die Gefahr eines Bürgerkriegs bringen. Jetzt wurden die Polizisten mit Gewehren ausgerüstet, da sie mit ihren Säbeln gegen die Massen wehrlos waren. Es begann das Feuer, das in Massen einschlug, die von organisierten Kerntrupps immer wieder vorgeschickt wurden.
Nachdem dies und vieles andere geschehen war, hängte die Propaganda der politischen Linken dem christlichsozialen Bundeskanzler, Prälat Ignaz Seipel, indem sie ihm buchstäblich das Wort im Munde verdrehte, das Image: Prälat ohne Milde an.
Ich ging am Morgen des 16. Juli 1927 in die Trafik, um unsere kleine Zeitung zu holen. Zeitungen im Kleinformat wurden damals nur von liberalen Herausgebern unter die Massen gebracht.

Ich las die Schlagzeilen der vor der Trafik ausgehängten Tageszeitungen. Sie alle brachten die lange Liste der Toten und das Entsetzen über das, was geschehen war. Aber in keiner Redaktion gab es genug Kenntnis der Tatsachen oder genug Mut, um anzuprangern, was geschehen mußte, um die Massen auf den Marsch in die Katastrophe zu bringen: Der Appell der »Arbeiter-Zeitung«, Revanche zu üben, und der gleichzeitige Streik- und Marschbefehl an die organisierten, zum Teil uniformierten Massen in den Städtischen Betrieben.

Unsere gütige Hausfrau hat am 15. Juli 1927 nicht mehr gelebt. Hätte sie den Tag erlebt, dann wäre sie wohl abends zusammen mit meiner Mutter und mir in ihrer leer gewordenen Küche gesessen, um den Rosenkranz zu beten. Für die Armen Seelen im Fegefeuer. Meine Generation hielt das Rosenkranzbeten nicht aus. Im Prozeß, dessen Ausgang Fanal für den 15. Juli 1927 wurde, hatte ein Bub, etwa gleichaltrig wie ich, befragt, welchem religiösen Bekenntnis er angehöre, seine Hand wie zum Schwur erhoben und in den Saal gerufen: »Rot!« Bald hörte ich ein neues Marschlied: Und schießt uns so ein Bluthund tot / Wir sterben für die Fahne rot. Andere sangen: Dann sterben wir für schwarz-weiß-rot. Die Zeit der Marschierer begann. Die Uniform des politischen Soldaten wurde für viele Junge, Schutzbündler wie Heimatschützer, so etwas wie das Ehrenkleid im Politischen. Meine Eltern waren froh, daß ich einer katholischen Verbindung beitrat und keinem Wehrverband. Als ich eines Abends in Couleur heimging, wurde ich angerempelt. Ich, ein hochaufgeschossenes Büscherl, bebrillt und mit dem Studentenkappel der jungen Herren aus besserem Haus, bettelte ja, wie man in Wien sagt, ein paar Watschen ab. Ich bekam sie und nicht zu knapp. Es waren nicht die ersten Hiebe, die ich in Raufereien der Jungen erhielt. Aber diesmal kam die öffentliche Verhöhnung dazu, das allein an der Wand stehen gegen die Überzahl. Während meine Eltern mich noch ausschließlich in der Verbindung wähnten, exerzierte ich schon in den Reihen der Wiener Heimwehr. Ich war siebzehn Jahre alt.

So begannen die Jahre, in denen ein an Sonntagen ungewöhnliches, zeitiges Rumoren in unserem Haus anfing. Die Mütter waren auf, um ihren Buben, die zu den Sonntagsaufmärschen der Wehrverbände ausrückten, eine Marschverpflegung von Zuhause mitzugeben. Und wir, die aus einem Haus und einer Gass'n, hasteten los und grußlos aneinander vorbei. In der Windjacke; der eine mit dem Hahnenstoß an der Kappe im alten Schnitt, der andere mit einem ebenso trotzigen Gesicht unter der Tellerkappe. Man sah sich immer trotziger in erstarrte Gesichter und ging sich immer mehr aus dem Weg. Die Mutter wollte das alles nicht verstehen. Nachdem mein Bruder endlich ins Verdienen gekommen war, konnten wir der Hausmeisterwohnung entfliehen. Schienen nicht bessere Zeiten zu kommen? Damals, Ende der zwanziger Jahre? Aber die Mutter starb bald darauf, und der Bruder wurde arbeitslos. So fingen meine dreißiger Jahre an.

Aus: Heinrich Drimmel, Die Häuser meines Lebens, Erinnerungen eines Engagierten, Wien 1975, Seite 140 ff.

Dramatis Personae

(Jeweils Lebensdauer, Herkunft, Berufsbeschäftigung sowie öffentliche Tätigkeiten im Zeitraum 1918–1927)

Adler, Friedrich (Wien 1879–1960), sozialdemokratischer Politiker und Journalist, seit 1911 Führer der linken Linken in der SDAPÖ und im Parlament.

Adler, Max (Wien 1873–1937), Universitätsprofessor, schuf gemeinsam mit Bauer und Hilferding die Ideologie des Austro-Marxismus.

Adler, Victor (Prag 1852–1918), Führer der Sozialdemokratie, 1905–1918 Abgeordneter zum Reichsrat, 1918 Staatssekretär für Äußeres.

Andrássy, Julius Graf, d. J. (Budapest 1860–1929), 1918 letzter k.u.k. Minister des Äußeren.

Austerlitz, Friedrich (Hohenlieben 1862--1931), Chefredakteur der »Arbeiter-Zeitung«, 1920 Abgeordneter zum Nationalrat.

Axelrod, Pawel Borissowitsch (Gouvernement Tschernigow 1850–1928), Berufsrevolutionär, zuletzt Gegner Lenins, gestorben im Exil.

Bauer, Otto (Wien 1881–1938), 1918/19 Staatssekretär für Äußeres, Hauptgegner Seipels, Verfasser des Linzer Programms der SDAPÖ 1926, seit 1934 im Exil.

Bebel, August (Köln 1840–1913), zuletzt der große alte Mann der Sozialdemokratie in Deutschland und in Österreich.

Beneš, Eduard (Böhmen 1884–1948), 1917 Generalsekretär des tschechoslowakischen Nationalrates im Exil, 1918–1935 Außenminister der ČSR, 1921/22 (Zeit der Seipel-Sanierung) Ministerpräsident der ČSR.

Bielohlavek, Hermann (Wien 1861–1918), Schlossergehilfe, Autodidakt, Vertreter des »kleinen Mannes«, Gemeinderat, Reichsratsabgeordneter, Landtagsabgeordneter, zuletzt im Krieg Mitglied des niederösterreichischen Landesausschusses, als solcher auf sozialpolitischem Gebiet bewährt; von liberaler Seite zu Unrecht krasser Bildungsfeindlichkeit bezichtigt, kämpfte er als Parlamentarier gegen politisch inkompetente Parteipolitiker; im übrigen als Antisemit abgeurteilt.

Breitner, Hugo (Wien 1873–1946), erstrangiger Finanzfachmann; nach 1918 Beitritt zur SDAPÖ und deren Stadtrat für Finanzen in Wien, erbittert umkämpft wegen seiner Methoden, die Kommunalpolitik der Rathausmehrheit mit notwendigen Finanzmitteln auszustatten; im bürgerlichen Lager als der Feind des Mittelstandes im Klassenkampf angesehen; 1934 in Haft, nach der Entlassung Emigration via Italien (Mussolini!) in die USA, gestorben in Kalifornien.

Clemenceau, Georges (Nouilleron 1841–1929), 1917–1920 französischer Ministerpräsident, Symbol der Revanchebewegung, 1919 Diktator bei den Friedensverhandlungen in den Pariser Vororten.

Czernin, Ottokar Graf (Böhmen 1872–1932), aus dem Kreis um Franz Ferdinand, 1916–1918 k.u.k. Minister des Äußeren, Konflikt mit Kaiser Karl I. wegen zum Teil ungeklärter Vorgänge bei dessen Friedensbemühungen, schloß namens Österreich-Ungarns 1918 Frieden mit Rußland und Rumänien; vielfach in seinen Kreisen diffamiert, wurde er 1920 als einziger Abgeordneter der »Bürgerlichen Arbeiterpartei« in den österreichischen Nationalrat gewählt.

Danneberg, Robert (Wien 1885–1942), Berufspolitiker, Mitwirkung am Aufbau des roten Wien, gestorben im KZ.

Deutsch, Julius (Lackenbach 1884–1968), 1918 als Reserveoffizier dem k.u.k. Kriegsministerium zugeteilt, schuf von dort aus die »geheime Militärorganisation«, Aufbau der Volkswehr und ab 1923 des Republikanischen Schutzbundes.

Dinghofer, Franz (Ottensheim 1873–1956), von Beruf Richter; eine der hervorragendsten Persönlichkeiten der sogenannten »dritten Kraft«; 1907–1918 Bürgermeister von Linz, 1911–1918 Reichsratsabgeordneter, 1918 Präsident der Provisorischen Nationalversammlung, Vorsitzender der Großdeutschen Partei, 1926 Vizekanzler, nachher Justizminister, 1928–1938 Präsident des Obersten Gerichtshofes (also auch in der Ära des Ständestaates).

Dserschinski, Felix Edmundowitsch (Rußland 1877–1926), aus polnisch-litauischem Adel, Berufsrevolutionär, leitete unter Lenin nach 1917 die Massenvernichtungen, erster Leiter der Tscheka.

Ebert, Friedrich (Heidelberg 1871–1925), Sattlergehilfe; seit 1899 in der sozialdemokratischen Bewegung im Deutschen Reich aktiv tätig, 1913 Nachfolger Bebels als Parteivorsitzender, 1914 »Sozialchauvinist« (so Verdächtigungen nach 1918); 1918 Reichskanzler, rettete die junge Republik vor Putschunternehmen der Rechten wie der Linken; wegen mißverständlicher Haltung im Munitionsarbeiterstreik 1917 diffamiert und im Prozeß nicht hinreichend rehabiliert, Opfer seiner auf Ausgleich und Abwehr des Kommunismus bedachten Linie.

Eifler (Edler von Lobenstein), Alexander (Wien 1890–1945), Sohn eines Generals und Offizier, 1914–1918 ausgezeichneter Frontoffizier; so wie Theodor Körner in der Ära Vaugoin der sozialdemokratischen Bewegung als militärischer Fachmann beigetreten, Konflikt mit Körner wegen »Militarisierung« des Republikanischen Schutzbundes; als Stabschef des 1934 verbotenen Schutzbundes verhaftet und im Schutzbundaufstand vom 12. Februar 1934 nicht im Einsatz; 1938 um Einheitsfront der Österreicher gegen Hitler bemüht, gestorben im KZ.

Ellenbogen, Wilhelm (Mähren 1863–1951), Arzt; 1901–1918 Abgeordneter zum Reichsrat, 1919 politischer Ressortleiter für Übergangswirtschaft, 1919/20 Unterstaatssekretär für Handel und Gewerbe, seit 1938 in den USA.

Fey, Emil (Wien 1886–1938), Major, Gründer der Wiener Heimwehr nach dem Brand des Justizpalastes 1927.

Fink, Jodok (Adelsbuch 1853–1929), trat 1897 als parteiloser Reichsratsabgeordneter der christlichsozialen Fraktion bei, nach verdienter Funktionstätigkeit in Vorarlberg 1919/20 Vizestaatskanzler der Ära Renner, verdient um die Gründung der Ersten Republik.

Funder, Friedrich (Graz 1872–1959), Herausgeber und Chefredakteur der »Reichspost«, unterstützte Ende 1918 Seipels Bemühungen zur Vermeidung einer Spaltung zwischen Monarchisten und anderen Richtungen in der Christlichsozialen Partei.

Glöckel, Otto (Pottendorf 1874–1935), 1907–1918 sozialdemokratischer Abgeordneter zum Reichsrat, 1919–1924 zum Nationalrat, 1918–1920 Unterstaatssekretär für Unterricht, 1920–1934 Präsident des Stadtschulrates für Wien.

Grimm, Robert (Schweiz 1881–1958), Berufspolitiker, führend in der Sozialistischen Partei der Schweiz, 1917 maßgeblich beteiligt an der Verbringung Lenins aus der Schweiz quer durch Deutschland nach Petrograd, von Kerenski des Landes verwiesen, zerfiel mit Lenin und den Bolschewiken in Rußland.

Gutschkow, Alexander Iwanowitsch (Moskau 1862–1936), russischer Großindustrieller, Vorgänger Rodziankos als Präsident der Duma, maßgeblich beteiligt am Sturz der Monarchie in Rußland, nach der Abdankung des Zaren Kriegs- und Marineminister, unbeirrbar für die Fortsetzung des Krieges gegen die Mittelmächte an der Seite der Entente; der fortschreitende Linksputsch in Rußland entzog ihm die Basis für weitere Erfolge, er emigrierte rechtzeitig und versuchte sich im Ausland als liberaler Exilpolitiker.

Hainisch, Michael (Aue/Schottwien 1858–1940), liberal-nationaler Herkunft, bemüht um Volkskultur und Volksbildung, parteilos, 1920–1928 erster Bundespräsident der Republik.

Hanusch, Ferdinand (Österreichisch-Schlesien 1866–1923), 1907–1918 Abgeordneter zum Reichsrat, 1918–1920 als Staatssekretär für soziale Fürsorge Schöpfer der Grundlagen des späteren Sozialstaates auf revolutionärem Weg.

Hauser, Johann Nepomuk (Oberösterreich 1866–1927), katholischer Priester, seit 1911 Prälat; hervorragendster christlichsozialer Politiker und Staatsmann aus Oberösterreich sowohl vor als auch nach 1918, 1918/19 Zweiter Präsident der Provisorischen und der Konstituierenden Nationalversammlung; belastet mit dem Vorwurf, die Christlichsoziale Partei im Umsturz 1918 nicht gehörig gegen die Gefahren für die Monarchie aktiviert zu haben, schuf er, seit 1908 bis zu seinem Tod Landeshauptmann von Oberösterreich, in diesem Bundesland in der Zeit der Republik jenes gerühmte Konsensklima, das bis heute besteht.

Horthy von Nagybanya, Miklos (Kenderes 1868–1957), k.u.k. Marineoffizier, 1904–1914 Flügeladjutant Kaiser Franz Josephs I., letzter Flottenkommandant der k.u.k. Kriegsmarine; stellte 1919 gegen das Räteregime in Ungarn eine Freiwilligenarmee auf; nach dem Ende der Rätediktatur zum Reichsverweser des Königreichs Ungarn gewählt, widersetzte er sich den Restaurationsversuchen des gekrönten Königs Karl IV. (Kaiser Karl I.) im Jahr 1921 und folgte hierin dem strikten Auftrag der Siegermächte von 1919; blieb Reichsverweser bis 1944, gestorben im Exil.

Hussarek (Freiherr von Heinlein), Max (Preßburg 1865–1935), Universitätsprofessor, 1911–1917 k.k. Unterrichtsminister, Juli–Oktober 1918 k.k. Ministerpräsident.

Kamenew, Lew Borissowitsch (Moskau 1883–1936), Berufsrevolutionär, 1903 Bolschewik, 1914 nach Sibirien verschickt, 1917 unter Kerenski verhaftet, opponierte Lenin, später Trotzki, 1927 aus der KPdSU ausgeschlossen, unter Stalin liquidiert.

Karl I., letzter Kaiser von Österreich, gekrönter König von Ungarn (Persenbeug 1887–1922), 1916–1918 als Nachfolger Franz Josephs I. unter schweren Opfern um den inneren und den europäischen Frieden bemüht, gestorben im Exil.

Károly, Michael Graf (Budapest 1875–1955), Linksintellektueller, 1913 Vorsitzender der gegen Wien gerichteten ungarischen Unabhängigkeitspartei, im Umsturz 1918 k.u. Ministerpräsident, Staatsoberhaupt Ungarns nach der Ausrufung der Republik, scheiterte wie Kerenski in Rußland als Liberaler im Konflikt mit dem Kommunismus, 1946 heimgekehrt, Botschafter Ungarns in Paris 1947–1949, nach dem Sieg des Stalinismus in Ungarn abgetreten, gestorben im Exil.

Kelsen, Hans (Prag 1881–1973), 1918 Kriegsdienst im k.u.k. Kriegsministerium, Berater Lammaschs, 1920 Verfasser des Textes der Verfassung der Republik, 1921–1929 Mitglied des Verfassungsgerichtshofes.

Kerenski, Alexander Fjodorowitsch (Simbirsk 1881–1970), Rechtsanwalt; Linksliberaler, führend in der angeblichen Aktion der Loge zum Sturz des Zarismus, nach dem Sieg der Februarrevolution 1917 Justizminister, zugleich Vizepräsident des Sowjets der Arbeiter- und Soldatenräte, zuletzt Kriegsminister und Ministerpräsident, unbedingter Anhänger der Allianz mit den Westmächten; scheiterte im Kampf gegen die radikale Linke, nach der Machtergreifung der Bolschewiken Flucht nach England, gestorben in New York.

Kienböck, Viktor (Wien 1873–1956), Rechtsanwalt; früher Parteigänger Luegers, nach 1918 Gemeinderat, 1922–1924 (Seipel-Sanierung) sowie 1926–1929 Finanzminister, als Präsident der Nationalbank (1932–1938) umstritten und mit dem Vorwurf belastet, auf Kosten der Beschäftigungspolitik gesammelte wertvolle Erträge seiner Finanz- und Geldpolitik letztlich 1938 dem Dritten Reich überlassen zu haben.

Klofač, Wenzel (Deutsch Brod 1868– nach 1920), 1901–1918 (mit Unterbrechung) Abgeordneter zum Reichsrat, 1916 wegen Hochverrats usw. zum Tod verurteilt, begnadigt, bis 1918 vollständig rehabilitiert, nahm 1918 im Umsturz mit Wissen der k.k. Regierung offiziellen Kontakt mit tschechoslowakischen Politikern im Exil auf, 1920 Landesverteidigungsminister der ČSR.

Körner, Theodor (Komorn 1873–1957), 1918 Generalstabschef der Isonzoarmee, 1918–1923 im Heeresressort der Republik, 1923 im Konflikt mit Vaugoin ausgeschieden, als General a. D. Militärexperte der SDAPÖ und des Republikanischen Schutzbundes.

Kramář, Karel (Hochstadt 1860–1927), 1891–1916 Abgeordneter zum Reichsrat, 1916 wegen Hochverrat zum Tod verurteilt, begnadigt, bis zum Umsturz rehabilitiert, 1917 Präsident des tschechischen Nationalausschusses, 1918/19 Ministerpräsident der ČSR.

Koroseč, Anton (St. Georgen 1872–1940), Priester, 1906–1918 Abgeordneter zum Reichsrat, führend an den Loslösungsbestrebungen der Südslawen von Österreich-Ungarn beteiligt, reiste 1918 zur Kontaktaufnahme mit Exilpolitikern ins Ausland, in Jugoslawien als Föderalist Minister und Ministerpräsident, hierin gescheitert.

Kun, Béla (Ungarn 1886–1939), ab 1916 in russischer Kriegsgefangenschaft, unter Lenin als Emissär nach Ungarn geschickt, Organisator der KPU, nach Scheitern des Regimes Károly Diktator des Räteregimes in Budapest, nachher nach Österreich, zuletzt nach Rußland geflüchtet, unter Stalin liquidiert.

Kunschak, Leopold (Wien 1871–1953), 1907 Abgeordneter zum Reichsrat, 1908 zum niederösterreichischen Landtag, 1919 Wiener Gemeinderat, 1920 Obmann der christlichsozialen Reichsparteileitung.

Lammasch, Heinrich (Kremsmünster 1853–1920), Universitätsprofessor, Mitglied des Internationalen Schiedsgerichtshofes, Pazifist, letzter k.k. Ministerpräsident Oktober/November 1918.

Lenin, recte Wladimir Iljitsch Uljanow (Simbirsk 1870–1924), Berufsrevolutionär, als Bolschewik 1917 erfolgreich bei der Machtergreifung in Petrograd nach bolschewistischer Methode, nachher perfekter Beherrscher des kommunistischen Machtapparates.

Leuthner, Karl (Mähren 1869–1944), 1893 wegen marxistischer Betätigung als Reserveoffizier degradiert, seitdem Parteigänger der SDAP,

1911–1918 Abgeordneter zum Reichsrat, radikaler Feind der Monarchie und des Hauses Habsburg, seit 1918 unbedingter Vorkämpfer für den Anschluß Österreichs an das Deutsche Reich.

Lloyd George, David (Manchester 1863–1945), als Linksliberaler und Mitglied mehrerer Kabinette letzte große Persönlichkeit des Liberalismus in England, 1916 mit Unterstützung der Konservativen Premierminister; entschiedener Feind der Deutschen (»Hang the Kaiser!«) und im Verein mit Wilson Zerstörer der Donaumonarchie; im Alter vorübergehend Bewunderer Hitlers.

Lueger, Karl (Wien 1844–1910), 1896–1910 erster christlichsozialer Bürgermeister von Wien, hinterließ seine anerkannte kommunalpolitische Leistung, eine Personifizierung des Erfolgs der Christlichsozialen in der Politik, aber keine mit klaren Zielvorstellungen versehene, organisierte Massenpartei am Vorabend von 1914.

Martow, Julij Ossipowitsch, recte Zederbaum (Konstantinopel 1873–1923), alter russischer Sozialdemokrat, 1903 auf dem II. Kongreß der SDAPR Menschewik, im Exil Zusammenarbeit mit Trotzki, 1917 Rückkehr nach Rußland; politische Linie schwankte zwischen rechts und links, nach der Machtergreifung Lenins für eine Koalitionsregierung aller sozialistischen Parteien, emigrierte 1920 nach Deutschland, wo er das Zentralorgan der Menschewiken im Exil herausgab; Otto Bauer sympathisierte während der Revolution mit Martow.

Masaryk, Thomas G. (Mähren 1850–1937), 1891–1914 (mit Unterbrechung) Abgeordneter zum Reichsrat, seit Dezember 1914 im Ausland gegen Österreich-Ungarn tätig, gewann 1918 Wilson für eine ČSR, die angeblich die Schweiz zum Vorbild haben sollte; seine krassen Verletzungen des Selbstbestimmungsrechtes der Nationalitäten der ČSR von 1918 führte ein Jahr nach seinem Tod zu deren Zusammenbruch, 1918–1935 »Präsident-Befreier« der ČSR.

Mayr, Michael (Tirol 1864–1922), Universitätsprofessor in Innsbruck, Abgeordneter zum Tiroler Landtag und 1907–1911 als Christlichsozialer zum Reichsrat, 1919 Staatssekretär, 1920/21 Bundeskanzler.

Miklas, Wilhelm (Krems 1872–1956), 1907–1918 Abgeordneter zum Reichsrat, nachher zum Nationalrat, 1918 als Christlichsozialer im Staatsrat für Volksabstimmung über die Staatsform, 1919/20 Unterstaatssekretär für Kultus, 1923–1928 Präsident des Nationalrates, nachher bis 1938 Bundespräsident.

Mussolini, Benito (Predappio 1883–1945), 1903 Beitritt zur SPI, 1911 Konflikt mit der Parteiführung wegen der Kriegführung Italiens in Libyen, 1914 Beifall für den Mord in Sarajevo; anfänglich Kriegsgegner, schwenkte er nach massiven Geldunterstützungen ins Lager der Regierung um; Frontsoldat, nach Verwundung Tätigkeit als Journalist, neuerlicher Bruch mit der Partei; seit 1922 als »Duce« Vorbild der Faschisten aller Richtungen in vielen Staaten Europas.

Nikolaus II., letzter Zar von Rußland (St. Petersburg 1868–1918), nach Scheitern seiner beiden Initiativen für umfassende Friedensordnung (Den Haag 1899, 1907) leitete 1905 die Niederlage im Krieg gegen Japan revolutionäre Unruhen ein (»Generalprobe« für 1917); der Versuch, das autokratische System mit Gewalt zu erhalten, scheiterte ebenso wie das Experiment eines parlamentarischen Begleitregimes der bisherigen Ordnung; sein Engagement in den Balkanwirren verschärfte den Gegensatz zu den Mittelmächten; der Beitritt zur Entente der Westmächte im Krieg 1914–1918 führte zum militärischen Zusammenbruch Rußlands und zum Sturz der Monarchie; nach der Machtübergabe an liberale Politiker 1917 wurde er im Jahr darauf von den Bolschewiken ermordet.

Pernerstorfer, Engelbert (Wien 1850–1918), 1885–1918 nach Beitritt zur sozialdemokratischen Bewegung (mit Unterbrechung) Abgeordneter zum Reichsrat bis zum Tod, erster sozialdemokratischer Präsident des Abgeordnetenhauses in der Monarchie; scharf antiklerikal und gegen Habsburg eingestellt, erlebte er den Umsturz von 1918 und die Anschlußbewegung in der Republik nicht mehr.

Pfliegler, Michael (Gutenbrunn 1891–1973), Priester, Universitätsdozent (später Professor) für Pastoraltheologie, gründete 1921 gemeinsam mit dem aus dem CV hervorgegangenen Hochschulseelsorger Karl Rudolf die katholische Jugendbewegung »Neuland«, die Gegnerschaft zwischen »Neuland« und CV führte zur Spaltung der katholischen Intelligenz, Pflieglers Versuch eines Brückenschlages zur Sozialdemokratie wurde zu einer schweren Belastung für die Position Seipels.

Pilsudski, Jozéf Klemens (Zolowo, Russisch-Polen, 1867–1935), zuerst Terrorist im zaristischen Rußland, 1892 Beteiligung an der Gründung der Polnischen Sozialdemokratischen Partei; täuschte im Krieg 1914–1918 die Regierungen in Wien und in Berlin und führte seine polnische Legion zuletzt gegen die anfänglich mit ihm verbündeten Mittelmächte; im unabhängigen Polen 1918–1922 Staats- und Armeechef, nach 1926 Diktator, starb als Verbündeter Hitlers.

Raab, Julius (St. Pölten 1891–1964), 1918 Oberleutnant und Kompaniekommandant eines Sappeurbataillons an der Südwestfront, 1927–1934 Abgeordneter zum Nationalrat, nach dem 15. Juli 1927 Beitritt zur HW.

Ramek, Rudolf (Österreichisch-Schlesien 1881–1941), 1919 Abgeordneter zur Nationalversammlung, 1919/20 Staatssekretär für Justiz, 1921 Leiter des Unterrichtsressorts, 1924–1926 Bundeskanzler, führte nach dem Ende des Kabinetts Seipel III dessen Sanierungsprogramm unbedankt weiter bis zur Rückkehr Seipels an die Spitze der Bundesregierung (Oktober 1926).

Renner, Karl (Südmähren 1870–1950), 1907–1918 Abgeordneter der SDAP zum Reichsrat, verteidigte nach Rückkehr Bauers aus der Kriegsgefangenschaft seinen »Staatssozialismus« (zugunsten des Fortbestandes der Monarchie gegen Bauers Zerstörungsbestrebungen), Kabinette Renner I–III von Oktober 1918 bis Juni 1920, führte 1919 die österreichische Delegation in Saint-Germain, im Grunde lebenslang für Regierungskoalitionen der Großparteien (im Gegensatz zu den tragenden Kräften in der SDAPÖ der Zwischenkriegszeit), nach 1920 Schöpfer von Wirtschaftsorganisationen im Vorfeld der SDAPÖ.

Resch, Josef (Wien 1880–1939), hervorgegangen aus der Lueger-Partei, 1919/20 unterstützte er Hanusch als dessen Unterstaatssekretär bei der Schaffung der Fundamente des Sozialstaates, 1920–1938 (mit Unterbrechungen) eigentlicher Verwirklicher der Pläne aus 1919/20 bei oftmaliger Leitung des Bundesministeriums für soziale Verwaltung; sein Name ist heute angesichts der historischen Würdigung Hanuschs fast verschollen.

Rintelen, Anton (Graz 1876–1946), Universitätsprofessor, 1919–1933 Landeshauptmann von Steiermark, nützte HW frühzeitig zur Verfestigung seiner politischen Stellung im Land aus, 1926 Unterrichtsminister, intrigierte nicht ohne Erfolg gegen Seipel.

Rodzianko, M. W. (1859–1924), einer der reichsten Großgrundbesitzer Rußlands, 1914 Präsident der Duma; persönliche Konflikte mit Nikolaus II. hoben ihn 1917 während der Februarrevolution heraus; als Vorsitzender des (illegalen) provisorischen Vollzugsausschusses im Konflikt mit Kerenski gescheitert, emigrierte er rechtzeitig und starb im Exil.

Schärf, Adolf (Nikolsburg 1890–1965), 1918–1934 Sekretär des Präsidenten der Nationalversammlung (des Nationalrates), Tatzeuge der parteiinternen Auseinandersetzungen in der SDAPÖ, die er 1955 in Erinnerungen kritisch beurteilte.

Schmitz, Richard (Mähren 1885–1954), 1918 Artillerieoffizier, 1922–1924 Direktor des Katholischen Volksbundes; Abgeordneter zum Nationalrat, 1922–1924 Bundesminister für soziale Verwaltung, 1926–1929 für Unterricht, brachte im Windschatten der Ereignisse nach dem 15. Juli 1927 im Kompromiß mit sozialdemokratischer Opposition die erste Schulreform nach 1918 durch.

Schober, Johannes (Perg 1874–1932), seit Juli 1918 Wiener Polizeipräsident, 1921/22 Bundeskanzler und Leiter des Außenressorts im »Beamtenkabinett«, besorgte unbedankt Kontaktaufnahmen mit Italien und der ČSR, deren Erfolge nachher Seipel bei seinem Sanierungswerk zur Verfügung standen; in der Umsturzzeit gemeinsam mit Renner und Seitz bemüht, die Lage in Wien und in Österreich gegen Anschläge der radikalen Linken zu verteidigen; nach dem 15. Juli 1927, vor allem nach 1945, in Kreisen der Epigonen maßlos diffamiert und abschätzig beurteilt.

Schönerer, Georg Ritter von (Wien 1842–1921), genannt »der Vorkämpfer Adolf Hitlers«, Wandlung vom Deutschfreisinnigen zum Alldeutschen; der Antiklerikalismus verband ihn 1881 mit Victor Adler bei der Schaffung des Linzer Programms der Deutschnationalen in der Monarchie; aufkommender Antisemitismus führte zum Bruch mit Adler; Konkurrent Luegers um die Volksgunst, entließ eine »Los-von-Rom«-Bewegung in Kreisen des Katholizismus; scheiterte vollends mit seinem Radikalismus gemäß der Parole: »Durch Reinheit zur Einheit«; Adelsverlust wegen strafrechtlicher Verurteilung wurde von Kaiser Karl I. gutgemacht.

Seipel, Ignaz (Wien 1876–1932), Priester, 1918 Universitätsprofessor an der Katholischen Fakultät in Wien, in der letzten vom Kaiser ernannten Regierung k.k. Minister für soziale Fürsorge, seit 1919 Abgeordneter zur Nationalversammlung (zum Nationalrat), 1921 Prälat, 1921–1927 Obmann der Christlichsozialen Partei, 1922–1929 (mit Unterbrechungen) Kabinette Seipel I–V, erwirkte gegen heftigen Widerstand der SDAPÖ Völkerbundanleihe 1922 und beendete die Nachkriegsinflation; Bürgerblock als Alternative zur Linken, die in der SDAPÖ geschlossen blieb, zerfiel; 1924 durch Revolverattentat eines sozialdemokratischen Parteigängers schwer verletzt; nach dem 15. Juli 1927 von der SDAPÖ als Prälat ohne Milde zur Feindfigur im Kampf um Österreich gemacht.

Seitz, Karl (Wien 1869–1950), 1901 Abgeordneter zum Reichsrat, 1918/19 einer der drei Präsidenten der provisorischen Nationalversammlung, 1919 Erster Präsident der Konstituierenden Nationalversammlung und damit Staatsoberhaupt, 1920–1934 Vorsitzender der SDAPÖ, 1923–1934 Bürgermeister von Wien; 1927 sichtlich untätig beim Ausbruch der Exzesse des 15. Juli, spätere Versuche, den Brand des Justizpalastes durch Heranführung der Feuerwehr zu bändigen, scheiterten im Gewühl der Massen; Versuch, nachher Seipel quasi die Hauptschuld am Ausbrechen der Unruhen und an ihren Folgen zuzuschreiben, glückte damals noch nicht, bekam erst nach 1945 fast unbedingte Anerkennung.

Trotzki, Leo, recte Leib Bronstein (Gouvernement Cherson 1879–1940), Berufsrevolutionär im zaristischen Rußland, 1903 Menschewik, Vertreter des Prinzips der »permanenten Revolution«, Gegensätze zu Lenin brachen nach 1917 erst richtig auf, obwohl Trotzki die Massenausrottung des sogenannten Klassenfeindes unbarmherzig vorantrieb, 1918 Vertreter des Regimes bei den Friedensverhandlungen mit den Mittelmächten in Brest-Litowsk, wollte mit der Formel: »Weder Krieg noch Frieden«, Rückenfreiheit im Bürgerkrieg und zugleich offene Tür für die Weltrevolution, Lenin erzwang die Kapitulation Rußlands in Brest-Litowsk (Maxime der Linken 1918 in fast ganz Europa: Kampf gegen den Klassenfeind im eigenen Land ist wichtiger als der Krieg gegen den äußeren Feind), 1923–1926 trat der »trotzkistische Oppositionsblock« in Konkurrenz zum Regime Stalin, Trotzki verlor alle Funktionen in der KPdSU, November 1927 Parteiausschluß, 1940 im Exil in Mexiko auf Befehl Stalins von gedungenem Mörder liquidiert.

Tschaidse, N. S. (Georgien 1884–1926), im Februar 1917 als Sozialdemokrat Vorsitzender des Petrograder Sowjets, vertrat eine Koalition mit liberalen Fraktionen; nach dem Sieg der Bolschewiken emigriert, beging er 1926 in Paris Selbstmord (?).

Vaugoin, Carl (Wien 1873–1949), aus einer französischen Emigrantenfamilie stammend, aktiver Offizier, Landesbeamter in Niederösterreich, 1920–1933 Abgeordneter zum Nationalrat, unterstützte Politik Seipels loyal, 1921 und 1922–1933 Heeresminister; Versuche, Revolutionsarmee von 1918 in ein Heer der Republik umzuwandeln, führten zu schweren Konflikten mit Deutsch und Körner; nach dem 15. Juli 1927 wachsender Einfluß des »Wehrbundes« auf Personalergänzungen des Bundesheeres (so wie früher sozialdemokratische Personalpolitik im Heer), Vaugoin vermied Einsatz des Bundesheeres am 15. Juli 1927 in Wien, sorgte aber während der nächsten Tage für Bereitstellung bei eventuellen weiteren Exzessen (die ausblieben).

Weiskirchner, Richard (Wien 1861–1926), seit 1897 Abgeordneter zum Reichsrat, auch Magistratsdirektor in Wien zur großen Zeit Luegers, 1909–1911 k.k. Minister für Handel, nach Wahlniederlage in Wien (1911) 1912–1919 Bürgermeister der Stadt, 1920–1923 Präsident des Nationalrates, Verdienste um die Stadt während der Kriegszeit 1914–1918 weitum vergessen.

Wilson, Thomas Woodrow (Virginia 1856–1924), Universitätsprofessor, als Verkünder eines Progressive Movement Präsidentschaftskandidat der Demokratischen Partei, 28. Präsident der USA 1913–1921; unterstützte nach Kriegsausbruch 1914 die Westmächte bis zur Preisgabe der Neutralität und Kriegseintritt 1917, scheiterte mit seinem Programm für Ordnung nach dem Krieg vor allem an Clemenceau, seit 1919 regierungsunfähig, 1920 mit dem Friedensnobelpreis ausgezeichnet.

Zimmermann, Alfred (Niederlande 1869–1939), ehemaliger Bürgermeister von Rotterdam, übernahm im Auftrag des Genfer Kontrollkomitees im Dezember 1922 das Amt des Generalkommissärs, enorme Höhe seiner Gehaltsentschädigung rief Kritik im Land hervor.

Zeittafel

1914

28. Juni: Serbische Terroristen ermorden in Sarajevo nach dem Plan des Chefs der serbischen Spionage den österreichischen Thronfolger Franz Ferdinand, um die Ausführung seiner Pläne zur Lösung des Problems der Südslawen in der Monarchie zu verhindern.

25. Juli: Serbien beantwortet das daraufhin gestellte Ultimatum Wiens langatmig, lehnt aber die Erfüllung des entscheidenden Begehrens ab. Abbruch der diplomatischen Beziehungen zwischen Wien und Belgrad.

28. Juli: Österreich-Ungarn erklärt Serbien den Krieg, um weitere Aggressionen Serbiens zu unterbinden, und verfügt die Teilmobilmachung seiner Streitkräfte für den Fall B(alkan).

30. Juli: Zar Nikolaus II. erweitert die anfangs nur gegen Österreich-Ungarn gerichtete *Teil*mobilmachung der russischen Streitmacht zur *General*mobilmachung und bedroht damit die ganze Ostgrenze des Deutschen Reiches. Das daraufhin gestellte Ultimatum Berlins lehnt der Zar ab.

1. August: Das Deutsche Reich erklärt Rußland den Krieg. Das löst die Bündnisverpflichtungen Frankreichs gegenüber Rußland aus. Binnen weniger Tage befinden sich alle europäischen Großmächte im Kriegszustand. Der Lokalkonflikt auf dem Balkan weitet sich zum Ersten Weltkrieg.

5. August: Im Zentralorgan der deutschen Sozialdemokraten Österreichs »Arbeiter-Zeitung« erscheint ein von Kriegsbegeisterung strotzender Artikel des Chefredakteurs Friedrich Austerlitz, worin zumal die im zaristischen Rußland bestehende politische Unfreiheit, die dortigen Pogrome und dergleichen herausgestellt werden.
Der sogenannte *Sozialchauvinismus* von 1914 spaltet die Sozialdemokratie aller am Krieg beteiligten Länder. Karl Renner vertritt ein letztes praktikables Programm zur Erhaltung des Kommunikationsraumes des Vielvölkerreiches Österreich-Ungarn.

1915

Bildung einer »linken Linken« in der Sozialdemokratischen Partei (SDAP), in der Friedrich Adler, Max Adler, Robert Danneberg, Therese Schlesinger u. a. hervortreten. Der beginnende Radikalismus in Teilen der SDAP verhindert einesteils jene Spaltung, die in der SPD zur Verselbständigung der KPD führt, verleiht aber andererseits der SDAPÖ der Zwischenkriegszeit einen Radikalismus, der weit über den in der SPD hinausgeht.

1916

21. Oktober: Friedrich Adler ermordet den k.k. Ministerpräsidenten Stürghk in der Erwartung, die soziale und nationale Revolution werde sich danach den Weg zur Wiederbelebung der parlamentarischen Demokratie in Österreich (seit Frühjahr 1914 war der Reichsrat vertagt) bahnen. Die Revolution in Rußland, vor allem die dortigen Bolschewiken, feiern Adler als ihren Helden und Märtyrer.

21. November: Kaiser Franz Joseph stirbt. Sein Neffe und Nachfolger Karl I. beginnt eine ehrliche und opferreiche Friedenspolitik, die aber vor allem an der unabänderlichen Feindseligkeit Italiens (seit 1915 nach Bruch des Dreierbündnisses im Kriegszustand mit den Mittelmächten) scheitert.

1917

März (nach dem alten Kalender Februar): Ausbruch der Revolution in Rußland.

3. März: Liberale Politiker und die von der Linken mobilisierten Massen erzwingen die Abdankung des russischen Zaren. Der liberale Fürst Lwow tritt an die Spitze der ersten Regierung nach dem Sturz des Zarismus.
Otto Bauer, seit September 1914 in russischer Kriegsgefangenschaft, erlebt als »Austauschgefangener« in Petrograd die Radikalisierung der Massen und das Scheitern der Politik des von ihm geschätzten Sozialdemokraten Martow.

September: Otto Bauer wieder in Wien und bald an der Spitze der linken Linken in der SDAP.

19.–24. Oktober: Parteitag der SDAP in Wien. Die linke Linke widersetzt sich erfolgreich den Resten eines Sozialchauvinismus und stellt den

Kampf gegen den Klassenfeind über den Kampf gegen die äußeren Feinde des Staates.

6. November (nach dem alten Kalender 24. Oktober): Ein militärisch abgestützter Putsch der in der Minderheit befindlichen Bolschewiken bringt die letzte Regierung der Liberalen und Sozialdemokraten in Petrograd zum Sturz und Lenin an die Macht, die von diesem als Diktatur gehandhabt wird.

1918

Jänner: Massenstreiks in Österreich-Ungarn und im Deutschen Reich. Politiker wie Renner und Ebert wirken zugunsten der Befriedung der Streiksituation. Erstmals treten »Heimkehrer«, die sich als geschulte Agitatoren der russischen Bolschewiken erweisen, in Österreich-Ungarn im Untergrund auf.
Auch in der SDAP werden Stimmen laut, denen zufolge in Österreich eine »Rätediktatur«, wie sie in Rußland die Bolschewiken anstreben, für möglich gehalten wird.

Februar: Meuterer im k.u.k. Kriegshafen Cattaro setzen die rote Flagge; in der deutschen Kriegsmarine ereigneten sich bereits früher ähnliche Fälle.

Juni/Juli: An der Front in Frankreich und in Italien scheitern die letzten Offensiven der Mittelmächte, die Initiative geht auf die Truppen der Entente und ihrer Verbündeten über. Jetzt erst treten in Österreich-Ungarn die Vorkämpfer der nationalen und sozialen Revolution aus dem Untergrund hervor und erklären ihre Solidarität mit Exilpolitikern, die auf die Zerstörung Österreich-Ungarns aus sind.

16. Oktober: Das »Völkermanifest« Kaiser Karls I. leitet den Exodus der Nationalitäten aus der Donaumonarchie und die Bildung sogenannter Nationalstaaten ein.

21. Oktober: Die deutschen Reichsratsabgeordneten in Österreich verlassen den Boden der Verfassung von 1867 und konstituieren eine »Provisorische Nationalversammlung für Deutsch-Österreich«.

30./31. Oktober: In Fortsetzung dieses revolutionären Aktes Bildung einer Regierung unter dem Sozialdemokraten Karl Renner.

3. November: Kapitulation der österreichisch-ungarischen Wehrmacht, Zerfall der bisherigen militärischen Ordnung in der Monarchie, Chaos an der Front ermöglichen Italien, den »größten Sieg seiner Geschichte« zu erringen.

11. November: Kaiser Karl verzichtet auf den Rat seiner k.k. Regierung auf »jeden Anteil an den Staatsgeschäften« und erkennt im voraus die Entscheidung an, die Deutsch-Österreich über seine künftige Staatsform trifft (aber: kein ausdrücklicher Thronverzicht).

1919

16. Februar: Wahl zur verfassunggebenden Nationalversammlung; aber den Deutsch-Österreichern in der ČSR, in Jugoslawien und Italien wird ihr Anspruch auf die von Wilson verkündete Selbstbestimmung versagt.

10. September: Friedensdiktat der »alliierten und assoziierten Hauptmächte« und ihrer Kriegsverbündeten zwingt Österreich in Saint-Germain einen Staatsvertrag auf, der den Deutsch-Österreichern den Anspruch auf Selbstbestimmung endgültig versagt und einen Staat erzeugt, von dem Karl Renner bei seiner Heimkehr aus Saint-Germain sofort feststellt, *er sei ohne Hilfen anderer Staaten nicht lebensfähig.*

Kabinette Renner I, II und III (30. Oktober 1918 bis 7. Juli 1920), zuletzt als Koalitionsregierung der beiden Großparteien.

Kabinette Mayr I und II (7. Juli 1920 bis 21. Juli 1921). Fortab SDAPÖ bis zur Selbstausschaltung des Nationalrats am 4. März 1933 immer in Opposition.

Kabinett Schober I (21. Juni 1921 bis 26. Jänner 1922).

Einstweilige Regierung Breisky (26.–27. Jänner 1922).

Kabinett Schober II (27. Jänner bis 31. Mai 1922).

Kabinette Seipel I, II und III (31. Mai 1922 bis 20. November 1924). Seipel setzt gegen die Obstruktion der sozialdemokratischen Opposition im Parlament und heftigste Presseangriffe Sanierung der Währung und künftigen Wirtschaftsaufschwung durch. Dramatischer Konflikt Seipel–Bauer. Endgültiger Bruch zwischen den beiden Großparteien auf Bundesebene (auf die Dauer der Ersten Republik).

Kabinette Ramek I und II (20. November 1924 bis 20. Oktober 1926). Versuch eines Appeasements in der Innenpolitik. Otto Bauer meldet auf dem Parteitag der SDAPÖ in Linz, 1926, die Möglichkeit einer »Diktatur des Proletariats« für den Fall an, daß sich der internationale Kapitalismus der Alleinherrschaft des Proletariats widersetzen sollte. Erstmals scheinen die Begriffe »Diktatur« und »Alleinherrschaft« im Meinungskampf als Ziele einer Parteipolitik auf.

Kabinette Seipel IV und V (26. Mai 1926 bis 3. April 1929). Die im Wahlbündnis mit den Großdeutschen geschwächte Christlichsoziale Partei hat der nach dem 15. Juli 1927 gegen Seipel einsetzenden maßlosen Opposition der SDAPÖ zu widerstehen. Der »Priester« Seipel veranlaßt den »Staatsmann« Seipel, aus der führenden Position in der Politik zurückzutreten.

1927

15. Juli: Die Parteiexekutive der SDAPÖ entläßt in Wien die Massen in eine nicht organisierte Demonstration gegen einen von einem Geschworenengericht gefaßten Freispruch in einem politischen Prozeß. Brand des Justizpalastes.
Exzesse rund um den 15. Juli geben der Heimwehrbewegung Auftrieb und führen schließlich zur umfassenden Organisierung der Bewegung in allen Teilen des Landes.

Kabinett Streeruwitz (4. Mai bis 26. September 1929).

Kabinett Schober III (26. September 1929 bis 30. September 1930). Schober enttäuscht bei der Verfassungsreform 1929 die anfangs von der HW in seine Person gesetzten Hoffnungen. Bundesverfassung in der Fassung 1929 nach 1945 in der Zeit des Besatzungsregimes wieder in Kraft gesetzt.

Kabinett Vaugoin (30. September 1929 bis 4. Dezember 1930). Wahlniederlage der Christlichsozialen Partei als Folge der Abspaltung einer von Teilen der HW getragenen Wahlpartei (Heimatblock). SDAPÖ erringt relative Mehrheit im Nationalrat. Karl Renner wird Präsident des Nationalrates.

Kabinett Ender (4. Dezember 1930 bis 20. Juni 1931).

Kabinette Buresch I und II (20. Juni 1931 bis 20. Mai 1932). Letzte Versuche einer Rekonstruktion des Mechanismus der parlamentarischen Demokratie, ausgehend von politischen Persönlichkeiten beider Großparteien in Niederösterreich.
Nach dem Erdrutsch bei den Reichstagswahlen vom September 1930 im Deutschen Reich und den steigenden Erfolgen Hitlers im Reich, holt

auch die österreichische NSDAP bei den Wahlen des Jahres 1932 in Wien, Niederösterreich und Salzburg Terrain auf.
Bei den Gemeinderatswahlen in Innsbruck erringt die NSDAP 40 Prozent der Stimmen und wird damit mandatstärkste Partei.

1933

Jänner: Höhepunkt der in den USA ausgelösten Weltwirtschaftskrise, schwere Einbußen der Wirtschaft in Österreich, bis zu 385000 unterstützte Arbeitslose.

4. März: Durch den Rücktritt des Nationalratspräsidenten Renner herbeigeführte Verhandlungsunfähigkeit des Nationalrats leitet über zum Experiment Dollfuß, das vermeiden will, was im Deutschen Reich geschah, als Hitler mit den Methoden der Demokratie die Demokratie im Reich ruinierte.

30./31. März: Behördlich verfügte Auflösung des Republikanischen Schutzbundes.

10. April: Schaffung von Assistenzverbänden der staatlichen Exekutive durch Einberufung von Freiwilligen aus den der Regierung nahestehenden Wehrverbänden.

14. Mai: Großkundgebung der HW im Parterre von Schönbrunn besiegelt Bündnis Dollfuß–Starhemberg.

20. Mai: Gründung der überparteilichen »Vaterländischen Front«.

26. Mai: Verbot der KPÖ.

27. Mai: Deutsche Reichsregierung versucht Fremdenverkehrswirtschaft in Österreich durch sogenannte Tausend-Mark-Sperre für Besuche in Österreich abzuwürgen.

19. Juni: Handgranatenüberfall von Nationalsozialisten auf einen von Christlichdeutschen Turnern gestellten Verband des »Assistenzkorps«. Am selben Tag werden daraufhin NSDAP samt angeschlossenen Verbänden (darunter Reste des Steirischen Heimatschutzes) verboten. Offener Kampf der Regierung gegen Wehrverbände der Nationalsozialisten und der Sozialdemokraten reißt nicht mehr ab.

Quellen und Literatur

Biographien

Neue österreichische Biographie, Amalthea-Verlag 1923 ff.: Adler, Max; Bauer, Otto; Danneberg, Robert; Deutsch, Julius; Dinghofer, Franz; Fink, Jodok; Fischer, Ernst; Funder, Friedrich; Hainisch, Michael; Hanusch, Ferdinand; Herzl, Theodor; Kelsen, Hans; Knoll, August Maria; Körner, Theodor; Kunschak, Leopold; Lammasch, Heinrich; Lodgmann von Auen, Rudolf; Lueger, Karl; Miklas, Wilhelm; Pernerstorfer, Engelbert; Pfliegler, Michael; Raab, Julius; Renner, Karl; Schärf, Adolf; Seipel, Ignaz; Seitz, Karl; Starhemberg, Ernst Rüdiger; Staud, Johann; Tisza, Stephan Graf; Winter, Ernst Karl

Werk und Widerhall, Große Gestalten des österreichischen Sozialismus, Verlag Wiener Volksbuchhandlung, Wien 1964: Adler, Friedrich; Adler, Victor; Austerlitz, Friedrich; Bauer, Otto; Breitner, Hugo; Danneberg, Robert; Ellenbogen, Wilhelm; Glöckel, Otto; Hanusch, Ferdinand; Körner, Theodor; Leuthner, Karl; Pernerstorfer, Engelbert; Popp, Adelheid; Renner, Karl; Reumann, Jakob; Seitz, Karl

Hiezu Einzelheiten aus Beständen des Kriegsarchivs, der Parlamentsbibliothek, der Wiener Stadt- und Landesbibliothek.

Dem Österreichischen Fußballbund wird für die Auskunft in Details des Lebenslaufs von Josef Frey gedankt.

Stenographische Protokolle der Sitzungen des Nationalrates und des Bundesrates

Zeitungen und Zeitschriften

Arbeiter-Zeitung
Neue Freie Presse
Reichspost
Österreichische Wehrzeitung 1920 ff.
Der Schutzbund 1924 ff.

Literatur

Bauer, Otto, Die österreichische Revolution, Wien 1923
derselbe, Die Offiziere und die Republik, Wien 1921
Benedikt, Heinrich, Monarchie der Gegensätze, Wien o. J.
Botz, Gerhard, Gewalt in der Politik, Attentate, Zusammenstöße, Putschversuche, Unruhen in Österreich 1918–1934, Wien 1976
Braunthal, Julius, Die Wiener Julitage 1927, Wien 1927
Brook-Shepherd, Gordon, The Austrian Odyssee, London 1957
Deutsch, Julius, Alexander Eifler, ein Soldat der Freiheit, Wien 1947
derselbe, Ein weiter Weg, Wien 1960
Fey, Emil, Österreich über alles – vom Isonzo bis zur Gegenwart, Wien 1934
Fischer, Ernst, Erinnerungen und Reflexionen, Reinbek bei Hamburg 1969
Funder, Friedrich, Vom Gestern ins Heute, 2 Bände, Wien 1952
Goldinger, Walter, Geschichte der Republik Österreich, Wien 1962
Grobauer, Franz Josef, ... heiß umfehdet, wild umstritten, Österreich 1918–1938, im Selbstverlag, Wien o. J.
Gulick, Charles A., Austria from Habsburg to Hitler, Berkeley, California, 1948 (Standardwerk der Linken nach 1945)
Hannak, Jacques, Karl Renner und seine Zeit, Wien 1965
derselbe, Johannes Schober, Mittelweg in die Katastrophe, Wien 1966
Jedlicka, Ludwig, Ein Heer im Schatten, Graz – Köln 1955
Kasamas, Alfred, Österreichische Chronik, Wien 1949 (Standardlexikon in der ÖVP nach 1945)
(Die) Kerenski-Memoiren, Rußland und der Wendepunkt der Geschichte, aus dem Amerikanischen, Wien 1966
von Klemperer, Klemens, Chancellor Seipel and the Crisis of Democracy, in: Journal of Central European Affairs, vol. XXII. No 4, January 1963
Kollmann, Eric C., Theodor Körner, Militär und Politik, Wien 1973
Körner, Theodor, Krieg und Demokratie, in: Der Kampf, Jänner 1933
Ladner, Gottlieb, Seipel als Überwinder der Staatskrise vom Sommer 1922, Wien – Graz 1964
Langoth, Franz, Kampf um Österreich, Wels 1951
Leichter, Otto, Otto Bauer. Tragödie oder Triumph, Wien 1970
Lenin, W. I., Die Revolution von 1917. Vom Sturz des Zarismus bis zur Julikrise, aus dem Russischen, Verlag für Literatur und Politik (Dr. Johann Wertheim), Wien 1928, in: Sämtliche Werke, Band XX/1 und XX/2 (siehe dort Namenregister und Chronologie)
Lorenz, Reinhold, Der Staat wider Willen. Österreich 1918–1938, Berlin 1940

Meissner, Boris, Das Parteiprogramm der KPdSU 1903 bis 1961, Köln 1962
Mikoletzky, Hanns Leo, Österreichische Zeitgeschichte. Vom Ende der Monarchie bis zum Abschluß des Staatsvertrags 1955, Wien 1962
Österreichische Zeitgeschichte im Geschichtsunterricht, Bericht über die Expertentagung in Reichenau Dezember 1960, Wien 1961 (siehe besonders Einleitungsvortrag von Hugo Hantsch; Grundlage für Unterricht in Zeitgeschichte vor 1970)
Österreich-Ungarns letzter Krieg. 1914–1918, hg. vom österreichischen Bundesministerium für Heerwesen und vom Kriegsarchiv, Wien 1931–1938
Patzer, Franz, Der Wiener Gemeinderat 1918–1934. Ein Beitrag zur Geschichte der Stadt Wien und ihrer Volksvertretung, Wien 1961
Pauley, Bruce F., Hahnenschwanz und Hakenkreuz. Steirischer Heimatschutz und österreichischer Nationalsozialismus 1918–1934, Wien 1972
Plaschka, Richard Georg – *Haselsteiner,* Horst – *Suppan,* Arnold, Innere Front. Militärassistenz, Widerstand und Umsturz in der Donaumonarchie 1918, 2 Bände, Wien 1974
Plaschka, Richard G., Matrosen, Offiziere, Rebellen, Krisenkonfrontationen zur See 1900–1918, 2 Bände, Wien 1984
Renner, Karl, Österreich von der Ersten zur Zweiten Republik, Wien 1960
Schärf, Adolf, Österreichs Erneuerung 1945–1955, Wien 1955
Seipel, Ignaz, Nation und Staat, Wien 1916
Stadler, Karl Rudolf, Fünfzig Jahre Vertrag von St. Germain, in: Österreich in Geschichte und Literatur, 13. Jg., Heft 8, 1962
Stepun, Fedor, Der Bolschewismus und die christliche Existenz, München 1959
derselbe, Das Antlitz Rußlands und das Gesicht der Revolution. Aus meinem Leben 1884–1922, München 1961
Summers, Antony – *Mangold,* Tom, Zarenmord. Das Ende der Romanows, aus dem Englischen, München 1977
Trotzki, Leo, Geschichte der russischen Revolution, aus dem Russischen, Berlin 1960
Wiltschegg, Walter, Die Heimwehr. Eine unwiderstehliche Volksbewegung? Wien 1985 (siehe dort Biographischer Anhang)
Zeman, Zbyněk A., Der Zusammenbruch des Habsburgerreiches, Wien 1963

Besonderen Dank schulde ich meinen väterlichen Freunden in Jugendtagen Emmerich Czermak (1885–1965), Bundesminister für Unterricht 1929 bis 1932, anschließend Präsident des niederösterreichischen Landesschulrates und letzter (Bundes-)Obmann der Christlichsozialen Partei, sowie Ministerialrat Victor Kolassa, Generalsekretär der Bundesparteileitung der Christlichsozialen Partei in der Ära Seipel und bis zur Einstellung der Tätigkeit der Partei am 27. September 1934. Sie haben mir ihre Erfahrungen und ihren Beistand selbst in den Zeiten heftigster Zerwürfnisse mit der HW nie versagt.